Richard Muller

JACÓ ARMÍNIO: DEUS, CRIAÇÃO E PROVIDÊNCIA

Richard Muller

JACÓ ARMÍNIO: DEUS, CRIAÇÃO E PROVIDÊNCIA

Dados Internacionais de Catalogação na Publicação (CIP)

Ficha Catalográfica elaborada por Simone da Rocha Bittencourt – 10/1171

M958j   Muller, Richard.
     Jacó Armínio : Deus, criação e providência / Richard Muller ; [tradução de] Celso Paschoa ; [revisado por] Ronald Silva, Joelson Gomes. – São Paulo, SP: Editora Carisma, 2022.
     400 p. ; 16 x 23 cm.
     ISBN 978-65-84522-10-7

     1. Teologia. 2. Jacó Armínio. 3. Arminianismo. 4. Calvinismo. 5. Escolasticismo protestante. I. Santista, Celso. II. Silva, Ronald. III. Gomes, Joelson. IV. Título.

CDU: 224

Direitos de Publicação

© Richard A. Muller. Baker Academic.

Esta edição em português foi licenciada com todos os direitos reservados para Editora Carisma, mediante permissão especial. De acordo com a Lei 9.610/98 fica expressa e terminantemente proibida a reprodução total ou parcial desta obra, por quaisquer meios (eletrônicos, mecânicos, fotográficos, gravação e outros), sem a prévia e expressa autorização, por escrito, de Editora Carisma LTDA, a não ser em citações breves com indicação da fonte.

Caixa Postal 3412 | Natal-RN | 59082-971
editoracarisma.com.br
sac@editoracarisma.com.br

Créditos

Direção Executiva: *Luciana Cunha*
Direção Editorial: *Renato Cunha*
Tradução: *Celso Paschoa*
Revisão: *Joelson Gomes*
Capa: *Anderson Junqueira*
Ilustração/Capa: *José Luís Soares*
Inker: *J. P. Mayer*
Diagramação: *Marina Avila*

Composição Gráfica

Fonte: *Nocturne Serif*
Papel: *Pólen 70g/m²*

Edição

Ano: *2022*
Primeira edição
Impresso no Brasil

SUMÁRIO

11 **Abreviações**

13 **Prefácio**

Parte I
O contexto da teologia de Armínio

17 **CAPÍTULO 1** *Armínio e os historiadores*

33 **CAPÍTULO 2** *O desenvolvimento da teologia de Armínio em seu contexto histórico*

55 **CAPÍTULO 3** *Armínio e a tradição escolástica*

Parte II
A ideia e o método da teologia

85 **CAPÍTULO 4** *A teologia como uma disciplina "prática"*

107 **CAPÍTULO 5** *O objeto e a finalidade da teologia*

Parte III
A existência e a natureza de Deus

121 **CAPÍTULO 6** *Conhecimento da existência de Deus*

147 **CAPÍTULO 7** *Conhecimento da essência divina*

161 **CAPÍTULO 8** *A natureza e os atributos de Deus*

Parte IV
O conhecimento divino e sua vontade

201 **CAPÍTULO 9** *O conhecimento divino*

235 **CAPÍTULO 10** *A vontade divina*

Parte V
Criação e providência

293 **CAPÍTULO 11** *A doutrina da criação*

325 **CAPÍTULO 12** *A doutrina da providência*

373 **CONCLUSÃO** *Deus, criação, providência, e o corpo da teologia de Armínio*

396 **Bibliografia**

ABREVIAÇÕES

Alteinstag	Alteinstag, *Lexicon theologicum*
CO	Calvino, *Opera quae supersunt omnia*
Dec. sent.	Armínio, *Declaratio sententiae*
Disp. priv.	Armínio, *Disputationes privatae*
Disp. pub.	Armínio, *Disputationes publicae*
DLGT	Muller, *Dictionary of Latin and Greek Theological Terms*
DTC	*Dictionnaire de Théologie Catholique*
DTEL	Schmid, *Doctrinal Theology of the Evangelical Lutheran Church*
Minges	Minges, *Ioannis Duns Scoti doctrina philosophica et theologica*
NCE	*New Catholic Encyclopedia*
PRRD	Muller, *Post-Reformation Reformed Dogmatics*
RD	Heppe, *Reformed Dogmatics*
RE	*Realencyclopädie für protestantische Theologie und Kirche*
SCG	Aquino, *Summa contra Gentiles*
Works	*The Works of James Arminius* (1825-75; repr. 1986)

PREFÁCIO

Este estudo acerca das ideias de Jacó Armínio nasce do reconhecimento gradualmente consolidado de que ele – apesar de sua importância para a história da doutrina protestante e da vasta literatura que contrasta as perspectivas arminianas e calvinistas sobre o pecado, livre-arbítrio, graça e predestinação – ainda é uma das figuras mais negligenciadas entre os teólogos protestantes. Além das discussões sobre esses tópicos, organizadas com referência aos debates mais recentes, virtualmente nenhum dos tópicos tratados sobre as suas ideias têm sido extensivamente discutidos e, pelo que eu conheço, jamais houve acordo sobre qual é sua posição correta no desenvolvimento do Protestantismo escolástico. Minha esperança é que esse ensaio contribua para uma reavaliação da teologia de Armínio e para uma renovação do interesse em sua obra.

Devo agradecer a diversos de meus alunos cujo entusiasmo pelo estudo das ideias de Armínio me convenceram a tentar elaborar uma monografia sobre o assunto: Stephen Cary, Kathy Greene Van Huizen e Michael Milkway. O interesse demonstrado em relação ao tema e suas frequentes e perspicazes aparições em seminários sobre Armínio e o início do pensamento ortodoxo reformado é profundamente apreciado. Agradeço, ainda, a John Patrick Donnelly, que leu o manuscrito com grande atenção e cuidado; a seu colega na Marquette University, Jack Treolar, cujo conhecimento sobre Suárez foi proveitoso em diversos pontos. Agradeço a Brian Armstrong, em que num esmerado exame do manuscrito o levou a vários aprimoramentos, e que, em um diálogo contínuo referente à natureza e ao caráter do Escolasticismo protestante, forneceu um ímpeto ininterrupto para a melhoria de argumentos e definições. Tenho uma dívida similar com Charles Partee, cuja leitura cuidadosa do manuscrito contribuiu para várias melhorias de argumentos e focos. E se uma de suas sugestões pareceu ter sido desencaminhada, é porque ela acabou estimulando um novo projeto.

Talvez o maior incentivo para a conclusão deste projeto veio de um teólogo que alegava que as várias distinções encontradas nas ideias de Armínio – *potentia absoluta/potentia ordinata, voluntas antecedens/voluntas consequens* etc. dificilmente eram evidências do Escolasticismo, e poderiam ter sido simplesmente citadas dos Pais da Igreja. Ele também pensava que qualquer influência escolástica sobre Armínio teria de ser interpretada como resultado do renascimento do Escolasticismo ou da leitura feita por Armínio da escolástica medieval – provavelmente, alegava ele, como resultado do primeiro, mas seguramente não de ambos. Apresento esses comentários, porque eles são indicativos do desconhecimento contemporâneo do movimento da teologia ao longo do fim do século XVI e início do século XVII – mesmo entre aqueles que deveriam saber mais. A probabilidade de o Protestantismo contemporâneo conseguir se entender quando ele desconhece seu próprio passado é muito pequena. A esse específico interlocutor, e a outros como ele, deixo meus agradecimentos, nem que seja para o simples incentivo de escrever.

Agradeço profundamente também a pessoas que tornaram este trabalho tecnicamente possível: a David Sielaff e sua equipe no escritório de editoração de texto no Fuller, que trabalharam esmeradamente com o manuscrito e produziram uma cópia final de ótima qualidade; a Maria denBoer, da Baker Book House, pelo cuidadoso exame do texto e sua formatação.

Finalmente, são necessários alguns comentários a respeito do texto e das traduções dos escritos de Armínio. Ao longo deste ensaio, segui o texto da edição de 1629 da *Opera theologica* de Armínio, em consulta com a edição londrina de sua obra *Works*, traduzida por James e William Nichols. As citações das *Disputationes*, (ambas, públicas e privadas) fornecem o número do debate e o número da subsecção e, portanto, são suficientes para a verificação das indicações nas edições em latim ou inglesa de *Works*. As citações de obras nem tanto estritamente delineadas, como as *Orationes,* fornecem referências de páginas para o texto em latim seguidas por referências de páginas entre colchetes para a edição britânica, acompanhando a repaginação do volume 1 da mais recente reimpressão (Grand Rapids: Baker Book House, 1986). A edição britânica de *Works* tem sido utilizada, pois ela inclui materiais não presentes na edição americana publicada por William Bagnall e porque falta mérito ao retrabalho deste da tradução de Nichols, isto é, os volumes 1 e 2. De fato, por causa do extenso acúmulo de 'conteúdo arminiano' feito por James Nichols nas notas para o volume 1 (omitidos por Bagnall da edição americana), a edição londrina continua a ser a melhor fonte em língua inglesa sobre a teologia de Armínio.

Também devem ser feitos alguns comentários sobre os méritos e deméritos da tradução de Nichols. De modo geral, trata-se de uma sólida e útil obra, que reproduz fielmente as ideias de Armínio. No entanto, ela merece ser modernizada e emendada, e pode ser corretamente a base para qualquer publicação subsequente dos trabalhos de Armínio em língua inglesa. Apesar disso, a tradução efetivamente incorpora algumas armadilhas e problemas, sem falar da sintaxe desnecessariamente carregada que utiliza. Além do problema no estilo, entretanto, há dificuldades também no entendimento. James Nichols era um historiador e teólogo amador competente, mas não um escolástico instruído com as sutilezas filosóficas técnicas do fim do século XVI. Com isso, sua apresentação do *momentum* como "causa de movimento", nos debates sobre a natureza de Deus, representa um grave erro. Poderiam ser observados outros problemas. Os leitores

PARTE I
O contexto da teologia de Armínio

CAPÍTULO 1

Armínio e os historiadores

James, ou como ele é mais corretamente chamado, Jacó Armínio (1559-1609), é um dos cerca de doze teólogos da história da Igreja Cristã que deu uma direção duradoura à tradição teológica e que, como resultado, marcou seu nome em um ponto de vista confessional ou doutrinal particular. O mais surpreendente, no entanto, é que ele tem recebido pouca atenção positiva dos acadêmicos e ainda é esperada uma discussão definitiva do seu estilo de pensamento. Há, certamente, inúmeras biografias de Armínio, e igualmente inúmeras discussões sobre o debate entre ele e seus colegas reformados da Universidade de Leiden, precipitando uma controvérsia ainda mais ampla que levaria ao Sínodo de Dort (1618-19) e ao estabelecimento de uma Igreja Arminiana ou Remonstrante na Holanda lado a lado com a Igreja Reformada. No entanto, não há nenhum tratamento substantivo da teologia de Armínio como um todo –, e a maioria dos tópicos não foi debatida, seja no seu nascedouro ou em controvérsias posteriores. Igualmente, não há nenhuma monografia acadêmica em relação ao seu pensamento ou ao seu ambiente intelectual – o pensamento inicial escolástico ou ortodoxo do Protestantismo confessional. Também não há uma publicação crítica das obras de Armínio ou, inclusive, uma tradução com anotações críticas devidamente atualizadas. Espero, nas páginas a seguir, apresentar uma discussão das perspectivas de Armínio sobre Deus e o mundo que lance uma nova luz sobre sua teologia como um todo e sobre a posição ocupada por seu pensamento na história intelectual do século XVII.

Após a Reforma, no período que se estende grosseiramente de 1565 a 1700, o Protestantismo enfrentava a crise de ser forçado a defender sua nascente teologia contra os ataques da cuidadosamente articulada e extremamente sofisticada superioridade da teologia escolástica da Igreja Católica Romana. A crise de passar de seus primórdios como um movimento de protesto dentro da Igreja Católica a seu destino como uma instituição eclesiástica autônoma com suas distintas necessidades acadêmicas, confessionais e dogmáticas. O movimento ainda enfrentava, junto a Igreja Católica Romana, os duplos desafios do moderno racionalismo filosófico da época e do nascimento da ciência moderna. Como os estudiosos da tradição Católica Romana há tempos já reconheceram, e como os estudantes dos últimos desenvolvimentos do Protestantismo têm reconhecido – embora frequentemente com alguma relutância – o Escolasticismo não findou com o Renascimento e Reforma. O Escolasticismo, corretamente entendido como uma abordagem ou método ao discurso filosófico ou teológico, e não como uma doutrina ou conjunto de doutrinas, forneceu uma condução para a teologia da Igreja Católica Romana ou da Protestante muito além da época da Reforma. Longe de se esfacelar com o fim da Idade Média, o Escolasticismo passou por uma série de modificações que o capacitaram a se adaptar ao renovado Aristotelismo da Renascença, ao declínio do Aristotelismo do século XVII e à ascensão do racionalismo Wolffiano[1] do século XVIII.[2] Armínio,

---

[1] Christian Wolff foi um filósofo alemão. Depois de receber um título nobiliárquico passou a chamar-se Christian Freiherr von Wolff. Trabalhou na Universidade de Halle. Wolff foi o mais importante filósofo alemão entre Leibniz e Kant (N. R.).

[2] Veja G. Fritz e A. Michel, "Scolastique", DTC 14/2, cols. 1691-1728; J. A. Weisheipl, "Scholastic Method", em NCE, 12, p. 1145-46; I. C. Brady, J. E. Gurr, e J. A. Weisheipl. "Scholasticism", em *NCE,* 12, p. 1153-70; como também M.-D. Chenu, *Toward understanding St. Thomas* (Chicago: Henry Regnery,1964), p. 58-69. Sobre o Escolasticismo protestante, veja a discussão em Robert Preus, *The inspiration of Scripture: a study of the seventeen century lutheran dogmaticians* (Londres: Oliver e Boyd, 1955), p. xv-xvi; Henry

a exemplo de vários de seus oponentes e detratores, é integrante dessa história, e sua teologia deve ser entendida contra esse pano de fundo de debates e desenvolvimentos filosóficos e teológicos.

O lugar de Armínio na história da doutrina é assegurado pelo relacionamento direto entre seu ensino da doutrina da predestinação e *ordo salutis,* e o grande debate teológico que levou ao Sínodo de Dort. Todas as principais histórias da doutrina discutem o debate, e virtualmente toda história do pensamento protestante traça com algum detalhe a instrução de Armínio em teologia reformada em Leiden e Genebra, a sua formulação gradual de uma perspectiva alternativa da predestinação, e a enorme controvérsia gerada na Igreja Holandesa que girava em torno da soteriologia ensinada por Armínio durante seu período como professor de teologia em Leiden. "Armínio", "Arminianismo", "Dort" e "TULIP" são termos da linguagem comum do Protestantismo moderno. Todavia, a fama das ideias de Armínio sobre esse tema específico somente serviu para obscurecer as diretrizes gerais, mais amplas, de sua teologia e para eliminar totalmente os relacionamentos positivos que existiam entre as ideias de Armínio, o método e a vida intelectual do protestantismo pós-Reforma.

Desde o início, os biógrafos de Armínio contribuíram para esse problema. O primeiro biógrafo dele, seu amigo Petrus Bertius, focou apologeticamente na carreira de Armínio com a intenção de vingar o recém-falecido teólogo dos rumores viciosos que tinham sido espalhados sobre sua vida e das frequentes e distorcidas acusações de heresia levantadas contra sua teologia.[3] Armínio emerge do ensaio de Bertius como um homem estudioso, sincero e moderado e, acima de tudo, um protestante ortodoxo que havia sido aclamado por todos seus mestres, incluindo o defensor da predestinação Beza, como um brilhante e es-

---

E. Jacobs, "Scholasticism in the Lutheran Church", em *Lutheran cyclopedia*, p. 434-35; e Richard Muller, *Post-reformation reformed dogmatics* (Grand Rapids: Baker, 1987), I, p. 13-40.

[3] Petrus Bertius, *De vita et obitu reverendi & clarisssimi viri D. Jacobi Arminii oratio*, em *Opera* (1629), traduzido como *The life of James Arminius*, em *Works*, I, p. 13-47.

sencialmente promissor jovem teólogo. Bertius reflete sobre a teologia de Armínio somente em relação ao debate sobre predestinação e passa a impressão de que o jovem Armínio basicamente concordava com a doutrina de seus professores reformados. À época em que Armínio se preparava para combater em nome da Igreja Holandesa contra as doutrinas de Dirck Coornhert, sua doutrina da predestinação muito provavelmente seguia a linha de Theodore Beza. Estudos posteriores empreendidos para a refutação de Coornhert, afastaram Armínio da doutrina de Beza para uma visão similar à de Nicholas Hemmingius ou Hemmingsen (1513-1600), um dogmático luterano da Universidade de Copenhague. Bertius prossegue notando que a Igreja Holandesa tradicionalmente havia permitido uma considerável amplitude de opiniões sobre sua doutrina na medida em que o ponto não havia sido resolvido por nenhum dos sínodos ou concílios da igreja. O renomado professor de teologia em Leiden, Johannes Holmano Secundo (nascido em 1586), havia mantido visões idênticas às de Hemmingsen e Armínio.[4] Bertius não faz nenhuma tentativa de discutir as perspectivas de Armínio sobre outros temas – como também nenhuma tentativa de pesquisar os seus ensaios.

Uma abordagem muito similar é adotada por Gerard Brandt em sua extensa *History of the Reformation... in the... Low Countries*,[5] em que, no entanto, a história do debate de Armínio na universidade e dos subsequentes debates entre remonstrantes, e contra-remonstrantes que levaram ao Sínodo de Dort, é repassada com grandes detalhes. O estudo de Brandt começa com o debate sobre a indicação de Armínio como sucessor de Júnio na Universidade de Leiden. Brandt apresenta detalhes consideráveis a respeito do debate, incluindo as trocas entre

---

[4] Veja, Bertius, *De vita et obitu*, p.**iv recto (*Works*, I, p. 30-31).

[5] Gerard Brandt. *Historie der reformatie em andre kerkelyke geschiedenissen*, em *en ontrent de Nederlanden*, 4 vols. (Amsterdã, 1671-1704), traduzido como *The history of the reformation and other ecclesiastical transactions in and about the low countries, down to the famous Synod of Dort*, 4 vols. (Londres, 1720-23; rep. Nova York: AMS, 1979). As referências são da tradução.

Helmíquio (um ministro em Amsterdã), Gomaro e Uytenbogaert, amigo e aliado de Armínio, sobre a doutrina da predestinação.⁶ Aliás, essa obra de Brandt continua sendo a fonte mais detalhada de materiais relacionados ao debate sobre predestinação desenvolvido durante o período de professorado de Armínio em Leiden.

Ainda mais importante é o modo com o qual Brandt preenche a lacuna histórica por trás da discussão levantada por Bertius a respeito da diversidade de opiniões na Holanda sobre a doutrina da predestinação. Brandt inicialmente aborda o consentimento da Igreja Primitiva em uma doutrina do livre-arbítrio e responsabilidade humanas e em uma crença de que "todos a quem Deus previu uma vida boa e divina receberiam a graça da vida eterna."⁷ Foi Agostinho, alega Brandt, quem criara uma doutrina estrita de predestinação numa polêmica com Pelagio. Esse autor observa o impacto de Agostinho na doutrina medieval, e os esforços de teólogos franciscanos, dominicanos e posteriormente jesuítas para superar o problema do ensinamento agostiniano. Esses problemas foram trazidos para o Protestantismo com as ideias de Lutero, cujos ensinamentos foram conduzidos adiante por Calvino, Beza, Ursino, Zanqui e Piscator.

Entre os luteranos, entretanto, afirma Brandt, o humanista Melanchthon fora persuadido pelo tratado de Erasmo contra Lutero, e esse episódio convincentemente moderou tanto seus ensinamentos sobre a eleição que, virtualmente, todos os luteranos, e talvez até o próprio Lutero, desistiram de uma visão inflexível da predestinação.⁸ Essas visões protestantes opostas, portanto, estavam presentes na Holanda antes do debate sobre a teologia de Armínio. Brandt afirma que desde o início a Igreja Holandesa não criou nenhuma controvérsia sobre os tópicos, e que o gradual influxo de professores e ministros instruídos em Genebra e Heidelberg levou a uma preocupação entre os pensadores

---

⁶ Brandt, *History*, II, p. 27-28.
⁷ Idem, p. 31.
⁸ Idem, p. 32.

protestantes nativos de que aqueles que mantivessem uma posição não-calvinista seriam excluídos do ministério.

Em seguida, surgiram reclamações contra o ensino melanchthoniano de mestres e ministros estabelecidos, como Anastasio Veluano, Gellio Snecano, Hubert Dove-house, Jhoannes Holmano Secundo, Clement Martenson e Herman Herberts, nenhum destes poderia ter sido classificado de algo menos que um protestante ortodoxo.[9] As disputas nas quais esses teólogos estavam envolvidos são recontadas extensivamente.[10] Armínio aparece, então, na bem-documentada abordagem de Brandt, como outro professor da linha moderada protestante, afirmando a antiga doutrina melanchthoniana contra o inflexível Agostinianismo dos professores calvinistas[11] ou reformados. Esse tratamento é essencialmente o mesmo que o de Carl Bangs,[12] o mais destacado biógrafo moderno de Armínio. Brandt, entretanto, não examina a doutrina de Armínio muito detalhadamente para conferir se ela é melanchthoniana ou luterana –, tampouco examina quaisquer de seus outros ensinamentos com o objetivo de identificar seus efetivos antecedentes históricos ou suas fontes.

Em particular, ele deixa de mencionar quais são os antecedentes históricos medievais da teologia de Armínio e quais os desenvolvimentos paralelos na doutrina Católica Romana. Não deveríamos esperar que um historiador da reforma holandesa do final do século XVII fosse observar os paralelismos entre a Igreja Católica Romana ou da Igreja Medieval com os ensinamentos de Armínio. Por um lado, o próprio Armínio desconsiderava essas fontes, e, na realidade, negava veementemente ter qualquer afeição pela teologia escolástica; por outro lado, a polêmica ainda era intensa na época de Brandt e dificilmente teria coincidido com seu propósito ter buscado relacionamentos positivos entre os pensamentos da

---

[9] Idem.
[10] Veja Brand, *History*, I, p. 308-9, 312-13, 336-37, 369-70, 441-42, 450-51.
[11] Idem, II, p. 32-35, etc.
[12] Carl Bangs, *Arminius: a study in the dutch reformation* (Nashville: Abingdon, 1971), p. 103-4.

Igreja Católica Romana e da Igreja Protestante ao descrever os eventos da reforma holandesa. Contudo, é preciso notar o significado – para o desenvolvimento da teologia protestante entre o final do século XVII e início do século XVIII – que teve o fato de as controvérsias sobre predestinação na Holanda e na Inglaterra serem acompanhadas por uma importante controvérsia sobre predestinação no Catolicismo Romano. Controvérsia gerada pelo rígido Agostinianismo de Michael Baius e a tentativa do teólogo jesuíta Luis de Molina de reconciliar o conceito de um decreto eterno com a liberdade e a responsabilidade humanas.[13]

O segundo biógrafo de Armínio foi Caspar Brandt, filho do historiador Gerard Brandt, e, como o pai, um ministro remonstrante de Amsterdã.[14] Ele assumiu a tarefa apologética iniciada por Bertius, conseguindo desenvolvê-la numa escala muito maior, ao incorporar na narrativa de seu antecessor uma variedade de material extraído das cartas publicadas de Uytenbogaert e de outros eminentes remonstrantes juntamente ao material não publicado antes (principalmente cartas) de Armínio. Brandt, no entanto, não garante a pesquisa histórica de seu pai sobre os antecedentes históricos e teológicos do Arminianismo, na medida em que aceita completamente a narrativa de Bertius de que Armínio havia alterado suas perspectivas sobre predestinação em 1589,

---

[13] Compare Vansteenberghe, "Molinisme", *DTC* 10/2, cols. 2099-2101 com Mandonet, "Banez Dominique", *DTC* 2/1, cols. 140-45; Le Bachelet, "Baius Michel", DTC 2/1, cols 38-111; Henri de Lubac. *Augustinianism and modern theology* (Londres: Geoffrey Chapman, 1969), p. 1-33, 118-22, 145-85; Dewey D. Wallace, *Puritans and predestination grace in english protestant theology*, 1525-1695 (Chapel Hill, University of North Carolina Press, 1982), p. 65-70; John Hunt, *Religious thought in england from the reformation to the end of last century*, 3 vols. (Londres, 1870-73), I, p. 91-93. Uma discussão detalhada da controvérsia do Catolicismo Apostólico Romano que investiga as perspectivas de Banez, Molina, Suárez e Bellarmino é encontrada em Raoul de Scorraille, *François Suárez de la compagnie de Jésus, d'aprés ses lettres, ses autres écrits inédits et un grand nombre de documents nouveaux*, 2 vols. (Paris: Lethielleux, 1912), I, p. 401-78.

[14] Caspar Brandt, *Historia vita Jacob Arminii* (Brunswick, 1725); traduzido por John Guthrie como *The life of James Arminius, D.D.* (Londres, 1854; publicado também com uma introdução por Thomas O. Summers, Nashville, 1857).

ao ser confrontado pelo debate sobre os ensinamentos de Coornhert.[15] O restante do trabalho de Brandt pesquisa as controvérsias que giravam em torno dos ensinamentos de Armínio e que, em última instância, levaram à Remonstrância e ao Sínodo de Dort. Em outras palavras, muito embora o término efetivo do trabalho de Brandt seja a morte de Armínio, seu tratamento do pensamento deste é definido pelo curso da controvérsia. Doutrinas mantidas e ensinadas por Armínio, mas não tocadas no debate, ficam fora do escopo de seu estudo.

Esse padrão básico de argumentação é preservado em dois estudos por A. W. Harrison. Seus livros *Begginings of Arminianism to the Synod of Dort* e *Arminianism* traçam o desenvolvimento da teologia de Armínio desde os debates na Universidade de Leiden, durante a sua vida, até as subsequentes argumentações sobre graça, predestinação, pecado e responsabilidade humana, que se cristalizaram em torno da Remonstrância, da Contra-Remonstrância e dos cânones do Sínodo de Dort.[16] Não poderá haver, certamente, nenhuma reclamação com uma monografia que trace o curso dessa grande controvérsia –, mas Harrison está tão interessado com as polêmicas entre os arminianos e os reformados que não faz nenhuma questão de tentar posicionar os pensamentos de Armínio, ou a teologia de seus sucessores, no contexto do desenvolvimento não polêmico, positivo, do Protestantismo escolástico e ortodoxo. No tratamento de Harrison, devido à atenção cuidadosa com o curso da controvérsia, a teologia de Armínio somente é discutida de forma fragmentada. Na realidade, em um modelo provido essencialmente por polêmicas teológicas e, portanto, não em um padrão

---

[15] Brandt, *The life of James Arminius*, p. 63-64.
[16] A. W. Harrison, *The beginnings of arminianism to the Synod of Dort* (Londres: University of London Press, 1926); *Arminianism* (Londres: Duckworth, 1937). Compare também D. Tjalsma, *Leven en strijd van Jacob Arminius* (Lochem: Uitgave de Rijstroom, 1960), que pesquisa a vida de Armínio e oferece algumas páginas sobre "aspectos" de sua teologia; é observada a associação de Armínio com o Ramismo, compara as ideias de Armínio sobre predestinação com Castellio e, depois, brevemente revisa o ensinamento da carta de Armínio para Hipólito à Collibus e a *Declaration of sentiments*.

concebido para manifestar o desenvolvimento positivo da doutrina de Armínio ou o modo com o qual ele discutiu como suas doutrinas se enquadram na estrutura de sua teologia como um todo.

O mesmo problema de um foco limitado é evidente em *Reformation, Orthodoxie, und Rationalismus*, de Hans Emil Weber, embora neste ensaio o problema seja agravado pela aderência de Weber a uma teoria do desenvolvimento da teologia protestante em torno de "dogmas centrais". A hipótese de Weber de que o Luteranismo é "o sistema da doutrina da justificação" e que o Calvinismo é "o sistema predestinacionista", em que cada sistema é racional e dedutivamente construído em torno de um conceito sistemático central, leva-o a considerar a teologia de Armínio, e o Arminianismo em geral, como um protesto bíblico e humanista contra a racionalização da predestinação. Visto que o decreto funcionava "como uma base sistemática (*prinzip*) para a dogmática" na teologia reformada, a oposição arminiana a uma predestinação rigorosa era vista pelos reformados como uma completa "ofensiva" e um ataque "desprezível" à ortodoxia.[17] O protesto de Armínio, como o conceito jesuíta de um *scientia media* divina, enfraquecia a pressuposição reformada da completa dependência de todas as coisas em Deus.[18] Weber, no entanto, não tenta ver o Arminianismo como algo a mais que um protesto; ele não propõe um dogma central para o Arminianismo, nem desenvolve o paralelismo entre a doutrina arminiana e a *scientia media* jesuíta, tampouco confere ao Arminianismo o status de um sistema.

Graças aos esforços de Carl Bangs, temos efetivamente uma ótima biografia crítica de Armínio baseada em fontes de arquivos e numa ampla variedade de fontes do final do século XVI e início do século XVII.[19] Isso sem falar das contribuições do autor ao estudo da vida e dos pensamentos dele e de sua cuidadosa reavaliação do desenvolvimento

---

[17] H. E. Weber, *Reformation, orthodoxie und rationalismus*, 2 vols. (Gütersloh, 1937-51; rep. Darmstad, 1966), II, p. 120-21.

[18] Idem, p. 121.

[19] Carl Bangs, *Arminius: a study in the dutch reformation* (Nashville: Abingdon, 1971).

do seu pensamento sobre a predestinação. Em vez de seguir Bertius e Brandt que defendem uma mudança de opinião por parte de Armínio após seus estudos universitários, e durante seu ministério em Amsterdã, Bangs assinala que há pouca ou nenhuma evidência da existência de um Armínio inicial, seguidor de Beza e supralapsariano, e que o episódio de sua tentativa de refutar a doutrina da predestinação de Coornhert é provavelmente apócrifo.[20]

Bangs nos oferece um retrato de Armínio como um defensor moderado da predestinação, posicionado na tradição pré-calvinista do Protestantismo holandês e refletindo as perspectivas da graça e da salvação encontradas nos primeiros catecismos da Reforma, como os elaborados por Laurens Jacobson. De acordo com Bangs, então, a teologia de Armínio se baseia firmemente na tradição reformada.[21]

Afora a questão de que se Armínio pode ser considerado ou não um teólogo reformado, o argumento de Bangs é bastante convincente. Todos os escritos de Armínio sobre predestinação e tópicos afins manifestam uma discordância dos ensinamentos de seus contemporâneos reformados, sejam eles infra ou supralapsarianos. Infelizmente, não possuímos nenhum documento saído da pena do próprio Armínio anterior ao famoso debate de 1589 sobre as doutrinas de Dick Coornhert e do Calvinismo modificado de dois ministros de Delft, Arent Corneliszoon e Reynier Donteklok. Foi durante essa disputa que Bertius e Brandt assumiram que Armínio mudara de opinião.[22] Ele começara sua pesquisa dos problemas da predestinação e da *ordo salutis* em 1591, em uma série de sermões. Esses sermões tornaram-se a base para sua *Dissertation*

---

[20] Idem, p. 139-41.

[21] Idem, p. 103-4; comp. p. 333, 336-37, 340, 349, 354, em que Bangs afirma que Armínio era um teólogo reformado; veja também Carl Bangs, "Arminius as a reformed theologian", em *The heritage of John Calvin*, ed. John H. Bratt (Grand Rapids: Eerdmans, 1973), p. 209-22.

[22] Idem, p. 138-40; cf. Bertius, *De vita et obitu*, p.**iii verso-**iv (*Works*, I, p. 29-30) e Brandt, *The life of James Arminius*, p. 60-63.

on... Romans 7. Já seu tratado *A Analysis of Romans 9*,[23] seria lançado em 1596, e no mesmo ano ocorreria a *Conferência* com Franciscus Júnio sobre predestinação.[24] Em todos esses ensaios, Armínio parece estar conduzindo uma investigação sobre as doutrinas e não propriamente estabelecendo uma opinião formada – fato esse que tenderia a confirmar a teoria de Bangs.

O que Bangs deixa de fazer, no entanto, é fornecer um relato completo das razões pelas quais há um desenvolvimento teológico em Armínio. Concedendo que os pensamentos de Armínio sobre a predestinação podem refletir uma teologia pré-calvinista residente nos Países Baixos, ainda deve ser explicado por quê a doutrina de Armínio se desenvolveu ao longo de certas linhas técnicas e com a atenção dirigida a questões como a lógica interna da vontade divina, o caráter dos seres humanos em seus estados em seu estado original de criação, o relacionamento da vontade divina, em sua concorrência providencial, com os atos dos seres humanos, e a natureza da presciência divina sobre futuros contingentes. Tudo isso é altamente técnico, essas são, de fato, questões escolásticas, e os antecedentes desses elementos particulares dos ensinamentos de Armínio deve ser notado antes que o caráter de seu ensino possa ser totalmente compreendido. O único ponto que Bangs retém de Bertius é a hipótese de que Armínio se opusera ou reagira contra um supralapsarianismo, especificamente o de Beza.[25]

Lamentavelmente, a teologia de Armínio não recebeu uma atenção mais cuidadosa como a que havia sido dedicada à sua vida. Bangs apresenta um breve exame da concepção de Armínio das ideias e do método de sua teologia,[26] e ele pesquisou seus vários ensaios sobre graça e predestinação que levaram até a disputa final entre Armínio

---

[23] Veja Bangs, *Arminius*, p. 186, Brandt nota a data de conclusão do tratado como o início de 160. Veja *The life of James Arminius*, p. 71.

[24] Idem, p. 194, 199.

[25] Bangs, *Arminius*, p. 66-71, 77, 138-41, 148-49.

[26] Idem, p. 256-61.

e seus contemporâneos reformados nos Países Baixos – a *Dissertation on Romans 7*,[27] a *Short Analysis of Romans 9*, a *Conference with Franciscus Junius*[28] e a *Examination of Perkins' Pamphlet*.[29] Ele, ainda, pesquisou os conteúdos de sua obra *Declaration of Sentiments*[30] e fornece um panorama geral das ideias de Armínio sobre os tópicos da igreja, pecado, livre-arbítrio e graça, sinergismo, justificação, santificação, certeza, perseverança e predestinação.[31]

Sem tirar nada do mérito do estudo de Bangs, há dois problemas básicos com essas pesquisas. De um lado, com a exceção da discussão do conceito de teologia, elas abordam apenas as ideias de Armínio que apontam para o debate em Dort e não fazem nenhuma tentativa de apresentar a sua teologia como um todo. Por outro lado, Bangs meramente resume as ideias de Armínio sem tentar analisá-las em termos do desenvolvimento da teologia reformada do final do século XVI e início do século XVII, ou de seus possíveis antecedentes na Idade Média ou na Reforma. A única exceção a essa generalização é o reconhecimento de Bangs de uma influência melanchthoniana nos predecessores de Armínio como Johannes Holmano Secundo e Géllio Snecano.[32]

Críticas similares, e um tanto mais severas, devem ser feitas à apresentação da teologia de Armínio por Harold Slaatte em seu estudo comparativo sobre as ideias de Joseph Fletcher e Armínio, intitulado *The Arminian arm of Theology*.[33] Slaatte se limita a dizer que é teológica e historicamente ilegítimo "pular" de Fletcher para Armínio sem qualquer consideração do desenvolvimento do Arminianismo continental após

---

[27] Idem, p. 186-92.
[28] Idem, p. 193-205.
[29] Idem, p. 206-21.
[30] Idem, p. 307-13.
[31] Idem, p. 332-55.
[32] Idem, p. 139, 193-94.
[33] Harold Slaatte, *The arminian arm of theology: the Theologie of John Fletcher, first methodist theologian, and his precursor, James Arminius* (Washington, D. C.: University Press of America, 1978).

Armínio nos pensamentos de Simon Epíscópio, Stefano Curcellaeus e Philipp Limborch, ou dos antecedentes ingleses nativos do Arminianismo-Wesleyano. Também assume que uma discussão sobre os tópicos da predestinação e da *ordo salutis* – novamente, o *loci* debatido em Dort – é suficiente para a compreensão da teologia de Armínio. Além disso, o estudo de Slaatte é baseado inteiramente em fontes da língua inglesa, e, portanto, não tem nenhum contato com o genuíno vocabulário teológico de Armínio.

Uma contribuição muito importante para o estudo das ideias de Armínio e da teologia reformada holandesa ortodoxa em geral foi dada em *Reformed thought and Scholasticism*,[34] de John Platt. Embora ele restrinja seu estudo a um exame cuidadoso das evidências da existência de Deus à medida que elas se desenvolveram na teologia holandesa entre 1575 e 1650, seu ensaio tem amplas implicações para o estudo do Escolasticismo protestante. Platt claramente demonstra um interesse profundo, positivo, na parte de os teólogos protestantes holandeses em categorias escolásticas. Ele, ainda, convincentemente, insere Armínio no contexto desse desenvolvimento do Escolasticismo protestante e mostra que havia elementos de um diálogo filosófico e teológico positivo entre Armínio e seus colegas da faculdade de Leiden. Embora a seção sobre Armínio seja muito breve, ela serve para demonstrar a importância de se entender as suas ideias no contexto do Escolasticismo e da ortodoxia reformada em Leiden após o trabalho seminal de Franciscus Júnior.[35]

Com a exceção do estudo de Platt – em que as ideias de Armínio são discutidas brevemente, e em poucas páginas –, não houve tentativas de inserir a teologia de Armínio em seu contexto intelectual. Além do mais, as ideias de Armínio não têm sido descritas em termos da discussão acadêmica do Protestantismo pós-Reforma. As monografias-padrão e as inúmeras biografias de Armínio não fazem referência ao problema do

---

[34] John Platt, *Reformed thought and scholasticism: the arguments for the existence of God in dutch theology*, 1575-1650 (Leiden: Brill, 1982).

[35] Idem, p. 148-59.

desenvolvimento da ortodoxia confessional e do Escolasticismo protestante, e, com isso, as histórias mais antigas da teologia protestante, como as de Dorner e Ritschl, não foram consultadas;[36] e os exames mais detalhados do impacto do método escolástico e filosófico no pensamento protestante por H. E. Weber, Eschweiler, Wundt, Lewalter e Dibon também foram ignorados.[37] (Há uma leve ironia no fato de que Weber não aplicou os resultados de suas primeiras pesquisas sobre o impacto da filosofia e do método escolástico no pensamento de Bartholomaus Keckermann e na teologia da ortodoxia luterana inicial para a discussão de Armínio e do Arminianismo em sua análise posterior do fenômeno da ortodoxia protestante. Ali, nós recordamos, Armínio aparece apenas como o biblicista e "humanista", oponente ao "sistema predestinacionista" reformado.[38]) Os ensaios mais curtos de Bakhuizen van den Brink, Van Holk e Hoenderdaal recaem nessas mesmas críticas.[39]

---

[36] I. A. Dorner, *History of protestant theology*. 2 vols. (Edimburgo: T e T Clark, 1871); Otto Ritschl, *Dogmengeschichte des protestantismus*, 4 vols (Leipzig e Göttingen: J. C. Hinrichs/ Vandenhoeck e Ruprecht, 1908-27).

[37] Hans Emil Weber, *Die philosophische scholastik des Deutschen protestantismus in zeilalter der orthodoxie* (Leipzig: Quelle und Meyer, 1907); idem. *Der Einfluss der protestantischen schulphilosophie auf die orthodox-lutherish dogmatik* (Leipzig: Deichert, 1908); Karl Eschweiler, "Die philosophieder spanischen spätscholastik auf den deutschen universitäten des siebzehnten jarhunderts", em *Gesammelte aufsätze zur kulturgerschichte spaniens*, ed. H. Finke (Münster: Aschendorff, 1938; Max Wundt, *Die deutsche schulmetaphysik des 17. Jahrhunderts* (Tubingen: J. C. B. Mohr, 1939); Ernst Lewalter, *Spanisch-jesuitisch und-lutherische methaphysik des 17. Jarhunderts* (Hamburg, 1935; reimpres. Darmstad: Wissenschaftlice Bughgesellschaft, 1968); Paul Dibon, *L'Enseignement philosophique dans les universités néerlandaises à l'époque précartesienne* (Paris: Elsevier, 1954). Observe que *L'Enseignement philosophique* de Dibon tanto foi publicado como sua tese de dissertação na Universidade de Leiden, como o volume 1 (sem alteração) de seu planejado *La Philosophie néerlandaise au siècled'or*.

[38] Veja Weber, *Reformation, orthodoxie und rationalismus*, II, p. 99-100, 111-14.

[39] J. N. Bakhuizen van den Brink, "Arminius te Leiden". *Nederlands theologisch tijdschrift*, 15 (1960-61), p. 81-89; G. J. Hoenderdaal, "De theologiche betekenis van Arminius". *Nederlands theologisch Tijdschrift* 15(1960-61); 90-98; idem. "The life and struggle of Arminius in the dutch republic", em *Man's faith and freedom: the theological influence of Jacob Arminius*, ed. Gerald O. McCulloh (Nashville: Abingdon, 1963), p. 11-26; idem. "The debate about Arminius outside the Netherlands", em *Leiden University in the seventeenth century:*

Os historiadores nos deixam com o que, de certa forma, poderia ser chamado "exageradamente" de o problema do Armínio histórico. O Armínio "da fé", que emerge contra o predestinacionismo escolástico dos reformados, dotado de um biblicismo anti-escolástico e, portanto, um discurso anti-predestinacionista, é ao mesmo tempo consideravelmente mais e menos importante que o Armínio "da história". É consideravelmente mais importante, porque as perspectivas da graça e da eleição por ele expressas não constituíam inovações geradas por uma análise mais cuidadosa dos problemas da doutrina reformada. Era sim, uma perspectiva doutrinal similar às das doutrinas medievais mais recentes sobre a graça e a eleição e as perspectivas de diversos pensadores britânicos que protestavam contra a doutrina reformada da predestinação em Cambridge somente uma década antes de Armínio, e profundamente parecidas com as perspectivas expressas por católicos romanos oponentes de Michael Baius durante o mesmo período. Em contrapartida, é consideravelmente menos importante porque os ensaios dele não apenas expressam uma perspectiva alternativa da predestinação, como também um sistema teológico mais amplo que difere em vários pontos da teologia reformada da época. De fato, um exame mais aprofundado da teologia de Armínio demonstra que ele não considera a predestinação como um dogma central, apresenta uma diferente formulação e depois elabora um sistema ao seu redor. Preferencialmente, a doutrina de Armínio da predestinação aparece apenas como um aspecto de um sistema em desenvolvimento maior e, talvez, como resultado de outras considerações doutrinais anteriores, tais como: as perspectivas de Armínio sobre a cristologia,[40] a doutrina de Deus e as doutrinas da criação e da providência.

---

an exchange of learning. Th. H. Lunsingh Scheuleer e G. H. M. Posthumus Meyjes (eds.) (Leiden: Brill, 1975), p. 137-59; e Lambertus van Holk, "From Arminius to Arminianism in dutch theology", em *Man's faith and freedom*, p. 27-45.

[40] Veja Richard A. Muller, "The christological problem in the thought of Jacob Arminius", *Neederlands archief voor kerkgeschiedenis* 68 (1988), p. 145-63.

CAPÍTULO 2

O desenvolvimento da teologia de Armínio em seu contexto histórico

Em 1575, Armínio viajou de Utrecht para Marburg a fim de iniciar os estudos na faculdade sob o acompanhamento de Rudolf Snellius, professor de teologia da Universidade de Marburg e um renomado lógico, matemático e linguista. No mesmo ano, era fundada a Universidade de Leiden. Armínio estudou em Marburg com seu mentor por cerca de um ano, para depois se inscrever no curso de artes liberais da nova universidade em 23 de outubro de 1576. Ele foi o 12º estudante inscrito, indica Bangs.[41] Do pronunciamento oficial feito em seu funeral por Bertius, sabemos que Armínio estudou teologia, matemática e "outros ramos da filosofia", e que Lambert Daneau, trazido até Leiden como professor de teologia em 1581, elogiava Armínio por sua inteligência, proficiência e ainda instava os outros "alunos a imitarem o exemplo de seu pupilo, tendo a mesma atenção animada e diligente ao estudo da teologia sagrada".[42] Além de Daneau, Armínio estudou com Guilhelmus Feuguereus e, provavelmente, de novo, com Snellius,

---

[41] Bangs, *Arminius*, p. 47.
[42] Bertius, *De vita et obitu*, p.**ii verso (*Works*, I, p. 21-22).

que fora designado professor de matemática em Leiden em 1581, um pouco antes de Armínio concluir seus estudos e partir para Genebra.[43]

É difícil avaliar o impacto desses três professores em Armínio, dada a associação relativamente breve que este estudante teve com Daneau e Snellius. Deste último, Armínio pode muito bem ter herdado o gosto pela lógica ramista que, posteriormente, faria com que ele discordasse de seus professores, incluindo Beza, em Genebra, e que também o ajudaria a formular seus argumentos lógicos durante os anos como professor em Leiden. Snellius havia sido instruído na filosofia de Aristóteles – tanto o Aristotelismo mais antigo da tradição escolástica, conforme mediado e modificado pelos lógicos do último período medieval, a exemplo de Rudolf Agrícola, como o mais novo da Renascença, com seu recurso aos estudos originais de Aristóteles. Ao lecionar em Colônia, Snellius havia ensinado filosofia e lógica aristotélica, mas logo após sua chegada em Marburg, ele descobriu a nova lógica ramista e ficou tão impressionado com essa disciplina que se devotou a ensiná-la na universidade.[44] Conforme reconhecido por Bangs, essa matéria teve mais influência na lógica de Armínio que em sua teologia. A lógica ramista não era propriedade exclusiva de nenhuma teologia em particular: um dos mais completos lógicos ramistas da época era o supralapsariano William Perkins.[45] No entanto, uma das características da própria teologia ramista era a de considerar o sistema da doutrina cristã sob um aspecto muito mais prático do que teórico – ponto esse que, apesar de discordar fundamentalmente dos decretos, fora transferido para as teologias de Perkins e Armínio.[46]

---

[43] Veja Bangs, *Arminius*, p. 50, 55,64.

[44] Veja apêndice C em *Works*, I, p. 55.

[45] Bangs, *Arminius*, p. 63. Para uma avaliação da considerável influência de Ramus em Perkins, veja Donald K. McKim, *Ramism in William Perkins' theology* (Nova York e Berna: Peter Lang, 1987; veja também Keith L. Sprunger, "Ames, Ramus, and the Method of Puritan Theology", em *Harvard Theological Review* 59 (1966), p. 133-51.

[46] Compare Ramus. *Commentariorum de religione christiana* (Frankfurt, 1576), I. i com Perkins, *The Golden Chain*, em *Works*, I, p. 11, col. 1, e Arminius, *Disp. priv.* I. iii, v; e veja a discussão em *PRRD*, I, p. 108-9, 219-23.

Seria um erro considerar essa classe de lógica como contrária a todas as concepções aristotélicas ou como uma libertadora humanística das "sutilezas escolásticas" da teologia.[47] O pensamento ramista é mais bem entendido como um Aristotelismo modificado na tradição de um dos últimos lógicos medievais Rudolf Agricola, e na esteira do desenvolvimento da lógica e do método galênico do século XVI. Ademais, como apontado por Ramus em sua própria época, alguns de seus melhores argumentos foram extraídos diretamente de Aristóteles.[48] Também há uma questão histórica de que as bifurcações líquidas de Ramus, longe de obstruírem o caminho do desenvolvimento do Escolasticismo protestante, se tornam o veículo lógico para a criação de sistemas escolásticos abrangentes e coesivos por autores como Perkins, Polano, Piscator, Ames e Maccovius.[49] Essa capacidade arquitetônica e sistematizante da lógica ramista é mantida por Armínio.

Muito pouco, se tiver algo, pode ser dito sobre o tipo de teologia que Armínio pode ter aprendido de Feuguereus, que foi professor de teologia em Leiden de 1575 a 1579. Feuguereus havia editado o *Scripture thesaurus*, de Augustin Marlorat, uma concordância tópica para ambos os Testamentos, além de ter publicado o tratado eucarístico comentado de Ratramnus de Corbie.[50] Seu único principal ensaio independente foi um tratado sobre a Igreja.[51] O *Scripture thesaurus* foi publicado em Lon-

---

[47] Contra Graves, *Peter Ramus*, p.141-43 e Bangs, *Arminius*, p. 58.

[48] Ong. *Ramus*, p. 214-20; 254-62; Bangs, *Arminius*, p. 59-60.

[49] Compare McKim, *Ramism in William Perkins' theology*; Sprunger. "Ames, Ramus, and the method of puritan theology", p. 133-51; Walter Ong., "Johannes Piscator: one man or a ramist dichotomy". *Harvard Library Bulletin* 8 (1954), p. 151-62; idem, *Ramus*, p. 298-300; Perry Miller, *The New England mind: the seventeenth century* (1939; rep. Boston: Beacon, 1961, caps. 5 e 6.

[50] Guilhelmes Feugueraeus, *Bertramni presbytery, de corpori et sanguine domini liber ad carolum magnum imperatorem G. Feugueraei opera emendatus et comentario illustratus* (Leiden, 1579).

[51] Guilhelmes Feugueraes. *Responsa ad questiones cuiusdam obscuri inquisitoris in Zelandia delitescentis, de ecclesiae perpeituitate et notis, deque alius quinque eodem pertinen-tibus, capitibus* (Leiden, 1579).

dres, em 1574, antes de ele chegar em Leiden; os outros dois trabalhos apareceram em Leiden por volta de 1579, durante seu último ano como professor da universidade.

Lambert Daneau, que fora professor de teologia durante o último ano de Armínio em Leiden (1581), conhecia-o já a um bom tempo a ponto de desenvolver uma empatia por sua capacidade. Não podemos afirmar precisamente o que Daneau conferiu ou percebeu no trabalho de seu aluno, mas podemos identificar em seus próprios trabalhos algumas das características que ele valorizava na teologia. Daneau estudara com Calvino em 1560 e havia consolidado uma estreita amizade com Beza no período em que atuara como pastor em Genebra, de 1574 a 1581. Juntamente com Beza, Ursino e Zanqui, ele foi um dos formuladores da forma escolástica inicial do Protestantismo. Sob um aspecto, ele não segue Beza, adotando uma perspectiva supralapsariana da predestinação, mas, a exemplo de Zanqui, adota uma formulação infralapsariana.[52] Daneau, assim, não ensinou a Armínio a doutrina supralapsariana contra a qual este último debatia tão determinadamente. Ainda mais importante, Daneau se inclinou para o Escolasticismo medieval de modo a construir modelos teológicos, e ficara tão intrigado com os esforços sistemáticos de Pedro Lombardo que fez um comentário de cunho protestante sobre o primeiro livro das *Sentences*.[53]

Ele também lera exaustivamente os estudos de Tomás de Aquino e incorporara muitos de seus argumentos, incluindo as provas da existência de Deus, em seu sistema teológico, o *Christianae isagoges*. Daneau, inclusive, assinala que o *Centiloquium theologicum* ocamista nega a possibilidade de provar a existência de Deus, isso, acrescenta ele, é falso, embora os cinco pontos de Aquino sejam argumentos corretos e úteis. As referências de Daneau evidenciam uma familiaridade com a *Summa Theologica* de Aqui-

---

[52] Lambert Daneau, *Christianae isagoges ad christianorum theologorum locos communes, libri II* (Genebra, 1583).

[53] Lambert Daneau, *In Petri Lombardi Episcope Parisiensis... librum primum sem tentiarium... Lamberti. Danaei commentarius triplex* (Genebra, 1580).

no e com os comentários deste sobre as *Sentences*. E, além do mais, Fatio tem mostrado que o Escolasticismo de Daneau, embora baseado numa ampla leitura de doutores medievais, favorecia uma interpretação crítica de Pedro Lombardo, Tomás de Aquino e Durando de Santo Porciano.

Armínio, como seria visto posteriormente, tinha um conhecimento razoavelmente extensivo de Lombardo, certamente "bebia nas fontes" de Aquino, mas provavelmente não extraiu muito de Durando.[54] A junção de Tomás e Durando na obra de Daneau, no entanto, fornece uma indicação significativa da direção da teologia escolástica reformada. Da mesma forma que o Tomismo de Vermigli e Zanqui era consistentemente modificado na direção das perspectivas agostiniana e calvinista sobre a natureza humana, pecado e graça, o mesmo ocorria com a justaposição de Daneau com o mais independente pensador dominicano, Durando, e Tomás de Aquino, que apontavam para um interesse em uma crítica epistemológica e, frequentemente, modificações agostinianas da posição tomista. Contrárias às visões mais antigas de Durando, suas teorias não podem ser reivindicadas como claras predecessoras de Ockham.[55] A abordagem de Daneau em relação às provas, ademais, deixa claro que ele rejeitava a negação nominalista de um enfoque analógico, racional ao divino em favor da abordagem tomista.[56] Vale a pena levantar a questão

---

[54] Daneau. *Christianae isagoges*, J. iii; veja Olivier Fatio, *Méthod et théologie: Lambert Daneau et les débuts de la scolastique reformée* (Genebra: Droz, 1976), p. 118-30.

[55] Veja Copleston, *History of philosophy*, III, p. 26-28.

[56] Estudos recentes têm demonstrado que o termo "nominalismo" deve ser usado com cautela. De fato, um acadêmico argumentou contra o seu uso como uma caracterização da teologia do último período medieval; veja William J. Courtnay, "Nominalism in late medieval religion", em Trinkhaus e Oberman eds. *The pursuit of holiness in late medieval and renaissance religion* (Leiden, 1974), p. 26-59; e note o trabalho muito detalhado de Katherine Tachau, *Vision and certitude in the age of Ockam: optics, epistemology and the foundations of semantics, 1250-1345* (Leiden: Brill, 1988), que índica amplas áreas de investigação nos últimos períodos da Idade Média – incluindo problemas cognitivos observados nos comentários das *Sentences* –, que, contrariamente, à opinião recebida eram totalmente intocáveis pela abordagem crítica de Ockham ao problema do conhecimento. O 'nominalismo' não pode mais ser utilizado como uma ampla e indiscriminada categoria para rotular a teologia dominante dos últimos períodos da Idade Média, sem atenção aos detalhes das perspectivas

de que se o entusiasmo de Daneau pela obra teológica de Armínio era uma indicação do interesse de seu pupilo nos métodos e padrões da teologia escolástica ou o reconhecimento de uma nascente admiração do Tomismo pela teologia do jovem Armínio.

No outono de 1581, Armínio, à época com 22 anos, deixou Leiden para prosseguir seus estudos em Genebra. Os seis anos de estudo baseados em Genebra, mas com viagens eventuais a Basileia e Pádua, são decisivos para um entendimento de sua teologia. Na opinião de Bertius e Brandt, Armínio havia defendido um Calvinismo estrito, aparentado ao de Theodore Beza, até ser confrontado, como ministro em Amsterdã, com as formas alternativas da doutrina da predestinação propostas por Coornhert na Holanda e Hemmingius na Dinamarca.[57] Bangs consegue mostrar que a própria teologia de Armínio sofre um desenvolvimento em vez de experimentar uma brusca mudança no encontro com Coornhert; ademais, ele de forma convincente, afirma que Armínio provavelmente jamais apoiou uma doutrina supralapsariana como a de Beza.[58] Contudo, ele ainda assume que o supralapsarianismo era a teologia dominante da época e também que ela deve ser entendida[59] como uma reação contra a alternativa de Armínio.

---

das perspectivas de pensadores individuais. Sua aplicação no campo da lógica e da metafísica, no entanto, para uma disposição crítica que enfatizasse o conhecimento como um conhecimento de particularidades e recusasse conceder a existência extramental, real, de elementos universais, ou a "real existência do universal nos indivíduos", permanece, penso eu, não desafiada. Compare Philotheus Boehner, "The realistic conceptualism of William of Ockham", em *Collected articles on Ochham*, ed. Eligius M. Buytaert (St. Bonaventure, NY: Franciscan Institute, 1958), p. 159, com os comentários de certa forma pontuais de Kristeller, "The validity of the term: 'nominalism'", em Trinkhaus e Oberman, eds. *Pursuit of holiness*, p. 65-66. Neste ensaio, o termo "nominalismo" é utilizado nesse sentido limitado. Similarmente, o "Escotismo" é utilizado para se referir diretamente aos motivos particulares pertencentes à mente de Duns Scotus, tal como a distinção entre *theologia in se* e *theologia nostra* enfatizam a posterior linguagem das teologias atípica e arquetípica.

[57] Bertius, *De vita et obitu*, p. **ii verso **iii recto (*Works*, I, p. 29-31); Brandt, *Life of James Arminius*, p. 60-64.

[58] Bangs, *Arminius*, p. 138-41.

[59] Idem, p. 66-71, 77, 148-49, 253.

Bangs reconhece efetivamente que Beza não era "nenhum déspota" da Academia de Genebra, e que outras perspectivas diferentes das suas eram toleradas.[60] O que Bangs não observa, entretanto, é que Genebra não era absolutamente dominada pelo supralapsarianismo, e que o próprio Beza provavelmente não reivindicava um status confessional para sua doutrina, mas reconhecia a perspectiva geralmente infralapsariana de Bullinger e outros como a norma confessional para as igrejas reformadas. Foi a *Confessio Helvetica* posterior de Bullinger que se tornaria a base para a *Harmonia das Confissões Reformadas,* desenvolvida em Genebra em 1580 sob a supervisão de Beza.[61] Além disso, a teologia de Armínio não é para ser considerada essencialmente como uma rejeição ao supralapsarianismo reformado; Armínio também rejeitava o infralapsarianismo das confissões reformadas.[62] Outros alunos de Beza, como Johann Polyander –, posteriormente um dos autores da ótima *Synopsis purioris theologiae* da Universidade de Leiden -, sai de Genebra confirmado em uma perspectiva infralapsariana, confessional, da predestinação.[63]

O que, então, Armínio efetivamente ganha com essa experiência em Genebra? Ele obtém, provavelmente pela primeira vez, um senso da magnitude do debate filosófico entre os ramistas e os aristotélicos tradicionais.

---

[60] Idem, p. 75.

[61] Veja Philip Schaff, *The creeds of christendom*, 3 vols. (Nova York, 1931; rep. Grand Rapids: Baker, 1983) I, p. 354.

[62] Compare *Dec. Sent.*, p. 116-117 (Works, I, p. 645-47).

[63] Compare *Propositions and principles of divinitie propounded... in the University of Geneva... under M. Theodore Beza and M. Antonie Faius* (Edimburgo, 1595), p. 26, em que a tese infralapsariana de Poliander é registrada como defendida com sucesso, com a *Synopsis purioris theologiae* (Leiden,1625; 6ª ed., 1881), XXIX. xiv, em que o seu colega Walaeus entrega uma definição infralapsariana similar. Sobre a teologia da *Synopsis* e seu significado, veja G. P. van Itterzon, "De 'Synopsis purioris theologiae': gererformeed Leerboek der 17 de Eeuw", em *Nederlands archief voor kerk geschiedenis* 23 (1930), p. 161-213, 225-59; C. A. Tukker, "Vier liedse hoogleraren in de gouden Eeuw: De Synopsis purioris theologiae als theologisch document (1)" em *Theologiae Reformata* 17 (1974), p. 236-50; e idem. "Theologie em scholastiek: De Synopsis purioris theologiae als theologisch document (2)", em *Theologia Reformata* 18 (1975), p. 34-49.

Em Genebra, a filosofia de Ramus é atacada constantemente por Theodore Beza e pelo filósofo Petrus Galesius, um seguidor espanhol de Aristóteles. Na realidade, em 1570, Beza impede os esforços de Ramus para entrar na faculdade de Genebra –, em parte por razões financeiras e de outro lado por uma "determinação de seguir a posição de Aristóteles, sem se desviar de uma linha, seja em lógica ou em outras matérias".[64] Bertius recorda que Armínio retinha uma "adesão inquebrantável" em relação à filosofia de Ramus, "que ele defendia publicamente da maneira mais fervorosa, e que falava em privado a seus alunos o quanto admirava esse sistema lógico".[65] Entre esses alunos estava Uytenbogaert, amigo e aliado de Armínio dos últimos anos. Galesius ficara irado, e Armínio foi proibido de ensinar o Ramismo.

Armínio partiu para a Basiléia, local em que permaneceu de setembro de 1583 a agosto de 1584. Nessa época, ele retornou para Genebra e novamente continuou os estudos com Beza, Faius e Perrot, com os quais havia mantido um relacionamento cordial.[66]

Após seus estudos em Genebra e antes de sua partida para o trabalho como pastor em Amsterdã, ele fez uma viagem para a Itália. Sua estadia pode ter sido de no máximo um ano – do verão de 1586 ao de 1587 –, mas certamente sem passar disso. Sabemos que ele estudou em Pádua com Jacob Zabarella. O significado dessa viagem em seu desenvolvimento teológico tem sido debatido acaloradamente desde o início do século XVII. Mesmo antes de sua morte, alguns de seus oponentes e detratores espalhavam boatos de que Armínio havia se convertido para o Catolicismo Romano, tivera uma audiência com o Papa, havia beijado seus pés e tinha frequentado a Companhia e as Assembleias dos Jesuítas, além de ter travado uma rápida amizade com o grande antiprotestante

---

[64] Beza, conforme citado em Wadddington, *Ramus*, p. 229-30; compare Bangs, *Arminius*, p. 60-61.

[65] Bertius, *De vita et obitu*, **ii verso (*Works*, I, p. 23).

[66] Veja Bangs, *Arminius*, p. 71-73.

e criador de polêmicas Roberto Bellarmino.⁶⁷ Certamente, não há verdade alguma nessas alegações. Após um ano na Itália, Armínio retorna para Genebra – novamente sem qualquer deterioração de seu cordial relacionamento com Beza.

Será que esses eventos sugerem algo para nós sobre o desenvolvimento teológico de Armínio? Bertius, de cuja biografia de Armínio dependemos para o esboço geral dessa narrativa, assume que ele rompe com Beza do ponto de vista teológico somente após sua partida de Genebra, mas está disposto a considerar Ramismo como um ponto básico da diferença entre professor e aluno. Brandt e Bangs concordam que Armínio mantinha sua oposição a Aristóteles e permanecera completamente ramista ao longo de seus anos de professorado em Leiden.⁶⁸ No entanto, os eventos, parecem apontar para uma direção um tanto diferente, particularmente em vista do caráter eclético do uso filosófico posterior de Armínio. Ele efetivamente reteve as definições ramistas da teologia, mas seus padrões da exposição teológica nas *Orations* e *Disputations* manifestam pouco impacto da lógica ramista, bem em contraste com o uso consistente da bifurcação por autores como Perkins, Polanus e Ames. A viagem de Armínio para ouvir Zabarella, que era um dos principais expoentes do recém reavivado Aristotelismo do final da Renascença, sugere que ele não aderia tanto à polêmica anti-aristotélica de Ramus como é frequentemente assumido. Além disso, o interesse posterior de Armínio na metafísica de seguidores espanhóis de Aristóteles, como Suárez e Molina,⁶⁹ quando somado ao seu interesse em Zabarella, também apontam para o fato de que a influência de Galesius pode não ter sido inteiramente negativa!

Embora não fiquem claras as perspectivas filosóficas que Armínio adquire durante a fase de seus estudos em Genebra, é razoavelmente certo que as tendências escolásticas de seu pensamento, como ins-

---

⁶⁷ Bertius, *De vita et obitu*, **iii recto (*Works*, I, p. 26-27); compare Bangs, *Arminius*, p. 78-80.
⁶⁸ Compare Brandt, *Life of James Arminius*, p. 41-42 com Bangs, *Arminius*, p. 62-63, 257.
⁶⁹ Veja a seguir, caps. 6, 10, 11, 12 *et passim*.

tilado por Daneau e numa certa medida Snellius, eram confirmadas pelos ensinamentos de Beza e Faius. O método escolástico e a filosofia inculcada pelo Tomismo de Daneau eram reforçados pelo método das disputas acadêmicas empregadas na Academia. Ao ensinar teologia e conferir graus com base na defesa bem-sucedida de teses acadêmicas, a universidade de Genebra tanto extraia de métodos pedagógicos do Escolasticismo medieval como fornecia aos alunos uma pedagogia escolástica para uso em suas subsequentes carreiras de professor. Júnio, educado em Genebra até o fim da carreira de Calvino, adotou esse método em Heidelberg e o aprimorou em Leiden. Armínio e outros teólogos de Leiden aprenderam isso em Genebra com Beza e o retiveram em suas salas de aula em Leiden. No tocante à famosa carta de recomendação escrita por Beza para Armínio, ela não deveria ser vista como uma peça que revelasse orgulho, mas sim um ato vazio de um professor que não conhecia suficientemente bem seu aluno para entender em que temas diferiam os pontos-chave de suas doutrinas ou como um indício de que Armínio mantivera no passado uma visão da predestinação substancialmente igual à de Beza e, subsequentemente, mudara de opinião. O Armínio que Beza conhecera em Genebra, entretanto, poderia não ter articulado claramente suas perspectivas sobre predestinação –, resultado da correspondência não publicada que trocara com Júnio e a refutação (também não publicada) de Perkins, ambas escritas após a partida de Armínio de Genebra. Beza, a exemplo de Daneau, pode simplesmente ter comentado sobre a aptidão do jovem Armínio no trato com a teologia escolástica que, então, começava a vigorar no Protestantismo. Como observado corretamente por Bangs, não se nota a palavra predestinação na carta.[70]

O desenvolvimento teológico de Armínio entre a época de sua partida de Genebra em 1587 e o início de seus deveres como professor em 1603 é registrado nas páginas das disputas escritas durante esses

---

[70] Veja Bangs, *Arminius*, p. 73-75, e compare o texto estendido da carta em *Works*, I, p. 24-25, em Brandt. *Life of James Arminius*, p. 48-49.

anos, mas somente publicadas postumamente, em particular no debate epistolar com Francisco Júnio[71] e na extensa refutação do tratado de William Perkins sobre a predestinação.[72] Em ambos os casos, o leitor é surpreendido pela habilidade de Armínio em debates escolásticos e de ele utilizar as mesmas distinções escolásticas como seus oponentes, mas com a finalidade de defender uma posição contrária. A conferência com Júnio, embora fosse conduzida por correspondência, assume a forma de uma disputa acadêmica escolástica. Armínio afirma uma proposição ou tese para as quais Júnio faz objeções em defesa de suas ideias. Esse padrão é seguido em 27 proposições. A maior parte dos argumentos é desenvolvida silogisticamente e, com frequência, há uma refutação posterior pela demonstração de erros lógicos.[73]

Não apenas o método, mas também o conteúdo da *Conferência* é escolástico. Armínio se preocupa com algumas questões como a distinção entre necessidade absoluta, necessidade do consequente e a necessidade das consequências, e a distinção entre a certeza do conhecimento e a necessidade resultante dos atos da vontade.[74] Levanta, ainda, questões sobre a correção de identificar seres humanos em seus estados originais como existindo em *puris naturalibus*, e discute o caso tomista para o dom da graça exageradamente acrescentado, ou *donum superadditum*, como inato ao ser humano no ato inicial da criação.[75] Ele também apresenta uma série de distinções escolásticas a respeito da relação do conhecimento divino com seus desígnios.[76]

Similarmente, o *Modest examination* segue o método escolástico argumentativo, ao dividir o tratado de Perkins em argumentos separados

---

[71] *Amica cum Francisco Júnio de praedestinatione per litteras habita collatio*, em *Opera*, p. 445-619 (*Works*, III, p. 1-248).

[72] *Examen modestum libelli Perkinsianae*, em *Opera*, p. 621-777 (*Works*, III, p. 249-484).

[73] Veja *Amica collatio*, p. 523, 554-66 (*Works*, III, p. 110, 153-71).

[74] Idem, p. 572 (*Works*, III, p. 180).

[75] Idem, p. 521-25 (*Works*, III, p. 108-14).

[76] Idem, p. 492 (*Works*, III, p. 65-66).

e, depois, contestar a estrutura silogística deles ao manifestar erros, seja nas proposições maiores ou menores do texto.[77] Armínio ainda discute com Perkins com base em uma perspectiva escolástica dos atributos divinos –, observando, por exemplo, que os ensinamentos desse estudioso deixam de examinar as lógicas da justiça, vontade e liberdade em Deus. Perkins erradamente discute a liberdade divina ao colocar a vontade antes da justiça, quando a visão apropriada argumentaria que a justiça é a regra da vontade e que esta é livre, pois não é limitada por causas externas.[78] A exemplo da *Conferência* com Júnio, Armínio aqui também exibe recursos para a distinção entre a necessidade do consequente e a das consequências.[79]

Em 23 de outubro de 1602, Francisco Júnio, professor regular de teologia da Universidade de Leiden, morre de praga. Praticamente uns dois meses antes, um de seus colegas, Lucas Trelcatius, o decano, havia sido levado pela mesma doença. Francisco Gomaro, o sucessor de Trelcatius, é deixado para lecionar sozinho e arcar com a carga exigida na universidade. Havia urgência em se conhecer o nome do sucessor de Júnio, mas o candidato que seria indicado pelos curadores da universidade imediatamente passou a ser alvo de debates e dissenção. Os curadores preferiram Armínio, à época um ministro reformado de Amsterdã. O corpo docente, em especial Gomaro, acreditava que não havia razão para se duvidar da ortodoxia de Armínio e propôs diversos outros candidatos confiáveis. Armínio ainda não publicara nenhum estudo e as reclamações contra ele eram baseadas essencialmente em boatos. Apesar da intensidade das objeções, os curadores indicam o nome de Armínio.[80] Como preparação final para este cargo de professor, ele foi examinado para o doutorado em Leiden; primeiro numa entrevista em privado e depois em um debate público sobre a natureza de Deus. No dia

---

[77] *Examen modestum*, p. 673-79 (*Works*, III, p. 328-36).
[78] Idem, p. 680-81 (*Works*, III, p. 342-43).
[79] Idem, p. 712-13 (*Works*, III, p. 387-88).
[80] Compare Brandt, *Life of James Arminius*, p. 133-81 com Bangs. *Arminius*, p. 232-39.

seguinte, 11 de julho de 1603, Armínio apresentava um discurso formal ("Sobre o sacerdócio de Cristo") antes de ser convocado pela universidade.

Quando Armínio começa seus deveres como professor em setembro de 1603, ele escolhe como tema de suas aulas inaugurais uma série de pontos centrais ao desenvolvimento e construção dos prolegômenos teológicos: o objeto, autor, objetivo e certeza da teologia.[81] O significado dessa escolha, dado o cenário acadêmico do primeiro período de Armínio em Leiden, tem escapado da observação de seus biógrafos e dos poucos estudiosos que examinaram sua teologia com alguma profundidade. Harrison, por exemplo, nota a "disposição evangélica e prática" do ensino de Armínio, e estabelece que seus pronunciamentos "mostram seu senso de responsabilidade como um professor e ministro cristão".[82] Bangs apresenta um resumo preciso dos conteúdos dos pronunciamentos, mas não faz nenhum esforço para inseri-los nos contextos das histórias doutrinal ou intelectual –, com a exceção de um breve comentário que, muito corretamente, estabelece um relacionamento entre a definição da teologia de Armínio como prática e sua apreciação da lógica e pensamento ramista.[83]

Evidentemente, não é que Armínio simplesmente escolhesse começar suas aulas no início selecionando os temas fundamentais da definição de teologia como seu assunto inicial. A maioria dos sistemas teológicos protestantes elaborados antes de 1590 não havia discutido esses tópicos. Até mesmo Lambert Daneau, um professor de Armínio inclinado para a Escolástica em Leiden, não havia apresentado sua *Christianae isagoges* com um prolegômenos formal, e simplesmente começara com a doutrina de Deus.[84] O Protestantismo sobrevivera a mais de 50 anos de debates, formulações confessionais e desenvolvimentos sistemáticos antes de se transformar numa atividade de construção de prolegômenos metodoló-

---

[81] *Orationes tres: I. De objeto theologiae. II. De auctore & fine theologiae. III. De certitudine ss. theologiae*, em *Opera*, p. 26-41, 41-55, 68-71.

[82] Harrison, *Arminianism*, p. 27.

[83] Bangs, *Arminius*, p. 63, 256-61.

[84] Daneau, *Christianae isagoges*, I. i-xxv.

gicos para seus sistemas dogmáticos. Um dos primeiros teólogos, se não o primeiro, a redigir um longo prolegômenos fora Francisco Júnio. Conforme demonstrado pelos sistemas teológicos de Polanus, Scharpius, Alsted, Walaeus, e inclusive o luterano Johanne Gerhard, o tratado de Júnio *De vera theologia* (1594) tivera uma enorme influência.[85]

Ao lecionar baseado em um prolegômenos teológico, portanto, Armínio escolhe se colocar firmemente na trajetória indicada para teologia protestante por seu predecessor em Leiden. Ele também assume – antes da publicação dos principais sistemas teológicos de Polanus, Scharpius, Alsted, Walaeus e Gerhard – um tema que não somente era novo para os protestantes, mas, era ainda mais, um importante indicativo da aceitação de seus adeptos do método e dos interesses da teologia escolástica medieval. Em outras palavras, Armínio elabora sua concepção teológica com o novo Escolasticismo. O que ele desenvolvera numa considerável extensão em seus três pronunciamentos inaugurais sobre teologia, também expusera, num formato mais resumido, como a primeira série de teses de sua obra *Private disputations*.

Grande parte dos estudos teológicos de Armínio deriva dos anos anteriores ao debate sobre suas doutrinas e lida com tópicos que jamais tinham sido inseridos no debate. Na realidade, as duas séries das *"disputas"* ou, mais precisamente, teses apresentadas como a base da discussão acadêmica nas aulas básicas de teologia, datam dos anos anteriores a 1603. Só posteriormente, em 10 de agosto de 1605, é que Armínio conseguiria se juntar a Francisco Gomaro e Lucas Trelcatius o Jovem, seus dois futuros oponentes na Universidade de Leiden, em uma profissão de acordo mútuo sobre matérias fundamentais da doutrina. O mais importante, porém, foi a série *Disputationes privates,* começada

---

[85] Sobre Júnio, veja Althaus, *Die prinzipien*, p. 230-31; e note Amandus Polanus von Polansdorf, *Syntagna theologiae christianae* (Genebra, 1617) I. i-ii; Johann Heinrich Alsted, *Praecognita theologiae*, I. iv-viii; Johannes Scharpius, *Cursus theologicus* (Genebra, 1620), I, col. 1; Antonius Walaes, *Loci communes s. theologiae*, em *Opera omnia* (Leiden, 1643), p. 114; e Johann Gerhard, *Loci communes* (1610-21), ed. Preuss (Berlim: Schlawitz, 1863-75), I. 1-12, todos os quais parecem tomar emprestado consideravelmente de Júnio.

por ele em 1603 e planejada como a base de um sistema teológico total, abordando temas como a etimologia, significado, método e objeto apropriado do discurso teológico; a natureza da religião; a autoridade, certeza, perfeição e perspicuidade das Escrituras; a essência, existência, entendimento e vontade de Deus; e os sacramentos da igreja – tópicos não analisados nos debates posteriores sobre predestinação, Cristologia, e a ordem da salvação.

Uma ironia das discussões posteriores sobre Armínio e sua teologia, incluindo a discussão erudita contemporânea, é a de que suas ideias sobre esses temas têm sido ignoradas pelos estudiosos, embora o caráter não apologético e incontroverso de sua obra sobre esses tópicos fundamentais proporcione a ele um índice significativo para o teor e a intenção de seus pensamentos como um todo. Embora seja um tanto difícil apurar todas as implicações das afirmações feitas por Armínio em ensaios apologéticos e polêmicos como a *Declaration of sentiments* ou a *Apology against thirty-one defamatory articles,* o fluxo virtual imperturbável de seus pensamentos nas *Orations* e nas duas séries de *Disputationes* empresta-lhe uma análise mais clara de seus argumentos, particularmente suas direções e implicações. Além disso, as *Orations* e as duas séries das disputas incluem as discussões de Armínio sobre as hipóteses e os tópicos fundamentais do sistema teológico, bem como os prolegômenos e *principia* da teologia afirmados nos primeiros sistemas escolásticos protestantes. É discutível que, independentemente do que se sabe da predestinação e da *ordo salutis* que ele adotava, suas raízes podem ser encontradas na estrutura conjectural e nos princípios fundamentais de seu sistema, que é o mesmo que dizer, na definição da teologia e na doutrina de Deus, o denominado *principium essendi* do sistema teológico.

Os exames das disputas acadêmicas de Armínio sobre teologia, Deus, criação e providência também lançam luz sobre sua escolha de Francisco Júnio como seu correspondente ou julgador acadêmico durante seus primeiros estudos e interesses sobre a doutrina reformada da predestinação. Júnio era um conhecido moderado – um infralapsariano

–, em sua perspectiva da predestinação e não meramente um teólogo conciliador que buscava a paz e unidade da igreja. Ele era também um formulador importante da ortodoxia inicial reformada, um criador de novos modelos teológicos para a exposição da doutrina. Armínio inicialmente buscou seus conselhos sobre predestinação e, passados alguns anos, após a morte de Júnio, quando fora indicado para substituí-lo em Leiden, consultara suas *Theses theologicae* para ajudá-lo em sua preparação do sistema teológico. As próprias batalhas intelectuais de Armínio com as doutrinas de Deus, criação e providência não somente manifestam paralelismos surpreendentes com os desenvolvimentos das formulações de Júnio, como também – assim será visto mais claramente na próxima discussão –, seguem os padrões estabelecidos por Júnio, unindo-o a outros eminentes pensadores reformados como Zanqui e Daneau, na iniciativa de analisar as obras de escolásticos medievais para obter definições básicas e paradigmas dogmáticos. Essas semelhanças não apenas indicam um interesse nos padrões teológicos estabelecidos na teologia reformada por seus predecessores e mestres, como também indicam uma leitura cuidadosa por Armínio de obras como *De vera theologia*, de Júnio, *De natura Dei*, de Zanqui e *Christiane isagoges*, de Daneau – títulos que aparecem no catálogo de sua biblioteca particular.[86]

O ensino de Armínio em Leiden, assim, não deverá ser considerado algo anti-escolástico ou metodológico, bem como uma dissenção doutrinal da posição reformada. A caracterização frequente de suas ideias como uma reação bíblica e exegética ao início de um estilo escolástico e especulativo da teologia reformada vai muito fora do alvo.[87] O exame de seu estilo de argumentação e do ensino mais especulativo de suas teses sobre a essência e os atributos de Deus evidenciam claros paralelismos com os pensamentos de seus colegas e oponentes ortodoxos reformados

---

[86] *The auction catalogue of the library of J. Arminius*, uma edição fac-símile com uma introdução de C. O. Bangs (Utrecht: HES, 1985), p. 7,11,12.

[87] Veja o resumo da discussão em Richard A. Muller. "Arminius and the Scholastic Tradition", em *Calvin Theological Journal* 24/2 (1989), p. 263-77.

e, juntamente com seus esforços, denotam um enraizamento igualmente claro na teologia medieval.

É verdade que Armínio, assim como os primeiros pensadores ortodoxos reformados, conseguia ecoar as ásperas palavras de Lutero e Calvino sobre os excessos e abusos da teologia escolástica medieval. Armínio é lembrado pela objeção que teve ao uso de certas distinções escolásticas em uma discussão pública de 1609, com o comentário de que os acadêmicos, na opinião dele,

> não deveriam ser os orientadores da fala ou da fé, pois eles foram notados pela primeira vez na época da revelação do Anticristo, e pelo fato de a Teologia Escolástica jamais ter se tornado prevalente, exceto quando aquilo que era verdadeiro, apostólico e genuíno fora banido.[88]

Essa objeção ao Escolasticismo era bastante típica da época de Armínio à medida que os teólogos protestantes sentiam a atração e percebiam os riscos, tanto eclesiásticos como teológicos, das mais recentes ideias medievais. A teologia protestante do final do século XVI e início do XVII era inevitavelmente atraída para as ideias metodológicas e metafísicas da teologia escolástica e, ao mesmo tempo, hesitava em admitir abertamente qualquer aliança intelectual com este suposto inimigo. Como Lewalter argumentara, os tópicos de um sistema teológico completamente desenvolvido levantavam pontos e questões que exigiam o uso de conceitos metafísicos para suas resoluções.[89] O Aristotelismo cristão reconstruído de Zabarella, Fonseca, Suárez, Piccolomini e J. C. Scaliger tinha uma influência enorme nos círculos protestante e católico.[90] Ainda assim, a direção para o método escolástico foi notado por

---

[88] Citado em *Works*, I, p. 301 (anexo W).
[89] Lewalter, *Metaphysik*, p. 8-19.
[90] Compare Lewalte, *Metaphysik*, p. 63-64 com Weber, *Die philosophische scholastik*, p. 15-20, 48-54.

pensadores como Antoine de Chandieu (1534-91), e Johann Heinrinch Alsted (1588-1638) que criticou fortemente o Escolasticismo medieval e, ao mesmo tempo, adotou o método e inclusive o termo "escolástico" para seu próprio uso.[91]

Em sua narração da história da teologia holandesa dos séculos XVI e XVII, Sepp recorda os comentários de um aluno de nome Caspar Sibelius da Universidade de Leiden entre os anos de 1608 e 1609:

> Observei, entre diversos alunos que estão fazendo comigo o curso privado de teologia do dr. Armínio, várias coisas que, se eu fosse um ignorante, teriam me levado a cometer erros obscuros e abomináveis, pois nessas aulas fomos terminantemente proibidos de ler os estudos e tratados de Calvino, Beza, Zanqui, Martir, Ursino, Piscator, Perkins e outros teólogos instruídos e renomados da igreja de Cristo; somos obrigados a examinar somente as Escrituras Sagradas, e igualmente as obras de Socino, Acountius, Castellio, Tomás de Aquino, Molina, Suárez e de outros inimigos da graça que nos foram recomendados.[92]

Sepp chama atenção para o fato de que Armínio era conhecido como um professor bíblico e assevera que deve ser estabelecido o contraste entre a "dogmática religiosa" de Gomaro – que se baseava em

---

[91] Compare Antoine de Chandieu (Sadeel), *De verbo Dei scripto... praefatio de vera methodo theologice simul et scholastice disputandi*, em *Opera theologica* (Genebra, 1593), p. 7-9; Johann Heinrich Alsted. *Praecognita theologiae* (Hanouver, 1614), I. xviii, com o sistema do colega de Armínio, Lucas Trelcatius, o Novato. *Scholastica et methodica locorum communion institutio* (Londres, 1604); veja também as análises estendidas do problema do Escolasticismo em Burmann, *Synopsis theol*, I. ii, 46-47 e Voetius, *De teologia scholastica*, em *Selectarum disputationum theologicarum* (Utrecht, 1648-69), I, p. 12-29; e note também a discussão do uso ortodoxo protestante dos termos "teologia escolástica" e "escolasticismo" em *PRRD*, I, p. 76, 259-63 e em Muller, "Arminius and the Scholastic Tradition", p. 264, 276-77.

[92] Christiaan Sepp, "Het godgeleerd onderwijs" em *Nederland, gedurende de 16e em 17e Eeuw* (Leiden: De Breuk and Smits, 1873-74), I, p. 118.

Calvino, Beza, Zanqui e outros – e a "teologia bíblica" de Armínio.[93] Essa perspectiva de Armínio é típica daqueles que contrastam seus pensamentos com os da ortodoxia escolástica.

É registrada uma acusação similar no prefácio das *Atas do Sínodo de Dort*, a qual é exibida por Brandt na biografia de Armínio juntamente com a alegação de que este e Uytenbogaert tinham recebido uma carta do Papa prometendo recompensa financeira em troca da defesa das perspectivas teológicas romanas.[94] Brandt refuta essas acusações com o extrato de uma carta de Armínio para Sebastian Egbertszoon, o prefeito de Amsterdã, em que ele nega que um dia haja recomendado "os trabalhos dos jesuítas e de Coornhert" e afirma que, continuamente, estimulava os alunos a lerem os comentários e as *Institutas* de Calvino. Armínio expressa grande admiração aos comentários de Calvino e acrescenta que as *Institutas* deveriam ser "lidas com discernimento, assim como os escritos de todos os homens."[95]

Apesar dos protestos de Armínio, acusações continuavam a ser feitas. Em dezembro de 1608, Gomaro fala diante do Parlamento holandês sobre as "várias heresias e os erros grosseiros" de Armínio, observando que a sua teologia "concordava com a dos pelagianos e jesuítas". Gomaro alegava que Armínio havia atuado para "invalidar" a "doutrina ortodoxa" das igrejas reformadas em suas aulas privadas, e que ele havia defendido a teologia dos "jesuítas e de outros adversários" especificamente em áreas de conflito com a teologia reformada.[96] Na pior das hipóteses, Gomaro observara os paralelismos entre as perspectivas de Armínio sobre predestinação e os ensinamentos de Lessius, Molina e outros adversários jesuítas de Baius. Além disso, conforme mostrado por Dibon, o conflito entre Armínio e Gomaro deve ser entendido no contexto dos desenvolvimentos filosóficos na Universidade de Leiden

---

[93] Idem, p. 118-19.
[94] Brandt, *Life of James Arminius*, p. 298.
[95] Idem, p. 299-300; também citado na *História* do presbítero Brandt, volume II, p. 49-50.
[96] Brandt, *Life of James Arminius*, p. 343-44

–, especificamente no desenvolvimento do Aristotelismo protestante sob o impacto da metafísica de Suárez. Gilbert Jacchaeus, que lecionava filosofia em Leiden durante a época dos debates entre Armínio e Gomaro, era fortemente influenciado por Suárez em temas como causalidade, *concursus* divino e contingência das criaturas – exatamente os tópicos das disputas entre Gomaro e Armínio. Na realidade, Gomaro também falara sobre as deficiências da teologia de seu oponente em tópicos como contingência, necessidade, *concursus* divino e veleidade. Dibon deixa em aberto a extensão da influência de Suárez sobre os dois teólogos.[97]

Suárez deve ser lembrado, pois era o metafísico por excelência do século XVII. Foi ele que, insatisfeito com a fraca organização da metafísica aristotélica e, portanto, com a metafísica escolástica, na qual havia se baseado, desenvolveu um estudo topicamente organizado e perspicazmente organizado de todo o campo da metafísica.[98] Além do mais, ao elaborar suas *Disputationes metaphysicae*, ele dominou, mais do que qualquer um de seus contemporâneos, a história do desenvolvimento da filosofia escolástica. Seu domínio de fontes escolásticas e de uma ampla gama de citações e análises precisas é incomparável.[99] A excelência de sua obra leva à rápida adoção das *Disputationes* como um texto padrão e de sua metafísica como a perspectiva básica nas universidades europeias, particularmente na Holanda e na Alemanha, sejam católicas ou protestantes.[100]

Armínio certamente não era um cripto-católico ou um simpatizante do movimento jesuíta. No entanto, como praticamente todo teólogo protestante de sua época, ele mergulhara profundamente em

---

[97] Dibon, *L' Enseignement philosophique*, p. 66-68. Sobre "veleidade" ou *velleitas*, veja a seguir o cap. 10; sobre contingência, necessidade e concurso, veja o cap. 12.

[98] Cyril Vollert, "Introduction", em François Suárez. *On the various kinds of distinctions* (Milwaukee: Marquette University Press, 1947), p. 7-8.

[99] Veja Norman J. Wells, "Suárez, historian and critic of the modal distinction between essential being and existential Being", em *New scholasticism* 36 (1962), p. 419-44; e idem. "Introduction", em François Suárez, *On the essence of finite being as such...* (Milwaukee: Marquette University Press, 1983), p. 6-13; compare Vollert, "Introduction", p. 10-11.

[100] Veja Karl Eschweiler, "Die Philosophie der spanschen Spätscholastik", p. 283.

fontes escolásticas medievais. E também é verdade, mesmo quando se leva em conta a natureza polêmica das acusações feitas contra ele, as visões dos teólogos apontados nas acusações – Tomás de Aquino e dois dos três jesuítas mencionados, Molina e Suárez –, efetivamente parecem ter influenciado seus pensamentos em certos pontos cruciais.

Similarmente, as visões de Castellio são refletidas nos ensinamentos de Armínio sobre tolerância, como também, talvez, as de Acontius.[101] A referência a Socino feita pelo seu aluno pode refletir uma suspeita de que as doutrinas de Cristo e da Trindade de Armínio talvez não estivessem muito alinhadas com as perspectivas de seus colegas reformados – embora esse específico elemento de acusação não tivesse uma base real em seus ensinamentos. As doutrinas de Cristo e da Trindade efetivamente diferiam da teologia reformada, mas não eram absolutamente concordantes com a doutrina sociniana.[102]

Os oponentes de Armínio não podiam negar seu biblicismo –, tampouco tinham de inventar suas ligações com a teologia escolástica. A generalização de Sepp é, portanto, somente parcialmente correta. Aqueles oponentes pretendiam desenvolver uma teologia bíblica como ele fizera, e seus escolasticismos eram certamente iguais aos dele.

O que a caracterização feita por Sepp sobre a teologia de Gomaro como uma teoria dogmática confessional ou "religiosa" reformada corretamente enfatiza é o seu interesse confessional e ortodoxo tanto em seu biblicismo como em seu Escolasticismo – e isso, conforme reconhecido pelo próprio Sepp –, contrasta com as tendências não confessionais de Armínio, tanto em uma como na outra corrente de pensamento. A grade interpretativa ou teológica colocada por Armínio sobre a leitura contextual da doutrina cristã era diferente da defendida por Gomaro. Este último aderia mais firmemente à tradição confessional das igrejas

---

[101] Compare Arminius, *Oratio de componendo religionis inter christianos dissidio*, em *Opera*, p. 71-91 (*Works*, I, p. 434-540) com Sebastian Castellio, *Concerning heretics whether they are to persecuted...* trad. Roland Bainton (Nova York: Columbia University Press, 1935).

[102] Veja Muller, "Christological Problem", p. 153-54.

reformadas e se baseava na tradição escolástica numa tentativa de criar um sistema ortodoxo reformado. Armínio, por seu lado, independentemente do que se decida sobre sua relação com a tradição confessional das igrejas reformadas, incluindo os esforços contemporâneos de Suárez e Molina, se baseava também na tradição escolástica, mas procurava se distanciar do que ele considerava uma das formulações mais problemáticas de seus colegas e contemporâneos ortodoxos reformados.

CAPÍTULO 3

Armínio e a tradição escolástica

Uma leitura cuidadosa dos debates sobre "teologia", "a maneira pela qual essa disciplina deve ser ensinada", e "sua finalidade ou objetivo", expressam o interesse de Armínio nos temas enunciados por Júnio alguns anos antes na Universidade de Leiden e, graças à conexão estabelecida com a linguagem e os argumentos da obra desse antecessor, também mostram seu interesse nos prolegômenos teológicos dos doutores escolásticos do último período da Idade Média. O Escolasticismo de Armínio, a exemplo de Júnio e de outros pensadores, tanto reformados como luteranos, da era inicial da ortodoxia, representa essencialmente uma orientação metodológica e pedagógica da teologia protestante conectada ao desenvolvimento do sistema teológico em um contexto universitário. O Escolasticismo protestante, incluindo o trabalho de Armínio, é uma teologia instrutiva, identificada por uma divisão cuidadosa dos tópicos e pela definição das partes, além de seu interesse em pressionar as questões lógicas e metafísicas levantadas pela teologia para obter respostas racionais.[103]

Apenas alguns parágrafos sobre a natureza e o caráter do Escolasticismo protestante e sua relação com o ensinamento dos mestres

---

[103] Compare Muller, *Christ and the decree*, p. 11-13 com PRRD, 1, p. 17-19, 28-40.

reformadores bastam para deixar claro que a teologia protestante era diferente da existente no início do século XVI, e que essa diferença pode ser identificada parcialmente pela adoção do método escolástico pelos teólogos protestantes do final do século XVI e início do XVII.[104] O método em si, entretanto, não responde por todas as diferenças –, na medida em que elas se correlacionam ao desenvolvimento temático das ideias e aos padrões de exibição. Especificamente, a teologia protestante do fim do século XVI havia se convertido em uma ortodoxia confessional mais estritamente definida em seus limites doutrinais do que a teologia dos primeiros reformadores, mas, ao mesmo tempo, mais ampla e mais diversa no uso de elementos da tradição cristã, particularmente com os materiais fornecidos pelos doutores medievais.[105]

A adoção do método escolástico pelos protestantes pode ser entendida como uma das primeiras e, talvez, a mais óbvia das indicações desse uso mais amplo da tradição. Os reformadores em si, e particularmente todos os teólogos instruídos entre eles – Lutero, Bucer, Bullinger, Musculus e Vermigli –, eram versados no método escolástico e, embora se posicionassem polemicamente contra o Escolasticismo, jamais deixaram de compreender suas próprias tarefas teológicas, pelo menos em parte porque eram tecnicamente treinados nas mecânicas da teologia.

O desafio para as gerações posteriores de protestantes, em especial para as terceira e quarta geração de professores protestantes, fora que a Reforma obtivera sucesso, e eles não mais representavam um movimento de protesto e sim uma igreja confessional estabelecida. De modo que para ensinar teologia em suas universidades, era preciso, mais uma vez, abordar tópicos de definição e método, isso porque suas fontes para isso eram seletiva e criticamente escolhidas de teologias

---

[104] Compare as definições do Escolasticismo protestante dadas por Armstrong, *Calvinism and the Amyraut heresy*, p. 32, 131-39 e Preus, *Inspiration of Scripture*, p. xv-xvii.

[105] Muller, "Scholasticism Protestant and Catholic: Francis Turrentin on the Object and Principles of Theology", *Church History*, 55 (1986), p. 204-5 e compare idem, "Vera Philosophia cum sacra Theology nusquam pugnat: Keckermann on Philosophy, Thaeology and the problem of double truth", *Sixteenth Journal* 15/3 (1984), p. 341-65.

escolásticas do último período medieval. Os próprios reformadores virtualmente jamais tinham discutido essas questões acadêmicas básicas e, tampouco, tinham elaborado sistemas teológicos extensivos; seus sucessores recorreram a uma teologia mais antiga – a escolástica – na qual seus próprios professores tinham sido instruídos, para responder às perguntas sobre definição e método.[106] Levou diversas gerações para o desenvolvimento desse Escolasticismo protestante, assim como o correlacionado desenvolvimento do sistema teológico dessa linhagem.

A segunda e terceira geração de codificadores protestantes geraram trabalhos mais sistemáticos que os dos primeiros reformadores, tanto na organização como na cobertura de tópicos teológicos. Vários pensadores dessa terceira geração, notadamente Ursino, Daneau e Zanqui, adotaram métodos totalmente escolásticos de *quaestio* e *disputatio* e, nos casos dos dois últimos, eles se basearam nas linhas escolásticas mais remotas da Idade Média, como Aquino, numa tentativa de reivindicar essa parte da tradição para o Protestantismo. Na época de Armínio, o estilo teológico predominante era o da quarta ou quinta geração, e o método escolástico juntamente com os aspectos do pensamento dos professores medievais havia se tornado uma parte integral da teologia das universidades protestantes. O contraste entre o estilo e método desses pensadores e o dos reformadores é óbvio e, de fato, surpreendente.

Apesar dessas diferenças, no entanto, a teologia protestante mantinha uma profunda continuidade doutrinal com a dos reformadores em questões como a autoridade normativa das Escrituras, a justificação pela graça somente por meio da fé, a acessibilidade direta de Cristo e seus benefícios para a fé, além da limitação dos sacramentos ao batismo e à Ceia do Senhor. Entre os reformados, a continuidade em desenvolvimento também pode ser discutida em tópicos como os detalhados na Cristologia, nas doutrinas da predestinação e do pacto, bem como na abordagem

---

[106] Compare Weber, *Die philosophische Scholastik*, p. 38-40; idem, *Der Einfluss der protestantischen Schulphilosophie*, p. 17-94, passim; Althaus, *Die Prinzipien*, p. 230-34; Lewalter, *Metaphysik*, p. 22-26; e note minhas discussões mais extensas sobre essa questão em *PRRD*, I, p. 63-82 e "Scholasticism Protestant and Catholic", p. 193-205.

da revelação natural.[107] Além do mais, há um reconhecimento cada vez maior entre os estudiosos que as perspectivas do Escolasticismo e da Ortodoxia como distorções da Reforma são inadequadas e que nenhum dos termos, ortodoxia ou escolasticismo deveria ser utilizado de forma pejorativa.[108] Afinal de contas, é um julgamento teológico e não histórico alegando que o método e os ensinamentos das *Institutas*, de 1559, de Calvino são de certa forma melhores ou preferíveis aos da *Syntagma theologie*, de 1609, de Polanus. Além disso, pelo fato de que os teólogos da Reforma não produziram um sistema monolítico protestante nem montaram seus próprios sistemas teológicos como normas distintas da exegese das Escrituras, é praticamente impossível falar de distorções. Por exemplo, quando Polanus fala de uma permissão divina ou vontade permissiva, concordando com o contemporâneo de Calvino de nome Vermigli, mas em desacordo com o próprio Calvino, essa é uma distorção do ensino de Calvino ou é a expressão de uma preferência intelectual por uma das duas fontes de opiniões reformadas mais recentes?

Além do mais, o lugar das concepções de Armínio nesse desenvolvimento deve ser considerado um tanto diferente do ocupado pelas concepções de Zanqui, Júnio ou Polanus. Apesar das mudanças óbvias

---

[107] Veja Donald W. Sinnema, "The Issue of Reprobation at the Synod of Dort (1618-1619) in the Light of the History of This Doctrine", dissertação de doutorado, University of St. Michael's College, 1985; Gottlob Schrenk, *Gottesreich und Bund in älteren Protestantismus vornehmlich bei Johannes Coccejus: Zugleich ein Beitrag zur Geschichte des Pietismus und der heilsgeschichtalichen Theologie* (Güttersloh: Bertelsmann, 1923); Muller, *Christ and the Decree*, p.171-82; e idem, *PRRD*, I, p. 167-93, 302-11.

[108] P. ex., Jill Raitt, *The eucharistic theology of Theodore Beza: development of the Reformed Doctrine* (Chambersburg, Pa., 1972); John Patrick Donnelly, *Calvinism and Scholasticism in Vermigli's Doctrine of Man and Grace* (Leiden, 1972); idem, "Calvinist Thomism", *Viator* 7 (1976), p. 441-45; Tadakata Maruyama, *The ecclesiology of Theodore Beza: The reform of the True Church* (Genebra, 1978); Lyle D. Bierna, "The Covenant Theology of Caspar Olevian", dissertação de doutorado, Duke University, 1980; Olivier Fatio, *Méthod and théologie: Lambert Daneau et les débuts de la scolastique reformée* (Genebra: Droz, 1976); Donald W. Sinnema, "The Issue of Reprobation", Martin Klauber, "The Context and Development of the Views of Jean-Alphonse Turrettini (1671-1737) on Religious Authority", dissertação de doutorado, University of Wisconsin – Madison, 1987.

no método e pelo menos em termos da amplitude de fontes utilizadas e de problemas abordados, sem falar no conteúdo, os escolásticos reformados empreendem uma aderência à continuidade doutrinal com os ensinamentos básicos dos reformadores. Já Armínio envereda, em suas lições sobre graça, livre-arbítrio e predestinação, por um caminho de forma a alterar substantivamente as doutrinas do Protestantismo reformado. Ele, certamente, discordava de Calvino, Vermigli, Musculus, Bullinger e outros dos primeiros codificadores da doutrina reformada.[109]

Entretanto, é óbvio que uma caracterização de suas ideias como uma distorção da teologia inicial reformada se afasta completamente da importância de seu trabalho. É igualmente óbvio que seu desacordo com os reformados sobre graça, livre-arbítrio e predestinação não pode ser atribuído à sua adoção do método escolástico, uma vez que esse método não diferia tanto assim do utilizado por seus oponentes reformados.

Finalmente, devemos abordar a questão da tendência intelectual do Escolasticismo protestante, particularmente a da teologia de Armínio. Por que o Escolasticismo protestante adota um caráter decididamente tomista? Por que, especificamente, a teologia de Armínio se inclina para o Tomismo, e não para o Nominalismo ou Escotismo,[110] apesar do claro impacto de uma perspectiva mais nominalista ou escotista na epistemologia reformada e nas definições teológicas encontradas nos prolegômenos teológicos reformados?[111]

---

[109] Sobre o desenvolvimento da doutrina da predestinação reformada, veja Alexander Schweizer, *Die protestantischen centraldogmen in ihrer entwicklung innerhalb der eformierten kirche*, 2 vols. (Zurique, 1854-56), que permanece como o estudo mais exaustivo. Schweizer assumia, ao longo de seu trabalho, uma continuidade dos ensinamentos entre a Reforma e a Ortodoxia. Autores posteriores, como Basil Hall, "Calvin Against the Calvinists" em John Calvin: *A collection of distinguished essays*, ed. Gervase Duffied (Grand Rapids: Eerdmans, 1966), p. 27-29, tendiam a defender uma descontinuidade. Muller, *Christ and the decree*, p. 69-71, 121-25, 149-820; e Sinnema, "Issue of Reprobation", p. 52-197, defendem novamente a continuidade, embora sem a tese do "dogma central" de Schweizer.

[110] Refere-se ao pensamento de Johannes Duns Scotus, filósofo e teólogo escocês do século XIII/XIV. [N. E.]

[111] Veja Muller, *PRRD*, I, p. 123-32.

Em primeiro lugar, o relacionamento dos primeiros codificadores da teologia reformada era muito diferente e consideravelmente mais nítido do que o relacionamento das mesmas gerações de reformadores com o Scotismo ou Nominalismo. Entre os primeiros codificadores da teologia reformada, apenas Musculus fora instruído em teologia escotista ou nominalista.[112] Conforme apontado por Ganoczy, as tendências escotistas das ideias de Calvino referem-se não à sua instrução inicial em Paris e sim às suas leituras posteriores e, dificilmente, indicam uma imersão nessa classe de teologia.[113] Em contrapartida, Bucer, Vermigli e Zanqui foram instruídos como tomistas e, no caso dos dois últimos pensadores, os elementos do Tomismo estavam plenamente integrados em seus sistemas teológicos.[114] O modelo tomista, particularmente o desenvolvido por Zanqui, era muito influente nos círculos reformados – como testemunhado pelo interesse paralelo em Aquino de outros pensadores da geração de Zanqui, como é o caso de Lambert Daneau. Ademais, contemporâneos de Armínio importantes para o desenvolvimento da primeira ortodoxia protestante – pensadores do porte de seu predecessor em Leiden, o teólogo Amandus Polanus von Polansdorf, e o grande Johannes Gerhard – se baseavam essencialmente na tradição escolástica, em particular na obra de Tomás de Aquino.[115]

---

[112] Wilhelm Hadorn, "Musculus, Wolfang" em *RE*, vol. 13, p. 581, aponta os estudos de Musculus no monastério beneditino em Lixheim. Sobre o uso de Scotus, Occam e Biel de Musculus, veja Muller, *Christ and the decree*, p. 47, 49.

[113] Alexandre Ganoczy, *The young Calvin*, trad. David Foxgrover e Wade Provo (Filadélfia: Westminster, 1987), p. 174-78.

[114] Veja Johannes Muller, *Martin Bucers hermeneutik* (Gütersloh: Gerd Mohn, 1965), p. 20 (25), 93-94; John Patrick Donnelly, *Calvinism and Scholasticism*, p. 24-29, 47-48, 69-70, 80, 85, 100 etc; e "Calvinist Thomism", p. 442-44; veja também Philip McNair, *Peter Martyr in Italy: An anatomy of apostasy* (Oxford: Clarendon, 1967), p. 105-6.

[115] Veja Heiner Faulenbach, *Die struktur der theologie des Amandus Polanus von Polansdorf* (Zurique, 1967), p. 48-49, 53, 55; e Robert Scharlemann, *Aquinas and Gerhard: theological controversy and construction in medieval and protestant Scholasticism* (New Haven: Yale University Press, 1964).

Em segundo lugar, o renascimento do Aristotelismo e do Escolasticismo nos círculos da Igreja Católica Romana do século XVI, acarreta como seu fato mais importante um renascimento do Tomismo, que não se limita a um aumento de interesse nas ideias de Tomás de Aquino conforme documentado pelas inúmeras edições especiais e comentários sobre suas obras publicados no século XVI, mas também em uma mudança notável de ênfase em seus estudos. Embora seja um Tomismo medieval, devido à confiança depositada no estudo teológico dessa época sobre as *Sentences* de Pedro Lombardo, que focava nos comentários de Tomás de Aquino sobre tal obra, o século XVI, por causa dos trabalhos de Tomás de Vio, o Cardeal Caetano, e outros descobre um grande e maduro Tomás de Aquino da *Summa teologiae*.[116] Apesar de outros pensadores escolásticos receberem atenção nessa era, com a publicação de vários sistemas e tratados escolásticos, nenhum recebe um estudo analítico tão detalhado como Tomás de Aquino. A *Summa theologiae* e a *Summa contra gentiles* foram publicadas até a quinta edição, além de serem objeto de infindáveis comentários. Nesse ponto, deve ser notado novamente o trabalho de Caetano.[117] Ainda, esse interesse ultrapassa as fronteiras das ordens dominicana e jesuíta e da insistência de seu fundador, Inácio de Loyola, que considerava Tomás de Aquino o seu principal orientador teológico.[118]

Esse renascimento do Tomismo representava uma mudança marcante das tendências teológicas e filosóficas do século XV. Conforme discutido por Oberman, o Tomismo do último período medieval raramente exibia a força que, eventualmente, chegaria a ter. Não apenas fora o "jovem Tomás", dos comentários das *Sentences,* que determinara

---

[116] Copleston, *History of philosophy*, III, p. 344.

[117] Veja Paul Oskar Kristeller, *Medieval aspects of renaissance learning: three essays*, ed. e trad. Edward P. Mahoney (Durham, N.C.: Duke University Press, 1974), p. 40-42, para uma discussão do renascimento dos sumários, e p. 49-50, 54, para uma avaliação do trabalho de Caetano.

[118] Copleston, *History*, III, p. 344; compare Charles Jourdain, *La philosophie de Saint Thomas d'Aquin*, 2 vols. (Paris Hachette, 1858), II, p. 254-55.

o perfil de toda sua obra, mas também a sua essencial "metafísica", que aprendera com os últimos dominicanos medievais, em vez do intérprete cuidadoso das Escrituras e dos pais. Nesse contexto, a teologia franciscana, particularmente a de Scotus, aparece como uma alternativa expressiva e atraente,[119] que abriria seu caminho em algumas modalidades teológicas do início da Reforma. A alta do Tomismo no século XVI, apresentado como o feito do Tomás da *Summa*, oferecia ao mundo uma doutrina da graça mais estritamente agostiniana do que a encontrada nos comentários das *Sentences* e, também, um Tomás de Aquino mais adepto à argumentação escritural e patrística.[120]

A filosofia, e particularmente a metafísica, propostas pelos dominicanos e jesuítas do século XVI, foram adotadas com uma rapidez surpreendente por filósofos e teólogos nas universidades alemãs e holandesas. O Tomismo reavivado da ordem dominicana se espalhara para o norte vindo das universidades de Pádua e Bolonha, enquanto os ensinamentos tomistas dos jesuítas eram mediados por pensadores espanhóis como Suárez e Vitoria até Lion, Louvain, Antuérpia e, em seguida, até as universidades protestantes.[121] O Escolasticismo protestante que nasce do contato com o ensino dos reformadores, o cenário de fundo escolástico da própria Reforma, e esse Escolasticismo renovado e fundamentalmente tomista dos dominicanos e jesuítas das universidades espanholas e italianas, não passava de uma mera reprodução do Escolasticismo medieval. Todavia, era uma modificação crítica e por vezes um tanto eclética dos modelos medievais adaptados ao novo contexto intelectual do período pós-Reforma.[122] Com isso, o Tomismo deve ser considerado um centro de referência que – da mesma forma que Tomás de Aquino havia se apropriado de, e modificado,

---

[119] Heiko A. Oberman, *The dawn of the Reformation: essays in late medieval and early reformation thought* (Edimburgo: T. & T. Clark, 1986), p. 4-6.

[120] Idem, p. 5.

[121] Compare Eschweiler, *Die philosophie*, p. 262-66 com Weber, *Die philosophische scholastik*, p. 38-46.

[122] Weber, *Die philosophische scholastik*, p. 45-46.

Aristóteles – também fora modificado pelos pensadores da época em termos dos últimos críticos medievais dessa linha de pensamento. De forma semelhante como já tinha sido modificado o pensamento de dominicanos como Capreolus, em termos do Agostinianismo estrito e das preocupações epistemológicas dos Reformadores, e em termos dos novos desenvolvimentos lógicos e metafísicos representados por pensadores como Rudolf Agricola, Ramus, Zabarella e Suárez.

No tocante ao interesse de Armínio em Tomás de Aquino, ele certamente pode ser explicado de modo geral com base nos dois pontos já notados e, mais especificamente, na influência de seu professor, Lambert Daneau, bem como em sua participação na busca inicial da Ortodoxia protestante por modelos sistemáticos que, desde o princípio, ficara ciente do renascimento tomista do século XVI. Talvez ainda mais importante, o próprio interesse de Armínio pelo problema da graça e da capacidade humana levanta novamente a questão epistemológica do relacionamento da queda com as faculdades humanas e, ele, contrariamente a Calvino, defende a aptidão do intelecto de reconhecer o bem e direcionar o desejo, apesar do problema em relação ao pecado.[123] Na intelectualidade de Tomás de Aquino, Armínio consegue encontrar uma posição filosófica e teológica adequada às suas próprias inquietações. Como veremos na sequência do estudo, o intelectualismo filosófico teve um enorme impacto em sua teologia. Conforme observado por Donnelly, "o Escolasticismo luterano e o calvinista não se construíram com base no Nominalismo medieval ... visto que as raízes do Escolasticismo protestante retornam até a Idade Média, elas tendem nesse caminho a retroceder até a *via antiqua* e ao Tomismo.[124]

O fato de haver fontes escolásticas da Idade Média tardia subjacentes à muitas formulações de Armínio, ficará evidente desde o início de nossa discussão sobre seus prolegômenos teológicos e as doutrinas de Deus, da criação e da providência. A identidade de pensadores particulares e

---

[123] *Disp. pub.*, XI.1, v, vii, ix, x.
[124] Donnelly, "Calvinist Thomism", p. 454.

de trabalhos específicos utilizados por Armínio, no entanto, representa um dos principais problemas para a pesquisa histórica. Ele, virtualmente, jamais cita suas fontes. Essa ausência de citações claras ou diretas é, deve ser notado, bastante típica da filosofia e teologia protestantes de sua época. As polêmicas entre teólogos católicos romanos e protestantes eram tão acirradas no final do século XVI e início do XVII que qualquer citação positiva de um potencial adversário poderia facilmente gerar acusações de heresia sobre esse indivíduo. Os protestantes naturalmente evitavam citar autores da linhagem católica, particularmente seus contemporâneos. Assim, os mais destemidos da linhagem inicial ortodoxa reformada, como Daneau, Zanqui e Polanus, citam de forma positiva e com relativa frequência somente os escolásticos mortos a tempos. Os pensadores católicos mais recentes, como Caetano, Cano, Suárez ou Molina, raramente são citados. Se forem, é de uma forma desfavorável, mesmo que seus estudos provavelmente foram lidos com cuidado, e apesar das frequentes concordâncias filosóficas e teológicas entre suas perspectivas e, o nascente Escolasticismo protestante.

A ênfase de Armínio no problema do intelecto ou entendimento e vontade, e sua adoção de uma abordagem tomista a esse problema, juntamente com o enraizamento tomístico de vários dos professores importantes do século XVI faz do pensamento de Tomás de Aquino, o maior expoente da tradição intelectualista medieval, um elemento crucial em qualquer discussão do lugar de Armínio no desenvolvimento do Escolasticismo protestante.[125] Além do mais, vários aspectos do ensino da ortodoxia reformada podem ser descritos como baseados no Tomismo, enquanto que, ao mesmo tempo, modificados na direção de um Agostinianismo e de uma crítica escotista da confiança de Armínio na instrumentalidade da razão.[126] O modo pelo qual Armínio acolhe e

---

[125] Sobre Aquino, veja Pierre Rousselot, *The intellectualism of Saint Thomas*, trad., com um prefácio por James E. O'Mahoni (Nova York: Sheed and Ward, 1935).
[126] Compare Richard A. Muller, "Vera Philosophia cum sacra Theologia nusquam pugnat: Keckermann on philosophy, theology and the problem of double truth", *Sixteenth Century Journal* 15/3 (1984), p. 362-65 com John Patrick Donnelly, "Calvinist Thomism", *Viator* 7

modifica a herança tomista, ou dela discorda, também será importante para um entendimento de sua relação com o desenvolvimento reformado. Ainda assim, o relacionamento de Armínio com o Aristotelismo e o possível uso de sua versão reavivada do final do século XVI, bem como suas modificações do Tomismo, também são decisivas para a avaliação de sua teologia.

Conforme observado por Kristeller,

> isto é importante para distinguir claramente aqueles pensadores que se baseiam essencialmente na autoridade [de Aquino] e que tendem a apoiar a maioria de suas doutrinas características e principais, daqueles que combinam suas concepções com outras ideias originais ou de outra fonte, ou que se contentam simplesmente de tomar emprestado algumas de suas afirmações ou concepções sem conferir às mesmas uma posição central em seus próprios escritos ou pensamento.[127]

Armínio, claramente, não cai na primeira categoria de Kristeller nem tão pouco toma emprestado a ponto de ser relegado da segunda para uma terceira categoria. Contrariamente, ele parece ter combinado os ensinamentos fundamentais de Tomás de Aquino com as ideias coletadas de uma série de fontes divergentes. Essas outras fontes serão particularmente evidentes nas definições teológicas de Armínio e em suas perspectivas sobre o conhecimento e a providência divina. No entanto, nas principais diretrizes da doutrina de Deus, a influência de Tomás de

---

(1976), p. 441-45; e idem, "Calvinism and Scholasticism" em *Vermigli's doctrine of man and grace* (Leiden, 1975). Donnelly mostra em ambos os ensaios que os modelos tomistas são adaptados, tanto no caso de Vermigli como no de Zanqui, para atender as demandas da teologia reformada; ambos os pensadores podem eventualmente discordar de Calvino, pela razão de seguirem Aquino, mas com a mesma frequência interpretar Tomás em um "sentido calvinista" e, portanto, de uma maneira intensamente agostiniana nas doutrinas do pecado, da queda, e da jurisprudência. (veja "Calvinist Thomism", p. 451-52).

[127] Kristeller, *Medieval aspects*, p. 37.

Aquino ficará evidente e até nas modificações doutrinais da *scientia Dei*, esse pensador permanece sendo um ponto crucial de referência. Algumas das características tomistas da teologia de Armínio facilmente poderiam ter derivado de Daneau e Zanqui, mas a maior parte delas, como será discutido a seguir, muito provavelmente deriva do próprio Tomás de Aquino. Os outros elementos dos conceitos de Armínio, extraídos de várias fontes dos últimos períodos da Idade Média, Reforma, e do final do século XVI, foram combinados por ele em um conteúdo que não mais pode ser chamado de Tomismo num sentido estrito, mas que, é certo, retém fortemente tendências tomísticas.

Talvez mais importante até que os empréstimos diretos da obra de Tomás de Aquino é a consistência com a qual Armínio a utiliza, e a outras fontes, para conceber uma trajetória teológica com grandes afinidades com a *via antiqua* mais do que com a *via moderna*. Mesmo quando não podemos ter a certeza do ponto preciso de referência subjacente a uma dada afirmação em sua teologia, há ênfases importantes na relação analógica entre Deus e o mundo, a existência de todas as coisas por participação na bondade e no ente divino, e a hipótese de que o intelecto vem antes da vontade divina. Essas condições apontam para o afastamento de um caráter nominalista da *via moderna* para a *via antiqua* – e, mais ou menos diretamente para Tomás de Aquino, apesar dos detalhes frequentemente ecléticos do sistema.

Permanece, portanto, um certo problema de nomenclatura. Este estudo não tem nenhum desejo de desprezar análises prévias do desenvolvimento da ortodoxia reformada que observavam uma mudança da *via moderna* para a *via antiqua* – mostrando um importante impacto de Tomás de Aquino em pensadores como Vermigli, Zanqui, Polanus, e entre os luteranos, Gerhard – e tem sido capaz de expressar dentro de parâmetros, como os estabelecidos pela segunda categoria de Kristeller vista acima sobre a influência tomística, um "Tomismo calvinista".

Outro termo, no entanto, é requerido para a discussão das ideias de Armínio, se for possível, pois não há nenhum propósito de chamá-lo de um "calvinista" e, visto que ele se desvia completamente da concepção do Calvinismo, sua utilização da tradição medieval também manifestará diferenças entre suas concepções e as de seus mestres. Assim, em vez de usar o termo "Tomismo calvinista", falarei de uma teologia eclética dotada de uma essência tomística ou de um Tomismo modificado. Essa questão, que espero se torne clara, não é a de que Armínio se baseia em certos pontos centrais de Tomás de Aquino, mas sim como ele adota esses pontos e os utiliza como foco principal em sua própria teologia, após eventualmente modificar seus contextos ou suas direções.

Uma questão final que deve ser respondida refere-se ao caráter e à importação do próprio sistema de Armínio. Dadas as fontes variadas de sua teologia e seu frequente uso de argumentos que iriam, sob outras circunstâncias, não apenas raramente ser vinculados entre si, mas também ser vistos como potencialmente contrários, há alguma unidade e, de fato, um programa específico, unificador, na concepção de Armínio? Por exemplo, ele aceita a distinção entre o autoconhecimento divino arquetípico e uma teologia de cunho humano, limitada, além de uma definição de teologia como uma disciplina prática, ambas associadas ao Escotismo, e vincula esses conceitos a uma doutrina de Deus profundamente intelectualista que comporta similaridades marcantes com os ensinamentos de Tomás de Aquino. Tendo uma vez aceito essa premissa intelectualista e esse corolário, uma analogia profunda de ser entre Deus e o mundo, Armínio se move por meio de um conceito de conhecimento médio ou *science media* de modo a reduzir o impacto da perspectiva intelectualista em sua doutrina da causalidade divina. Com todas essas modificações, será que a teologia de Armínio conecta e encontra sua unidade e identidade sistemáticas?

Outra indicação da direção do Escolasticismo de Armínio pode ser encontrada no comentário de Brandt:

> como ... o próprio ilustre Júnio, seguindo as pegadas dos tomistas, parecia nem tanto abandonar, mas meramente ofuscar aquela opinião mais severa de Calvino e Beza, (pois ele considerava ser o sujeito da predestinação, não o

> homem a quem Deus ainda não decretara criar, tampouco o homem visto como criado com a presciência de sua queda, mas sim o homem criado...) Armínio tentou provar... que ambos os pensamentos [isto é, de Calvino e Júnio], além de outras desvantagens, envolviam a necessidade do pecado, e, consequentemente, deveria se recorrer a uma terceiro, que pressuporia a criação e a queda.[128]

O ponto de Brandt é significativo, visto que aponta para o espectro da opinião protestante sobre predestinação e para a direção tomada pelo pensamento dessa vertente em seu encontro com, e a apropriação de, ferramentas escolásticas. O infralapsarianismo de Júnio, a exemplo do de Vermigli e Zanqui antes dele, repousava num uso de categorias tomistas.[129] Esses fundadores do Escolasticismo protestante devem ser creditados com uma modificação da doutrina da predestinação distante dos estritos padrões causais e virtualmente determinísticos de Calvino e Beza para um modelo menos determinístico. De fato, eles demonstram exatamente quão pouca verdade há na frequente associação entre o método escolástico com uma tendência determinista ou predestinatária no pensamento protestante. Se, além do mais, uma influência escolástica, ou mais precisamente um Tomismo modificado, pode ser creditado em parte ao deslocamento de uma perspectiva supralapsariana da predestinação para outra infralapsariana, em pensadores como Vermigli, Zanqui e Júnio,[130] há muito mais razões para se examinar o pensamento escolástico. E examinar, especificamente,

---

[128] Brandt, *Life of James Arminius*, p. 106-7.

[129] Veja Donnelly, "Calvinist Thomism", p. 441-45 e idem, "Italian influences on the development of calvinist scholasticism, *Sixteenth Century Journal* 7/1 (1976), p. 81-101.

[130] Sobre este ponto, veja em particular Sinnema, "Issue of reprobation", p. 73-78, 137-40, 449-50 em que as formulações escolásticas de Zanqui e Júnio são convincentemente mostradas como pertencentes a uma tendência moderadora na doutrina reformada e parte da razão pela qual os Cânones de Dort não são somente mais precisos, mas também "menos rigorosos" que as formulações calvinistas. Compare Muller, *Christ and the decree*, p. 62-67, 70-71, 116-17.

as outras modificações e usos do Tomismo como as raízes do próprio movimento de Armínio, além das visões de Júnio, e ainda mais longe, a partir dos ensinamentos de Calvino e Beza.

Como um número relativamente grande de estudos tem demonstrado, é um erro definir o Escolasticismo protestante essencialmente em termos da ascensão da perspectiva de uma predestinação Reformada. De um lado, os Reformados desenvolveram outras doutrinas em um estilo escolástico e efetivamente não usam a doutrina da predestinação como seu "dogma central".[131] De outro, os pensadores luteranos, que expressamente rejeitavam a perspectiva reformada da predestinação, manifestam o crescente impacto do método escolástico tanto quanto os reformados.[132] Ainda assim, a oposição de Armínio à doutrina reformada da predestinação não deveria ser vista como um sinal de oposição ao caráter escolástico cada vez maior da teologia reformada ou luterana. Na realidade, em todo o debate com seus adversários reformados em Leiden, Armínio estava ao lado deles na aceitação fundamental do método escolástico e das complexidades de sua argumentação.

Neste ensaio, proponho examinar esse Armínio um pouco diferente, digamos, o Armínio escolástico, em função dos temas dos primeiros prolegômenos teológicos escolásticos ortodoxos ou protestantes e da doutrina de Deus, da criação e da providência. Nesses *loci* doutrinais, aliás, é possível esperar encontrar os primórdios de um sistema arminiano em que uma visão revisada da predestinação e da *ordo salutis* permanecerá não como pontos isolados de protesto contra a ortodoxia reformada, mas sim como argumentos estabelecidos em harmonia com, e como resultados de, uma preocupação filosófica e teológica mais ampla.

Se Armínio estava de fato tentando criar uma alternativa totalmente sistemática aos ensinamentos de seus contemporâneos refor-

---

[131] Cf. Muller, *Christ and the decree*, p. 1-13, 79-96, 121-25, 154-59, 164-82; PRRD, I, p. 82-87, 197, 308 com as conclusões de Tadataka Maruyama, *The ecclesiology of Theodore Beza: the reform of the true church* (Genebra: Droz, 1978), p. 22, 139-48, 198-99.

[132] Veja, em particular, H. E. Weber, *Der Einfluss der protestantischen schulphilosophie auf die orthodox – lutherische dogmatik*.

mados ortodoxos, o caráter de seu pleito por uma revisão confessional nas igrejas reformadas também deverá ser colocado sob uma nova luz. Em sua obra *Declaração de Sentimentos*, ele, de um lado, pede a revisão do *Catecismo de Heidelberg* e da *Confissão Belga*, e um entendimento revisado de quais artigos confessionais eram necessários para a fé.[133] Enquanto, em contrapartida, reivindica um acordo para ambos os documentos sobre especificamente aqueles pontos doutrinais conflitantes entre ele e seus irmãos reformados.[134]

Os documentos confessionais em si, particularmente o *Catecismo*, estabelecem amplamente uma doutrina e, portanto, são mais inclusivos que as afirmações doutrinais dele ou de seus oponentes. Armínio poderia, talvez, defender que sua teologia era suficientemente reformada para se enquadrar dentro dos limites do *Catecismo*, mas se isso fosse verdadeiro, por que pedira revisão? Se os seus argumentos para um acordo confessional fossem analisados cuidadosamente em termos do significado pretendido pelos autores dos documentos confessionais, no entanto, emergiria ainda uma impressão um tanto diferente.

Esse é o caso do *Catecismo de Heidelberg*, em que Armínio tinha à disposição não somente os documentos confessionais em si, mas também as palestras catequéticas de um de seus autores, Zacarias Ursino.[135] Se ele tivesse comparado as doutrinas de Ursino sobre as causas da fé e da predestinação, elaboradas em certa extensão nessas palestras, constataria que os ensinamentos desse mestre concordavam com uma das perspectivas que ele rejeitava. Ademais, também teria constatado que Ursino discordava de seu próprio *Catecismo* – pelo menos como interpre-

---

[133] *Dec. sent.*, p. 130-32 (*Works*, I, p. 713-30).

[134] Idem, p. 105, 119-20 (*Works*, I, p. 622-23, 654).

[135] *Doctrinae christianae compendium sive commentarii catechetici* (Neustadt, Leiden e Genebra, 1584; Cambridge, 1585); publicado como *Explicationes catecheseos* na *Opera theologica* póstuma de Ursino, 3 vols., ed. Quirinius Reuter (Heildelberg, 1612); também note o comentário do Dr. Zacarias Ursino sobre o Catecismo de Heilderberg, trad. G. W. Wiliard (Columbus, Ohio, 1852; rep. Phillipsburgo, N. J.: Presbyterian and Reformed, 1985).

tado por Armínio![136] Em outras palavras, se a revisão confessional não se efetivasse rapidamente, os protestos de Armínio por um acordo com as confissões seriam questionados (e foram) num curto período. Além do mais, dado o relacionamento um tanto ambivalente que Armínio tinha com as confissões reformadas, a teologia confessional de Ursino se posiciona com um indicador significativo para a tendência do próprio sistema doutrinal de Armínio.

Apesar de Armínio não poder ser identificado como um teólogo reformado, todavia, ele deve ser entendido em relação à tradição reformada e, especificamente, em relação ao desenvolvimento da ortodoxia reformada na Universidade de Leiden entre a época de Francisco Júnio e a da grande *Synopsis purioris theologiae* (1626). Não obstante todo seu desacordo com os elementos cruciais da teologia reformada, Armínio se posiciona em um relacionamento positivo com o movimento da metodologia teológica e com a orientação de oferecer definições técnicas características da teologia protestante do final do século XVI e início do XVII. Suas próprias teses teológicas se baseiam no trabalho de seu predecessor, Júnio, e com frequência também apontam para as teses de sucessores como Poliander e Walaeus, autores da *Synopsis*. Ainda mais claramente, apontam para a teologia remonstrante de Episcópio e Limborch, pois apesar de seu desacordo definitivo com seus confessionalismos, ele se junta aos dois, historicamente, no desenvolvimento da ortodoxia escolástica em Leiden.

A continuidade e descontinuidade da teologia arminiana com as ideias de colegas e sucessores em Leiden, portanto, é um identificador importante para o significado e importância de suas formulações doutrinais. Seus escolasticismos e suas fontes podem e devem ser comparados com os deles. No entanto, é precisamente essa tarefa que manifesta a dificuldade subjacente de se analisar as concepções de Armínio e a provável razão para a negligência, em estudos anteriores, de qualquer consideração das raízes escolásticas de seus ensinamentos.

---

[136] Compare *Expl. cat.*, cols. 107-9, 212-18 (*Commentary*, p. 112-116, 293-303) com *Dec. sent.*, p. 116-21 (*Works*, p. 646-57).

Dos grandes escolásticos medievais, Armínio cita apenas um: Tomás de Aquino, como uma fonte positiva. Além de uma citação direta feita nas *Disputas públicas*, há um número reduzido delas nas duas séries de debates em que a linguagem evidencia uma leitura de ambas as *Summas*.[137] Há, também, alusões eventuais ao "Mestre das Sentenças", Pedro Lombardo,[138] e há várias referências gerais às opiniões de "escolásticos" ou "acadêmicos", além de referências muito consistentes nas disputas a Tomás de Aquino, Pierre d'Ailly, Francis de Maironnes, Francis de Silvestris (Ferrariensis) e Dominic Bañez.[139] A referência a este último ilustra o problema, já notado, das primeiras citações feitas por escolásticos protestantes de fontes católicas romanas.

Bañez, um dominicano, havia afirmado, em bom estilo tomista, que a atividade da graça de Deus é a primeira causa da salvação e, portanto, deve se antepor à vontade humana na ordem da salvação –, ponto doutrinal esse de acordo com a teologia reformada, e em sua linguagem causal, muito concordante com a teologia de tomistas reformados, como Vermigli e Zanqui. Armínio estava disposto a citar Bañez de certa forma desfavoravelmente de modo a pressionar em seu país o ponto que ele esperava defender contra seu oponente reformado William Perkins. Mas, Armínio não se baseava explicitamente nas ideias do adversário jesuíta de Bañez, Luís Molina, muito embora a influência deste último seja bastante aparente em diversos pontos do sistema arminiano, porque o debate entre Bañez e Molina, ocorrido alguns anos antes, era provavelmente bem-conhecido por ele.[140] As efetivas fontes dos ensinamentos escolásticos de Armínio podem ser inferidas pela comparação de suas

---

[137] *Disp. pub.*, IV. iv.
[138] *Examen modestum*, p. 654, 691 (*Works*, p. 299,354). (*Works*, III, p. 273,281, 354, 358); *Disp. pub.*, IV. xlliii; *Disp. priv.*, XLII. x.
[139] *Examen modestum*, p. 638, 643, 692-93 (*Works*, III, p. 273, 281, 354, 358); *Disp. pub.*, IV. xliii; *Disp. priv.*, XVII. x.
[140] Sobre o debate entre Bañez e Molina, veja Vansteenberghe, "Molinisme", *DTC* 10/2, cols. 2142-45; Mandonnet, "Bañez, Dominique", *DTC* 2/1, cols. 143-44; Pegis, "Molina and Human Liberty", p. 91-121; uma discussão extensa da história e implicações do

perspectivas com os ensinamentos de vários pensadores escolásticos e escolas de pensamento.

Uma ferramenta decisiva nesse trabalho da reconstrução comparativa do cenário de fundo intelectual, bem como das fontes teológicas imediatas da concepção de Armínio é o catálogo de sua biblioteca impresso para seu leilão em 1610.[141] Armínio possuía uma fantástica biblioteca teológica contendo uma infinidade de materiais, incluindo as *Anotações de Erasmo para o Novo Testamento*, virtualmente todos os comentários de Calvino, comentários de Lutero, Oecolampadius, Bucer, Melanchthon, Zanqui, Júnio, Aretio, e numerosos outros pensadores do século XVI. Possuía uma Bíblia Stefano, a Vulgata, além de uma ampla seleção de textos patrísticos, obras importantes de filósofos e teólogos da Idade Média e do Renascimento, e mais uma considerável coletânea de trabalhos dos primeiros mais destacados pensadores luteranos e reformados ortodoxos, incluindo virtualmente todos os principais sistemas teológicos elaborados por protestantes da segunda metade do século XVI.

Podemos nos limitar a trabalhos pertencentes especificamente à categoria da teologia sistemática, ou, ainda, discernir um interesse no desenvolvimento de dogmas luteranos evidenciados pelo *Corpus doctrinae* melanchthoniano,[142] os *loci communes* de Urban Rhegius,[143] o *Enchiridion*[144] de Hemmingsen, e os *Examen concilii tridentini e Loci communes* de Chemnitz.[145]

---

conceito na essência do debate, a *scientia media* divina, é encontrada em Paul Dumont, *Liberté humaine et concorus divin d'après Suárez* (Paris: Beuschene, 1936), p. 77-170).

[141] *Catalogus librorum clarissimi viri D. D. Iacobi Arminii, quondam in academia lugdunensi theolog professoris, quorum auctio habebitur...* (Leiden, 1610). Esse item extremamente raro, única cópia conhecida do qual encontra-se no Museu Britânico, recentemente tem sido disponível graças aos esforços de Carl Bangs.

[142] *Auction Cataloge*, p. 13.

[143] Idem, p. 17. Essa é provavelmente uma referência a Rhegius, *Formulae... loquendi de praecipius christianae doctrinae locis* (1535).

[144] Idem, p. 14 e 17 (duas cópias?).

[145] Idem, p. 4, 8.

Do lado reformado, Armínio muito provavelmente possuía as palestras de Ursino sobre o Catecismo de Heidelberg.[146] Ele também virtualmente conservava todos os principais tratados dogmáticos de Zanqui,[147] Beza,[148] Daneau,[149] Júnio,[150] Sadeel[151] e Aretio,[152] juntamente as *loci* ou *disputationes* de Szegedin, Grynaeus, e do corpo docente de Leiden (1597), Snecano, Ramus, Keckermann, Sohn, Martinio e Polanus.[153] O catálogo também cita trabalhos de Landesberg, Bastingius, Mornaeus e Gomaro.[154]

Os materiais luteranos, que representam o lado Filipista ou Melanchthoniano[155] da ortodoxia inicial luterana, forneceram a Armínio um modelo menos predestinatário e, inclusive, sinergético para a teologia protestante. Isso certamente é o que ocorre com o *Enchiridion* de Hemmingsen, que Armínio citara na última disputa como um exemplo de sistema protestante ortodoxo favorável às suas próprias visões sobre predestinação.[156] As obras de Chemitz, tanto as *Loci communes* como os *Examen*, embora não sejam exemplos de sinergismo Filipista, certamente também serviram como modelos para um sistema no qual uma visão totalmente protestante da justificação pela graça através da fé poderia ser posicionada contra os ensinamentos de Trento sem recurso a uma estrita e rígida doutrina da predestinação.[157]

---

[146] Idem, p. 4: "Tomus primus operum theolog. Urzini" e p. 18: "Catechesis Ursini."

[147] Idem, p. 4, 7.

[148] Idem, p. 9, 15, 16.

[149] Idem, p. 5, 12, 15, 18, 21.

[150] Idem, p. 7, 8, 9, 11.

[151] Idem, p. 9, 12.

[152] Idem, p. 13, 19, 22.

[153] Idem, p. 4, 9, 11, 13, 21, 22 (respectivamente como na anterior).

[154] Idem, p. 8, 11, 13 (respectivamente como na anterior).

[155] Referência a Filipe Melâncton reformador luterano. [N. R.]

[156] *Dec. sent.*, p. 115; compare Niels Hemmingsen, *Enchiridion theoloficum* (Londres, 1580), III. i, p. 237-38.

[157] Martin Chemnitz, *Loci theologici*, pars II, De justificacione, iv, esp. p. 173-76; compare idem, *Examination of the Council of Trent*, trad. Fred Kramer (St. Louis: Concordia, 1971-86, I), p. 605-6.

Em nenhum dos casos, no entanto, essas teologias luteranas fornecem a base filosófica e teológica para as distinções escolásticas sobre as quais a teologia arminiana definitivamente repousaria (É igualmente claro que nem a sua coleção patrística, tampouco sua biblioteca com os primeiros tratados da Reforma lhe proporcionam essa linguagem da prioridade do intelecto em sua direção da vontade divina para um bem conhecido, do caráter da teologia como uma *scientia* prática, das distinções entre vontade antecedente e consequente, poder absoluto e ordenado em Deus, ou do *concursus* divino com os atos das causas finitas no ordenamento temporal da providência.)

Os materiais reformados, por um lado, esclarecem que Armínio tinha um forte interesse na teologia exegética da Reforma e que, apesar de todos os desacordos doutrinais a respeito da doutrina da predestinação, ele mantinha um senso profundo da importância da obra de Calvino, particularmente no que é encontrado nos comentários. Por outro lado, eles evidenciam a imersão de Armínio nas concepções de seus professores e imediatos predecessores na tradição reformada. De longe, a maior parcela de conteúdos protestantes de sua biblioteca eram os dos primórdios da ortodoxia protestante. De Zanqui, ele certamente aprendera que as bases tomistas não eram impedimento para um sistema reformado. Do tratado de Júnio sobre a "verdadeira teologia", Armínio ganhara a mais avançada discussão já disponível dos prolegômenos teológicos; e da *Opera* e *De verbo Dei,* de Sadeel, ele recebera, entre outras coisas, uma discussão básica de um programa para o Protestantismo escolástico.[158]

A biblioteca dele continha igualmente um número substancial de obras escolásticas medievais e da Igreja Católica Romana do século XVI, incluindo diversos ensaios que seus adversários o acusavam de recomendar aos alunos. O catálogo anota Bonaventura sobre o terceiro e quarto livros das *Sentences,* Alberto, o Grande, sobre o primeiro

---

[158] Veja Franciscus Junius, *De vera theologia* (1594) em *Opuscula*, ed. Abraham Kuyper (Amsterdã, 1882); e Antoine Chandieu (Sadeel), *De verbo Dei scripto… Praefatio de vera methodo the logice simul et scholastice disputandi*, em *Opera theologica* (Genebra, 1593), p. 7-9; compare as discussões em *PRRD*, I, p. 76-77, 123-26, 297-98.

e segundo livros da mesma coleção e sobre a Eucaristia, a *Opera* de Scotus na edição veneziana de 1503,[159] a *Summa contra gentiles* e a *Summa theologie* de Tomás de Aquino; o ensaio de Biel sobre os cânones da missa, as *Sentences* de Lombardo e o *Opuscula* de Sto. Anselmo.[160] A presença das duas Summas de Tomás de Aquino é significativa pelo fato de que diversos temas principais da teologia de Armínio parecem se basear nelas. Ainda mais significativa é a ênfase na teologia jesuíta; além disso, em adição às cópias do *Catechismus concilii tridentini* ou *Catechismus Romanus*,[161] Armínio possuía a *Opuscula* de Suárez, *Disputationes* de Belarmino e *Concordia* de Molina, além de dois volumes intitulados *Capitum doctrinae Jesuiticae*.[162] E mais, a biblioteca dele também continha três obras de John Driedo de Louvain, incluindo a *De concordia liberi arbiatrii* e *predestinationis divinae* (1537), um importante precursor da *Concordia* de Molina.[163] O impacto desses trabalhos, particularmente os de Suárez, sobre Armínio, parece ter sido considerável. Finalmente, o catálogo lista, sem indicações do autor, local ou data de publicação, um *Vocabularum theologicum*. A identificação mais provável desse trabalho parece ser o de um reconhecido dicionário teológico de Altenstaig com sua primeira publicação em 1517, e disponível na coleção de Armínio em diversas edições – Antuérpia (1576), Veneza (1579, 1582, 1583), Lion (1580), Leiden (1580), mais duas edições abreviadas (Paris, 1567,1580).[164]

A biblioteca de Armínio também continha diversas obras patrísticas de peso, e é claro que nesse caso também podemos discernir a fonte de uma influência importante sobre seus pensamentos, especialmente

---

[159] *Auction Cataloge*, p. 3.

[160] Idem, p. 5, 7.

[161] Idem, p. 18, 22.

[162] Idem, p. 8, 11, 14.

[163] Idem, p. 7

[164] Idem, p. 6 e compare de Lubac, *Augustinianism and modern theology*, p. 152 sobre a importância de Altenstaig.

nas formulações cristológica e trinitária.¹⁶⁵ No entanto, a exemplo das fontes dos reformados, essas de origem patrística não podem ser responsáveis por conferir a Armínio o seu estilo ou método ou, de fato, os temas fundamentais de suas doutrinas sobre teologia, Deus, criação e providência. Como este ensaio deseja demonstrar, o estilo, o método e os temas fundamentais de seus ensinamentos derivam do Escolasticismo da época, tanto protestante como católico, e manifestam sua participação no movimento para a institucionalização intelectual do Protestantismo. A continuidade com a Reforma, particularmente em temas como a igreja e os sacramentos, e, de fato, sobre a doutrina da justificação, não pode ser negada nem o interesse dele no período patrístico, bastante característico do espírito da ortodoxia inicial protestante, deveria ser negligenciado, contudo a continuidade com a tradição escolástica está presente também na forma de uma tendência dominante no pensamento de Armínio.

Essas diversas linhas de continuidade, juntas com as descontinuidades causadas, por exemplo, pela aplicação do método escolástico às doutrinas da Reforma, são típicas da teologia protestante da era de Armínio. Na realidade, são parte e parcela da iniciativa escolástica protestante de construir um compêndio católico e ortodoxo de doutrina para as igrejas protestantes.¹⁶⁶

Os conteúdos presentes na biblioteca de um professor certamente não são idênticos aos de sua mente. Alguns livros são comprados sem ser lidos, enquanto outros são lidos sem ser comprados. Muitos deles são lidos, mas mentalmente deixados de lado e considerados sem importância, embora um número reduzido deles possa ser lido diversas vezes com a finalidade de se obter um domínio da disciplina. Não podemos, assim, tirar conclusões precipitadas com base no catálogo de

---

¹⁶⁵ Veja Muller, "*Christological problem*", p. 150, 153-54, 161. A utilização por Armínio de fontes patrísticas e a extensão dessa influência em sua teologia é um tópico que garante estudos posteriores.
¹⁶⁶ Veja Muller, "*Vera philosophia*", p. 356-6, e idem "*Scholasticism protestant and catholic*", p. 193-96, 200-201, 204-5.

sua biblioteca. A presença de um título, entretanto, juntamente a uma nítida semelhança entre as ideias de Armínio e as do autor do volume aponta para uma fonte da teologia arminiana tão evidentemente como uma efetiva referência ao seu texto. E, por causa da falta de referências, o catálogo fornece uma considerável assistência.

O propósito deste estudo, então, é explicar os diversos temas fundamentais da teologia de Armínio no contexto do Escolasticismo do final do século XVI e início do XVII, observando os prováveis e possíveis antecedentes de seus ensinamentos e indicando as implicações nas formulações teológicas, além de seus relacionamentos com, e distinções das, formulações teológicas do Protestantismo ortodoxo e da tradição escolástica – tanto da Igreja Católica Romana medieval como a do século XVI. Fica claro a partir de um exame dos ensaios de Armínio que ele usava um método escolástico e adotava outros modelos similares aos utilizados por seus contemporâneos protestantes. Com isso, o fenômeno do "Tomismo calvinista"[167] ou "reformado", conforme iniciado nos ensaios de Vermigli ou Zanqui, e conduzido adiante com modificações nas obras de autores como Daneau, Ursino, Júnio, Polanus e Alsted, teve seu impacto também nas obras de Armínio. Embora o mais significativo em suas concepções é a direção de suas modificações dessa trajetória tomista protestante – na medida em que elas são diferentes das modificações feitas por seus contemporâneos reformados e indicam prováveis e possíveis antecedentes diferentes das fontes dos argumentos reformados.

Esse aspecto eclético das concepções de Armínio não era incomum àquela época. A filosofia e teologia de Keckermann pode facilmente ser descrita da mesma forma – e o ecletismo da escola de Herborn e de seu maior expoente, Johann Heirinch Alsted, destaca-se como a mais

---

[167] Compare John Patrick Donnelly, "Calvinist thomism", p. 441-55; idem, *Calvinism and Scholasticism in vermigli's doctrine of man and grace* (Leiden: Brill, 1975); e idem, "Italian influences on the development of calvinist scholasticism", p. 81-101.

influente abordagem reformada ao método e à substância do currículo universitário do início do século XVII.[168]

Do lado da Igreja Católica Romana, a abordagem eclética da filosofia era característica de Francis Suárez, cuja metafísica fora a contribuição mais importante do século para as filosofias católica e protestante, superando facilmente a influência de Descartes pela maior parte do século XVII.[169] Além do mais, o ecletismo da época não era prejudicial. Como Loemker e Mahieu tinham mostrado, ele representava uma tentativa de se apropriar dos vários materiais de uma rica tradição e de reuni-los em uma nova síntese –, síntese essa capaz de sustentar as perspectivas filosófica e teológica do Ocidente em razão da crise gerada pelas vastas mudanças científicas, filosóficas e políticas que assolavam o século XVII.

A importância da contribuição de Armínio a essa "batalha pela síntese", é certo, não deve ser avaliada meramente de forma negativa em comparação com o modelo reformado ou simplesmente de modo interno ou intrínseco em vista das alterações de perspectiva resultantes dos empréstimos de Armínio das fontes medievais e do século XVI.[170] A avaliação também deve ser feita com um olhar à subsequente trajetória de suas ideias, particularmente daquelas formulações filosóficas e teológicas representando de modo geral a tradição ou, especificamente, da perspectiva escolástica reformada em desenvolvimento. As obras de seus sucessores, Episcópio e Limborch, na tradição remonstrante são, portanto, cruciais para a avaliação do próprio pensamento de Armínio. O primeiro em particular, como um de seus alunos que mais participou

---

[168] Sobre Keckermann, veja W. H. Zuylen, *Bartholomaus Keckermann: sein leben und wirken* (Leipzig: Noske, 1934), p. 44-47 e Muller, "*Vera philosophia*", p.341-6; sobre ecletismo em relação a Alsted e Herbon, veja Leroy E. Loemker, Struggle for Synthesis: *The seventeenth century background of Leibniz' synthesis of order and freedom* (Cambridge, Mass.: Harvard University Press, 1972), p. 45-48, 141-44.

[169] Compare Loemker, *Struggle for synthesis*, p. 48, 139 com Léon Mahieu, "L'eclectisme Suarézien", *Revue Thomiste* 8 (1925), p. 250-85.

[170] N. B.: "struggle for synthesis" é uma caracterização apta de Loemker do movimento filosófico dos primórdios do século XVII.

das decisões geradas pelas *Disputaciones* teológicas de Armínio, é um indicador para as implicações e a importância de suas distintivas contribuições para a pensamento protestante do século XVII.

Nossa fonte básica para as visões arminianas sobre teologia, Deus e a criação, afora os três pronunciamentos inaugurais sobre o objeto da teologia,[171] são as duas séries de teses para as discussões ou disputas em sala de aula, as *Disputaciones publicae* e as *Disputationes privatae*.[172] Esse padrão de apresentação, em certa extensão e sem nenhuma perda de complexidade intelectual das diretrizes de um sistema teológico, era típico da época. O predecessor de Armínio em Leiden, Francisco Júnio, elaborou duas séries principais de teses teológicas – uma de seu cargo inicial na Universidade de Heidelberg e outra refletindo seu período mais maduro em Leiden.[173] Francisco Gomaro, um de seus oponentes mais combativos em Leiden, também desenvolvera seu sistema na forma de teses para debates.[174] Na realidade, algumas de suas teses, como as disputas públicas de Armínio, foram elaboradas para o mesmo curso de teologia lecionado em conjunto.[175]

Temos também uma série básica de teses de Amando Pollanus da Basiléia, elaboradas no estilo de Agricola, ou ramista, como uma série logicamente inter-relacionada de divisões de tópicos da teologia.[176] As teses de Polanus, as *Partitiones theologicae*, também servem para demonstrar o objetivo final dessas coleções: elas se tornam a base para um sistema completamente desenvolvido, o *Syntagma theologiae*

---

[171] Orationes tres: I. *De objeto theologiae*. II. *De auctore & fine theologiae*. III. *De certiduness. Theologiae*, em *Opera*, p. 26-71 (*Works*, I, p. 321-401).

[172] *Disputationes publicae*, em *Opera*, p. 197-333 (*Works*, II, p.77-317); *Disputationes privatae*, em *Opera*, p. 339-444 (*Works*, II, p. 318-469).

[173] Em Franciscus Junius, *Opuscula theologica selecta*, ed. Abraham Kuyper (Amsterdã, 1882), p. 103-289 (Leiden), p. 289-327 (Heidelberg).

[174] Franciscus Gomarus, *Disputationes theologicae*, em *Opera theologica omnia* (Amsterdã, 1644), pars III.

[175] Veja Bangs, "Introduction", em *Works*, I, p. xvii-xviii.

[176] Amandus Polanus von Polansdorf, *Partitiones theologicae* (Basiléia, 1590).

christianae.¹⁷⁷ Se as circunstâncias tivessem permitido, Júnio, Armínio e Gomaro provavelmente teriam elaborado extensivos sistemas com base em suas disputas.

O relacionamento das disputas públicas e privadas de Armínio também é de importância para um entendimento da sua teologia. Conforme indicado por Bangs, a hipótese da origem das disputas privadas (1599ss) durante a atuação do teólogo como pastor em Amsterdã certamente é incorreta. A afirmação de Bangs é com base na forma e no conteúdo das disputas escritas para estudantes universitários, e notas que, é quase certo, foram deixadas incompletas em razão da morte de Armínio.¹⁷⁸ A última série, sobre o sexto mandamento, fora disponibilizada em 31 de julho de 1609, um pouco antes de sua última conferência em Haia. No seu retorno dessa localidade, sua doença se agrava e ele fica confinado na cama, vindo a falecer em 19 de outubro de 1609. A série completa muito provavelmente também foi escrita, paralelamente às disputas públicas e para um círculo mais fechado de estudantes, entre 1603 e 1609.

Há, ainda, evidências que a obra *Disputas privadas* surge um tanto posteriormente às *Disputas públicas*, provavelmente como uma revisão e correção da série inicial. Em um ponto de sua discussão sobre a natureza de Deus nas *Disputas privadas*, Armínio meramente observa os atributos essenciais de simplicidade, infinidade, eternidade, imensidão, imutabilidade etc., sem elaboração, comentando que essas questões tinham sido discutidas em suas "teses públicas sobre a matéria".¹⁷⁹ As *Disputas privadas*, ao menos aquelas sobre a doutrina de Deus, foram, portanto, elaboradas posteriormente. Além disso, elas são, quase que em sua maioria, verbalmente similares às de caráter público e muito mais suaves em seus estilos de redação, além de normalmente mais bem argumentadas. Os pontos apresentados somente no formato mais

---

¹⁷⁷ Amandus Polanus von Polansdorf, *Syntagma theologiae christianae* (Genebra, 1617); compare Muller, *Christ and the decree*, p. 130 e p. 217, n. 2.

¹⁷⁸ Bangs, "Introduction", em *Works*, I, p. xviii.

¹⁷⁹ *Disp. priv.*, XV. vii.

longo das *Disputas públicas* são, eventualmente, afirmados de uma forma bastante efêmera e difícil de entender, não tendo se beneficiado dos subsequentes debates e discussões.[180] Armínio também tende, na série *Disputas privadas*, a apresentar os argumentos coesivamente, sem a inserção massiva de *dicta probantia,* compostas de textos escriturais revisados, que 'entopem' as *Disputas públicas*. Essa técnica pode ser a indicação de um clima mais libertador e menos problemático no círculo mais fechado de estudantes, com menor necessidade de fornecer justificação bíblica para argumentos teológicos.

A lista de teses intituladas na *Opera* de *Articulli nonnulli diligenti examine perpendendi* (certos artigos a ser diligentemente examinados e ponderados) têm limitada utilidade para decifrar as ideias de Armínio. Elas são prefácios com afirmações de que alguns deles são negados ou confirmadas de forma decisiva, e outros negados ou confirmados com dúvidas, com esses vários entendimentos indicados por sinais justapostos aos textos. Não há, entretanto, esses sinais nas edições impressas dos *Articles*. Bangs corretamente defende que alguns dos artigos claramente expressam os próprios pensamentos de Armínio enquanto outros parecem ser um mero "levantamento de questões principais".[181] Na realidade, as declarações sobre o decreto da salvação nos *Articles* são idênticas às encontradas na *Declaração de sentimentos*.[182] Todavia, nos pontos em que não é possível ser encontrada corroboração em outros escritos de Armínio, os pontos defendidos nos *Articles* não podem – dada a ausência de observações nos prefácios e dos sinais – ser considerados definitivamente a sua posição.

---

[180] P. ex., *Disp. pub.*, IV, 1-li sobre a relação de bondade, entendimento e desejo na disposição divina de coisas finitas.
[181] Bangs, "Introduction", em Arminius, *Works*, I, p. xix.
[182] *Articuli nonnulli*, XV.1-4; compare *Dec. sent.*, p. 119 (*Works*, I, p. 653-54).

PARTE II
A ideia e o método da teologia

CAPÍTULO 4

A teologia como uma disciplina "prática"

Armínio escreve extensivamente acerca da conceituação e do método da teologia. Aliás, não há nenhum tema do sistema teológico como um todo – exceto a doutrina da predestinação – sobre o qual ele discursa com tanta prolixidade e detalhamento. Conforme observado por Bangs, suas três "orações"[183] sobre teologia "eram produções refinadas, incontroversas e amplamente elogiadas".[184] Elas representam um momento de sua carreira em que estava livre de debates e aberto à apresentação de ideias. Juntamente as muito mais concisas *Disputas Privadas*, e "*De theologia*", esses ensaios entregam um prolegômenos virtualmente completo ao sistema teológico, como se ele estivesse sendo desenvolvido no início do século XVII.

Conforme notado no capítulo anterior, o interesse de Armínio na construção de prolegômenos teológicos coloca-o diretamente na linha principal do desenvolvimento do Escolasticismo protestante, e, ainda mais importante, identifica-o como um verdadeiro sucessor do reverenciado Júnio, que havia preparado o *De vera teologia*, obra de grande

---

[183] O autor está usando o vocábulo "oração" aqui não no sentido de prece, mas de discurso. [N.R.]

[184] Bangs, *Arminius*, p. 261.

influência. Mais do que isso, Armínio, ao escolher os prolegômenos como um de seus assuntos principais, se posiciona, juntamente com outros estudiosos protestantes da época, em uma fundamentação com base na tradição medieval do uso de tal recurso.

Os reformadores ainda não tinham definido a disciplina da teologia no, e para o, contexto universitário, deixando para seus sucessores o problema de decidir que elementos das discussões iniciais seriam apropriados para a iniciativa teológica protestante.[185] Na análise a seguir, eu me baseio tanto no "orações" como nas "disputas". Considerados em conjunto, esses ensaios com base em prolegômenos teológicos não apenas fornecem uma perspectiva das definições básicas defendidas por Armínio, mas também esboçam, com notável consistência, os temas básicos de suas doutrinas de Deus, criação e da providência – temas, aliás, que são componentes de sua teologia e formadores em desenvolvimento de uma alternativa para os dogmas reformados de sua época.

Após um parágrafo introdutório de certa forma "floreado" endereçado a seus colegas e eventuais alunos da universidade, Armínio inicia uma série de observações gerais sobre a natureza da *sacra theologia*. Ele assevera que não pretende insultar as outras disciplinas ou seus estimados colegas nos campos em que identifica a teologia como a primeira entre as ciências. De modo a demonstrar a excelência da ciência teológica, Armínio aponta que todas as formas de conhecimento humano (*disciplina humana*) são "estimadas de acordo com a excelência de seus temas, autores e suas finalidades".[186] Depois, propõe debater esses pontos ordenadamente para, então, concluir com uma discussão sobre a certeza da teologia. As três orações, portanto, deverão ser considerados como um argumento unificado.

O pensamento de Armínio nessas três orações e à correspondente seção das *Disputas privadas*, a exemplo da ideia de seus contemporâneos e predecessores sobre esses pontos, é essencialmente eclético. A busca

---

[185] Compare a discussão em *PRRD*, I, p. 63-80.
[186] *De objeto*, p. 28 (*Works*, I, p. 324).

protestante por modelos para os prolegômenos teológicos aproximou o contato entre os primeiros autores ortodoxos e autores mais diversificados que também acompanhavam o desenvolvimento gradual da tradição medieval. A distinção entre *theologia* e a interpretação da *sacra pagina* não era feita antes da ascensão das faculdades no século XI, e a primeira denominação de teologia como ciência, provavelmente por Alain de Lille,[187] só ocorreria após a segunda metade desse século. Os doutores do século XIII debatiam se a teologia era uma *scientia* ou, mais propriamente, uma *sapientia*, e se de fato fosse uma ciência, de qual natureza seria, especulativa ou prática?[188] Em alguns casos, os teólogos protestantes, sendo Júnio o primeiro deles, começam a apropriação desses materiais, notadamente o dogmático luterano Johann Gerhard, ao apresentar um paradigma completo da discussão medieval e selecionar as definições e os elementos mais apropriados para a teologia protestante.[189]

O termo "teologia" significa literalmente "um discurso ou texto racional sobre Deus" (*sermo sive rationem de Deo*).[190] Como a maior parte de seus contemporâneos, Armínio parece um tanto sensível ao fato de que este não é um termo bíblico – e talvez porque fora raramente utilizado pelos reformadores como uma descrição do conteúdo de seus escritos. *Religio* havia sido o termo preferido pelos reformadores[191] até então.

O conceito de *theologia* é essencialmente a "ciência" identificada por Paulo como o conhecimento da "verdade segundo a piedade" (Tt 1.1). O termo para piedade, *eusebeia*, é dado mais precisamente por Paulo em 1Timóteo 2.10 como *theosebeia*. A teologia, assim, é correta e apropriadamente identificada como "um pronunciamento racional sobre Deus" e essa identificação em si aponta para Deus como o "objeto da teologia"

---

[187] Alain de Lille (c.1128 – 1202) foi um teólogo e poeta francês [N. E.].

[188] Veja Congar, *History of theology*, p. 79-165.

[189] Johann Gerhard, *Loci theologici*, I, prooemium, 11-12; compare com Paul Althaus, *Die prinzipien der deutschen reformierten dogmatik in zeitalter er aristotelischen scholastik* (Leipzig: Deichert, 1914), p. 230-31.

[190] Idem.

[191] Compare *PRRD*, I, p. 112-15.

(*objectum theologiae*).¹⁹² Essas definições básicas seguem o paradigma estabelecido por Júnio e ecoam a direção tomada por contemporâneos de Armínio, como os pensadores reformados Polanus, Alsted e Scharpius, além do grande inovador do Escolasticismo luterano, Johann Gerhard.¹⁹³ Conforme observado numa seção anterior, grande parte desse desenvolvimento deverá ser creditado diretamente à influência do tratado *De vera theologia*, de Júnio.

Todas as ciências consequentemente podem ser definidas em função de seus temas apropriados, e quando essa definição é atingida, desponta muito claramente a excelência da teologia. O objeto da metafísica geral, observa Armínio, ao adotar a definição escolástica padrão, é "ser com referência ao seu ente" (*ens qua ens*); a metafísica particular toma como seu objeto as mentes ou intelectos considerados de forma abstrata, enquanto os objetos da física são os "corpos como tendo o princípio do movimento em si."¹⁹⁴ Seguem-se definições para a matemática, medicina, jurisprudência, ética, economia e política.¹⁹⁵

Armínio conclui que todas essas ciências

> são ordenadas em subordinação a Deus, pois de fato todas elas têm sua origem nele, são dependentes apenas dele, e retornam a Ele em suas últimas direções e tendências. Essa ciência [i. é, a teologia], é a única que se ocupa em si com o Ser dos seres e a Causa das causas, o fundamento ou base (*princípium*) da natureza e da graça na natureza, pela qual

---

¹⁹² *De objeto*, p. 28 (*Works*, I, p. 324): compare*Disp. priv.*, I. ii, iv: "*Theologiae voce non conceptum seu sermonem ipsius Dei, quod etymon permittit, sed de Deo rebusque divinis intelligimus, secundum vulgarem usum eius... Qui Deus propterea in Theologia ut objectum illius offici considerandus est.*"
¹⁹³ Polanus, *Syntagna theol.*, Ii-ii; Alsted, *Praecognita theol.*, I. i.; Scharpius, *Cursus theol.*, I, col. 1; Gerhard, *Loci theol.*, I1-12.
¹⁹⁴ *De objeto*, p. 28 (*Works*, I, p. 324-25).
¹⁹⁵ Idem; note que a *economia* ora referida no texto não diz respeito, nos séculos XVI e XVII, a operações bancárias ou financeiras, mas sim ao seu uso clássico de "controle doméstico das finanças".

a natureza é assistida e cercada. Este objeto, portanto, é o mais valioso e digno de todos.[196]

A linguagem aqui desperta um certo interesse por causa de sua clara raiz escolástica. O exemplo preeminente da teoria da unificação de todo o conhecimento sob a luz da verdade divina é certamente a *De reductione artium ad theologia* (sobre a reconstituição das artes até a teologia)[197] de Bonaventura. Embora seja impossível provar se Armínio teve conhecimento da existência desse tratado particular, fica claro que o conceito não deriva dos reformadores e que ele efetivamente tivera alguma familiaridade com a teologia daquele pensador.[198]

O ponto também poderia ter sido derivado de Ramus e ser mais um dos prováveis sinais da admiração de Armínio pela dialética ramista. A exemplo de Bonaventura, Ramus defendia a elevação da mente, desde a ordem sensível até a inteligível, e a partir dessa esfera através da luz divina que brilha por meio de componentes inteligíveis, na direção da mente divina em si. Essa elevação é consolidada pela arte da dialética que, na condição de um método unitário e único para compreender toda a realidade e como a arte das artes, serve, na verdade, para desenhar ou retraçar todas as artes em direção à teologia.[199] A unidade de todo o conhecimento deverá ser encontrada, por meio da dialética, na fonte final de todo o conhecimento – Deus.[200]

Claramente, o objeto de maior excelência de qualquer eventual pesquisa deverá ser aquele "que é em si o melhor, o maior e imutável objeto", e assim sendo, também o "mais lúcido e claro", além de capaz, "por sua

---

[196] Idem, p. 28 (*Works*, I, p. 325).

[197] Em *Opera*, V, p. 319-25.

[198] Veja *Auction catalogue*, p. 3.

[199] Compare Peter Ramus, *Dialecticae institutiones aristotelicaeanimadversiones* (Paris, 1543; rep. Stutigart, 1964), p. 34v-36v. com a discussão em Kent Emery, Jr., *Renaissance dialectic and renaissance piety: Benet of Canfield's rule of perfection, medieval and renaissance texts and studies*, vol. 50 (Binghamton, N.Y.: State University of New York, 1987, p. 39.

[200] McKim, *Ramism in William Perkin's theology*, p. 130-31.

ação na mente, de preenchê-la completamente e satisfazer seus infinitos desejos."[201] Essas três condições somente são satisfeitas por Deus, o objeto apropriado do estudo teológico. Com isso, dificilmente pode ser debatido se Deus é o melhor ente, ou seja, a bondade superlativa, visto que Ele é o *summum bonum* e a própria bondade. Apenas Deus é capaz de comunicando sua bondade – limitada apenas "pela capacidade do recipiente, que ele apontara como um limite e medida da bondade de sua natureza e de sua auto comunicação."[202] Este ponto que, aparentemente, não causara debates seja em 1603 ou em qualquer momento posterior da carreira de Armínio, é fundamental para sua perspectiva teológica e, por fim, para sua discordância com seus colegas reformados, como se tornará aparente na discussão de suas doutrinas de Deus e da providência.

Igualmente, Deus é grande e imutável – grande porque "ele é capaz de sujeitar ao seu poder até mesmo o nada em si, para que possa ser capaz do bem divino pela comunicação de si mesmo".[203] É imutável porque nada pode ser acrescentado a ele e nada pode ser tirado. É "agradável" contemplar a bondade de Deus, "glorioso" considerar sua grandeza, e "seguro" fundamentar a discussão em sua imutabilidade.

Portanto, apenas a teologia satisfaz o primeiro critério de excelência. Ainda assim, em relação ao segundo critério da lucidez e clareza, Deus deve ser reconhecido como "o mais resplandecente e brilhante", como "a própria luz'", e que "isso [está] mais disposto [a ser conhecido] pela mente." Essa clareza da verdade divina atinge um determinado nível a ponto de que nenhum assunto pode ser corretamente entendido, a menos que tudo que é conhecido, em e mediante aquele assunto, tenha sido primeiramente "visto e entendido" em Deus. Assim, Deus é oferecido para o entendimento como o "Ser em si" (*Entitas ipsa*) a partir do qual todos os seres finitos, visíveis ou invisíveis, possuem sua essência nos quais suas existências são baseadas. Todas as criaturas carregam

---

[201] *De objecto*, p. 28 (*Works*, I, p. 325).
[202] *De objecto*, p. 29 (*Works*, I, p. 326).
[203] Idem.

sinais dessa origem divina, além de sinais que indicam seus lugares no "número e na ordem" das coisas.[204]

É significativo para a reavaliação das ideias de Armínio que essa linguagem do Ser e da ordem dos seres finitos não seja nem diretamente bíblica nem exegética, tampouco enraizada nos pronunciamentos teológicos dos reformadores. A linguagem em si demonstra a presença de um estilo de pensamento escolástico e a participação de Armínio no retorno da teologia protestante aos interesses metafísicos dos séculos anteriores. O fato de ser ele quem levanta essas questões de modo a declarar a estrutura hipotética de sua teologia evidencia a importância que elas têm para o seu sistema como um todo. Além do mais, pela perspectiva das tendências escotistas já residentes nos prolegômenos de Júnio e na declaração de Scotus de que o apropriado objeto da teologia é Deus, considerado como tal, enquanto o apropriado objeto da metafísica é Deus, como o Ente (*Ens*), Armínio parece muito mais disposto que os protestantes das gerações anteriores a esboçar uma metafísica racional a serviço da teologia. Ao menos, sua iniciativa parece minimizar a cautela do Escotismo em relação à separação teológica da metafísica, e defender o uso do conceito e da linguagem de um Ser em teologia no nível fundamental da identificação do objeto dessa disciplina.[205]

Além disso, a alegação de que Deus, considerado como um *Ente* ou *Entidade* em um sentido último, fornece a base para um entendimento de todos os seres contingentes ou finitos, proporciona-lhe muito mais que um apoio para que ele argumente que a teologia é a maior das ciências. Isso também lhe proporciona o tema da interconectividade e da dependência do ser, o que é de extrema importância para sua teologia como um todo. Se a compreensão de todos os seres finitos depende da visão de Deus como um Ser, isso somente pode ser verdadeiro porque o Ser divino é o alicerce e a fonte de todos os seres, e, de fato, porque o auto entendimento divino – de o Ser derradeiro se conhecer em Sua

---

[204] Idem, p. 29 (*Works*, I, p. 326-27).
[205] Scotus, *Op. oxon.*, I, prol. 3, q. 2; compare *PPRD*, I, p. 124, 158, 200.

própria compleição –, é a base e a fonte da inteligibilidade de todos os seres finitos. Ao apontar esse tema da inteligibilidade do ser com base em uma analogia entre o Ser divino e o ser da ordem finita (*the analogia entis*), Armínio tem, desde o começo de seu sistema, apontado para uma orientação mais tomista do que a indicada nos prolegômenos de Júnio, e extraído um ponto de conexão entre suas pressuposições sobre a natureza da teologia e sua abordagem ao problema do relacionamento de Deus com a ordem criada.

Apenas Deus, continua Armínio, é capaz de preencher a mente, de ocupá-la totalmente em seu desejo de conhecer. Este fato nasce da infinitude da essência divina em sua sabedoria, bondade e poder, e da identidade de Deus como a verdade em si; a real e a abstrata. A mente humana é finita e "incapaz de compreender Deus em sua plenitude mesmo quando se conhece o divino".[206] (Geralmente se credita a Alberto, o Grande, aquele que fez a distinção entre a possibilidade *Deum intellectu attingere* e a impossibilidade *Deum intellectu compreehendere!*[207]) A plenitude divina é mais do que a mente jamais necessitará, e, portanto, "aquele que conhece uma matéria e não conhece nada sobre as demais, atinge um completo repouso"[208]. O ponto coincide exatamente com o caráter prático ou orientado a objeto da teologia conforme definido nas *Disputas privadas* de Armínio e, além disso, com a concepção intelectual e tomista da visão beatífica que orienta a sua definição como um todo.[209]

O último ponto referente ao ultimato de Deus como um objeto do saber – objeto esse a ser aprendido, mas não compreendido ou captado –, leva Armínio a ter uma consideração mais estrita da natureza de "nossa teologia" (*nostra teologia*) e seu objeto. A questão é entender o "modo" ou a "maneira" pela qual temos um conhecimento de Deus em nossas vidas. Essencialmente após o padrão estabelecido em Leiden por Júnio,

---

[206] *De objecto*, p. 29 (Works, I, p. 327).
[207] Compare *Summa theologica*, I, trat. iv., q. 18, memb. 3.
[208] *De objecto*, p. 30 (*Works*, I, p. 327).
[209] Compare Aquino *SCG*, III. 25 com a discussão a seguir, deste capítulo.

Armínio faz uma distinção entre a natureza infinita de Deus e o caráter limitado do saber humano. O *objectum theologiae*; Deus em si, deve ser apresentado para a mente "de uma maneira que seja acomodado de acordo com nossa capacidade".[210] Conforme discutido por Júnio, há um autoconhecimento divino arquetípico e infinito (*teologia archetypa*), que não pode ser adquirido por criaturas racionais finitas (*theologia ectypa* adequada para as mentes das criaturas).[211]

Não basta, contudo, meramente declarar que a teologia deva ser um meio de conhecimento acomodado. As criaturas racionais possuem uma capacidade de conhecimento que varia segundo suas condições. Agora sabemos de Deus pela graça através da revelação, todavia, em bem-aventurança celestial, iluminados pela "luz da glória" devemos reconhecer isso por vista. Neste ponto, Armínio ecoa a distinção feita por Júnio entre a teologia da revelação em nossas vidas (*teologia revelationis in hac vita*), denominada também de a teologia dos peregrinos (*theologia viatorum*), e a teologia da visão no paraíso (*theologia visionis in caelis*), ou teologia dos bem-aventurados (*theologia beatorum*).[212] A essas distinções, ele acrescenta o fato de que "esse objeto não é apresentado a nossa teologia meramente para ser conhecido, mas quando conhecido, para ser adorado."[213] Essa perspectiva teológica se posiciona claramente em continuidade aos prolegômenos medievais – não apenas na ênfase da *nostra theologia* como uma teologia dos *peregrinos*, mas também em sua distinção entre os dois modos do saber, revelação e visão, como característica da *nostra theologia* nessa vida (*in via*) e em sua realização celestial (*in patria*).[214]

O caráter ectípico[215] do saber teológico juntamente com o pro-

---

[210] *De objecto*, p. 30 (*Works*, I, p. 328).

[211] Júnio, *De vera theologia*,III; idem, *Theses theologicae* (Leiden), I. 4.; e *PRRD*, I, p. 123-36.

[212] Compare *De objecto*, p. 30 (*Works*, I, p. 328) com Júnio, *De vera teologia*, VII e VIII e *DLGT*, s.v. *"theologia"*.

[213] *De objecto*, p. 30 (*Works*, I, p. 328).

[214] Compare Aquino, I *sent.*, prólogo com a discussão em *PRRD*, I, p. 132-33, 153-55.

[215] Essa palavra significa "cópia de uma medalha, cunho (impressão, marca). Infere um sentido figurado, representado; [N. do R.]

pósito da revelação, isto é, a adoração assim como o conhecimento de Deus, leva Armínio a concluir que:

> a teologia pertencente a esse mundo é prática, por intermédio da fé; a teologia teórica, em contrapartida pertence ao outro mundo, e consiste em uma visão pura e límpida... Por essa razão, devemos revestir o objeto de nossa teologia de tal modo que isso nos incline e nos convença à adoração a Deus.[216]

Essa conclusão é um tanto diferente da obtida por Júnio. As distinções deste último entre a "teologia" divina, arquetípica e infinita, e a humana acomodada, ectípica e finita, com toda a semelhança com a definição escotista de "nossa teologia" (*theologia nostra*), não nos leva à conclusão tipicamente escotista de que nossa teologia, dada sua finitude, e seu penúltimo propósito, é essencialmente prática e não teórica ou especulativa.[217] Júnio e, eventualmente, a maioria dos pensadores ortodoxos reformados, assumiram que a teologia era uma "disciplina mista", especulativa e prática, em sua abordagem ao conhecimento de Deus.[218] A carga que essa definição coloca no sistema de Armínio deverá encontrar um meio de fundir o que começou como uma perspectiva escotista da natureza da teologia (ou seja, a teologia como prática), porém arraigada numa teoria voluntarista das operações da mente, com uma abordagem tomista ao relacionamento do ser infinito com o finito, enraizada em uma teoria intelectualista das operações mentais.

A chave para a resolução arminiana desse problema reside em sua alegação de que a *theologia in patria* é teórica ou especulativa. Por definição, o conhecimento teórico ou especulativo capta seu objeto como um fim em si, enquanto o conhecimento prático examina além

---

[216] *De objecto*, p. 30 (*Works*, I, p. 328).
[217] Compare *PRRD*, I, p. 124, 132 com Scotus, *Op. oxon.*, prólogo q. 4 e Minges, I, p. 517-18.
[218] Sobre o paradigma medieval na raiz dessas definições, veja Muller, "Scholasticism Protestant and Catholic", p. 198-99.

de seus objetos imediatos na direção de um objetivo maior. Armínio pode, assim, elaborar uma teologia direcionada para Deus como seu objetivo e discutir o alcance desse objetivo por meio de uma dinâmica intelectualista ao invés de voluntarista. Dada a imperfeição do sistema escolástico protestante da época de Armínio como também a recepção mais eclética dos elementos escolásticos medievais no ensino protestante, essas opções não deveriam surpreender nem deveria haver uma relativa continuidade entre suas disputas e as de seus colegas reformados.

A exemplo de seu contemporâneo reformado, Keckermann, Armínio conclui tanto que a teologia é um saber essencialmente prático e que seu método de exibição deveria ser adequado para uma *práxis*. Afinal, a teologia não lida com o conhecimento de Deus como Ele é em si (*in se*). Mas teologia é um conhecimento de Deus e das "coisas" ou obras divinas que são direcionadas diretamente para a salvação dos seres humanos no contexto de suas vidas terrenas. Com isso, essa disciplina pode ser definida como a doutrina ou ciência da verdade, o que está de acordo com a piedade (*secundum pietatem*) revelada ao homem por Deus, de modo que ele possa conhecê-Lo e às peculiaridades divinas, acreditar nele, e possa, pela fé, praticar atos de amor, honra, adoração, obediência e temor e, em recompensa, esperar e alcançar suas bênçãos, em comunhão com ele, para a glória de Deus.[219]

Dada essa definição, "o próximo e imediato objeto dessa doutrina ou ciência, não é Deus em si, mas sim o dever e o ato do homem a que este está vinculado de modo a servir a Deus."[220]

Neste ponto provavelmente será preciso fazer certos esclarecimentos. Os conceitos escolásticos de prático e especulativo são muito diferentes da utilização moderna que é dada a esses termos. O conhecimento prático (*scientia practica*) é aquele que não tem um fim em si mesmo, porém leva para um objetivo maior. O conhecimento especulativo, teórico ou como eventualmente é chamado de conhecimento contemplativo (*scientia*

---

[219] *Disp. priv.*, I. iii.
[220] Idem, I. iv.

speculativa/contemplativa), é o conhecido em e para si mesmo como um objetivo ou finalidade propriamente dita. Esses termos correspondem aos dois termos agostinianos equivalentes ao amor: uso (*uti, utilitas*) e desfrute (*frui, fruitio*). Como Deus em si é o bem definitivo, o *summum bonum*, e o objetivo de todas as iniciativas, todos os outros objetos do conhecimento pertencem à categoria do uso e deverão ser amados em um penúltimo sentido. A questão, assim, para o conhecimento teológico é se ele deve ser considerado de algum modo atingindo o objetivo de Deus e, portanto, especulativo, ou se deve ser considerado como um canal para a visão de Deus e, portanto, prático; ou se atende a essas duas condições e, sendo assim, tanto especulativo como prático.

Na época de Armínio, predominava um pensamento entre os teólogos protestantes que os agostinianos, seguindo Tomás de Estrasburgo, tinham identificado a teologia como uma disciplina mista, especulativa e prática, que enfatizava seu caráter prático; que Aquino havia afirmado o oposto como característica de sua própria abordagem à teologia (de que ela era também uma disciplina mista, porém com ênfase no caráter especulativo); e que Scotus defendia o conceito de uma disciplina inteiramente prática, enquanto que teólogos do peso de Marsílio de Inghien ou Durando tinham se posicionado a favor de uma disciplina integralmente especulativa.[221]

A partir desses comentários, deve ficar claro que a identificação da teologia como *scientia pratica* não a reduz a um estudo da práxis do ministério – adoração, liturgia, homilética, entre outras –, e nem que a definição de teologia como uma *scientia speculativa* limita-a às abstrações de uma metafísica a priori. Essas conotações não fazem parte dos termos dos períodos medieval e do início da era moderna. A ação ou movimento gerado e a direção dada por um conhecimento prático podem, e de fato devem levar a uma considerável ênfase nas categorias

---

[221] Compare Gerhard, *Loci theologici*, I, proemium, 11-12, com Altenstaig, *Lexicon*, s. v. "theologia"; também Walaeus, *Loci communes*, p. 114, cols 1-2, em que as várias opiniões escolásticas são discutidas sem citações e o modelo tomístico é afirmado.

metafísicas, visto que o objetivo da práxis é o ser transcendente de Deus. A alegação de Armínio de que a teologia é prática, portanto, indica que esse pensamento terá um profundo interesse metafísico, na realidade, um interesse metafísico no significado e na implicação do relacionamento entre o mundo e Deus, a finalidade de todas as coisas.

De forma significativa, a definição básica de teologia feita por Armínio como "a doutrina ou ciência da verdade de acordo com a piedade" que dirige o homem até um objetivo final de "bem-aventurança" e "união" com Deus está em continuidade com as tendências ramistas, escotistas ou nominalistas do Protestantismo ortodoxo inicial de sua época. Petrus Ramus, cujas definições e lógica fornecem grande parte da estrutura da concepção dos primeiros reformados ortodoxos como Perkins, Polanus, Scharpius e Ames tinha definido a teologia como uma "doutrina do bem viver" (*doctrina bene vivendi*),[222] definição essa explicitamente seguida por Perkins e Ames e conduzida adiante na tradição teológica holandesa, mas também por ferrenhos proponentes da ortodoxia reformada como Maccovius e Mastricht.[223] De um ponto de vista bastante similar, a tendência escotista ou mesmo nominalista da perspectiva reformada ortodoxa inicial da teologia, como uma reflexão ectípica do arquétipo divino – uma forma de conhecimento definida mais pela capacidade finita do sujeito humano do que pelo ser infinito de seu objeto divino – levou um autor como Keckermann a concluir que o saber teológico é de penúltimo, e não final, significado, ou seja, que ele existe essencialmente para um propósito ou utilização e não apenas como uma meta ou objetivo de um desfrute intelectual. O cristão não deve contemplar a teologia como um fim em si mesma, pois essa contemplação pertence exclusivamente à *visio Dei* final.[224]

---

[222] Petrus Ramus, *Commentariorum de religione christiana* (Frankfurt, 1576), I, i.

[223] Compare Perkins, *Golden chaine*, p. 11, col. 1; Ames, *Medulla*, I. i.; Maccovius, *Loci Communes*, I; Mastricht, *Theoretico practica theologia*, I. i. 16; e a discussão em *PRRD*, I, p. 108-9.

[224] Compare Keckermann, *System*, cols. 1-2; e os argumentos de Scotus, *Op. oxon.*, I, q. j., em *Minjes*, I, p. 517-20.

O caráter direcionado a objetivos da teologia apontou Armínio para a conclusão obtida também por Perkins, Ames e Kekermann, de que a teologia não é uma disciplina contemplativa nem especulativa, mas sim preferencialmente prática ou, mais simplesmente, uma *práxis*, a ser usada como um meio para o fim da bem-aventurada comunhão com Deus. Se, além do mais, a teologia é prática, pondera Armínio, ela deveria adotar uma metodologia apropriada ao seu caráter prático:

> É estabelecido entre os filósofos, mestres do método e da ordem, que as ciências teóricas deveriam ser lecionadas em uma ordem compositiva, e as práticas em uma ordem resolutiva, dadas a natureza e a meta dessas ciências, por essa razão, como a teologia é uma ciência prática, então ela deverá ser tratada segundo o método resolutivo.[225]

Essa declaração do problema da metodologia com sua linguagem do *methodus* e da *ordo* e sua apresentação dos padrões compositivo (*compositiva*) e resolutivo (*resolutiva*) de argumentação é auto indicativa das fontes escolásticas de Armínio. Ela deriva diretamente da tradição do Aristotelismo renascentista – particularmente a de Zabarella, o grande lógico de Pádua da última metade do século XVI.[226] Sabemos que Armínio tinha uma grande consideração por ele e que, inclusive, viajara para

---

[225] *Disp. priv.*, II. i "Constitutum est a a Philosophis Methodi & Ordinis Magistrus ut scientiae Theoritacae ordine compositivo, practicae vero resolutivo traderentur, idque secundum ipsarum scientiarum naturam & finem, qua de causa quum Theologia sit scientia practica, sequitur illam Methodo resolutiva esse tractarandam."

[226] Veja Jacob Zabarella, *Opera logica*, introdução por W. Risse (Hildeschein: Olms, 1966). Sobre Zabarella, veja Neal W. Gilbert, *Renaissance concepts of method* (Nova York: Columbia, 1960), p. 171-72; um resumo importante da posição de Zabarella no renascimento do Aristotelismo e do Escolasticismo do século XVI é encontrado em Paul Oskar Kristeller, *Renaissance thought: the classic, Scholastic, and Humanist strains* (Nova York: Harper and Row, 1961), p. 37-38, e em John Hermann Randall, "The development of scientic method in the School of Padua", *Journal of the history of ideas* 1 (1940), p. 177-206. Veja ainda William A. Wallace, *Causality and scientific explanation*, 2 vols. (Ann Arbor: University of Michigan Press, 1972-74), I, p. 144-49.

Pádua com a intenção de assistir suas aulas.²²⁷ Essa perspectiva sobre o método e a ordem, além do mais, marca o ponto em que a influência do Ramismo, com sua ênfase no movimento do geral para o específico e sua aversão por uma perspectiva mais analítica,²²⁸ fora satisfeita e superada na concepção de Armínio pelo Aristotelismo reavivado do final do século XVI. Onde Perkins, Ames, Piscator e Polanus apreciaram o valor central do Ramismo – na disposição arquitetônica do sistema teológico como um todo –, Armínio percebia, contrariamente, a importância dos ensinamentos de Zabarella. A influência de Ramus sobre Armínio deve ficar restrita à definição básica de teologia e ao eventual uso da bifurcação lógica para ilustrar pontos específicos sob discussão.²²⁹

Como Keckermann também notara, aproximadamente na mesma época de Armínio, a metodologia analítica ou resolutiva forneceria uma chave para a organização de todo o sistema teológico. Nas palavras de Armínio,

> o início, portanto, da apresentação dessa doutrina deverá ser seu objetivo, primeiro com uma breve apresentação considerando que esse objetivo existe e o que ele é; ensinando ao longo de todo o discurso, os meios para atingir esse fim ao qual a obtenção deste fim deve ser associada; para o qual deverá ser anexada sua obtenção, e, nesse ponto, toda a discussão será concluída.²³⁰

---

²²⁷ Eu devo a John Patrick Donnelly a significativa nota de que Zabarella, diferentemente da maioria dos aristoteleanos de Pádua, era admirado por jesuítas como Antonio Possevino e, em reciprocidade, fora um "amigo" acadêmico dos jesuítas na localidade. Talvez uma parcela do positivo interesse de Armínio em e no uso das teorias de Molina e Suárez seja rastreável ao seu período de estudos em Pádua.

²²⁸ Compare McKim, *Ramism in William Perkins' theology*, p. 27-28, 37-39.

²²⁹ Observe, por exemplo, a divisão da natureza divina em categorias da essência e da existência, e da vida divina em categorias do intelecto e da vontade (que poderá não ser autoconscientemente ramista) em *Disp. priv.* XV. iii; XVI. ii, vi e nos diagramas em *Opera*, p. 831-32.

²³⁰ *Disp. priv.*, II. ii: "Initium igitur in hujus doctrinae tractaatione faciendum a fine elus de quo tum quod sit, tum quid sit breviter praelibandum: inde medium ad finem

Keckermann defende virtualmente o mesmo ponto: seu sistema apresenta uma metodologia analítica ou prática, pois ela é direcionada para a meta de salvação do homem no derradeiro *fruitio Dei*.[231] O sistema, portanto, estabelece essa meta, segue a demonstração com a doutrina de Deus, e depois desenvolve as doutrinas referentes aos meios de salvação à medida que estes são direcionados para seus fins.[232] Em outras palavras, uma discussão essencialmente proléptica da bem-aventurança eterna como o objetivo do ensino teológico torna-se uma parte integral da definição e discussão preliminar da teologia e atua como um ponto focal para o ordenamento e a exposição das doutrinas pertinentes ao sistema doutrinário. O arranjo de doutrina no sistema a partir da doutrina de Deus, através da criação e redenção, até a doutrina da *consummation mundi* – as últimas coisas e a união final com Deus –, não se trata de um arranjo sintético ou dedutivo, mas um arranjo resolutivo, um arranjo analítico e teleológico:

> de acordo com essa ordem, não somente toda a doutrina, mas também todas suas partes serão discutidas com seu principal objetivo em vista; e cada artigo será posicionado no lugar que lhe pertence, de acordo com seu fundamental relacionamento tanto com o todo [da doutrina] quanto com o objetivo ou fim [da teologia].[233]

Essa definição básica da natureza teológica e de seu método serve para sublinhar a importância da doutrina de Deus para a teologia de

---

adsequendum tota tractatione docendum: cul finis adeptio est subsjungenda, inque ea tractatio tota finienda."

[231] Keckermann, *Systema*, I. ii.

[232] Idem.

[233] *Disp. priv.*, II. iii: Secundum hun enim ordinem tum ipsa tota doctrina, tum omnes eius partes ex fine praecipuo suo tractabuntur, & singula capita illum locum obtinebunt, qui ipsis competit secundum principalem respectum, quem habent ad totum suum, & ad finem totius."

Armínio. Além do fato de que Deus deve ser entendido, nas palavras de seus colegas e contemporâneos, como o fundamento essencial da teologia (*principium essendi theologiae*) e, portanto, como o ser sem o qual (obviamente) não poderia haver um empreendimento teológico. Deus funciona na teologia de Armínio como o objetivo tanto das discussões teológicas quanto da *práxis* salvífica identificada e definida pelo sistema teológico. Deus, conhecido na teologia como o *summum bonum*, é discutido inicialmente e antes de tudo no sistema teológico, mas não é, em certo sentido, esquecido à medida que a discussão continua. Como não é meramente a primeira causa, mas também a causa final; a doutrina de Deus permanece constantemente diante do leitor da teologia orientada a objetivos de Armínio, como o ponto a partir do qual todo seu conteúdo emana exteriormente, ecoando a processão ontológica das criaturas divinas,[234] e para o qual o todo move-se em reconciliação.

Essas reflexões sobre a relação dos prolegômenos de Armínio com a estrutura e implicação de seu sistema como um todo apontam para a considerável ironia na caracterização padrão da teologia reformada como um sistema que adota a predestinação como dogma central e o Arminianismo como uma rebelião contra esse dogmatismo. Se fosse feita a pergunta dos dogmas centrais, ou em termos mais convenientes à era pós-reforma, dos fundamentos essenciais, tanto Armínio como seus contemporâneos reformados teriam apontado não para os decretos, mas sim para Deus como o *principium essendi theologiae*.

Deveria ser suficientemente claro que o modo com que uma teologia entende Deus como seu principal objeto é mais fundamental e, de fato, mais determinativo que o modo pelo qual a teologia define o decreto eterno conforme desejado por Deus. Para defender o mesmo ponto mas de outra maneira, a linguagem de Deus – tanto a que Burrell nos informa,[235]

---

[234] O termo deriva de Aquino, *Summa*, la, q. 44.
[235] David B. Burrell, *Knowing the unknowable God: Ibn-Sina, Maimonides, Aquinas* (Notre Dame: University of Notre Dame Press, 1986), p. 5-6.

nas provas de sua existência, e na linguagem paralela da *potentia* divina para a existência do mundo, como as provas e a linguagem da emanação do ser inspiradas na concepção fundamental da essência divina, intelecto e vontade – dificilmente expressará uma discussão abstrata não correlacionada às subsequentes discussões sobre a existência das criaturas, a natureza humana, a liberdade, responsabilidade moral e a salvação. Contrariamente, essa linguagem divina é constitutiva de todas as subsequentes discussões. Esse é o caso intencional em um sistema ordenado analiticamente como as disputas de Armínio.

Esse método analítico ou resolutivo não indica, em si, uma discordância com o conteúdo doutrinal da teologia reformada. Kekermann, afinal, era um teólogo reformado absolutamente ortodoxo. Ele, no entanto, indica uma diferença importante de atitude entre seus praticantes e a maioria dos escritores reformados ortodoxos, que tinham seguido o modelo sintético, ou compositivo, do sistema teológico. Além disso, há uma certa correlação entre o uso de tal modelo e as doutrinas reformadas da providência e da predestinação – ainda que isto fosse somente uma indicação de uma orientação mais tomista do sistema para o divino *principium essendi*, entendida como a primeira causa eficiente. Da mesma forma, a ordem analítica ou resolutiva conforma-se melhor às demandas de uma estrutura menos predestinatária, como era típico do sistema ortodoxo luterano ou, de fato, às ênfases de Kekermann e Armínio sobre a causalidade final do sistema. (Essa ênfase sobre a causa final, que minimiza a primeira causalidade eficiente indica, certamente, uma abordagem diferente ao modelo tomista básico em relação ao adotado pelos reformados.)

Por extensão, o método analítico, com sua hipótese de que a doutrina de Deus, primeiramente estabelecida na ordem do sistema, deverá ser entendido como uma declaração de que o objetivo final da discussão teológica, e de todas as existências, tem como a principal pergunta subjacente a todo o sistema a questão do relacionamento de Deus com o mundo. O ponto *não* é que o modelo analítico gera uma abordagem razoavelmente sinergista aos problemas do livre-arbítrio e da salvação enquanto o modelo sintético gera uma abordagem mais monergista. A utilização luterana e reformada do modelo analítico observada no parágrafo anterior é suficiente para refutar essa noção. O ponto, preferentemente, é que o modelo analítico pode se prestar, como no caso da teologia arminiana, a uma minimização na ênfase e destacar a causalidade final, podendo tornar-se um veículo conveniente para a declaração de uma mutualidade de relações entre Deus e o mundo. Como a doutrina de Deus, apesar de sua colocação primária, é entendida primariamente como uma meta final, o mundo, conforme definido nas doutrinas da criação e da providência, parece menos que determinado em um sentido prévio pela primeira causa do que o esboçado num sentido derradeiro pela causa final. É deixado um caminho livre para a maior ênfase na liberdade e contingência do que no modelo sintético. Armínio, de fato, se empenhará em suas doutrinas da criação e da providência em abrir o relacionamento e flexibilizar o vínculo causal entre Deus e as criaturas.

Por razões similares, a identificação como uma disciplina prática, teologicamente concebida, era típica da teologia pactual reformada do século XVII.[236] Ainda mais importante, essa linguagem da teologia como *práxis*, ou *scientia practica*, que tendia a passar a ser cada vez menos aceitável para a teologia reformada (com a exceção importante das teologias federais ou pactuais), tornara-se a norma para os autores remonstrantes, notadamente Episcópio e Limborch. "Não há nada, em toda a teologia", escreve Episcópio, "que não seja direcionado para a ação."[237] Seguindo Armínio, a teologia remonstrante do século XVII se posiciona firmemente contra uma abordagem dedutiva, especulativa, à doutrina, e consistentemente defende que a teologia, considerada como disciplina prática, dirigia os cristãos tanto para um objetivo próximo de moral e bem-aventurança em suas vidas, quanto ao objetivo derradeiro (e derradeiramente correlacionado) de uma união com Deus, o bem maior, no futuro.

---

[236] Compare Cocceius, *Summa theologiae*, I.ii e *Aphorisma... prolixiores, disp.* I, com os comentários de Burmann, Heidanus e Heidegger em *PRRD*, I, p. 219, 222.

[237] Episcópio, *Inst. theol.*, I. ii (p.5, col.1); compare Lymborch, *Theol. christiana*, I. i. 5-6

Conforme apontado por H. E. Weber, o modelo analítico de Bartholmäus Keckermann, extraído da teologia reformada melanchtoniana de Heidelberg e submetido a um escrutínio rigoroso por Lucas Trecaltius, o Novato, contemporâneo de Armínio em Leiden, abre caminho, no lado reformado, para os interesses do caráter "científico" da teologia, porém permanece normativo entre luteranos interessados em enfatizar o caráter prático da teologia.[238] Depois de Trecaltius, o único principal proponente reformado do método analítico parece ter sido Ludwig Crocius de Bremen.[239] Portanto, a adoção de Armínio da metodologia depois de Keckermann e Trecaltius, e apenas a alguns anos antes de Crocius, se aproxima do fim do uso reformado de uma abordagem analítica e da época em que o método estava passando, via teologia reformada alemã, para o campo luterano. Esse ponto tem um duplo significado em vista da alta apreciação de Armínio pelo Luteranismo melanchthoniano representado por Hemmingsen. Armínio claramente favorecia uma trajetória doutrinal bem como metodológica que olhasse além dos limites do desenvolvimento reformado ortodoxo para seus modelos e seus reforços – mesmo quando o ponto da questão havia se originado entre os reformados.

Não é de surpreender, portanto, que ele previsse grande parte de sua iniciativa teológica em uma abordagem irênica aos grandes problemas teológicos do momento. Desacordos teológicos, debatidos extensivamente nas páginas detalhadas dos sistemas dogmáticos, não deveriam ter se transformado em pontos de divergência confessional. Com isso, Armínio nota que não há necessidade de um desacordo na doutrina com sistemas teológicos organizados de acordo com um modelo diferente do seu. Ele constata que qualquer sistema que concorde com a verdade das Escrituras é compatível, ao menos em seus pontos fundamentais e mais importantes.[240] Embora ele não elabore sobre o ponto em suas *Private disputations*, Armínio parece pensar numa distin-

---

[238] H. E. Weber, *Der einfluss der protestantischen schulphilosophie*, p. 41-43.
[239] Compare idem, p. 43.
[240] *Disp. priv.*, II. iv.

ção, que se tornara popular entre os luteranos do início do século XVII, feita por Nicolas Hunnius (1585-1643) entre artigos fundamentais e não fundamentais sobre a fé. Distinção posteriormente, usada pelo grande irenista do século XVII, Georg Calixt (1586-1656), como uma base para a resolução de diferenças entre cristãos que discordavam somente nos artigos não fundamentais.[241] Anos antes de Calixt levantar a questão, Armínio já defendera que

> deveria ser feita uma distinção entre os diferentes tópicos contidos na Confissão Belga, pois enquanto alguns deles abordavam o fundamento da salvação e eram artigos fundamentais da religião cristã, outros eram erigidos como uma superestrutura a essa fundamentação e, portanto, absolutamente desnecessários para a salvação.[242]

Os primeiros são necessariamente defendidos por todos os reformados, enquanto os últimos poderiam ser motivo de discórdia.

O pedido de Armínio pela revisão confessional com base numa distinção entre artigos fundamentais e não fundamentais prosseguiu ignorado por seus contemporâneos, que não estavam dispostos a identificar alguns dos artigos da Confissão como não fundamentais. Eles, todavia, reconheciam que essa distinção poderia ser feita no contexto mais amplo do sistema teológico.

No curso do século XVII, uma discussão sobre artigos fundamentais da fé tornara-se um tópico-padrão dos prolegômenos teológicos reformados.[243] Os argumentos de Armínio para se ter uma identificação

---

[241] Dorner, *History*, II, p. 185-203.

[242] *Dec. sent.*, p. 130 (*Works*, I, p. 713-15).

[243] Compare *PRRD*, I, p. 277-95. Júnio levantara a questão do acordo sobre as doutrinas escriturais fundamentais em seu *Eirenicon*, mas não tentou delinear os limites dos fundamentos, tampouco implicou que algumas doutrinas confessionais talvez não fossem fundamentais: veja *Eirenicum de pace ecclesiae catholicae*, em *Opuscula*, p. 439-40, e compare as citações em Brandt, *History*, II, p. 22-23.

mais clara dos fundamentos eram, muito provavelmente, um ímpeto para a adição desse tópico aos prolegômenos – da mesma forma que a utilização relativamente posterior da distinção por Calixt geraria mais discussões sobre a questão entre os luteranos.[244]

A abordagem prática ou resolutiva à teologia cria também, na concepção de Armínio, uma estreita associação entre o campo teológico e o religioso que o posiciona firmemente na tradição dos reformadores bem como na tradição escolástica medieval. Como notado anteriormente, os reformadores não tinham considerado muito seus ensaios sistemáticos como ensaios em teologia, como ensaios em religião. Confira as *Institutas*, de Calvino, ou o *Compêndio da religião cristã*, de Bullinger. Armínio compreende o caráter prático da teologia como direcionador da mente não apenas para fins de conhecimento, mas também para adoração. Não somente nos é informado que Deus deseja adoração, mas que se ela for feita de maneira correta não é oferecida em vão. Deus promete uma "ótima recompensa" a quem venerá-lo obedientemente. Portanto, a veneração também deverá "ser instituída segundo a seu mandato".[245] Essas considerações levam Armínio – a exemplo de vários teólogos escolásticos ou ortodoxos reformados – a ocupar um *locus* na religião entre as definições básicas da teologia e a apresentação de doutrinas individuais do sistema teológico.[246]

---

[244] Compare Dorner, *History*, II, p. 185-203.
[245] *De objeto*, p. 30 (*Works*, I, p. 328-29).
[246] *Disp. priv.*, IV-V; compare Polanus, *Syntagma*, IX; Ames, *Medulla*, II. iv; Marckius, *Compendium*, III; e *PRRD*, I, p. 112-21.

CAPÍTULO 5

O objeto e a finalidade da teologia

Conforme indicado anteriormente na discussão das perspectivas de Armínio sobre a concepção, o método e a natureza prática da teologia, o modo pelo qual Deus é definido tanto como o objeto e a finalidade da iniciativa teológica, é decisivo para a construção de seu sistema teológico como um todo. Ao introduzir o objeto divino da teologia, Armínio não fala somente da natureza de Deus, mas também de seus atos na criação e do desejo dele em relação a ser adorado. Essa discussão mais ampla não representa uma digressão e sim um esclarecimento sobre o modo pelo qual Deus se torna o objeto teológico –, isto é, não apenas de acordo com sua natureza, mas de acordo com seus atos e vontade.[247] É essencial, portanto, que a teologia desenvolva um entendimento de seu objeto divino não apenas em uma doutrina da natureza de Deus, mas também em doutrinas dos atos divinos na criação e providência e de sua vontade expressa na aliança. Cada um desses tópicos derivados – os atos e a vontade divina – apontam novamente para a natureza prática da teologia. A doutrina da criação exibe a base da soberania de Deus como seu ato criativo e aponta, consequentemente, para a necessidade da religião. A doutrina da providência nos ensina o "cuidado santo,

---

[247] *De objecto*, p. 30 (*Works*, I, p. 329).

justo, sábio, e supervisor" exercido por Deus na criação, incluindo a governança divina da adoração e obediência do homem. A doutrina do pacto com Deus destaca, ainda, a necessidade da adoração e obediência ao ensinar que Deus é "a fonte do bem e o objetivo da bem-aventurança, o criador e ao mesmo tempo glorificador daqueles que o adoram."[248] Armínio, além do mais, identificará Deus como o objeto da teologia – o Criador e Recriador.[249]

Neste ponto, temos novamente uma reflexão de Júnio, mas também uma reflexão da discussão medieval do objeto da teologia não mediada por esse pensador para a posterior teologia reformada. Ele havia transmitido ao Protestantismo a definição do objeto, ou *matéria*, da teologia ensinado por Tomás de Aquino – Deus e as coisas divinos (*divinarum rerum*) –, e tinha dado a isto uma alteração escotista ou nominalista ao definir as coisas divinas ou obras como "tudo que fosse ordenado por Deus". Júnio ainda havia definido a teologia como a disciplina referente a Deus – sua natureza, suas obras e todas as suas funções.[250] Essas visões são refletidas na definição de Armínio, que acrescenta uma ideia básica essencialmente prática; isto é, direcionar seu olhar contemplativo de teólogo para a bem-aventurança final, além de identificar o objeto teológico como Deus, o Criador e Glorificador. Armínio não fornece a citação das fontes, e fica claro que ele não extrai essa definição de Júnio nem dos reformadores – ele poderia ter encontrado essa ênfase em *Deus salvator et glorificator*, nos escritos de mestres medievais como Giles de Roma e Gregório de Rimini.[251]

Em seguida, Armínio afirma sobre a teologia que acabara de definir – uma teologia acomodada à finitude humana, que entende Deus, seus atos e vontade como sendo seu objeto – que ela não passa

---

[248] Idem, p. 31 (*Works,* I, p. 329-30).

[249] *Disp. priv.,* XXIV. ii.

[250] Junius, *De vera teologhia,* XIII.

[251] Compare *PRRD,* I, p. 198-201, citando Giles de Roma, *I. sent.,* prol. 1, q. 3; Gregório de Rimini, *I. sent.,* q. 4, art. 2.

de uma "teologia legal acomodada ao primevo estado humano".²⁵²
O homem, em sua "integridade original", era capaz de conhecer por
natureza, os atos criativos, e providenciais, bem como a vontade de
Deus, e era capaz de adorá-lo de forma correta e obediente, e a partir
de uma "consciência de sua integridade", capaz de repouso confiante
na bondade e justiça dele. Após a humanidade cair no pecado, essa
teologia legal não basta para determinar o correto conhecimento ou
a correta veneração de Deus, ficando, assim, incapaz de servir a um
propósito de salvação.²⁵³ Ela, portanto, é superada por uma teologia
que personifique uma revelação da compaixão, da gentileza, do longo
sofrimento de Deus e da vontade dEle de redimi-los dos pecados segundo os termos de uma nova aliança. Como, além do mais, Deus não
está disposto e em certo sentido é incapaz de revelar sua compaixão
e salvação, sem também manter a justiça e sua ira contra o pecado,
essa segunda revelação é focada no mediador, Jesus Cristo, que age
para satisfazer a justiça divina, expiando os pecados. A teologia cristã reconhece tanto Deus como Cristo como seus objetos, e supera a
teologia legal.²⁵⁴

Esse ponto de Armínio novamente reflete Júnio e os antigos escolásticos, assim como os reformadores. Calvino identificara o objeto da
fé cristã na figura de Deus revelado em Cristo,²⁵⁵ e a tradição escolástica
havia, quase universalmente falado ou dos três estados humanos e suas
respectivas iluminações (natureza, graça e glória), ou, mais tipicamente,
dos quatro estados (integridade original, lei, graça e glória).²⁵⁶ Júnio havia
defendido uma distinção, baseada no conceito dos três estados e três
iluminações, entre a teologia em seu estado natural antes da queda e

---

²⁵² *De objecto*, p. 32 *(Works*, I, p. 332).
²⁵³ Idem, p. 33 *(Works*, I, p. 333-34).
²⁵⁴ Idem, p. 33-34 *(Works*, I, p. 335-36).
²⁵⁵ Calvino, *Inst.*, III. ii. 1.
²⁵⁶ Compare Altenstaig, *Lexicon theologicum*, s.v. *"status est triplex hominis"* (p. 875): Aquino, *Summa* Ia-IIae, q. 103, art. 3, corpus; IIIa, q. 53, art. 2, corpus.

teologia depois da queda, iluminada pela graça.[257] Armínio simplesmente elaborara o conceito e, seguindo Júnio, distinguira a teologia nessa vida em duas formas: uma antilapsariana e outra lapsariana (legal) e cristã ou evangélica. Aqui, ele não faz nenhuma tentativa de lidar com o problema da graça e da salvação em Cristo durante o período do Antigo Testamento, mas somente procura identificar o novo formato teológico necessário após a queda.[258] Seus contemporâneos reformados desenvolveriam uma diferenciação similar ao seguir a lógica do argumento de Júnio.[259]

Essa "teologia cristã, superando a teologia legal da condição primeva humana, atende aos critérios para identificar a ciência de maior primazia entre as ciências – em que seu objeto é o melhor e maior de todos, além de imutável; objeto esse que é o mais claramente conhecido, e que satisfaz completamente ao desejo do intelecto por um objeto. Deus é realmente conhecido como o melhor ou boníssimo (*optimus*) dos seres, posto que agora ele é revelado tanto na comunicação de sua bondade na criação e na resposta à obediência, como também para redimir os pecadores arrependidos e no encaminhamento deles para a vida eterna. Ele é conhecido como o mais formidável dos seres, "pois gerou todas as coisas a partir do nada... e porque conseguiu derrotar o pecado".[260] Além do mais, ele é conhecido por sua natureza imutável em Cristo, visto que o Evangelho expressa sua "decisiva" e derradeira vontade, ou seja, o anseio final de uma salvação, "que jamais será corrigida por qualquer outra vontade".[261]

"Essa teologia nos apresenta um Deus em Cristo de forma tão clara e evidente para a nossa vida e conhecimento", que contemplamos em Cristo, "como por um espelho, a glória do Senhor" (2Co 3.18).[262]

---

[257] Júnio, *De vera teologhia*, XVII.
[258] No entanto, note sua discussão do problema do pacto (*Disp. priv.*, XXIX, XXX, XXXII).
[259] Veja *PRRD*, I, p. 162-66.
[260] *De objecto*, p. 35 (*Works*, I, p. 336).
[261] Idem, p. 35 (*Works*, I, p. 337)
[262] Idem.

Similarmente, "o objeto de nossa teologia, modificada dessa maneira" para incluir Cristo, deverá, em última instância, satisfazer todos os nossos desejos ao reprimir toda a arrogância humana e, em Cristo e seu Evangelho, revelar todos "os segredos ocultos da sabedoria e do conhecimento" (Cl 2.3-9).[263]

Se houver uma comunhão entre os dois objetos da teologia, de modo que o conhecimento de Cristo também é o conhecimento de Deus, há também certa subordinação de um objeto, Cristo, ao outro, Deus. Deus é o principal objeto da religião e teologia cristã; Cristo é o "objeto secundário", "subordinadamente a Deus".[264] Cristo é o meio pelo qual cada "mensagem de salvação" é informada a partir de Deus, e, portanto, também o meio pelo qual a humanidade tem um acesso final a Deus, tanto em termos de aproximação como em uma união final e gozo com Deus.[265]

Não fica claro, nessa ou na discussão subsequente, se Armínio entende os primeiros *loci* do sistema (Deus, criação, providência e natureza humana em sua integridade original) como "teologia legal", e a próxima série de *loci*, dos que lidam com a salvação em Cristo, como "teologia evangélica", e, portanto, as inclui em seu próprio sistema, ou se, dado seu uso do método resolutivo, foca seu sistema como um todo na bem-aventurança dada definitivamente em Cristo, e entende todo seu sistema como uma "teologia evangélica" inclusive nos *loci* não cristológicos e não soteriológicos. Em qualquer um dos casos, seus comentários sobre Deus como o autor da teologia legal têm uma influência direta em suas discussões acerca das doutrinas de Deus, da criação e da providência.

A prioridade lógica da teologia legal sobre a evangélica, assim como a de Deus como o primário em relação a Cristo como o secundário objeto da teologia, aponta para uma prioridade lógica dos tópicos fundamentais, não soteriológicos, do sistema teológico arminiano em

---

[263] Idem, p. 35(*Works*, I, p. 338).
[264] *Disp. priv.*, XIV. i-ii; XV. 1; XXIV. i; XXXIV. i.
[265] *De objeto*, p. 36-37 (*Works*, I, p. 339-41).

relação aos soteriológicos. A teologia legal é insuficiente para a salvação da humanidade decaída, e ela, no entanto, identifica a natureza de Deus e sua relação com o mundo e, portanto, fornece um fundamento inteligível sobre o qual a teologia evangélica subsequente deverá se basear. Em outras palavras, ao afirmar a precedência dessa percepção básica de Deus e do mundo sobre a revelação evangélica ou salvadora, Armínio implica que a revelação básica de Deus e de sua relação com o mundo não se limita a continuar inalterada pela queda e pelo dom de uma nova e salvadora revelação, mas sim fornece a base para o entendimento da natureza da oferta de Deus para a salvação. O que é feito por ele para salvar suas criaturas é, de fato, fundamentado no relacionamento original estabelecido durante o ato de criação.

O relacionamento entre Deus e o mundo torna-se, portanto, o dado fundamental para o qual a teologia analítica e prática de Armínio opera, mais do que, como no caso de seus contemporâneos reformados, um tema secundário previsível na doutrina de Deus discutido internamente e para si. A questão não é que o mundo atinja uma semelhança com Deus e sim que as condições estabelecidas por ele no ato da criação, passem a ser determinantes para todas as discussões subsequentes relativas a Deus e ao mundo. A teologia legal é, com isso, não meramente a da retidão original, mas sim a do ordenamento divino original que determina uma base racional para entender melhor todos os relacionamentos subsequentes entre Deus e a ordem criada. Sem desalojar Deus da posição de *principium essendi theologie*, a teologia legal, racional, estabelece o mundo como um *principium essendi* subordinado, ou seja, igual a uma das condições irredutíveis para entender tudo o que se segue. A teologia arminiana assumirá a inviolabilidade bem como a racionalidade desse relacionamento fundamental entre Deus e o mundo conforme definido na criação.

A discussão de Armínio sobre o "autor" ou a causa eficiente da teologia extrai essas questões vinculando a discussão do objeto apropriado da teologia ao problema dos dois tipos de teologia, a "legal" e a "evangélica".[266] Em ambos os casos, Armínio diz que

---

[266] *De auctore*, p. 42 (*Works*, I, p. 348-49).

o autor e o objeto são os mesmos, e aquele que revela a doutrina é similar a sua matéria e argumento: isso é obtido por não menos que numerosas ciências. Pois, embora, todas elas podem se gabar de ter Deus como o autor, porque Ele é um Deus do conhecimento..., não participam em sua causalidade eficiente (in ipso eficiente) de forma igualitária a essa doutrina...Deus é, portanto, o autor da teologia legal; Deus e seu Cristo, ou Deus em e através de Cristo, é o autor da teologia evangélica.[267]

O fundamento mesmo da teologia legal, com a pressuposição de suas leis, é um conhecimento da natureza de Deus como "bom, justo, prudente e poderoso" e um conhecimento da autoridade pertencente a Deus "pela qual Ele emite seus comandos", gerados por seus atos criativos. Esse duplo conhecimento de Deus era informado pela revelação direta antes da queda e ainda é declarado na criação em si. Como Deus é o Criador do universo, não por uma operação interna ou natural, e sim por essa externa e voluntária, que marca uma impressão em sua obra, Ele agora pode ser conhecido por isso, mas também de uma forma ainda mais transcendental. Essa transcendência em si torna necessária a existência de uma autorrevelação divina como a base de todo o conhecimento genuíno de Deus e determina tanto o que pode ser concluído sobre Ele da criação, como também o que pode ser discutido sobre a criação, dada a natureza de Deus.[268]

A resolução do problema autoral da teologia não somente "eleva a sua dignidade... deixando-a muito acima das outras ciências", mas também "demonstra que a teologia evangélica supera em muito a teologia

---

[267] Idem, p. 42 (*Works*, I, p. 348-49).
[268] *De auctore*, p. 42-43 (*Works*, I, p. 350-51). Armínio oferece uma discussão extensiva sobre a autoria da teologia evangélica, ora omitida da consideração em vista da limitação do tópico do presente ensaio de Deus, criação e providência.

legal".²⁶⁹ A bondade e sabedoria de Deus "manifestada em sua retidão pela fé é muito superior à manifestada pela lei":

> Uma consideração mais profunda dessa matéria praticamente me força, como uma questão de firme persuasão, a considerar naturais a sabedoria, a bondade e o poder de Deus apresentados na teologia legal, e, em certo sentido, o começo do movimento de Deus (egressus Dei) na direção de sua imagem, que é o homem, e é como o início do relacionamento divino com ele. As outras qualidades, manifestadas no Evangelho, eu temerosamente considero como a sabedoria sobrenatural, poder e bondade, e o ponto extremo bem como a perfeita compleição de toda a revelação, pois é na manifestação desta última que Deus aparentemente se excede e tem desdobrado cada uma de suas bênçãos.²⁷⁰

Esse argumento não apenas reflete Júnio,²⁷¹ mas também pressiona a questão da natureza das próprias doutrinas arminianas de Deus, criação e providência. De um lado, categoricamente, ele tem afirmado em suas alegações que a "teologia legal" é bíblica e de fato o produto de uma revelação divina pelas Escrituras.²⁷² Isso contrasta com a teologia escritural de Deus, o Criador, e outra igualmente escriturística de Deus em Cristo, o Redentor, se assemelhando muito à *duplex cognito Dei* de Calvino.²⁷³ E de outro lado, em contrapartida, Armínio avança bastante a ponto de fazer uma posterior distinção entre a teologia natural e a sobrenatural – novamente, a exemplo de Calvino, obscurecendo a linha entre um conhecimento escriturístico e um puramente natural

---

269 *De auctore*, p. 47 (*Works*, I, p. 359).
270 Idem, p. 48 (*Works*, I, p. 360).
271 *De vera theologia*, IX, XI.
272 *De auctore*, p. 42 (*Works*, I, p. 349).
273 Calvino, *Inst.*, I. ii. 1.

de Deus, o Criador, e implicando, portanto, que os primeiros *locis* de seu sistema são construídos a partir de uma mistura de razão natural e considerações escriturísticas.

Pelo fato de Deus ser o objeto e o autor da teologia, ele deve ser também a finalidade ou o objetivo. Armínio observa que o fim de qualquer movimento deve ser proporcional à sua origem ou ao seu autor:

> como o autor é o primeiro e mais elevado Ser (primum & summum Ens), é necessário que Ele seja também o primeiro e mais elevado Bem (primum & summum bonum): sendo, portanto, o fim definitivo de todas as coisas. E uma vez que Ele, o mais elevado Ser e Bem, submete-se e se estende como um objeto até algum poder ou faculdade de uma criatura racional, seja por ação ou movimento, isto pode ser engajado ou ocupado com ele, e, além do mais unido com ele –; é impossível que a criatura, após ter se relacionado com o objeto, passe por isso e se estenda ainda mais com a finalidade de obter um bem maior.[274]

Em regra, para atingir tal objetivo, a criatura que não consegue ir além disso, também não deve ficar aquém disso: a realização implica em uma união limitada apenas "pela capacidade da criatura".[275]

A comunhão final com Deus, realizável em Deus e Cristo, além de consistindo "na visão e no desfrute de ambos" pelo redimido, para a "glória tanto de Deus como de Cristo", deve ser entendida escatologicamente como o final de toda "administração delegada e intermediária das criaturas, como Deus está acostumado a usar na comunicação de seus benefícios".[276] Deus, então, será "tudo em todos" e comunicará seu

---

[274] *De auctore*, p. 49 (*Works*, I, p. 361-62).
[275] Idem, p. 49 (*Works*, I, p. 362).
[276] Idem, p. 51 (*Works*, I, p. 364-65).

próprio bem, até para si próprio, e, imediatamente, às suas criaturas.[277] A finalidade ou objetivo da teologia, portanto, poderá ser identificado como "posse" ou "comunhão de bênçãos", o que equivale a dizer uma obtenção de bem-aventurança ou beatitude.[278] A causa das mesmas é Deus em si, numa união com o homem, ou seja, doando-se para ser visto, amado, possuído e, consequentemente, desfrutado por ele.[279]

"A finalidade da teologia é a bem-aventurança do homem, não com uma característica animal ou natural, mas sim espiritual ou sobrenatural".[280] Essa bem-aventurança é descrita por Armínio em termos agostinianos como o desfrute ou *fruitio* divino, encontrada na vida espiritual do homem como dotado de intelecto e afeições e causada pela comunhão com Deus graças à sua clara visão, frente a frente, que é possível para as afeições e intelectos redimidos.[281] Contrária a uma interpretação recente das suas ideias como voluntaristas, Armínio aqui harmoniza a linguagem das afeições, normalmente associada à vontade na psicologia estudantil de sua época, com ênfase no intelecto ou inteligência.[282] Armínio, de fato, parece enfatizar a visão intelectual de Deus como a principal característica da bem-aventurança e entende o apego eficaz a Deus como uma característica correspondente, que depende em certo sentido da visão intelectual.

Essa união final com Deus, defende Armínio, não é uma união essencial da natureza divina e do caráter humano em Cristo, tampouco a existente entre o corpo e o espírito. No entanto, trata-se de uma união "imediata" e "objetiva" de acordo com a qual Deus, que é manifestadamente "tudo em todos", de forma direta "se une ao intelecto e vontade

---

[277] Idem, p. 51 (*Works*, I, p. 365).
[278] Idem, p. 52 (*Works*, I, p. 367).
[279] *Disp. priv.*, III. vi.
[280] Idem, III. i.
[281] Idem, III. ii, iii, v.
[282] R.T. Kendall, *Calvin and english calvinism to 1649* (Nova York e Londres: Oxford University Press, 1979), p. 146-47. Edição em português: *João Calvino e o calvinismo inglês até 1649* (Natal, RN: Carisma, 2019).

de sua criatura..., sem a intervenção da imagem, espécie ou aparência".[283] Embora essa formulação básica harmonize o intelecto e a vontade, o argumento subsequente de Armínio dá uma clara prioridade ao intelecto na lógica soteriológica da visão:

> por essa união, o intelecto contempla a visão mais clara, como se fosse "frente a frente", com Deus em si, e toda sua bondade e sua incomparável beleza. E precisamente por que um bem com tal magnitude e conhecido pela mais clara visão, não pode ser amado em e por si (propter se) desde sua própria consideração a vontade abraça isto com o amor mais intenso, em proporção ao conhecimento da mente.[284]

A iluminação do intelecto que atrai espiritualmente o homem numa união final com Deus leva à "ampliação" da vontade "a partir da aceitação inata entre a vontade e o intelecto, e a analogia implantada em ambos, de acordo com a qual o entendimento se estende em si para os atos da vontade, na devida proporção em que ela entenda e saiba."[285] Armínio, em resumo, se coloca plenamente na tradição intelectualista.

Ainda mais importante, o argumento de Armínio a favor da prioridade do intelecto na visão final de Deus reproduz a tese intelectualista clássica de Tomás de Aquino. Na concepção desse pensador, o intelecto é mais elevado ou nobre que a vontade pelo fato de ele não meramente abordar um tema externo a si mesmo (como faz a vontade), mas ao abordar o tema, em certo sentido, recebe-o e possui em si a sua forma. Segundo Tomás de Aquino, na visão final de Deus, a alma tem uma visão direta sobre a essência divina que é mais elevada e nobre do que a do amor consentido de Deus.[286]

---

[283] *De auctore*, p. 49-50 (*Works*, I, p. 362).
[284] Idem, p. 50 (*Works*, I, p. 362-63).
[285] Idem, p. 50 (*Works*, I, p. 363).
[286] Aquino, *Summa*, Ia, q. 82, art. 3; cf. *SCG*, III, 26.11, 21; cf. Copleston, *History*, II, p. 382-83.

A justaposição de uma perspectiva filosófica intelectualista com uma orientação prática para a sua teologia representa, como observado anteriormente, um afastamento significativo dos principais paradigmas medievais e o uso de uma metodologia escolástica do passado que é mais bem caracterizada como eclética. Normalmente, a *práxis* está associada ao amor e à vontade, *speculatio* ou *contemplatio* com o intelecto. O modelo intelectualista, assim, defende uma teologia essencialmente ou totalmente contemplativa, enquanto o modelo voluntarista definirá a teologia como essencial ou totalmente prática, e, por consequência, Tomás de Aquino adota uma teologia essencialmente contemplativa enquanto Scotus a define como prática.[287] Os reformados tendiam para um compromisso que respeitava o equilíbrio entre o intelecto e a vontade, mas reconhecendo a questão soteriológica subjacente como voluntarista e, portanto, definiam a teologia como especulativa e prática, com ênfase nesta última.[288] O modelo de Armínio para a teologia segue a orientação de uma *práxis* defendida pelos mais escotistas e ramistas dos reformados, mas vinculando-a a um intelectualismo incomparável entre seus contemporâneos reformados. Essa divergência básica na definição aponta, por sua vez, para a profunda divergência soteriológica entre Armínio e os reformados e, consequentemente, para a maior receptividade do sistema arminiano ao racionalismo filosófico, visto que ele, contrariamente a seus contemporâneos reformados e, na realidade, inversamente a Tomás de Aquino, assume que uma teologia prática também pode ser intelectualista, pois, mesmo no problema da salvação, o intelecto lidera à frente da vontade.[289] A razão, portanto, pode desempenhar um papel mais importante na elaboração do sistema teológico do que seria possível sob a hipótese de uma prioridade soteriológica da vontade.

---

[287] Compare Aquino, *Summa*, Ia, q. 1, art. 4 com Scotus, *Op. oxon.*, prol., q. iv, n. 42.
[288] Compare *PRRD*, I, p. 215-26.
[289] Compare *Disp. pub.*, XI, i, v, viii, ix, x.

Essa síntese da prática com o modelo intelectualista, juntamente a aliança da revelação e da razão indicada pela ênfase de Armínio na natureza fundamental dos tópicos originalmente presentes na "teologia legal", Deus, criação e providência, nos oferece uma indicação preliminar da concepção básica das ideias de Armínio, assim como um sentido básico da direção de sua teologia que nos conduzirá ao longo de sua doutrina de Deus, criação e providência. A abordagem analítica e prática da teologia defendida por Armínio considera a doutrina de Deus como o bem mais elevado (*summum bonum*) tanto como a fonte e a finalidade de todas as coisas. O sistema teológico, conforme ele já nos indicara, é a mais elevada das ciências, pois ele agrega todo o conhecimento – de fato, seu próprio ordenamento e metodologia seguem, de forma analítica e prática, a processão do ser, desde o ser de Deus, na criação da ordem finita e da reconciliação do ser finito com o ser de Deus, o *summum bonum*, a finalidade de todas as coisas. O sistema de Armínio, então, se levar a cabo a promessa de seus prolegômenos, proporá um inter-relacionamento do Ser de Deus com o ser do mundo, que é racional e regularizado, ou seja, um inter-relacionamento dos dois níveis de ser, o eterno e o temporal que é ordenado por Deus e que não pode ser desfeito, nem pelo pecado e, seguramente, tampouco pela obra de redenção.

PARTE III
A existência e a natureza de Deus

CAPÍTULO 6

Conhecimento da existência de Deus

A doutrina de Deus, protestante e escolástica, desenvolvida no final do século XVI e início do XVII, se posiciona de acordo com o ensinamento dos reformadores ao menos em seu biblicismo inerente. Além disso, alguns dos reformadores, como Wolfgang Musculus (1497-1563) de Berna e Andreas Hyperius (1511-1564) de Marburg, estavam muito mais interessados nas categorias escolásticas da existência, essência, e em demais atributos do que contemporâneos como João Calvino ou Heinrich Bullinger. Similarmente, Melanchthon desde o início havia considerado um uso para as provas da existência de Deus em seu *locus* sobre criação que se contrapõe aos interesses (para não dizer aos princípios) de Lutero, Zwinglio, Calvino, Bullinger, e a maior parte de seus contemporâneos protestantes. Existiam, no entanto, diferenças importantes no conteúdo e na metodologia entre as perspectivas dos escolásticos protestantes e dos reformadores. Embora a teologia dos reformadores fosse essencialmente exegética e discursiva, inclusive os *loci* extraídos das Escrituras pela ortodoxia se tornem metodologicamente estilizados e completamente dialéticos, na doutrina de Deus, os materiais extraídos da revelação são, assim, estudiosamente equilibrados com argumentação racional e interesses metafísicos. Problemas que, virtualmente, haviam desaparecido da teologia nos escritos dos primeiros reformadores – como as provas da existência de Deus e os problemas da afirmação e do arranjo dos atributos divinos – retornaram num tratamento detalhado.

A doutrina de Deus de Armínio não é exceção a essas generalizações. Ela é extremamente bíblica, em especial nos *Public disputations*, e orientada para questões da salvação humana. No entanto, a exibição doutrinal está em dívida total com a tradição filosófica escolástica e, como se poderia esperar da forma das disputas, isso é conseguido de modo lógico e dialético e não discursivamente. A doutrina de Deus arminiana segue a lógica do sistema estabelecido pelas distinções escolásticas e divisões dos prolegômenos que identificavam o objeto apropriado e a metodologia prática ou resolutiva a ser seguida pela teologia.

Como Deus é o principal "objeto da religião cristã" e, à medida que ele é revelado em Cristo, o objeto da teologia "evangélica" ou da salvação,[290] Armínio pode migrar diretamente de suas discussões preliminares de teologia e religião para a sua doutrina de Deus. Aqui, também, como nos discursos e disputas servindo de prolegômenos teológicos, os seus escritos funcionam como testemunhos à elaboração escolástica da teologia protestante do final do século XVI. Embora ele não separasse orações ou tratados em sua doutrina de Deus, temos mais que material suficiente nas *Disputationes privatae* e nas *Disputationes publicae* a partir das quais extrair uma perspectiva extremamente detalhada e filosoficamente sofisticada da essência divina e seus atributos. Enquanto outros tópicos frequentemente recebem apenas uma declaração delineada e dogmática nas *Disputationes,* sua doutrina de Deus parece desenvolvida de forma extensiva e com considerável profundidade.

A apresentação de Armínio de sua doutrina de Deus na ordem elegantemente planejada das *Disputationes privatae* se apropria bastante do ordenamento racionalizado dos grandes sistemas medievais desenvolvidos na esteira da *Summa Theologica* de Alexander de Hales e do *Summa Theologiae* de Tomás de Aquino. Essa utilização de modelos medievais, geralmente sem a citação das fontes, era típica da época. Os

---

[290] Compare *Disp. priv.*, XVI, i, com *De objecto*, p. 28, 33-35 (*Works*, I, p. 324, 336-37).

reformadores haviam fornecido pouquíssimas indicações para a organização de um sistema teológico: mesmo os mais influentes sistemas protestantes iniciais, como os *Loci communes* de Melanchthon ou as *Institutes* de Calvino, não foram escritos com um espírito científico ou com uma visão voltada a uma cuidadosa inter-relação e exposição da doutrina. Em vez disso, eles eram extremamente discursivos, e no caso de Calvino, por vezes exortativo e polêmico, orientado por interesses arquitetônicos eventuais como duradouros. Os modelos óbvios para o desenvolvimento de sistemas teológicos protestantes – particularmente os para utilização em salas de aula, como as séries de *Disputationes* de Armínio – eram os sistemas escolásticos dos séculos XIII, XIV ou XV.[291]

Esse recurso aos modelos medievais para a discussão da doutrina de Deus já era evidente nas obras de teólogos da geração imediatamente precedente à de Armínio, em pensadores cujas teologias foram desenvolvidas extensivamente após as mortes de codificadores da segunda geração, como Vermigli (falecido em 1562), Musculus (falecido em 1563) e Calvino (falecido em 1564). A *De natura Dei*, de Zanqui, e *Christianae isagoges*, de Daneau, talvez tenham sido os exemplos mais claros dessa mudança no estilo da teologia protestante e os mais importantes precedentes quanto ao uso de modelos escolásticos por pensadores da mesma geração de Armínio. Dois ensaios mais ou menos sistemáticos de Beza, a *Confessio christiane fidei* e o *Quaestionum et responsionum christianarum libellus*, não desempenham virtualmente nenhum papel nesse desenvolvimento, tampouco apresentam uma doutrina elaborada da essência de Deus e seus atributos.[292] Se forem procuradas razões para

---

[291] Compare *PRRD*, I, p. 73, 132-33, 199-201, 225-26, 300-302 e passim, com Muller, "Scholasticism protestant and catholic", p. 194, 198-99.

[292] Compare Beza, *Confessio*, I–II, em que este apresenta toda sua doutrina de Deus isoladamente e depois juntamente com a doutrina da providência e dos anjos em uma única página – seis artigos concisos no total; com o *Questionum* no *Tractaciones theologicae*, I, p. 681-82, em que ele discute a vontade divina com referência específica à distinção entre disposição positiva e permissão divina, e seu forte desejo de mostrar que Deus não fará o mal. Outros atributos não são discutidos.

esse desenvolvimento, elas devem certamente residir tanto no treinamento escolástico de alguns dos primeiros formuladores, em especial Musculus e Vermigli, como na de um pensador como Zanqui da geração dos mestres de Armínio, além da necessidade de se encontrar modelos úteis para a doutrina de Deus – na falta de quaisquer discussões completamente elaboradas nos ensaios dos reformadores, particularmente nos da primeira e segunda gerações.

Quando, além disso, examinamos a doutrina de Deus declarada por Armínio e seus contemporâneos, a coesão de argumentos e a arquitetura elegante de suas exibições apontam nem tanto para os esforços preliminares de pensadores do porte de um Vermigli, Musculus e Hyperius ou até mesmo para os muito mais elaborados *loci de Deo* oferecidos por Zanqui e Daneau, contudo, mais para os escritos de escolásticos medievais, principalmente Tomás de Aquino, cujas concepções já tinham fornecido uma base para as iniciativas sistemáticas de Zanqui e Daneau. Com isso, a doutrina arminiana da existência e essência divinas e de seus atributos "bebe" essencialmente nas fontes dos antigos modelos escolásticos e não nos primeiros esforços protestantes. Ele compartilha pouco com Zanqui em questões de organização, de certa forma mais com Daneau, mas juntamente com os dois, compartilha uma grande parcela com a mais recente tradição medieval e, de fato, com a corrente discussão do século XVI sobre as categorias escolásticas.

Especificamente, a base racional para a organização da doutrina de Deus arminiana, estabelecida no início da 14ª e 15ª disputas públicas, expressa um interesse por questões arquitetônicas similares às definidas por Tomás de Aquino e outros doutores medievais no início de suas respectivas doutrinas de Deus.

I - O objeto da religião cristã é para o qual a fé e a adoração de um homem religioso deveriam tender. Esse objeto é Deus e seu Cristo; Deus principalmente, Cristo de maneira subordinada a Deus; Este per si, e Cristo à medida que Deus o tenha constituído como objeto dessa religião.

II - Em Deus, que é o principal objeto da religião cristã, três componentes merecem a nossa consideração: 1) a sua natureza, da qual a bondade e excelência são tais que a religião possa ser honrada e, executada de forma útil para esse fim; 2) os atos de Deus (*actiones Dei*), por causa dos quais a religião deve ser praticada para ele; 3) a vontade de Deus, pela qual ele deseja que a religião seja realizada para si próprio.[293]

O impulso prático aqui encontrado era, claro, amplamente ausente do modelo de Tomás de Aquino; ele nasce da abordagem analítica ou resolutiva do sistema projetado por Armínio e se posiciona, conforme anteriormente notado, em uma certa relação com a perspectiva escotista sobre a natureza essencialmente prática da teologia. A identificação de Deus como o objeto principal seguido pela discussão da natureza divina e seus atributos certamente reflete os modelos medievais, incluindo o oferecido por Aquino.

Similarmente, a enunciação de Armínio das partes do tópico no início da discussão da natureza de Deus reflete o modelo escolástico: "A respeito de Deus, o principal objeto teológico, duas coisas devem ser conhecidas: (1) Sua natureza, ou o que (*quid*) Ele é, e também de que espécie de Ser (*qualis*) Ele é; e (2) quem (*quis sit*) Deus é, ou a quem essa natureza deve ser atribuída."[294] A partir desse ponto, Tomás de Aquino identifica três tópicos acerca da doutrina da essência divina: "se Deus existe? (2) a maneira de sua existência, ou melhor, qual não é a maneira de sua existência; (3) o que quer que interesse aos seus atos – a saber, seu conhecimento, desejo ou poder".[295] Armínio não se limita a aprovar o padrão básico da essência divina e seus atributos, seguido pela Trindade e criação; ele, ainda, subdivide o tópico de Deus

---

[293] *Disp. priv.*, XIV. i-ii: "Religiones Christianae objectum est, in quod fides & cultus hominis religiosi tendere debet. Illud objectum est Deus & Christus ejus. Deus principaliter, Christus subordinate sub Deo; Deo per se, Christus (i) a Deo Religionis illius objectum constitutus (ii) in Deo primario Christianae Religiones objecto tria ordine consideranda. Primo, Natura Dei, cujus es est excellentia & bonitas, ut Religio illi honeste & utiliter praestari possit, Secundo, Actiones Dei propter quas illi Religio praestari debeat. Tertio, Voluntas Dei, qua vult sibi praestari Religionem."

[294] *Disp. priv.*, XV. i: "De Deo primário Theologiae objeto duo cognoscenda, tum natura ejus, seu quid, vel potius qualis sit Deus, tum quis sit, sive cui ista natura tribuenda sit."

[295] *Summa theologiae*, Ia, q. 2.

nas provas (ao colocar a existência antes da essência na ordem de discussão), a essência ou natureza de Deus, e por último os atributos divinos (incluindo a vida, o conhecimento ou entendimento, a vontade ou poder divinos, nessa ordem).[296]

Ainda mais similar ao *Summa* de Aquino, há o movimento de Armínio, após sua enunciação inicial da ordem argumentativa, para as provas da existência de Deus como um prólogo necessário à discussão da natureza divina. A semelhança não é exata, o uso do modelo medieval tampouco é submisso, mas o paralelismo com a *Summa* de Aquino é muito mais claro do que qualquer paralelismo que possa ser traçado entre o trabalho de Armínio e os de Calvino, Bullinger, Musculus, Melanchthon ou de qualquer outro entre os primeiros sistematizadores da teologia protestante. Dos predecessores reformados de Armínio, apenas Daneau evidencia uma arquitetura límpida do modelo medieval – e ele também claramente se baseia em Tomás de Aquino. O exame das provas de Armínio e de suas relações com sua doutrina de Deus manifestam, além do mais, uma reflexão não meramente dos pontos defendidos na *Summa* de Aquino – como se ele os tivesse lido e utilizado de uma maneira independente de outros materiais escolásticos –, mas, também manifesta uma reflexão dos últimos desenvolvimentos de abordagens para as provas e para a doutrina de Deus que haviam usado e modificado a perspectiva tomista básica. Significativo também é o fato de que esse movimento de afastamento dos métodos e modelos da Reforma em direção àqueles da Idade Média *não* é algo que coloca Armínio distante de seus contemporâneos ou adversários reformados – antes, trata-se de uma base que eles mantinham em comum.

Armínio consequentemente ecoa o interesse dos teólogos protestantes de sua geração em sua exibição das provas escolásticas da existência de Deus. Já na edição de 1536 dos *Loci communes* de Melanchthon, os teólogos protestantes haviam retomado a consideração das provas – no caso específico deste, como parte de sua doutrina da

---

[296] Compare *Disp. priv.*, XV. i com XVII, XVIII e XXII.

criação desenhada para declarar o relacionamento do Criador transcendental com a ordem criada.[297] Esse uso das provas, conduz até as ideias do eminente pupilo reformado de Melanchthon, Zacarias Ursino, que também vira as suas utilidades em sua doutrina de Deus. Não somente as provas indicam a relação entre o Criador e as criaturas como também fornecem um prefácio racional para a doutrina de Deus.[298] A retomada de Ursino das provas para a doutrina de Deus encontra ecos em vários dos principais sistemas reformados do final do século XVI e início do XVII, notadamente o *Christianae isagoges* do mestre de Armínio, Lambert Daneau, e o *Syntagma theologiae christianae*, de Amandus Polanus.[299] Eles eram alguns dos poucos filósofos protestantes que, no espírito do renovado Aristotelismo, característico da segunda metade do século XVI, desenvolveram as provas como argumentos puramente filosóficos.[300]

No entanto, não deve ser inferido dessas observações que as provas da existência de Deus encontram um lugar nos sistemas da maioria dos teólogos reformados até o fim do século XVII. Não há menções das provas nos trabalhos feitos por Vermigli, Beza, Perkins, Gomaro ou Trelcatius – embora estes dois últimos seguissem o padrão de Ursino ao utilizar argumentos normalmente encontrados em provas a posteriori

---

[297] Philip Melanchthon, *Loci communes theologici* (1535) em *Opera*, 21, col., p. 369 e *Loci theologici* (1543) em *Opera*, 21 cols., p. 641-43. Compare David B. Burrell, *Knowing the unknowable God: Ibn-Sina, Malmonides, Aquinas* (Notre Dame: Universidade de Notre Dame Press, 1986), p. 5-6, sobre a lógica subjacente das provas, à medida que elas afirmam o relacionamento entre Deus e o mundo. Este uso das provas, ou argumentos, baseado no quadro da doutrina da criação está presente em Aquino: veja *SCG*, II. 6 e compare Robert L. Patterson, *The conception of God in the philosophy of Aquinas* (Londres: George Allen e Unwin, 1933), p. 371-77.

[298] Ursino, *Expl. cat.*, cols., p. 111-13, 123-24 (*Commentary*, p. 121-23, 142-43). A tradução de Williard é bastante acurada, mas devido a problemas com a narrativa textual das aulas de Ursino publicadas postumamente, ela ocasionalmente contém material não encontrado nas edições iniciais das *Explicationes catecheseos*. Com isso os dois extensos "adendos" (p. 122) para as 5ª e 6ª provas não estão presentes na edição da Reuter de Ursino, e muito provavelmente são adições posteriores ao texto.

[299] Polanus, *Syntagma*, II. iv; Daneau, *Chr, isag.*, I. iii.

[300] Platt, *Reformed thought*, p. 155, 159, notando Jacchaeus e Timpler.

para defender que, dada a existência de Deus, tanto o seu conhecimento como as doutrinas da criação e da providência devem logicamente se seguir.[301] Além do mais, até mesmo aqueles teólogos reformados da época de Armínio que utilizavam as provas expressavam uma visão de certa forma ambivalente de seus usos: Polanus estabelece as provas no início de sua doutrina de Deus como uma refutação dos ateus, porém não define relacionamentos integrais entre os ensinamentos das provas e seu *locus de Deo*.[302]

É válido levantar-se brevemente a causa da falta das provas nos escritos dos primeiros reformadores, e do gradual retorno a elas para a teologia protestante durante o século XVI. A razão muito provavelmente relaciona-se ao gênero literário e à filosofia. Em primeiro lugar, os ensaios escritos pelos primeiros reformadores eram de um gênero essencialmente exegético, polêmico e confessional e nada sistemático. As provas pertenciam normalmente às porções preliminares dos sistemas teológicos ou dos tratados filosóficos, e o fato é que elas efetivamente começam a reaparecer em datas tão remotas como 1536, no ensaio sistemático melanchthoniano, dos *Loci communes*. Em segundo lugar, vários dos primeiros reformadores, ao menos aqueles que observavam um pouco de antagonismo em relação às provas, manifestam tendências escotistas ou nominalistas em suas teologias. Isso é verdadeiro nos casos de Lutero, Calvino e Musculus. Conquanto que as provas a posteriori tendiam a pertencer ao lado tomista da concepção medieval, e eram questionadas ou refutadas por escotistas ou nominalistas, não surpreendente que esses teólogos não usassem as provas positivamente.

Do lado reformado, ao menos desde cedo estavam presentes elementos da instrução e da teologia tomista: Bucer e Vermigli eram tomistas, e nenhum deles redigiu provas da existência de Deus, tam-

---

[301] Compare Gomaro, *Disputationes*, I. xxix-xxxv e "Concilatio doctrinae orthodoxae de providentia Dei", em *Opera,* III, p. 158-59; Lucas Trelcatius senior, *Compendium locorum communiun s. theologiae*, em *Opuscula*, p. 112; e veja Platt, *Reformed thought*, p. 127-30, 143-48.
[302] Polanus, *Syntagma*, II. iv.

pouco preparou um sistema teológico completamente desenvolvido. Na terceira geração dos teólogos reformados, Zanqui e Daneau manifestam fortes tendências tomistas – e no caso do último, as provas reaparecem em uma forma explicitamente tomista, no início de um sistema teológico de larga escala. Duas razões então, podem ser provisoriamente adiantadas para o reaparecimento das provas: o desenvolvimento do sistema teológico protestante, e a ascensão, na teologia reformada em particular, de um tomismo modificado. Armínio, seguindo a linha de Daneau, pertencia a esse desenvolvimento.

A exemplo de seus contemporâneos reformados, que deram às provas um lugar nos sistemas teológicos, Armínio utiliza tanto argumentos lógicos e filosóficos além de uma série de alegações puramente retóricas, com isso, ele usava alegações e *consensum gentium*[303] assim como argumentos as causais, cosmológicos e teológicos. O ponto em que ele difere dos reformados está em sua perspectiva da função das provas no sistema teológico. Enquanto os reformados normalmente afirmam a inutilidade das provas a não ser para a refutação dos ateus, Armínio parece declarar um uso não apologético, positivo e sistemático das provas:

> A cada um dos tratados sobre a natureza de Deus, deverão ser prefixados o primeiro e o mais alto axioma de todas as religiões – Deus existe (*Deum esse*), sem o qual é tolice pesquisar a sua natureza pelo fato de que algo não tendo existência iria, portanto, se tornar um espectro puro nos pensamentos humanos ... que Deus existe tem sido impresso em todas as criaturas racionais que recebem sua voz, e embora essa indicação [da existência divina] seja capaz de ser compreendida, [a existência de Deus] pode, apesar disso, ser demonstrada por diversos argumentos.[304]

---

[303] Um acordo de nações (N. E.).
[304] *Disp. priv.*, XIV. iii-iv.

Nenhum dos escritores reformados foi tão longe a ponto de indicar um relacionamento integral entre as provas, ou implicar que o sistema da doutrina cristã, de alguma forma, considerava-as fundamentais para a existência de Deus.

A declaração de Armínio é muito breve para fornecer uma base para quaisquer conclusões sobre a importância da razão para o seu sistema ou da abertura de suas ideias ao racionalismo. No entanto, em sua primeira parte, ela parece notadamente igual ao argumento do teólogo wolffiano Daniel Wyttenbach, do século XVIII, de que a teologia natural ou racional entregava um prólogo necessário a um sistema doutrinário revelado ou sobrenatural, posto que este como revelação assume, mas não prova, a existência de Deus.[305] E mais, Armínio infere que seus axiomas e argumentos acerca da existência divina "uma vez entendidos ... são reconhecidos como verdadeiros", e deveriam ser vistos como conceitos enxertados ou implantados (*notiones insitae*), concedendo, assim, à razão a capacidade fundamental de conhecer verdades sobre Deus. Embora a ausência de declarações sobre a limitação imposta aos poderes da razão pelo pecado possa ser atribuída tão facilmente à brevidade do argumento como uma omissão proposital, a tendência argumentativa de Armínio nesse ponto é abrir um amplo espaço para a filosofia e a razão em seu sistema teológico e conduzir o intelectualismo de seus prolegômenos adiante no próprio sistema. A segunda parte da declaração, em que ele reconhece um senso geral do divino e a possibilidade de demonstrar a existência de Deus, mais uma vez se assemelha ao ponto defendido por Tomás de Aquino.[306]

O problema das ideias inatas ou implantadas certamente era um dos obstáculos mais arraigados do racionalismo do século XVII. Uma coisa era argumentar que certas verdades sobre a natureza eram "conhecidas por si mesmas" ou "manifestas" (*per se nota*), e outra muito diferente argumentar que elas eram inatas ou fundamentalmente implantadas de modo a serem conhecidas não por si próprias na captação sensorial

---

[305] Wyttenbach, *Tentamen theol.*, prol., p. 7-9.
[306] Aquino, *Summa theologiae*, Ia, q. 2, art. 1; q. 2, art. 2, ad. 1.

das coisas, mas sim, antecipadamente a qualquer conhecimento ou encontro com particularidades. A recuperação humanística de Aristóteles no século XVI leva à redescoberta do conceito inicial da mente como *tábula rasa*, sem ter ideias inatas.[307] Nesse contexto, é importante notar que a teologia escolástica protestante da época, incluindo a de Armínio, opta não pelo conceito de uma *cognitio inata,* e sim, por uma *cognitio ínsita*. A visão protestante de fato fica mais de acordo com a última teoria nominalista medieval do conhecimento imediato ou intuitivo dos particulares.[308]

Apesar de certas diferenças na linguagem – especificamente no uso do termo *notiones insitae* –, a lógica e o posicionamento das provas de Armínio na relação com as porções subsequentes de seu sistema, manifestam um desejo de recuperar a aliança entre a fé e a razão testemunhada na lógica argumentativa estabelecida por Tomás de Aquino em sua *Summa theologiae*. Em outras palavras, Armínio e seus contemporâneos reformados, embora respeitando as várias limitações impostas na discussão racional dos aspectos divinos, tanto pela escola escotista como pela nominalista e pelo ensinamento dos reformadores, consideravam o Aristotelismo revivido, e o Tomismo modificado do século XVI, uma possibilidade de retorno para as provas à *posteriori* da existência de Deus, e Armínio, em maior grau que seus contemporâneos reformados, via as próprias provas como um meio de demonstrar não apenas a existência de Deus, mas também o direito de exercer a razão e utilizar argumentação racional ao longo de, e em consonância com, os ensinamentos da fé. Ele, certamente, estava familiarizado com a utilização das provas nas *Disputationes metaphysicae* de Suárez,[309] assim como estava ciente da modificação das provas nos últimos debates escolásticos sobre o relacionamento entre o primeiro proponente até a ordem da causalidade finita e a modificação posterior das provas por

---

[307] Compare Copleston, *History*, III, p. 227,417.
[308] Idem, III, p. 64.
[309] Suárez, *Disp. metaph*, XXIX.

Melanchthon e seus pupilos, e mais importante, por Ursino. De fato, os argumentos morais e retóricos usados por Armínio refletem diretamente a lista de provas apresentada por Ursino em sua *Explicationes catecheseos* – tais como os argumentos do consenso universal, das "censuras da consciência", desde o ordenamento civil, e da previsão de eventos futuros, enquanto que a referência das *notiones insitae* pode ser uma reflexão crítica da doutrina melanchthoniana dos princípios inatos.[310] Além disso, a ênfase de Armínio no conhecimento natural, universal, de Deus implantado nos seres humanos, juntamente com seu senso de uma conexão rudimentar entre esse conhecimento e o reconhecimento do homem, como um ser dependente, de que Deus deve ser venerado, parece ser uma reflexão direta de Suárez.[311]

Platt não somente confirma a conexão entre Armínio e esses pensadores mais antigos em suas extensivas análises das provas, como também estabelece uma conexão entre o rearranjo dos argumentos e as especulações teológicas de Conrad Vorstious, o teólogo e metafísico que foi escolhido para sucedê-lo em Leiden, mas cuja teologia demonstrara ser tão questionável ao corpo docente reformado da faculdade que ele jamais ocuparia a cadeira. Platt argumenta convincentemente que Armínio tivera acesso à teologia de Vorstious, e que suas modificações das provas repousam nos argumentos do *Tractatus de Deo*[312] deste último. O relacionamento entre os documentos publicados, no entanto, é algo muito difícil de ser estabelecido com certeza pelo fato de as *Disputationes* de Armínio serem publicadas em Leiden após 1604, e antes do aparecimento do tratado de Vorstious. As provas deste, na forma impressa, e provavelmente da edição de 1606, constavam da biblioteca particular de Armínio. Estas exposições eram muito mais detalhadas

---

[310] *Explic. cat.*, cols., p. 111-13 (*Commentary*, p. 121-23); Copleston, *History*, III, p. 227.

[311] Suárez, *Disp. metaph.* XXIX. ii. 5; compare Loemker, *Struggle for synthesis*, p. 71-72 e 262, n. 32 em que Loemker observa um paralelismo entre Suárez e Herbert de Cherbury.

[312] Platt, *Reformed thought*, p. 148-57 e compare G. J. Hoenderdaal, "Arminius em Episcopius", *Neederlands archief voor kerkgeschiedenes* 60 (1980); p. 212, que defende um histórico para os dois documentos. Os debates de Armínio sobre as provas são de 1604.

que as exposições de Armínio. Não temos, consequentemente, uma clara evidência de que Armínio tentara integrar a totalidade ou os elementos mais distintivos da concepção de Vorstious em sua própria doutrina da existência e natureza de Deus. A ausência de ideias vorstianas (ou da reação a elas) nas demais disputas de Armínio sobre sua doutrina de Deus pode ser um indicativo de que Vorstious fora antes o mediador de uma discussão do que uma influência majoritária na teologia arminiana.

Os três primeiros argumentos de Armínio começam com axiomas manifestos: "Nada é ou pode provir de si mesmo ... Toda causa primária eficiente é melhor ou tem mais excelência que seu efeito ... Nenhuma força finita pode criar algo partindo do nada; e a primeira natureza (*naturam primam*) tem sido criada a partir do nada."[313] Esses são os axiomas que Armínio considera tão fundamentais que "uma vez entendidos, passam a ser conhecidos como verdadeiros." Esse caráter que auto evidente dos três primeiros argumentos os coloca aparte dos sete restantes. Estes últimos são "teóricos", enquanto os demais muito provavelmente são considerados "práticos", embora ele use essa qualificação somente no caso do quarto argumento – aquele baseado na consciência.

Cada um desses três axiomas, com sua própria lógica interna, aponta diretamente para a existência de Deus. É evidente que "nada é ou pode provir de si mesmo", pois o axioma contrário exigiria que algo pode e não pode ser ao mesmo tempo, "tanto anterior como posterior a si mesmo", ou ser tanto sua causa como efeito; ou seja, uma negação do primeiro axioma de Armínio seria uma violação da lei da não-contradição. "Portanto", declara Armínio, "algum dos seres deverá necessariamente preexistir, e a partir do qual, na condição de causa primária ou suprema, derivam todas as outras coisas; contudo, este é Deus".[314]

---

[313] *Disp. priv.*, XIV. v, vi, vii: "Nihil esse aut esse posse a se ipso ... Omnem causam efficientem primariam suo effecto praestantiorem esse... Nullan vim finitam aliquid facerex nihilo, & naturam primam esse ex nihilo factam", i. e., a primeira natureza criada.

[314] *Disp. priv.*, XIV. v: "Ergo oportet unum aliquod ens necessário praeexistens, unde ut a causa prima & suprema ortum ducunt omnia reliqua. At hoc est Deus".

O segundo e terceiro axiomas são correlacionados e, de forma significativa, não apresentam uma lógica tão convincente como a do primeiro axioma e argumento. De fato, os comentários de Armínio nesse ponto recordam os debates inconclusivos da Escolástica do século XIII sobre o problema da "eternidade do mundo".[315] Como "toda causa eficiente primária é melhor ou tem mais excelência que seu efeito", e desde que "todas as mentes criadas estão na ordem dos efeitos", deve haver uma mente suprema que é a origem de todas as mentes criadas. Essa mente suprema não é nenhuma outra a não ser Deus.[316] Esse ponto é facilmente explicado – como fora por Occam e os nominalistas do final da Idade Média –, de que causas e efeitos são conhecidos pela experiência, e que, portanto, a transformação lógica a partir de uma ordem de efeitos experimentados para uma ordem de causalidade hipotética além da experiência é ilegítima. Pela mesma medida, uma regressão infinita de causas e efeitos também é possível. Talvez pelo fato do peso desses dois argumentos contra a prova, Armínio não introduz o argumento aristotélico do primeiro motor como uma de suas provas, limitando-se a observá-lo em cada final de suas *Disputationes* como um corolário útil para discussões posteriores.[317]

Conforme demonstrado por Platt, o argumento para a existência de um primeiro motor divino fora debatido na época de Armínio, e o principal modelo para sua própria declaração das provas, o *De Deo*, de Conrad Vorstious, havia incluído uma advertência importante relativa a essa prova. Vorstious sabia das objeções escotistas levantadas por J. C. Scaliger (1484-1558) quanto ao efeito que um primeiro motor poderia muito bem ser uma inteligência angelical movendo-se da mais elevada e principal esfera celestial. Deus, estando além das esferas celestiais e além de todo o movimento, não é alcançado pela lógica do argumento.

---

[315] Veja a seguir, 5.1.

[316] *Disp. priv.*, XIV. vi.

[317] *Disp. priv.*, XIV, ad fin e cf. Maurer, *Medieval philosophy*, p. 269-70, para um resumo das críticas de Occam das provas.

Platt nota também a confiança do colega de Armínio, o filósofo Gilbert Jacchaeus, na rejeição similar de Suárez sobre o argumento a partir do movimento.[318] Com isso, a formulação de Armínio de seu corolário – "Em razão das dissenções de homens muito instruídos, concedemos que essa questão seja discutida, 'Do movimento que é aparente no mundo, e do fato que qualquer coisa que é movida é provocada por outra, pode ser concluído que Deus existe?'" – indica o reconhecimento do debate contemporâneo sobre a prova.[319]

Podemos inferir também que a declaração de Armínio do argumento como um corolário, sem tentativas de reestabelecer seu status de prova, sinalizava uma tendência crítica, provavelmente escotista ou nominalista, nesse ponto de seu pensamento, ou ao menos uma leitura dos argumentos como os estabelecidos por Suárez com a finalidade que a premissa básica de que "qualquer coisa que é movida é provocada por outra" não pode ser prova universalmente válida conquanto que não pode ascender acima do físico para a ordem espiritual ou imaterial.[320] Essa hesitação a respeito da utilidade da prova a partir do movimento serve, ademais, para demonstrar quão distante das cinco vias originais de Tomás de Aquino o Tomismo modificado do final do século XVI havia ido; afinal, era a prova partindo do movimento a qual Aquino havia se referido como a *manifestior via*.[321]

---

[318] Platt, *Reformed thought*, p. 154-55; sobre Suárez, veja Copleston, *History*. III, p. 362-64.

[319] *Disp. priv.*, XIV, corolário 1; compare Platt, *Reformed thought*, p. 155.

[320] Suárez, *Disp. metaph*, XXIX. i. 7; e compare John P. Doyle "The suárezian proof for God's existence", em *History of philosophy in the making*, ed. Linus J. Thro (Lantham, Md.: University Press of America, 1982), p. 105-6 com John Owens, *St. Thomas Aquinas on the existence of God: collected papers of John Owens, C. Ss. R.*, ed. John R. Catan (Albany: State University of New York Press, 1980), p. 163-64.

[321] Compare Aquinas, *Summa*, Ia, q. 2, art. 3, corpus. Vale notar que as "cinco vias" do *Summa theologiae* não eram consideradas por Aquino como uma criação própria ou as únicas provas utilizáveis; ele as reconhecia como uma propriedade comum dos filósofos gentios e mestres cristãos, e conseguia enumerar mais de onze padrões. Veja Owens, *St. Thomas Aquinas on the existence of God*, p.133-34; Jules A. Baisnée, "St. Thomas Aquinas' Proofs of the existence of God presented in their chronological order", em *Philosophical*

Essa tensão sobre a validade dos pontos argumentativos causais aponta diretamente para a dificuldade lógica embutida na racionalização da terceira prova de Armínio:

> O terceiro axioma é, nenhuma força finita pode fazer algo a partir do nada, e a primeira natureza tem sido criada a partir do nada. Do contrário, [a primeira natureza] nem poderia, tampouco deveria, ser alterada por uma [causa] eficiente. E, consequentemente, nada poderia ser criado a partir da mesma. Com isso se conclui que ou todas as coisas existentes derivam da eternidade e são entes primários (*entia prima*), ou há um ente primário (*ens primum*); e este é Deus.[322]

A linguagem de Armínio evidencia uma familiaridade relativamente grande com os conceitos e problemas do Aristotelismo cristão tradicional. Em primeiro lugar, os conceitos de primário e secundário, causalidade eficiente e material, que permeiam esses argumentos, são firmemente notados na física e metafísica aristotélicas. Mais ainda, que esse Aristotelismo amplamente utilizado (que era, afinal das contas, aceito como parte da visão de mundo básica do século XVI inclusive pelo anti-aristotélico Calvino[323]), na identificação de Armínio de uma matéria prima feita a partir do nada, indica sua dependência de uma tradição aristotélica ocidental. Aristóteles havia, ao contrário de Platão, defendido a existência de um substrato material de pura potencialidade

---

studies in honor of the very reverend Ignatius Smith, O. P., ed. John K. Ryan, Westminster, Md.; Newman, 1952), p. 63-64. Há ainda cerca de treze categorias de provas rejeitadas por Aquino: cf Patterson, *Conception of God*, p. 21-39.

[322] *Disp. priv.*, XIV. vii. "Tertium axioma est: Nullam vim finitam aliquid facere ex nihilo, & naturam primam esse ex nihilo factam: secus enim ab eficiente mutari neque potuit neque debuit. Et sic ex illa nihil fieri potuit. Unde sequitur aut omniaquae sunt esse ab aeterno & entia prima, aut unum esse ens primum; & hoc est Deus."

[323] Compare Calvino, *Commentary on Ephesians* 1: 5-8, 51, cols., p. 148-50.

a partir do qual as coisas são extraídas pelo informador, teleológico na verdade, do Ser primário ou Primeiro Motor.[324]

O uso por Armínio dessas categorias aristotélicas de *matéria prima*, potência e realidade, e do Ser primário como o pré – ou autoexistente e necessário fundamento dos seres finitos, enreda-o no problema subjacente das provas aristotélicas cristãs – o da eternidade do mundo. O Primeiro Motor de Aristóteles é a causa final das coisas, a realidade mais elevada que atrai a ordem potencial para si como o derradeiro objetivo da existência. O Primeiro Motor, inversamente, não deverá ser considerado como o ator causal primário em um movimento fundamentalmente cronológico das coisas, desde o início criativo até o objetivo escatológico. Ainda assim, Aristóteles concebia a *matéria prima*, a pura potência que jaz como substrato de todas as coisas reais, nem começando uma existência, nem findando de ser – isto é, como eterna. Um exame detalhado dos argumentos tomistas padrão para a existência de Deus como o Ser necessário contra a ordem contingente, e como o Primeiro Motor Imóvel em oposição ao mundo das coisas "movidas" em direção a realidade, manifesta essa premissa aristotélica básica: as provas não necessariamente implicam o início de uma ordem material e funcionam igualmente bem como provas em um contexto em que se assume que o Universo tenha existido desde a eternidade.

Armínio defende que se a *matéria prima* não nasce do nada, o que é o mesmo que dizer que se ela fosse eterna, presumivelmente não seria submetida a alterações. Não poderia haver uma causa eficiente anterior a tal matéria e, portanto, nada poderia ser gerado a partir da mesma.[325] Essas declarações são diretamente opostas ao argumento tomístico original das provas, que assume que a prioridade lógica e ontológica da realidade sobre a potência é fundamento suficiente para defender a causalidade

---

[324] Compare Alfred Weber, *History of philosophy*, trad. Frank Thilly, com *Philosophy since 1860*, por Ralph Barton Perry (Nova York: Scribner, 1925), p. 67-68, 82-84.

[325] *Disp. priv.*, XIV. vit: "naturam primam esse ex nihilo factam: secus enim ab eficiente mutari neque potuit neque debuit. Etsic ex illa nihil fleri potuit."

sem a adição da prioridade temporal. A dificuldade ora abordada por Armínio nasce do posterior debate escolástico sobre as provas e sobre o problema da eternidade do mundo. É muito provável que tanto o debate como esse padrão particular de resolução foram aprendidos por ele de Suárez. Como veremos a seguir, Armínio parece ter assimilado o argumento deste último pensador contra uma *matéria prima* auto existente, eterna, baseada na capacidade divina de atuar sobre a ordem material.[326] Armínio reconhece que, na pior das hipóteses, ele é deixado com duas possibilidades lógicas: "A partir dessa constatação, segue-se que ou todas as coisas existentes derivam da eternidade e são seres primários, ou que há um único ser primário; e que este é Deus".[327] A primeira possibilidade decerto é inaceitável para a teologia e, talvez, também para a experiência.

Este último ponto é muito similar ao defendido por Ursino, e de certa forma com mais detalhes, em suas *Explicationes catechescos*. Ursino havia, como já tínhamos notado, assumido as provas da existência de Deus colocadas por Melanchthon em sua doutrina da criação e as tinha restaurado para seu típico escolástico na introdução de sua doutrina de Deus. Ele também reconhecera a natureza das provas como descrições dos relacionamentos entre Deus e o mundo e, apropriadamente, havia retido formas modificadas das provas em sua doutrina da criação como demonstrações da criação do mundo por Deus, o original uso melanchthoniano. Ele, ainda, observa que a negação do regresso causal infinito e o argumento a partir da excelência do mundo para a excelência de sua causa "prova *que* o mundo fora criado, e por Deus, mas que não é possível provar *quando* ele fora criado."[328] Permanecem, portanto, outras questões, tais como a se o mundo fora criado por Deus a partir de toda a eternidade ou em um tempo.[329]

---

[326] Suárez, *Disputationes metaphysicae*, XX. i. 18.
[327] *Disp. priv.*, XIV. vii: "Unde sequitur, aut omnia quae sunt esse ab aeterno & entia prima, aut unum esse ens primum; & hoc est Deus."
[328] *Expl. cat.*, col., p. 124 (*Commentary*, p. 142).
[329] Idem.

Essa e outras questões não podiam ser respondidas, afirma Ursino, exceto pela revelação de Deus, e tal revelação somente é conhecida na igreja. Assim, a igreja tem a resposta enquanto os "filósofos gentios", cuja argumentação *a posteriori* é insuficiente para solucionar o problema, têm unicamente as perguntas:

> De fato, é verdadeiro que há uma certa causa desses efeitos [isto é, uma causa real], mas isso não quer dizer que esses efeitos eram gerados por essa causa, seja nesse ou naquele tempo, ou em toda a eternidade, pois um agente livre ou pode atuar ou suspender sua ação ao seu bel prazer ... Com isso, não pode ser provado pela vontade do primeiro motor, que é Deus, que o mundo ou foi criado a partir de toda a eternidade ou que teve seu início em um tempo.[330]

Esse ponto é decidido, acredita Ursino, somente pela revelação – especificamente, por uma leitura correta de Gênesis 1.1 e pelo cálculo da idade da Terra com base na genealogia do Pentateuco.[331] Sob um ponto de vista puramente lógico, o resultado de Armínio é idêntico ao de Ursino: [ao passo que] os argumentos racionais são inconclusivos.

É significativo [dizer] que Ursino e Armínio simplesmente estabelecem a problemática sem tentar discutir que a eternidade do mundo e a existência eterna de todas as espécies de coisas são logicamente absurdas. Armínio observa que ou devemos assumir a eternidade de todas as coisas como "seres primários" ou devemos assumir a temporalidade de todas as espécies contingentes e a eternidade de um único Ser primário, ou primeiro Ser. E, decerto, ele aceita a última alternativa. Embora, mais uma vez, nos sejam apresentados pouquíssimos detalhes para termos uma análise definitiva do que pensava Armínio nesse ponto, ou dos históricos filosófico ou teológico de seus raciocínios, as diretrizes

---

[330] *Expl. cat.*, col., p. 124 (*Commentary*, p. 143).
[331] Idem, col., p. 125 (*Commentary*, p. 145).

do argumento dado são reminiscentes dos debates medievais sobre a eternidade do mundo e, especificamente, das soluções tomísticas e de Bonaventura, e da tensão entre elas.

Como no caso dos previamente notados paralelismos entre o Escolasticismo protestante inicial e os modelos medievais, é impossível determinar se os paralelismos nascem devido a uma leitura direta das fontes medievais ou por causa de uma ciência dos debates medievais gerada pelos estudos de autores Católicos Apostólicos Romanos do século XVI – ou por causa do uso de ambos os conjuntos de fontes. É certamente verdadeiro que Armínio e seus contemporâneos protestantes, considerados como um grupo, citam virtualmente todos os grandes mestres medievais, desde Alexandre de Hales a Gabriel Biel, e que os trabalhos de vários teólogos medievais – Tomás de Estrabursgo, Henry de Ghent, Gregório de Rimini, Durando de Santo Porciano e Tomás Bradwardine, apenas para citar alguns –, juntamente com o léxico teológico razoavelmente bem anotado de Johannes Alteinstag, estava disponível a pensadores protestantes em edições impressas do século XVI. Em qualquer caso, a discussão de Armínio sobre o problema da eternidade do mundo ecoa o debate medieval, assim como as apresentações estendidas do problema nas obras de Suárez.[332]

No que deve permanecer como o exemplo mais destacado do equilíbrio caracteristicamente tomístico entre revelação e razão, no qual a integridade de ambos os meios de conhecimento é mantida, Tomás de Aquino havia defendido que a razão em si, não suportada pelas verdades extraídas da revelação, poderia chegar pela lógica legitimada quer a uma teoria da eternidade do mundo, quer a uma teoria do início do mundo no tempo. A filosofia cristã de Bonaventura, que defendia a validade lógica da doutrina da criação a partir do nada, não poderia, tão longe quanto Tomás de Aquino conseguia ver, provar a irracionalidade ou falsidade lógica da filosofia aristotélica, e em sua própria época a filosofia aver-

---

[332] Suárez, *Disp. metaph.*, XX. v e *De opere sex dierum*, ii; resumido em Mahieu, François Suárez, p. 426-28.

roísta latina, a teoria da eternidade do mundo –, todavia nem poderia a filosofia averroísta latina de Siger de Brabant, que se ativera à teoria da eternidade do mundo, provar a irracionalidade ou falsidade lógica da doutrina cristã da criação a partir do nada. Conforme Aquino defendera, era possível, em face do contraste entre o Ser necessário de Deus e o ser contingente da ordem criada, manter uma criação *ex nihilo* desde a eternidade – enquanto a escolha final de uma teoria teria de ser feita no terreno da mais elevada verdade da revelação, mostrada pela lógica que para não ser irracional, deveria exceder aqueles argumentos contrários ao que tem sido revelado.[333] Ursino parece ter adotado explicitamente essa visão; e Armínio tê-la defendido implicitamente.

A opção averroísta, claramente suficiente, é inaceitável para Armínio. Neste ponto, no entanto, não é feita uma escolha entre os padrões tomístico e o de Bonaventura. Em um nível, Armínio parece reconhecer a aceitabilidade lógica tanto da teoria da eternidade do mundo como a da criação a partir do nada (a solução tomística). Mas, em outro nível, ele certamente assume que a criação *ex nihilo* é a solução correta e não meramente baseada no fundamento de que a revelação oferece uma verdade mais absoluta que a razão, mas sim (seguindo uma visão mais de Bonaventura) sobre o fundamento que a linguagem da criação a partir do nada pode ser reconhecida como ecoadora de uma das *notiones insitae* ou ideias implantadas que existem como instituições fundamentais na mente. Essa abordagem ao problema terá um considerável impacto na doutrina arminiana da criação que, a exemplo de vários *loci de creatione* escolásticos da época, reconhecia que a lógica das provas funcionava como uma declaração do relacionamento do Ser transcendente com a ordem criada tanto quanto como funcionava como uma "prova" efetiva.

Os sete argumentos restantes são uma mistura de linhas racionais, retóricas e teológicas – em que o quinto e o sexto deles assumem e completam as séries lógica ou filosófica ao considerarem, respectivamente, a percepção da perfeição em coisas finitas e da ordem do mundo. E o

---

[333] Vollert, *On the eternity of the world*, p. 50-53, 61, 64-68.

quarto, sétimo, oitavo, nono e décimo cobrindo questões teológicas e retóricas como a existência de uma consciência investida de um senso de certo e errado, a manutenção do bem na ordem política apesar do poder do mal, a existência de milagres inexplicáveis pela causalidade finita e o consentimento universal da humanidade.[334]

Platt certamente está correto ao afirmar que o arranjo dos argumentos de Armínio marca um avanço na discussão anterior protestante. Antes de Armínio, os argumentos haviam sido estabelecidos de um modo bastante desordenado; as tentativas dele são de colocar ordem e coesão aos argumentos, dividindo-os em um grupo com uma série de demonstrações axiomáticas auto evidentes e em outro grupo subsequente de argumentos menos coesivos e que não constituem demonstrações.[335] Platt ainda acerta ao notar a ordem e o arranjo do quinto ao décimo argumentos: dois abordam a ordem natural, o próximo (sétimo), a ordem humana ou política, os dois seguintes, as intervenções sobrenaturais, e o décimo retorna à esfera humana ao observar o consentimento universal.[336] Temos, portanto, dois grupos de três, um lidando com a ordem (argumentos 5-7) e o outro, com as percepções da divindade (8-10).

O ponto em que eu diferiria de Platt é sobre o caráter da segunda série de argumentos: ele determina o argumento da consciência isoladamente como um argumento "prático" único que intervém entre as duas séries. Provavelmente, é mais frutífero aceitar a dicotomia prático/teórico como exaustiva de todas as categorias possíveis: se um meio de conhecimento não é teórico, ele deve ser prático – se ele não é conhecido como uma finalidade ou para o seu próprio bem, é conhecido (ou deveria ser) como direcionado para sua finalidade. Essa visão de prático coincide com a definição geral dada por Armínio em suas discussões sobre teologia e seu objeto e, mais importante, cobre os argumentos teleológicos por ele apresentados em sua segunda série – a perfeição e o arranjo das coisas (quinto argumento), e o seu ordenamento para uma

---

[334] *Disp. priv.*, XVI, viii-xiv; compare *De auctore*, p. 43 (*Works*, I, p. 351-52).

[335] Platt, *Reformed thought*, p. 156-57.

[336] Idem.

finalidade (sexto argumento). Além disso, a partir do quarto argumento todos eles são menos que demonstrativos: trata-se de indicações ou probabilidades e não provas.

Além do mais, se considerarmos seriamente as tendências críticas do pensamento escolástico protestante do final do século XVI – os elementos escotistas presentes nas definições teológicas de Júnio, e as críticas escotistas da prova a partir do movimento como mediado por Suárez no início do século XVII –, talvez possamos chegar ao motivo de Armínio ter rebaixado os argumentos para a existência de Deus que partem da ordem do mundo à categoria dos argumentos práticos. Platt se pergunta a razão de o argumento da causalidade final, a quinta via de Aquino, não ter sido elevado (a) à posição de uma demonstração integral pelo uso de um axioma como "todos os seres naturais atuam com um propósito"[337]. Uma possível resposta a essa questão é que o argumento da causalidade final e, de fato, o da ordem e arranjo do cosmos haviam sido severamente ameaçados pelas críticas nominalísticas. Ockham mostrara que todos esses argumentos pressupõem a existência de Deus, particularmente em suas hipóteses de uma ordem em coisas inanimadas.[338] Armínio mais uma vez pode simplesmente estar seguindo uma tendência mais crítica do pensamento escolástico. A lógica das provas remonta a Tomás de Aquino e ao seu uso, no século XV, por pensadores como Ursino, Daneau e Suárez, embora as dificuldades inerentes em algumas das provas notadas não por Aquino, mas por doutores medievais posteriores como Scotus e Occam, também tivessem seu impacto – não um tão grande a ponto de solapá-las ou gerar um ceticismo nominalista a respeito de suas inutilidades, mas sim suficiente para modificar o formato de alguns dos argumentos.

As categorias filosóficas presentes nas provas de Armínio indicam que sua teologia estava muito em débito com a tradição do Aristotelismo cristão e, especificamente, baseava-se tanto na linguagem da causalidade como na teologia de seus contemporâneos e opositores reformados. Como

---

[337] Idem, p. 157, adotando o axioma de Episcópio, pupilo de Armínio; compare, idem, p. 231.
[338] Compare Copleston, *History*, III, p. 82.

no caso dos teólogos luteranos ortodoxos que também manifestam um profundo envolvimento com a terminologia causal do Aristotelismo, a utilização de Armínio não indica um interesse em uma metafísica determinística. Como ficará claro nas discussões do conhecimento e da vontade divinas, Armínio estava comprometido com a enunciação de uma base teológica orientada à linguagem da liberdade e da contingência que permeiam suas discussões sobre o pecado e a salvação. Finalmente, as dificuldades que confrontam as provas *a posteriori* – especificamente, os problemas com o argumento do movimento, no conceito de *matéria primária*, e na teoria da eternidade do mundo –, também manifestam o estreito relacionamento entre as provas e o sistema doutrinário arminiano pelo fato de que esses problemas retornarão, particularmente na doutrina da criação, como pontos dificultosos com ou sem o modelo reformado.

As provas e seus problemas são integrais ao sistema arminiano. A questão das fontes de Armínio para essas contemplações sobre as provas é atormentadora, embora (por causa da brevidade de suas declarações e da falta de referência a outros pensadores em seus escritos), definitivamente insolúvel. Ele poderia simplesmente ter obedecido os debates ocorridos nas aulas de seus colegas de Leiden sobre a acolhida da metafísica de Suárez, ou poderia ter trabalhado nas *Disputationes metaphysicae* deste autor sobre o ponto, como provavelmente fizera em uma série de outras questões, ou, ainda, poderia ter consolidado uma familiaridade inicial com esse Aristotelismo revivido e com acentos averroísticos durante seu período em Pádua.

Embora as provas de Armínio favoreçam a vários dos pontos críticos levantados contra as cinco vias de Aquino pelos escritores escolásticos posteriores, particularmente a crítica da existência de um primeiro motor, ele resiste à tendência da crítica teológica de colocar Deus além do campo racional e de definir sua transcendência em termos de um poder absoluto insondável ou (*potentia absoluta*).

Há, talvez, pela crítica, alguma perda de clareza (na precisão referente ao vínculo causal entre Deus e os seres humanos) que terá significado em suas discussões subsequentes do conhecimento divino e da vontade, criação e providência. Armínio defenderá a racionalidade e, portanto, a acessibilidade racional da identidade e natureza de Deus em suas obras, a correlação da bondade moral conhecida na ordem das coisas com a bondade moral de Deus. Em outras palavras, em vez de ir na direção da crítica nominalista e fraturar a *analogia entis*, Armínio se empenhará em manter a analogia e a visão intelectualista de Deus e a natureza humana a partir da qual "brota" – para o bem de se manter a bondade de Deus e a responsabilidade moral do homem – apesar do solapamento das provas, e suas ilustrações dos vínculos causais entre o divino e o humano.

Conforme apontado por Burrell acerca das provas tomistas, elas fazem parte de uma tentativa "de articular a distinção entre Deus e o mundo de tal forma a respeitar a realidade de cada um deles" e de articular isso como "uma distinção que aparece, por assim dizer, no mundo como o conhecemos."[339] Não apenas esse insight ilumina a razão para o empenho na época de Armínio sobre as provas e suas implicações sistemáticas, como também ilumina a questão subjacente endereçada pela extremamente especulativa linguagem de Deus que segue imediatamente após a declaração de Armínio das provas. Estas estabelecem a conexão entre Deus e os seres humanos e, portanto, apontam para uma discussão da essência divina e seus atributos que, seguindo essa declaração mais básica de relacionamento deve ser capaz de levar adiante e esclarecer o relacionamento, como comentado por Burrell, de tal forma a "respeitar a realidade de cada um deles". Com isso, as complexidades da linguagem arminiana de Deus, especialmente quando elas se tornam a fundamentação de uma doutrina de Deus distintivamente arminiana ou remonstrante nos escritos de Episcópio e Limborch, são cruciais para o sistema arminiano como um todo, entendido como uma construção filosófica e teológica da realidade. Construção essa nitidamente diferente do pensamento reformado da época em sua visão não somente da predestinação, mas também na de toda a relação de Deus com os seres humanos e, de fato, com a característica da realidade temporal.

---

[339] Burrell, *Knowing the unknowable God*, p. 17.

CAPÍTULO 7

Conhecimento da essência divina

Nem os reformadores iniciais, tampouco seus imediatos sucessores, conseguiram elaborar uma doutrina refinada da essência divina e de seus atributos. Eles estavam satisfeitos em deixar a consideração desses problemas para uma ocasional tarefa exegética de esclarecer o caráter da existência divina (Êx 3.14) ou o significado dos atributos individuais divinos, tais como aqueles exaltados pelos salmistas. Uma exceção honrosa a essa generalização fora Wolfgang Musculus.[340] Os ensinamentos da Reforma, assim, pressupunham, mas raramente explicitavam, os problemas epistemológicos, lógicos e linguísticos inerentes a qualquer discussão estendida da essência divina e dos atributos ou perfeições inerentes de Deus. Quando do reaparecimento da teologia sistemática ou dogmática entre os pensadores reformados da segundas metade do século XVI, e do XVII, a discussão explícita do problema da essência divina e dos atributos também reaparece, baseada nas pesquisas de teólogos ou filósofos que escreveram antes da Reforma.

Os doutores medievais – seguindo os ensinos dos pais da igreja –, haviam reconhecido que todo o conhecimento de Deus é mediado ou indireto. Anselmo afirmara, assim, que as perfeições da existência divina poderiam ser entendidas por meio dos graus de perfeição finita

---

[340] Cf. Musculus, *Loci communes*, caps. 41-55.

encontrados na ordem criada, e que a essência divina em si, em sua forma mais simples possível, não poderia ser entendida como detentora dessas perfeições do mesmo modo como elas estão presentes nas coisas finitas. Cada atributo é idêntico à inteireza da essência divina e pertence à *essencialidade* de Deus.[341] Essas hipóteses da forma indireta como construímos nosso conhecimento de Deus, e da simplicidade divina na condição de governadora de nosso entendimento dos atributos, forneceram uma base para que os mestres escolásticos do século XIII pudessem desdobrar as investigações sobre o problema da essência divina e dos atributos – especificamente da natureza da linguagem de Deus e da maneira apropriada de se identificar, distinguir e prever seus atributos.[342]

Armínio abre sua discussão da essência divina com a afirmação, já implícita em seu reconhecimento de que a teologia não é um discurso sobre Deus em si, mas sim uma concepção de Deus e de suas particularidades, de que não é possível conhecermos propriamente sua essência, a não ser "com base na analogia da natureza inserida nas coisas criadas" e por meio da "excelência de acordo com a qual Deus é entendido de modo a exceder infinitamente as perfeições das coisas criadas".[343] Essa abordagem, embora derivada da preferência tomista pela *via negativa*, certamente espelha a lógica das provas e o conceito tomista da *analogia entis*, e está igualmente em consonância com as pesquisas do período medieval sobre o problema da linguagem de Deus a partir de Anselmo em diante. A combinação de princípios potencialmente tomistas com uma confiança epistemológica e metafísica no princípio da analogia e na capacidade de discernir o caráter do divino de seus efeitos pode refletir a leitura de Armínio das obras de Aquino, mas também estava prontamente disponível para ele na influente metafísica de Suárez.[344]

---

[341] Cf. *Monologion*, 17 com Schwane, *Histoire des dogmes*, IV, p. 174, 184-85.

[342] Veja a discussão estendida em Schwane, *Histoire des dogmes*, IV, p. 194-207.

[343] *Disp. priv.*, XV. ii: "Naturam Dei cum in ipsa cognoscere non possimus ex analogia nature quae in rebus creatis... addito semper analogiae illi modo eminintiae secundum quem Deus intelligitur perfectiones rerum creatarum infinite excedere."

[344] Suárez, *Disp.*, XXIX. 1.

Armínio justifica sua consideração por uma analogia com relação a Deus, iniciando com o problema fundamental de ter de atribuir a ele uma "natureza", recorrendo tanto às Escrituras como ao "consenso de todos os homens sábios e nações". Ele cita como evidências específicas de sua tese, Gálatas 4.8 ("Outrora, porém, não conhecendo a Deus, servíeis a deuses que, por natureza, não o são"), 2Pedro 1.4 ("pelas quais nos têm sido doadas as suas preciosas e mui grandes promessas, para que por elas vos torneis coparticipantes da natureza divina, livrando-vos da corrupção das paixões que há no mundo"), a *Política*, de Aristóteles, e *Sobre a natureza de Deus,* de Cícero. A sua justificação do ponto, portanto, se baseia tanto na revelação como na filosofia.³⁴⁵ Na teologia arminiana, assim como na de seu predecessor Jerome Zanqui, escolástico, tomista, protestante e reformado, o termo *natura Dei* indica a essência ou qualidade de Deus como distinta do "quem", a identidade triuna e pessoal de Deus³⁴⁶, assumindo o lugar do termo *essentia Dei* no padrão tomístico original de discutir primeiramente a essência divina e suas operações para depois discutir a doutrina da Trindade.³⁴⁷ O termo *natura*, em resumo, é usado como um sinônimo de *essentia*. Antes de Armínio, Júnio havia dividido sua doutrina de Deus na discussão da *essentia Dei* e da Trindade: após, a *Synopsis* de Leiden levaria adiante uma preferência pela nomenclatura *de natura Dei*.³⁴⁸

A revelação e a razão atestam que a natureza divina não é conhecida do modo como conhecemos outros tipos de natureza. Em um

---

³⁴⁵ *Disp. pub.*, IV. 1: "Naturam Deo recte tribui, tum ipsa rerum Natura & Scriptura Dei, tum sapientum populorumque consensus testatur." As citações são colocadas marginalmente. A referência a Aristóteles indica "*De rep.* 1.7 c. 1", mas na falta de uma obra dele com este título, trata-se muito provavelmente de uma citação de a *Política,* VII. 1 (1323b, 23-25): "Deus é uma testemunha para nós dessa verdade, pois ele é contente bendito, não por causa de algum bem externo, mas sim internamente e por motivo de sua própria natureza."

³⁴⁶ *Disp. priv.*, XV. 1; Compare. Zanqui, *De natura Dei*, I. 1. Zanqui, entretanto, parece ter invertido a ordem básica e colocado a Trindade primeiro.

³⁴⁷ Compare Aquino, *Summa*, Ia, q. 2, prol. com q. 27, prol.

³⁴⁸ Compare Júnio, *Theses theologicae* (Leiden), VIII com *Synopsis purioris*, VI.

argumento que põe de lado a prova ontológica da existência de Deus (que fora omitida sem menção à discussão de Armínio das provas), Armínio nega a possibilidade de qualquer conhecimento prévio de Deus. Ele não pode ser conhecido *a priori*, pois a natureza divina "é a primeira de todas as coisas, e esteve isolada por eras infinitas antes de todas as coisas."[349] Como fora indicado anteriormente nas definições e limitações da teologia humana, Armínio reafirma agora o problema da separação entre o autoconhecimento divino e o conhecimento humano de Deus. A natureza divina é adequadamente conhecida somente por Deus, e Deus por ela, pois ambos são os mesmos.[350] Nosso conhecimento de Deus nasce por derivação. Nós participamos de sua existência e bondade pelo fato de que nossa existência e nosso "bem-estar" são dons divinos e somos derivados dele por "uma emanação externa"[351]. Devido à nossa finitude, no entanto, essa emanação ou derivação de existências somente pode gerar uma "ligeira medida" do conhecimento, em uma "escala infinitamente menor da que está em si".[352] (Essa linguagem da "emanação" ou da "emanação do ser" é característica da Escolástica medieval e especificamente trata-se de uma acomodação tomista da linguagem da filosofia clássica à teologia cristã. A doutrina cristã da criação assume a distinção ontológica entre Deus e o mundo: o ser de Deus é eterno e necessário, enquanto o do mundo tem um início e é contingente. Essa distinção pressionava teólogos medievais como Tomás de Aquino a adaptarem a linguagem clássica da emanação de modo que ela não mais implicasse uma auto divisão do Ser definitivo que resultasse em uma

---

[349] *Disp. pub.*, IV. ii.
[350] Idem: "a Deo solo adaequate cognoscitur, & per ipsam Deus; quia idem Deus quod illa."
[351] *Disp. priv.*, XV. vii: "dicimus essentiam Dei unam esse, & Deum unum secundum illam, & propterea bonum, imo summum bonnum; ex cuiús participatione omnia tum quod sint, tum quod bonna sint, habeant"; cf. *Disp. pub.*, IV. ii: "A nobis cognoscitur quadantenu, sed infinite inferius eo quod ipsa est: quia nos ab illa per enanationem externam." A abordagem de Armínio, especificamente sua ênfase na participação em Deus, é reminiscente de Aquino: veja a seguir o cap. 8.
[352] *Disp. pub.*, IV. ii.

ordem secundária de seres finitos; mas, contrariamente, implicava a divisão do poder ou da capacidade para ser.³⁵³ Armínio havia claramente se baseado nessa linguagem e criado a sua própria. Isso aparecerá em suas discussões da bondade e do poder criativo de Deus.

Ecoando mais uma vez o paradigma escolástico do entendimento dos vários tipos de teologia e dos vários modos de comunicação do conhecimento divino, Armínio reconhece dois meios básicos por meio dos quais a natureza divina pode ser conhecida (garatindo, ainda, o problema da finitude): "imediatamente (*immediata*) pela clara visão (*visionem claram*) de como ela é", e "mediatamente (*mediata*) pelas imagens analógicas e sinais".³⁵⁴ Como nos argumentos similares apresentados no prolegômenos de Armínio sobre teologia, o argumento aqui se posiciona em um direto e positivo relacionamento com os esforços fundamentais de seu predecessor em Leiden, Júnio, e, portanto, em uma concordância bastante estreita com o desenvolvimento da tradição da ortodoxia reformada.³⁵⁵ O conhecimento imediato de Deus é identificado pelas Escrituras como a visão "face-a-face" que temos dele, e que é possível somente aos bem-aventurados no paraíso.³⁵⁶ Para os crentes na terra, e, portanto, para a teologia cristã conforme debatida e discutida por eles, somente é possível um conhecimento mediado ou mediato.

O conhecimento mediado ou mediato de Deus se dá por analogia, pois ele apresenta apenas um aspecto do divino – uma imagem ou sinal da natureza de Deus –, graças às várias instrumentalidades da ordem finita. Essas instrumentalidades não apenas possibilitam nosso conhecimento de Deus; elas também determinam e identificam os tipos de conhecimento revelado que possuímos. Esse conhecimento de

---

[353] Compare Aquino, *Summa*, Ia, q. 45, art. 1.

[354] *Disp. pub.*, IV. iii: "Cognoscitur autem a nobis vel immediate per visionem claram ejus, sicuti est: haec facie ad faciem dicitur, & beatorum propria est in coelis: vel mediate per imagines analógicas & signa, quase sunt tum actiones Dei externae & opera illis, turn verbum ipsius."

[355] Compare Júnio, *De vera theologiae*, V; e *PRRD*, I, p. 134-35, 156-59.

[356] *Disp. pub.*, IV. iii.

Deus, então, nasce "de seus atos externos e suas obras através deles (Sl 19 1.8; Rm 1.20)" e a partir de "sua palavra (Rm 10.14-17) que, na parte em que propõem Cristo, 'que é a imagem do Deus invisível'... oferece um acréscimo tão grande ao nosso conhecimento que '...todos nós, com o rosto desvendado, contemplando, como por espelho, a glória do Senhor, somos transformados, de glória em glória...' (2Co 3.18, também Cl 1.15)".[357] Constatamos, nesses versículos, uma reflexão tanto sobre a famosa linguagem de Calvino e de outros escritores reformados a respeito do *duplex cognitio Dei*, ou do duplo conhecimento de Deus, e da linguagem da ortodoxia protestante após Júnio de "nossa teologia" como uma teologia ectípica ou refletida dos peregrinos. Armínio, de fato, especificamente identifica essa teologia redentora que contempla a glória divina como "por um espelho" –, em um enigma ou "sombriamente" – como a teologia dos *viatores* peregrinos.[358] Sua ênfase continuada no conceito de *analogia entis*, no entanto, aponta para longe da abordagem potencialmente escotista ou nominalista de Calvino e de Júnio na direção do modelo tomista.

Armínio, então, entende o conhecimento de Deus não meramente como natural ou sobrenatural, mas também e primariamente como um *duplex cognitio* referente a Deus como o Criador e o Redentor. Essas duas formas de revelação são, além do mais, conhecidas de acordo com um finito, penúltimo e temporário modo de conhecimento, uma teologia peregrina. Essas reflexões sobre a forma e natureza de nosso conhecimento de Deus apontam, por sua vez, para uma profunda dificuldade encontrada por todas as formulações da doutrina de Deus. Nem pela revelação de Deus em suas obras de criação, tampouco pela sua especial revelação redentora em Cristo, conhecemos Deus como ele efetivamente é. Em todos os casos, o conhecemos de forma indireta, mediata e num

---

[357] Idem.

[358] Idem.; compare Calvino, *Inst.*, I. ii. 1 para o "*duplex cognitio Dei*" e note Muller, "*Duplex cognitio Dei*" in *The theology of early reformed orthodoxy*", p. 54-60. Sobre a *theologia viatorum,* veja *PRRD*, I, p. 124, 126-28, 153-66.

certo sentido inapropriadamente, visto que esse tipo de conhecimento é incapaz de apresentar seu objeto divino como se ele fosse definitivamente capaz de ser conhecido. A perfeição e a supremacia divinas não podem ser apropriadamente expressas numa linguagem imperfeita e menos que definitiva.

Com base na perfeição transcendental de Deus como o primeiro e principal Ser, Armínio consequentemente, infere que os atributos não podem ser conferidos a Deus do mesmo modo que o são para as coisas criadas. "Não podem ser adicionados atributos à essência de Deus, quer se distingam racional ou realmente, no formato de uma construção mental pura".[359] Em outras palavras, os padrões de distinção entre essência e atributos, substância e acidentes, não se aplicam a Deus. A identificação básica de Armínio dos três tipos de distinção, juntamente à sua passagem praticamente imediata em sua próxima proposição, para o conceito de simplicidade divina, reflete o problema da concessão de atributos notado pela primeira vez no século XIII por Alexander de Hales, Tomás de Aquino e Henry de Ghent.[360] Essa reflexão, como as demais reflexões da teologia escolástica medieval que encontramos nas concepções de Armínio, no que é de meu conhecimento, jamais foram notadas pelos estudiosos que lidam ou lidaram com esse tema. No entanto, não deveria constituir surpresa se um professor protestante engajado na atividade de construção básica de sistemas teológicos encontrasse os mesmos problemas que os doutores escolásticos do século XIII que, pela primeira vez na história do mundo ocidental, tivessem feito uma distinção entre a interpretação da Bíblia Sagrada e a elaboração de um sistema teológico sob a luz das exigências de um discurso rigorosamente lógico e racional.

Na primeira década do século XVII, quando Armínio lecionava sobre os atributos divinos, a ortodoxia protestante ainda estava em seu período de formação, e nem os ortodoxos reformados ou os luteranos tinham decidido sobre um padrão específico da exposição. Alguns dos

---

[359] *Disp. priv.*, XV. vi.; "vel revel ratione & puro mentis conceptu."
[360] Compare Schwane, *Histoire des dogmes*, IV, p. 194-99.

primeiros ortodoxos reformados, como Polanus, defendiam a distinção entre atributos comunicáveis e incomunicáveis que se tornaria, depois, ao longo do século XVII, o padrão dos dogmas da Reforma.[361] Mesmo assim, os luteranos já se moviam para uma abordagem dos atributos divinos por meio da negação (*via negationis*), da eminência (*via eminentiae*) e da causalidade (*via causalitatis*) que, em última instância, se tornaria característica da teologia escolástica luterana.[362] Mas, em qualquer um dos lados, a maioria dos pensadores ainda estava tateando na questão da predicação,[363] que ocupara a mente dos escolásticos entre os séculos XIII e XIV, e, ao dar uma resposta a essa questão primária, obtivera o estabelecimento de um padrão adequado para a organização do *locus* doutrinal sobre os atributos divinos. Armínio, assim, teve poucos antecessores na teologia protestante para a sua exposição dos atributos divinos e, de fato, pertence à geração dos teólogos protestantes na qual esse trabalho básico de exposição e padronização da discussão tivera de ser feito.

Os reformadores tendiam a não discutir os atributos divinos com prolixidade, e os que assim fizeram, como Musculus, Hyperious e, num menor grau, Bullinger, não lidaram com os problemas mais filosóficos e lógicos da predicação e organização do *locus*. Até Ursino, cujo *Loci theologici* havia avançado bastante na conceituação de um método totalmente escolástico, se limita a enumerar os atributos.[364] Zanqui também, apesar de sua larga instrução em teologia escolástica, não tenta uma organização coesiva ou uma padronização dedutiva dos atributos.[365]

Assim, a abordagem de Armínio aos atributos por meio da afirmação e causalidade, negação e supereminência não se baseia nos escritos

---

[361] Compare *RD*, p. 60-62.

[362] Compare *DTEL*, p. 117-18, 122-24 com Chemnitz, *Loci theologici*, locus de Deo in genere, cap. 3 (1653, p. 27)

[363] Predicação aqui nesse contexto tem o sentido de concessão de atributos e/ou qualidades a uma coisa ou ser (N. E.)

[364] Ursino, *Loci theologici*, cols. 471-88.

[365] Zanqui, *De natura Dei*, em *Opera*, II.

dos reformadores. Ela, no entanto, olha diretamente a apresentação do problema dos atributos feita por seu predecessor em Leiden, Francisco Júnio, que escolhera um padrão que iniciava com a negação da imperfeição das criaturas, estimulado por um argumento analógico residente na *imago Dei* e, depois, em um reconhecimento ao fato de que Deus é, ao mesmo tempo, diferente da ordem finita e eminentemente mais nobre que suas criaturas; para uma linguagem de supereminência (*supereminentia*) divina. Nessa última discussão, Júnio tentava chegar a um consenso, do ponto de vista linguístico, com a quebra final de analogia entre a perfeição absoluta de Deus e a limitada perfeição das criaturas.[366]

Nesse ponto, ele pode ter se baseado nos modelos escotistas. Assim como sua definição da *ectypal theologia nostra* fundamentada no padrão divino apresenta uma certa similaridade com a distinção escotista entre uma *theologia in se* divina incognoscível e a "nossa teologia" em sua finitude e limitação. Esse senso de dificuldade imposto pela linguagem de analogias e a tendência de uma categorização dos atributos por meio da casualidade, negação e supereminência reflete também uma utilização escotista.[367] De fato, o modo pelo qual Júnio e Armínio, depois deste, empregam esse modelo manifesta uma consistente preocupação sobre as limitações desse tipo de linguagem e uma ênfase igualmente consistente na transcendência da essência divina.

Armínio também se mostra muito ciente das várias perspectivas assumidas por seus contemporâneos nas tentativas de desenvolvimento da linguagem dos atributos divinos. De um lado, ele parece se referir obliquamente à distinção entre atributos comunicáveis e incomunicáveis pelo fato de explicitamente observar que não há atributos comunicáveis. Por outro, ele, talvez penosamente, está ciente da gravitação da ortodoxia luterana para o paradigma da *via eminentiae, via negativa* e *via causalitatis*. Os luteranos tinham rejeitado a linguagem reformada dos atributos comunicáveis e incomunicáveis sob o fundamento de que ela

---

[366] Júnio, *Theses theologicae*, VIII. ii, 18, 27, 41.
[367] Compare Minges, II, p. 44-45 com Raymond, "Duns Scot", col. 1875.

era deficiente do ponto de vista cristológico. Na Cristologia luterana, nenhum atributo divino poderia ser entendido como incapaz comunicação desde a pessoa divina de Cristo até sua natureza humana.[368]

Armínio, no entanto, não aceita o argumento cristológico subjacente ao modelo luterano, como é evidente tanto de sua Cristologia[369] como em seu comentário de que "esses modos de supereminência (*modi supereminentiae*) nem sempre são comunicáveis, simplesmente pelo motivo de suas naturezas – ou seja, por eles serem supereminentes." A supereminência dos atributos divinos de fato pressiona-os além das fronteiras normais da analogia. Eles são, além disso, "próprios de Deus como sua essência", e não poderiam ser transmitidos sem uma completa comunicação da própria essência divina; e, certamente, isso é impossível. Falar de tal comunicação é "destruir toda a essência divina, após despojá-la de seus modos peculiares."[370] Armínio plenamente reconhece as implicações de seu argumento para o debate com os luteranos pelo fato de concluir sua tese com o comentário, "Portanto, Cristo, de acordo com sua humanidade, não está em todos os lugares."[371] Neste ponto, ele se posiciona numa forte concordância com a Cristologia reformada.[372]

Seu argumento, entretanto, é um pouco diferente dos argumentos propostos pelos poucos reformados que também rejeitavam a distinção de atributos nas categorias de comunicáveis e incomunicáveis. Alting, por exemplo, rejeitava a distinção por razões virtualmente opostas às de Armínio. Alguns atributos comunicáveis claramente têm analogias com os seres humanos, enquanto outros são conhecidos por seus efeitos na ordem criada, mas a ideia de propriedades incomunicáveis é,

---

[368] Compare *DTEL*, p. 315, 330-34 com Preus, *Theology of post-reformation lutheranism*, I, p. 168-69, e note *RD*, p. 60-62.

[369] *Disp. priv.*, XXXXIV. vi: a *communicatio idiomata*, ou comunhão de qualidades próprias na pessoa de Cristo, não era real (*realis*), embora algumas coisas próprias à verdade dessa união indicassem a conjunção de ambas as coisas.

[370] *Disp. priv.*, XV, x.

[371] *Disp. pub.*, IV. xix.

[372] Compare Mastricht, como citado em *RD*, p. 62.

comenta Alting, obscura e ambígua. A implicação de seu argumento é que todos os atributos sejam conhecidos por alguma analogia –, e dizer efetivamente que alguns deles não sigam analogias é tornar a discussão impossível. Com isso, seria preferível uma divisão entre atributos positivos e negativos.[373]

Em vez de atributos predicados a Deus como se eles fossem acidentes de certa forma distinguíveis de sua substância ou essência, Armínio preconiza que essa predicação somente é possível em um modo supereminente (*modus supereminentiae*),

de acordo com o qual isto é entendido com relação a compreensão em si e que excede todas as perfeições de todas a coisas, o que pode ser explicado na frase: em que a essência não tem um início e nem uma causa (*anarchos kai anaitios*). Daí, segue-se que essa [essência] é simples e infinita; a partir disso, que é eterna e imensurável e, finalmente, invariável, impassível e incorruptível.[374]

A linguagem de Armínio parece novamente refletir a de Tomás de Aquino.[375] Uma vez que nenhum termo ou acidente pode ser diretamente propriedade de Deus, mas somente assumido como sendo algo dito dele por causa da analogia entre o bom Criador e tudo que é bom na ordem criada, Armínio sustenta uma indireta predicação analógica, por meio da eminência. Na realidade, tudo o que Armínio imputa diretamente da essência divina é um modo ou maneira de ser supereminente – e, a partir dessa hipótese da supereminência do ser divino, consegue inferir a supereminência de Deus em todas as perfeições.

---

[373] Alting, *Methodus theologiae*, III (em *Opera*, V, p. 76, col. 2).

[374] *Disp. priv.*, XV. vi-vii.: "Essentiae Dei nullum attributum vel re vel ratione et puro mentis conceptu ab illa distinctum, addi potest, sed tantum modus supereminentiaes , secundum quem omnes omnium rerum perfectiones in se complecti et excedere intelligenitur tribui potest; qui uno verbo exprimi potest, quod essentia sit anarchos kai anaitios. (vii) Unde sequitur illam, esse simplicem et infinitam; inde seternam et imensam: denique immutabilem, impatibilem, incorruptibilem."

[375] Compare Aquino, *SCG*, I. 30. 2: "Quia enim omnem perfectionem creaturae est in Deo invenire sed per alium modum eminentiorrum... Quae vero huiusmodi perfectiones exprimunt cum supereminentiae modo quo Deo conveniunt, de solo Deo dicuntur."

Enquanto as *Disputationes privatae* apenas esboçam o problema da predicação e discutem somente os da *via eminentiae*, as *Disputationes publicae* abordam muito mais esse problema e inclusive desenvolvem um completo paradigma com as *vias eminentiae, negationis* e *causalitatis*. Também fica claro, neste ponto, que as duas séries de *disputationes* estão inter-relacionadas, e que as *Disputationes privatae* é a última série escrita com referência específica à primeira, *Disputationes publicae*, e com a intenção de evitar uma duplicação excessiva de argumentos.[376]

O conhecimento mediado, ou por analogia, de Deus, fundamentado tanto em suas obras na natureza como na revelação oferecida nas Escrituras, segue dois padrões básicos segundo Armínio: o modo de afirmação ou causalidade e o modo de negação ou remoção. Em uma de suas poucas citações diretas a autores medievais, ele nota que Tomás de Aquino definira o modo afirmativo do conhecimento de Deus como "o da causalidade" pelo qual "as simples perfeições existentes nas criaturas são produções de Deus e atribuídas por analogia a Deus segundo uma certa similaridade."[377] Esse padrão afirmativo ou causal, além do mais, passa lógica e diretamente ao *modus supereminentiae*. Como nenhum efeito pode superar sua causa e, no caso de Deus, a primeira causa, nem pode até mesmo fazer uma distante aproximação, as perfeições que lhe são predicadas casualmente devem ser entendidas como "infinitamente mais perfeitas em Deus" que nas criaturas.[378]

A supereminência das perfeições divinas se baseia diretamente também na lógica do segundo modo básico de entendimento dos atri-

---

[376] Compare *Disp. priv.*, XV. vii, em que Armínio observa, no final de sua tese, que a essência divina é eterna etc., "na forma com que ela fora provada por nós em nossas teses públicas sobre essa matéria – demonstrando o ponto de Bangs referente à última data das *Disputationes privatae* (1603ff., mais do que o 1598ff, suposto por Nichols): veja *Works* (1986), I, p. xviii, 131 e II, p. 318.

[377] *Disp. pub.*, IV. iv. Aquino também é citado com mais frequência na *Conference with Junius* – como o autor de uma das melhores opções de formulação da doutrina da predestinação: cf. *Amica collatio*, p. 553, 570, 573, 575, 582, 585, 609 (*Works*, III, p. 152, 176-77, 181, 184, 195, 199, 234).

[378] *Disp. pub.*, IV. iv.

butos divinos, o *via negationis*. Esse modo negativo entende os atributos divinos como se eles derivassem da remoção ou negação de "todas as perfeições e/ou imperfeições pertinentes às criaturas, como se tivessem sido geradas do nada" a partir do conceito de Deus. No caso da remoção de aspectos finitos ou relativos a partir das perfeições relativas ou "circunscritas" das criaturas, o modo negativo é seguramente uma forma de argumento a partir da supereminência.[379] Armínio, assim, ecoa o padrão triplo de predicação apoiado pela ortodoxia luterana, ainda que ela o reduza aos dois principais padrões argumentativos, com a lógica da eminência ou da supereminência, no pano de fundo da lógica e problemática subjacentes a todas as discussões sobre os atributos divinos.

Subjacente a esse problema da predicação há o problema da simplicidade divina. Começando com Alberto, o Grande, os escolásticos haviam reconhecido que a supereminência ou realidade última de Deus poderia somente ser apropriadamente reconhecida em teologia se o Ser divino fosse concebido como anterior a todas as coisas não meramente nos campos físico e temporal, mas também nos lógico e metafísico.[380] Se Deus fosse imaginado como uma soma de atributos, na forma de um ser logicamente composto, então esses atributos ou *ideias* seriam mais propriamente uma realidade última do que ele, e esses conceitos, como a ideia de Deus ou de Verdade, se posicionariam acima e sobre, contra Deus, e controlariam a vontade divina além de limitar a sua liberdade. De modo a evitar essa dificuldade, os escolásticos inferiram da preeminência divina o conceito da simplicidade divina, a liberdade de Deus de toda a composição.[381]

Essa solução, no entanto, traz em seu bojo suas próprias dificuldades. A preservação da unidade e da realidade última divinas pelo recurso ao conceito de uma simplicidade essencial levara a uma maior preocupação com o problema da predicação. Conforme observado pe-

---

[379] Idem.
[380] Schwane, *Histoire des Dogmes*, IV, p. 194.
[381] Idem.

los mestres nominalistas dos últimos períodos da Idade Média, uma simplicidade total descartava a existência de atributos em Deus. Na realidade, Occam alardeou exageradamente contra o uso da *attributa Dei* e a favor da *nomina Dei* com base em que quaisquer termos aplicados a Deus são conceitos ou termos humanos e não distinções de qualquer espécie na essência divina.[382] Armínio encontrará essas questões assim que migrar para as discussões dos padrões de identificação e predicação dos atributos e da natureza divina em sua essência, bem como na análise e enumeração desses atributos particulares.[383]

---

[382] Occam, *Quodlibet* III, q. 11, citado em Vignaux, "Nominalisme", *DTC* 11/1, cols. 757-58.
[383] Compare *Disp. pub.*, IV. xi com *Disp. priv.*, XV. vii.

CAPÍTULO 8

A *natureza e os atributos de Deus*

A discussão de Armínio da natureza e dos atributos de Deus é uma tipologia elaborada dos atributos divinos construída sobre a discussão básica da predicação e identificação, e um ensaio teológico unificado que desenvolve a premissa prática, ou resolutiva, de todo o seu sistema. Em primeiro lugar, a linguagem da negação propicia um canal para a discussão dos atributos essenciais, enquanto a linguagem da afirmação e da preeminência causal implica a vida divina e suas perfeições. Armínio propõe, portanto, uma divisão inicial de seu *locus de natura Dei* em categorias de *essentia* e *vita*. Sob a *essentia*, ele discute a simplicidade e a infinidade; sob a *vita*, o entendimento e a vontade. A simplicidade e a infinidade implicam, logicamente, a eternidade, imensidão, onipresença, impassibilidade, imutabilidade e incorruptibilidade. O entendimento (*intellectus*) implica o conhecimento (*scientia*) e, por extensão, a sabedoria (*sapientia*) e conduzirá todos os atributos afetivos e relacionais, como bondade, amor, misericórdia etc. Suas *disputationes* não contêm nenhum dos diagramas encontrados com frequência nos sistemas teológicos dos séculos XVI e XVII, mas a estrutura de sua apresentação certamente espelha o método agrícola e ramista da bifurcação lógica e poderia ser facilmente representada nesse formato de diagrama.

Em segundo lugar, a doutrina de Deus de Armínio é ajustada com uma consistente ênfase no relacionamento de Deus com as coisas *ad extra*, sob as categorias de entendimento e vontade – com um específico foco em Deus como *summum bonum* e a causa final de todas as coisas. Assim, ele apresenta sua doutrina de Deus de um modo realmente baseado em princípios, como o fundamento e uma reflexão de toda sua teologia. Afinal, seus contemporâneos protestantes haviam identificado dois *principia* ou fundamentos de seu sistema teológico: Escrituras, o fundamento ou princípio cognitivo (*principium cognoscendi*) e Deus, o fundamento essencial (*principium essendi*).[384] O Ser divino, em seu conhecimento e desejo, deve ser o modelo para todos os seres finitos: se há bondade na ordem criada, isso ocorre por derivação da, e participação na, bondade divina; se há liberdade, pecado e salvação na ordem criada, também deve o divino, conhecer e querer fornecer alguma explicação final para a possibilidade, existência e ordem dessas coisas. Aqui, e novamente na doutrina da criação, vamos encontrar os princípios fundamentais para o afastamento de Armínio das teologias reformadas da época.

A regra básica de que a discussão dos atributos divinos prossegue por analogia e com o reconhecimento da preeminência divina proporciona a Armínio esse ponto de entrada em sua doutrina da natureza de Deus.[385] Sob um ponto de vista procedimental e estrutural, sua ênfase na preeminência ou *via eminentiae* leva-o a um uso positivo da analogia e a uma ênfase na lógica afirmativa ou causal das "cinco vias" tomistas. Há, em outras palavras, uma relação substantiva e orgânica entre as provas de Armínio sobre a existência de Deus e sua doutrina da natureza divina. Essa abordagem é consistentemente mais racionalista do que a observada nos sistemas teológicos de seus contemporâneos luteranos e reformados. A inicialização na doutrina da natureza divina por intermédio da eminência, afirmação e causalidade leva-o a buscar não meramente analogias da natureza finita, mas também analogias das formas mais expressamente reconhecíveis da natureza finita. Além das analogias geralmente extraídas da natureza,

---

[384] Cf. *PRRD*, I, p. 295-304.
[385] Cf. *Disp. priv.*, XV. ii; *Disp. pub.*, IV. v-vi.

ele aponta, portanto, para as extraídas especificamente do homem, que é "criado à imagem de Deus".

Além das analogias geralmente derivadas da natureza, Armínio aponta, portanto, para aquelas derivadas especificamente do homem que é "criado à imagem de Deus". A partir da analogia geral da natureza e da analogia específica do homem, ele conclui que a existência (*esse*) e a vida (*vita*) devem ser as duas categorias fundamentais pertencentes à discussão da essência (*essentia)* de Deus. Alguns teólogos defendem que as categorias básicas são ser, vida, sentimento e entendimento, mas que esses dois últimos são mais bem concebidos como aspectos da vida – assim, o ser e a vida continuam a ser as duas categorias fundamentais ou, como Armínio as denomina, "momentos" (*momenta*) ou "substancialidades" (*substantialita*) da natureza divina.[386] Assim Armínio pode dizer em sua estrutura inicial da doutrina de Deus que a "essência de Deus é o primeiro momento da natureza divina, através do qual Deus é pura e simplesmente entendido como existindo (*esse*)... a vida é aquilo que está sob nossa consideração, no segundo momento da natureza divina".[387]

Ser é o momento ou fundamento substancial constituinte "da perfeição de todas as coisas criadas", enquanto a vida é o momento ou fundamento substancial constituinte da perfeição somente das criaturas mais elevadas.[388]

Os termos utilizados por Armínio, *momentum* e *substantialia*, que geram "momento" e "substancialidades", são um pouco obscuros e de difícil entendimento. A tradução de Nichol de *momentum*, como "causa

---

[386] *Disp. priv.*, XV. iii; *Disp. pub.*, IV. v.

[387] *Disp. priv.*, XV. iv: Essentiam Dei primum naturae divinae momentum esse dicimus, quo Deus pure & simpliciter esse intelligitur" e XVI. i: "Vitam, quae in secundo momento naturae divina consideranda venit"; cf. *Disp. pub.*, IV. vii, xxv.

[388] *Disp. pub.*, IV. v: "Porro in tota rerum Natura & Scriptura duo tantum reperiuntur substantialia, quibus omnis rerum perfectio continetur: Essentia & Vita; illa omnium creaturarum existentium, haec non nullarum tantum & perfectissimarum."

de movimento"[389] ou "impulso"[390] simplesmente não se sustenta. O próprio Armínio nos informa que, de acordo com a tradição aristotélica e escolástica, não há ainda alteração ou movimento em Deus – nem mesmo nas operações intrínsecas da essência divina.[391] Além disso, ele usa o termo *momentum* não apenas em seu sentido essencial, fundamental ou substancial, como uma referência ao Ser e à vida de Deus, mas também em sua discussão das afeições divinas como pertencentes ao *momentum* volitivo da natureza divina, isto é, da vontade divina.[392] Armínio não segue a utilização clássica, em que *momentum* indica movimento –; provavelmente ele segue a utilização posterior conforme notado no *Lexicon theologicum* de Altenstaig (1619), em que *momentum* indica um instante, um ponto de imperceptível duração. Sua intenção é seguramente indicar um instante irredutível e, em certo sentido, um apoio ou base, antes de todos os atos internos da natureza divina, para ambos os conjuntos de atributos, essenciais ou negativos, e os positivos ou operações da vida divina.[393]

Essa conclusão deriva de sua utilização de *substantialia*. Caso ele houvesse optado por "substância", como interpretado por Nichols, poderia ter usado *substantia*, mas é bastante claro que substância é um termo que se refere à essência (*essentia*) como um todo, quando esta é identificada em uma existência real.[394] Dada que essa é a utilização teológica normal de *substantia,* fica muito claro que "existência" ou "essência" não podem ser uma substância, e a vida, outra; certamente não em Deus, que justamente é definido na condição de uma essência ou substância única. Antes, Armínio espera identificar na natureza ou

---

[389] *Disp. pub.*, IV. v, vi, em *Works,* II, p. 113-14 e veja o final, p. 113.

[390] *Disp. priv.*, XV. iii, XVI. i., em *Works,* II, p. 338-39.

[391] *Disp. pub.*, IV. xviii.

[392] *Disp. pub.*, IV. lxiv.

[393] Cf. seu uso de *momentum* como um "instante", em *Examen modestum*, p. 732-33 (*Works,* III, p. 416, 418) e *Disp. priv.*, XX. v.

[394] Cf. Altenstaig, *Lexicon theologicum*, s. v. "*substantia*" (p. 879, 80).

substância de Deus dois aspectos das categorias substanciais em que os dois conjuntos básicos – negativo e positivo – dos atributos divinos estão fundamentados.

Ser e vida, portanto, fornecem os limites para a consideração humana da natureza divina. A mente, defende Armínio, é incapaz de ascender além de seu status de criatura até a compreensão de alguma substância ou outro fundamento substancial que essas duas perfeições (ser e vida) constituintes da ordem criada. Ela "é em si circunscrita pelos limites da natureza criada, da qual é uma *parte*; e, portanto, incapaz de passar além do círculo do *todo*."[395] Em outras palavras, conforme assumido por Aquino, todo o conhecimento é a posteriori da experiência do mundo: os dois "momentos" fundamentais da natureza divina, o ser e a vida, são conhecidos por analogia com a ordem criada, assim como todas as outras perfeições de Deus. Eles são as categorias fundamentais de nossa linguagem divina, pois são reconhecidas, por analogia, a partir das categorias fundamentais de nossa linguagem sobre o mundo. "Na natureza integral das coisas e nas próprias Escrituras, são encontrados apenas dois fundamentos substanciais (*substantialia*) em que a perfeição de todas as coisas está contida: essência (*essentia*) e vida (*vita*)."[396]

Essa linguagem dos "dois momentos" de uma dada natureza, bastante estranha ao leitor moderno e bastante estranha às declarações basicamente bíblicas e exegéticas da doutrina de Deus encontrada nos trabalhos dos primeiros reformadores, é completamente inteligível no contexto escolástico. Armínio está fazendo uma distinção que é mais tipicamente definida nos termos *actus primus* e *actus secundus*, realidade primária e secundária. Quando uma coisa está em sua realidade primária (*in actu primo*), está em sua real existência, de posse de todas suas faculdades, mas não ativa ou operacional nelas. A mente, quando não está engajada no pensamento, mas sendo capaz de pensar, está em *actu primo* – mas, quando a atividade de pensar se inicia, ela passa para

---

[395] *Disp. pub.*, IV. v.
[396] Idem.

sua realidade operacional ou secundária, o *actus secundus*. Em Deus, é claro, a distinção entre realidade primária e secundária é uma distinção puramente racional, concebida com a finalidade de esclarecer a discussão sobre a essência divina: o *actus primus* é uma condição de potência, de poder latente, porém não utilizado, na operação; o *actus secundus* é uma condição de plena realidade –, mas, é claro, não há potência e sim somente realidade em Deus.

Nos termos de Armínio, não há um "primeiro momento", do ser em Deus sem o "segundo momento", vida. O ser e a vida de Deus são idênticos. Deus "é sua própria vida"; "a vida de Deus é essencialmente simples, de modo que ela não se distingue de sua essência como duas coisas separadas."[397]

Em outras palavras, embora possa ser feita uma distinção racional entre os dois *momenta* fundamentais da natureza divina, a simplicidade e a eternidade de Deus, além da natureza plenamente real e não originada da essência divina, evitam que Armínio pressione a distinção dos "momentos" na natureza divina de modo a separar essência e vida ou fazer da vida o resultado de um movimento da essência desde a passividade até a atividade, ou da potência até a realidade. Essa problemática da linguagem pode ser a razão de Armínio usar o termo *momentum* e não o mais típico *actus*. De fato, nenhum dos escolásticos protestantes utilizava a distinção entre *actus primus* e *actus secundus* como um meio de identificar o ser fundamental de Deus distintamente dos atributos como a vida. Alguns observavam a dificuldade da linguagem, mas, de longe, o maior número deles evitava uma linguagem sobre o fundamento de que Deus é *actus simplicissimus* e *actus purus* e falava de atributos que em suas realidades eram comunicáveis e incomunicáveis, imanentes ou operativos. Assim, o conceito de atributos plenamente reais, comunicáveis ou operativos, se destaca, em detrimento de um conceito de realidade operativa ou secundária.[398]

---

[397] *Disp. priv.*, XVI. ii, iii; Cf. *Disp. pub.*, IV. xxviii.
[398] Cf. Zanqui, *De natura Dei*, II. iv. 1; Gomaro, *Disp.*, II. xxxix-xl; Burmann, *Synopsis theol.*, I. xx. 2-3; e note Walaeus, *Loci communes*, III. 8 (p. 170), em que a ordem se equipara à visão

A questão entre Armínio e seus colegas reformados fica clara quando a distinção entre *actus primus* e *actus secundus* é aplicada à vontade. Como apontado por Altenstaig, o *actus primus* indica, nesse caso, um poder da alma anterior à sua operação real – algo que está habitualmente à alma. Com isso, "a vontade" ou "estar disposto" (*velle*) é a realidade primária da vontade (*voluntas*), que precede a realidade secundária da volição real (*volitio actualis*), o ato da vontade direcionado para um objeto particular.[399] Se Deus é extremamente simples, o fato de ele ter uma vontade e a disposição divina devem ser idênticos. Além do mais, uma distinção como essa além de interferir na simplicidade divina poderia também se tornar a base de uma distinção entre o que Deus pretende com essa vontade e o que é realmente executado por sua vontade – distinção essa negada pelos reformados, mas afirmada por Armínio, ecoando de maneira significativa os pensamentos de Suárez.[400]

Por conseguinte, essa leitura do termo *momentum*, permite-nos manter a identidade de *natura* e *essentia* conforme observado num ponto anterior da discussão.[401] Quando Armínio identifica a essência como o primeiro *momentum* da natureza divina, ele não está alegando que ela é de certa forma distinguível da natureza ou uma categoria da existência de certo modo secundária à natureza (como seria no caso de o termo *momentum* indicar um "impulso" natural). Em vez disso, ele está reafirmando a identidade fundamental da essência e da natureza, e, em adição, o uso *essentia* como um termo para a *natura Dei*, considerada em e de si mesma, em sua realidade primária, aparte de qualquer operação. (Embora deva ser concedido que, dada a identidade essencial de todos os atributos, a remoção de *vita* de sua principal categoria é, na melhor das hipóteses, algo feito por conveniência na discussão).

---

de Armínio do conhecimento, vontade e poder divinos, mas nenhuma noção inclusive do ordenamento ou sequência lógica é negada; cf. *RD*, p. 68-69.

[399] Altenstaig, *Lexicon theologicum*, s. v. "Actus primus" (p. 16-17).
[400] Veja a seguir, cap. 10.
[401] Veja anteriormente, cap. 7.

Em uma etapa durante o desenvolvimento da teologia protestante, quando os mestres mais importantes buscavam sistemas teológicos, tanto de seus predecessores como de seus contemporâneos, para servirem de modelos utilizáveis, a bifurcação básica de Armínio em atributos da essência e da vida é muito significativa. O modelo intelectualista oferecido por Tomás de Aquino havia estabelecido inicialmente os atributos essenciais (simplicidade, perfeição, bondade, infinitude, onipresença, imutabilidade, eternidade e unidade).[402] Então, após discutir os nomes para Deus,[403] havia estabelecido as operações da essência divina, analisando primeiramente o conhecimento divino, sob o qual ele colocava discussões das ideias em Deus, de verdade e da vida de Deus,[404] e em segundo lugar da vontade divina, sob a qual também eram colocadas discussões sobre o amor, justiça e misericórdia, providência e predestinação.[405]

Há, assim, uma semelhança básica entre a lógica do ordenamento dos atributos de Armínio e a lógica de Aquino. O que constatamos na *Summa* é uma distinção fundamental entre a existência e a essência de Deus de um lado, e do outro, as operações da essência divina. Esse argumento poderia ser facilmente direcionado para uma distinção entre a essência divina existente e concebida no *actu primo* e a essência divina operacional e concebida no *actu secundo*, tal como aparece no ordenamento arminiano, em sua primária divisão da discussão da natureza divina no exame de seu ser e sua vida. Além do mais, Aquino havia concebido propriamente a vida como a pré-condição do conhecimento, e portanto, invertido a ordem da prioridade lógica e ontológica no movimento a partir do conhecimento como operação da essência divina, para a discussão da vida implícita pelo conhecimento: "porque entender é um tipo da vida, após tratarmos o conhecimento divino,

---

[402] Aquino, *Summa*, Ia, q. 3-11.

[403] Idem, p. 13.

[404] Idem, p. 14-18.

[405] Idem, p. 19-24; e compare a discussão da lógica do ordenamento de Aquino em Garrigou-Lagrange, *God: his existence and his nature*, II, p. 33-41.

consideramos a vida divina."⁴⁰⁶ Similarmente, na *Summa contra gentiles*, apesar de colocar o *vita Dei* na penúltima posição da lista de atributos, imediatamente antes da discussão da bem-aventurança divina, Aquino claramente indica a prioridade ontológica da vida sobre o intelecto e a vontade. Não pode haver conhecimento ou vontade, sustenta ele, sem a vida. Aquino já havia demonstrado que Deus sabe e quer; portanto, Ele deve estar vivo.⁴⁰⁷

É válido levantar a questão, neste ponto, da influência de Daneau sobre a obra de Armínio. Dado que Armínio possuíra e obviamente lera as *Summas* de Aquino, essa distinção entre a essência ou substância de Deus *secundum se*, e a essência em suas *operações* poderia ter sido extraída diretamente dele. Armínio poderia, no entanto, ter tido isso impresso em sua mente, em uma etapa relativamente inicial, por Daneau, que não somente citara a distinção diretamente de Tomás de Aquino, mas também a utilizara de uma forma ainda mais clara que o próprio Aquino em um princípio arquitetônico na discussão dos atributos divinos.⁴⁰⁸ O arranjo dos atributos individuais de Daneau é diferente do arranjo de Armínio, mas o padrão de movimento desde os atributos essenciais para as operações é fortemente asseverado, quanto é a identificação das operações como consistindo nas atividades de *scientia*, *voluntas* e *potentia*.⁴⁰⁹ Entretanto, Daneau não elaborou sobre as operações – e assim o detalhe tomista encontrado na teologia arminiana definitivamente deve remontar a Tomás de Aquino, mesmo que com uma alusão a Daneau.

As diferenças entre a abordagem de Armínio e o modelo desenvolvido por Aquino provavelmente devem ser entendidas menos como uma função do protestantismo do primeiro do que como resultado da discussão escolástica da doutrina pós Aquino, até e incluindo a discussão da divisão dos atributos nas *Disputationes metaphysicae* de Suárez.

---

⁴⁰⁶ Aquino, *Summa*, Ia, q. 14, prol.
⁴⁰⁷ *SCG*, I. 97. 2.
⁴⁰⁸ Daneau, *Christianae isagoges*, 1.7 (p. 14r).
⁴⁰⁹ Idem, p. 14v.

Com isso, a divisão líquida dos atributos, de acordo com a psicologia da aptidão, em atributos intelectuais e da vontade se tornarão, na teologia de Hervaeus Natalis, dominicano do século XIV, (por mais que ela se tornasse na teologia escolástica protestante de Armínio), uma base para a dedução racional dos demais atributos divinos, ora vistos como derivados do intelecto ou da vontade.[410] Hervaeus, por sua vez, pode ter desenvolvido seus argumentos como uma alternativa tomista para a doutrina dos atributos divinos proposta por Duns Scotus. Este havia não somente dividido os atributos em uma categoria primária de predicações essenciais e uma secundária de atributos intelectuais e da vontade, como também indicara que o intelecto e a vontade poderiam ser entendidos como as atividades básicas da vida de Deus.[411]

Em vista das ocasionais indicações da argumentação escotista nas ideias de Armínio e de seus contemporâneos reformados, é de interesse que a discussão dos atributos divinos como uma ordem ou movimento fluindo diretamente da essência divina em dois "momentos" (*instantes*) fosse também característica da doutrina de Scotus dos atributos divinos. Entre todos os doutores medievais, foi Scotus quem levantou e pressionou a questão da ordem dos atributos divinos à medida que eles "fluem diretamente da essência" de Deus (*quasi ab essentia fluunt*).[412] De acordo com esse pensador, a essência divina, entendida como na posse de seus atributos essenciais (*essentialia*), incluindo o intelecto e a vontade, é o primeiro momento ou origem do *progressus* até o segundo momento ou a realidade operativa do intelecto e vontade (*actus intelligendi* e *actus volendi*).[413] A adoção da linguagem do *momenta* por Armínio, considerada em conjunto com sua ênfase no fluxo e na ordem dos atributos, pode,

---

[410] Hervaeus Natalis, IV *sent.*, I, d. d. 2, q. 1, como citado em Chossat, "Dieu. Sa nature selon les scholastiques," *DTC* 4/1, cols. 1157-58 [Hervaeus Natalis (f. 1323) é frequentemente referido na forma francesa de seu nome, Hervê Nédellec ou Hervé de Nédellec, e muito menos frequentemente na forma latina, Hervaeus Britto].

[411] Compare Raymond, "Duns Scot", *DTC* 4/2, cols. 1875-76.

[412] Scotus, *I sent*, d. 35, q. 3, como citado em Vignaux, "Nominalisme", col. 758.

[413] Compare Vignaux, "Nominalisme", *DTC* 11/1, col. 758, citando Scotus, *I sent.*, d. 9, q. 3.

portanto, indicar um empréstimo das ideias escotistas que levaram à modificação da divisão basicamente tomista dos atributos. Isso não é o mesmo que dizer que Armínio necessariamente lera Hervaeus – ele teve acesso direto a Scotus de sua biblioteca particular – antes, isto é simplesmente apontar que o acolhimento dos modelos escolásticos medievais por Armínio envolvia não meramente o estudo de uma figura de grande projeção como Tomás de Aquino, mas, além disso, a apropriação de uma *práxis* de discussão que, à sua época, havia modificado e desenvolvido os argumentos de seus idealizadores em variedade e profundidade. Sob esse ponto de vista, a leitura da obra de Suárez por Armínio fora decisiva, visto que esse pensador era um mestre da tradição que, graças às inclinações do fundador de sua ordem, manteve Tomás de Aquino, e os dominicanos posteriores, em alta estima, mas que também construíram suas próprias teorias fora da justaposição e da avaliação comparativa com as opiniões de tomistas, escotistas e uma série de outras escolas de pensamento do final do período medieval.[414]

Armínio também teve algum precedente para essa padronização nas *Theses theologicae* de Júnio, embora este não fizesse menção a *momenta*, *actus* ou *operationes* em Deus. A trajetória negativa dos argumentos capacitara Júnio a identificar esses atributos como simplicidade, infinidade, unidade, imensidão e onipresença, além de eternidade, unicidade e imutabilidade – lista essa praticamente idêntica à dos atributos essenciais de Armínio.[415] Quando Júnio avança para discutir os atributos afirmativos com base na analogia das criaturas e, preeminentemente, na *imago Dei* no homem, ele inicialmente observa que Deus está vivo, conforme declarado diretamente nas Escrituras (Gn 10.14, Sl 36.10; Rm 9.26; 1Jo 5.20), além de sustentado filosoficamente e conservado na definição de Boethius de eternidade como a posse perfeita e simultânea da vida eterna.[416] A partir do conceito fundamental da vida divina, Júnio

---

[414] Compare Vollert, "Introduction", em Suárez, *On the various kinds of distinction*, p. 10-11.
[415] Júnio, *Theses theologicae*, VIII. 19-26.
[416] Idem, VIII. 28.

deduz primeiramente, através de analogia com criaturas espirituais, a inteligência (*intelligentia*) e o entendimento (*intellectus*) de Deus e, em seguida, geralmente por analogia com as criaturas vivas, a vontade (*voluntas*) e a onipotência (*omnipotentia*) de Deus.[417] Essa dedução do entendimento, vontade e poder vindos da vida é precisamente o padrão das disputas de Armínio.

Júnio e Armínio podem ter simplesmente se baseado no paradigma tomista modificado, migrando da *via negativa* e dos atributos estritamente essenciais para os atributos da operação divina, mas tentando ao mesmo tempo extrair a lógica interna da identificação da vida como a precondição para o conhecimento feita por Tomás de Aquino e, por extensão, também para a vontade e o poder. Na obra de Júnio, as discussões dos atributos do Deus vivo – intelecto, vontade e poder – e da própria *vita Dei*, são rearranjadas para o bem da coesão. Na concepção de Armínio, agora uma etapa adiante da de Júnio, é feita uma tentativa de asseverar a essência e a vida em categorias mais amplas, correspondentes estritamente às trajetórias negativa e positiva de identificação dos atributos. Armínio, então, pode ser considerado como um traçador consciente do desenvolvimento lógico de uma "teologia leideana" na época da ortodoxia inicial, com referência à doutrina dos atributos divinos, exatamente como visto antes, com referência ao conceito de teologia. E mais, a racionalização feita por ele do padrão tomista dos atributos divinos é comparável e reflete o desenvolvimento medieval da doutrina nas mãos de Duns Scotus, Hervaeus Natalis e outros pensadores do século XIV.

Essa reflexão, por sua vez, manifesta o "parentesco" estilístico e metodológico entre Armínio e seus contemporâneos reformados escolásticos. Eles, também, desenvolveram seus sistemas teológicos com base em modelos já criados, no início do século, por codificadores protestantes de renome como Ursino, Daneau, Zanqui e Júnio, e, também, elaboraram e modificaram esses modelos sistemáticos não somente pela reflexão

---

[417] Idem, VIII. 29-30, 35.

sobre a tradição exegética protestante, como também por referências próximas aos esforços sistematizadores dos escolásticos medievais. Esse recurso aos modelos medievais foi particularmente crucial para a formulação protestante dos tópicos doutrinais não abordados extensivamente ou, de fato, simplesmente não abordados pelos reformadores.[418]

É significativo dizer, ainda, que essa racionalização do padrão tomista, incluindo o intelecto e o desejo sob uma categoria mais ampla da vida divina, fora adotada por Suárez em suas *Disputationes metaphysicae* de 1597.[419] Como Júnio não segue esse padrão em suas teses de Heidelberg, mas somente nas que desenvolvera para seus cursos em Leiden, ele deve ter concebido isto após 1592.[420] A influência de Suárez em Júnio, portanto, é possível, embora as ideias do primeiro tenham aparecido em Leiden apenas em 1603, ou seja, um ano após a morte de Júnio.[421] A padronização que Júnio fez da doutrina pode simplesmente refletir a argumentação tomista do último período medieval. A reconfiguração da doutrina por Armínio, no entanto, muito provavelmente reflete uma certa influência de Suárez além da clara influência de Júnio, particularmente em vista das similaridades entre o argumento de Suárez e o de Armínio e pelo interesse na metafísica suareziana em Leiden no início do século XVII.

Por causa da reclamação de Gomaro contra o uso das categorias escolásticas por Armínio como contingência, necessidade etc.,[422] vale a pena notar que a discussão de Gomaro dos atributos divinos é muito menos elaborada e especulativa que a apresentação de Armínio. Também, que ela segue o modelo tomístico ou suareziano do estabelecimento de uma bifurcação entre essência e vida e organiza os atributos de acordo com uma distinção entre atributos primários ou negativos, e secundá-

---

[418] Compare *PRRD*, I, p. 73-74, 126-38, 199-201.
[419] Suárez, *Disp. metaph*, XXX. vi. 19; xiv. 6, 9-11; xvi. 1-2.
[420] Júnio, *Theses theologicae* (Heidelberg), 11-12; compare *Theses theologicae* (Leiden), VIII. 29-30, 35.
[421] Veja Dibon, *L'Enseignement philosophique*, p. 66.
[422] Sepp, *Het godgeleerd*, p. 108-9; Dibon, *L'Enseignement philosophique*, p. 66.

rios ou afirmativos. Isto é muito similar ao proposto inicialmente por Armínio em sua discussão do problema da predicação, porém defendido de forma mais concisa e menos especulativa.[423] Gomaro ainda acrescenta à sua doutrina de Deus uma discussão estendida dos nomes divinos e dá à sua teologia um caráter mais fortemente bíblico e exegético do que é aparente na doutrina de Deus de Armínio.[424]

Esse padrão particular de organizar os atributos divinos, além do mais, continua na teologia da famosa *"Leiden synopsis"* ou *Synopsis puoris theologiae,* compilada conjuntamente como uma série de disputas pela Faculdade de Teologia em Leiden e publicada em 1626. A linguagem arminiana do *momenta* não aparece, mas a distinção básica dos atributos em uma primeira classe intitulada essenciais, e uma segunda de operacionais ou relacionais pertencentes à vida divina proporcionam ao *locus de natura Dei* a sua estrutura básica. A *Synopsis*, igualmente, divide a *vita Dei* em categorias do intelecto e da vontade.[425] Diferente de Armínio ou Gomaro, a *Synopsis* aplica o termo "incomunicável" aos atributos essenciais e o termo "comunicável" aos atributos da vida divina, apesar do reconhecido problema com esses termos.[426] Se essa última diferença precisa de explicação, deve ser provavelmente por ter sido considerada pertencente à consolidação da ortodoxia reformada em padrões, em vez de como uma rejeição polêmica à linguagem alternativa encontrada nos trabalhos de Júnio e Armínio.

Enquanto os pensadores reformados do século XVII – com notáveis exceções, como o federalista, semi-cartesiano, Heidanus –, se afastavam da classificação de atributos entre os da essência e os da vida, os pensadores arminianos ou remonstrantes parecem ter gravitado em torno do paradigma e, de fato, em torno de sua forma intelectualista, em que a vida divina é entendida como consistindo no intelecto e na

---

[423] Gomaro, *Disp. theol,* III. xxviii, xxxix.
[424] Idem, IV.
[425] *Synopsis purioris,* VI. xxii, xxiv, xxx, xxxii.
[426] Idem, VI. xxii –xxiii.

vontade, com prioridade para o primeiro.[427] Tanto Episcópio como Limborch elaboraram suas teontologias com uma estreita referência ao modelo apresentado nas *Disputationes* de Armínio. Episcópio até mesmo mantém o uso *da natura Dei* como a categoria básica que deve ser considerada de duas formas, na medida em que existe (*ut est*), e em que vive (*ut vivit*) como a *vita Dei*. Além disso, ele não apenas utiliza o termo arminiano *momentum*, mas claramente segue a interpretação que temos dado ao termo ao identificar a doutrina da essência divina com a consideração elementar de Deus como tal (*nuda ac per se*) e a vida divina como a que provê a essência com atividade (*quae essentiam actuosam facit*). A essência divina é, consequentemente, para ser entendida como o *primum naturae divinae momentum,* e a vida de Deus como o *secundum naturae divinae momentum*.[428] Limborch segue o mesmo padrão, com uma definição praticamente idêntica da *vita Dei* como a essência divina em sua atividade, embora sem referência ao termo *momentum*.[429]

Armínio neste ponto pode ser identificado como o precursor de uma direção decisiva dos sistemas teológicos remonstrantes. Vale notar que esse padrão dos atributos não é evidente em nenhum ponto da *De Deo* de Vorstious, que migra da *natura Dei* aos atributos de onipotência, omnisciência, sabedoria, vontade e domínio, nessa ordem. Vorstious, acima de tudo, não faz a distinção básica entre essência e vida, ou a distinção posterior de vida em intelecto e vontade.[430]

Como uma característica primária da essência divina, Armínio cuida da espiritualidade. As *Disputationes privatae* não se baseiam num texto bíblico, "Deus é espírito" (Jo 4.24), e sim elabora um argumento racional a partir da analogia da ordem criada:

---

[427] Heidanus, *Corpus theol.*, II (p. 68). A linguagem de Heidanus é virtualmente idêntica à de Episcópio.

[428] Episcópio, *Inst. theol.*, IV. ii. 2, 25 (p. 280, col. 2; 296, col. 1).

[429] Limborch, *Theologia christiana*, II. vii. 1.

[430] Vorstious, *De Deo*, caps. III-VII, especialmente p. 22, 29, 222-25, 307.

Como a natureza integral das coisas é distribuída de acordo com suas essências em corpo e espírito, afirmamos que [a essência divina] é espiritual e, consequentemente, Deus é um espírito, pois é impossível para o primeiro e mais elevado Ente (*primum & summum Ens*) ser material. A partir disso, não pode ser feito nada a não ser simplesmente admirar o poder transcendental e a plenitude de Deus, pelos quais Ele é capaz de criar até mesmo coisas materiais que não guardam analogia consigo.[431]

O argumento depende – como muito provavelmente teria ficado prontamente claro em um debate em sala de aula – das premissas de que o espiritual é superior ao material e que uma causa deve ser superior ao seu efeito. De fato, esse é precisamente o argumento encontrado na correspondente disputa pública: "o espiritual... denota perfeição" enquanto o "corporal" indica uma ausência ou decaimento da perfeição do espírito.[432] Essa essência espiritual é "o primeiro momento da natureza divina, pela qual a existência de Deus é entendida", ou ainda mais simplesmente, " a essência de Deus é aquilo pelo qual Deus é".[433] Episcópio, mais uma vez, segue precisamente o padrão arminiano, iniciando sua discussão com um argumento racional concernente à relação de espiritualidade para perfeição, materialidade para imperfeição, mas acrescentando uma elaboração mais extensiva da tese, completa com argumentação exegética.[434]

A essência divina é, em outras palavras, idêntica à existência divina: a *essentia* ou o que é de Deus, simplesmente, *esse* ou existir. No sentido mais elementar – fundamental ao que posteriormente seria dito da identificação de todos os atributos divinos com a essência divina – a

---

[431] *Disp. priv.*, XV. v.

[432] *Disp. pub.*, IV. viii.

[433] Idem, IV. vii: "Essentia Dei est, qua Deus est, vel primum Naturae divinae momentum, quo Deus esse intelligitur."

[434] Episcópio, *Inst. theol.*, IV. iii (p. 282, col. 102).

essência de Deus não é ser qualquer um desses atributos particulares, antes a essência de Deus é simplesmente ser. Esse conceito da identidade da essência e da existência de Deus em si, mediada desde Avicena ao Ocidente latino por William de Auvergne, tornara-se na filosofia e teologia de Tomás de Aquino o principal fundamento da identificação de Deus como *actus purus* e extremamente simples, ou, em outras palavras, o principal fundamento da doutrina integral da essência e dos atributos de Deus, e da concepção do relacionamento deste com a ordem criada.[435] Nas palavras de Burrell, "essa identificação nos proíbe de considerar a essência de Deus na linha das propriedades e nos convida a reconhecer os limites de nossos próprios poderes conceituais" ao mesmo tempo em que "faz um forte apelo para elevar a visão intelectual de um indivíduo além das essências", como elas são normalmente entendidas em e desde a ordem finita "para 'ato puro'".[436]

Armínio não somente aceita essa linha de argumentação como também aceita uma de suas implicações básicas – que a identidade de Deus como *esse*, existir, é a base da ordem criada e da necessária relação divina com ela. Só Deus é Ser em si e, portanto, só Deus pode conferir existência.

A essência e a existência das criaturas são realmente distintas, e não pertence intrinsecamente às criaturas o existirem. Em vez disso, suas *esse* repousam em suas participações em Deus,[437] ou, para colocar o ponto um tanto diferentemente, a potência do Ser que é puro ato e cuja essência é simplesmente ser é uma potência *ad extra* para a existência da ordem criada, contingente.[438] É essa definição básica, tomística, que leva Armínio, a exemplo de Tomás de Aquino, a uma doutrina de Deus que é, em sua implicação estrutural primária, um paradigma da emanação da *esse* do divino e do inter-relacionamento deste com a

---

[435] Copleston, *History*, II, p. 219, 360-62.
[436] Burrell, *Knowing the Unknowable God*, p. 48-49.
[437] *Disp. priv.*, XV. viii.
[438] Cf. *Disp. priv.*, XV. iv. com *Disp. publ.*, IV. v, vii, xxv e *Disp. priv.*, XXV. iii-iv.

ordem criada.⁴³⁹ A dificuldade que Armínio terá, e para a resolução da qual sua linguagem obviamente se esforça, é a afirmação consistente da realidade e simplicidade divinas e ao mesmo tempo a argumentação de que a emanação da *esse* é um movimento baseado na identidade última entre a essência e existência, a *essentia* e a *esse*, de Deus.

O "segundo momento" de Deus, a vida divina, é definido como um "ato ou realidade (*actus*) fluindo desde a essência (*ab essentia*) dele, pelo qual este é entendido ser realizado ou por ter enorme atividade em si (*in se actuosa esse*)."⁴⁴⁰ Armínio a seguir continua a expandir essa definição em um argumento extremamente sofisticado carregado de considerações filosóficas e profundamente enraizado ao escolasticismo mais antigo:

> Chamamos (vida) um ato que flui de sua essência, visto que, como nossa natureza forma o conceito da essência e da vida na natureza de Deus sob formas distintas, e da essência como anterior à vida, não devemos conceber a vida como uma realidade que se aproxima da essência como uma unidade que, quando adicionada à unidade a torna binária. Mas ela deve ser concebida como uma realidade (*actus*) fluindo da essência em sua auto-extensão em direção à sua perfeição,

---

⁴³⁹ Cf. Burrell, *Knowing the unknowable God*, p. 28-29, 93-95 com Weisheipl, *Friar Thomas d'Aquino*:
his life, thought, and Work (Garden City: Doubleday, 1974), p. 230. Sobre a doutrina da participação de Aquino, veja L. B. Geiger, *La participation dans la philosophie de S. Thomas d'Aquin* (Paris: J. Vrin, 1942) e Chossat, "Dieu. Sa nature selon les scolastiques", *DTC*. 4/1, cols. 1236-38. Onde Chossat se empenha para defender a continuidade da perspectiva da participação de Aquino com as anteriores abordagens platonizantes da doutrina, Geiger defende a contribuição única de sua síntese do conceito de participação com os temas da filosofia aristotélica – uma doutrina da participação que evita o realismo extremo e o problema correlato de uma emanação natural da existência a partir de Deus (veja Geiger, *La participation*, p. 28-35, 45-51, 77-84, 451-56). Os comentários de Armínio claramente participam da abordagem tomista do conceito.

⁴⁴⁰ *Disp. pub.*, IV. xxv "Vita Dei, quae in secundo momento naturae divinae consideranda venit, est Actus ab essentia Dei fluens, quo illa in se actuosa esse significatur."

assim como um ponto [mathematical] por seu o próprio fluxo avança em comprimento.⁴⁴¹

Colocando de forma mais simples, a essência é Deus *in actu primo*; a vida é Deus – ou, de fato, é a essência divina – *in actu secundo*. A vida divina é, em outras palavras, a vida da essência divina.⁴⁴² Qualquer outra visão desses conceitos básicos implicaria uma divindade binária ou dupla.

O problema inerente ao se distinguir uma realidade primária da secundária em Deus advém da brevidade com que Armínio identifica a relação da vida divina com as coisas *ad extra*. A *vita Dei* em si pode ser distinguida em realidade primária e secundária:

> Como a vida é entendida seja na realidade secundária (*in actu secundo*) e é chamada atividade (*operationem*), ou em sua realidade primária, principal e fundamental (*in actu primo principal & radicali*) como a própria natureza e forma de uma coisa viva; atribuímos esta última, em seus próprios termos, primaria e adequadamente a Deus: de modo que ele é sua própria vida não tendo-a por união com uma outra coisa (visto que isso é característico de imperfeição), mas tendo existência idêntica à vida: vivendo na realidade primária e concedendo vida em sua realidade (ou operação) secundária.⁴⁴³

---

⁴⁴¹ Idem, IV. xxvi: "Actum ab essentia fluentem dicimus:quia quum intellectus noster in natura Dei essentiam&vitamin sub formis distinctis concipiat,& illam prius hac: cavendum ne haec ut actus ad illam accedens concipiatur, unitatis instar quae unitati addicta facit binarium: sed ut actus ab illa fluens promovente se ad sui perfectionem, quemadmodum punctus suo fluxuse promovet in longitudinem."

⁴⁴² Idem, IV. xxvii.

⁴⁴³ *Disp. priv.*, XVI. ii: "vita sumatur aut in actu secundo, et sic dicit operationem: aut in actu primo principali et. Radicali, et sic et ipsa natura et forma rei viventis."

A definição básica da vida de Deus *in actu primo* e in *actu secundo* é extraída virtual e textualmente da obra de Suarez.[444] Os pensadores reformados, pelas razões antes apontadas, ignoram ou negam essa distinção –, ao observarem que nos seres humanos, a vida é o *actus secundus*, ou a natureza ou essência, enquanto em Deus, que é totalmente simples, a vida é a *ipsissima essentia*.[445]

"A vida de Deus é, portanto, a mais simples, conquanto que ela não é distinguida como um elemento (*ut re*) da essência."[446] A distinção é feita somente com a finalidade da compreensão da relação de Deus com a ordem criada, como uma relação que flui desde o próprio Ser de Deus. Com isso, a vida de Deus pode ser, sob certo aspecto, descrita como uma realidade que flui de Sua essência, pelo qual é entendida como sendo realizada em si mesma: primeiro por uma ação reflexiva (*actione reflexa*) no próprio Deus, e depois em outros objetos, por conta da mais abundante copiosidade e da mais perfeita atividade da vida em Deus.[447] Além disso, por causa de sua abundância e perfeição, tanto *ad intra* como *ad extra*, a *vita Dei* deve ser entendida como a finalidade de todas as coisas, merecedora de ser amada em e de si mesma, o *fruitio* ou desfrute "pelo qual se diz que Deus é bendito em Si mesmo."[448]

Essa ênfase também leva expressamente até a teologia de Episcópio, que identifica a vida de Deus como a "base de todo o derradeiro desfrute e o fundamento de todas as atividades." (Isto é, o fundamento do amor de Deus por si mesmo como o mais alto objetivo de todas as coisas e do movimento da sua vontade *extra se*) de modo que a *vita Dei*, "mediada pela *potentia* divina, seja a causa de todas as coisas."[449] Em

---

[444] *Disp. metaph*, XXX, seç. xiv. 6: "Vita enim aut sumitur in actu secundo, et sic dicit operationem, aut in actu primo principal et radicali, et sic est ipsa nature seu substantia rei viventis."

[445] *RD*, p. 69.

[446] *Disp. priv.*, XVI. iii.

[447] Idem.

[448] Idem, XVI. iv.

[449] Episcópio, *Inst. theol.*, IV. ii. 25 (p. 296, col. 2).

ambos os casos, a vida divina é entendida como a atividade em e que flui de Deus que estabelece o relacionamento entre ele e todas as coisas.

A forte ênfase na transcendência absoluta divina, evidente tanto na concepção arminiana da unidade divina e em sua concepção da bondade divina – as negações da imanência e da comunicabilidade da essência e dos atributos essenciais – é contrabalanceada pela sua ênfase na vida divina e em seus atributos de entendimento, vontade e poder como movimentos ou extensões de Deus na direção de objetos finitos. Na realidade, esse contrabalanceamento de uma essência divina incomunicável, negativamente concebida e não relacional, com a auto extensão criativa, com relação a ordem do mundo, da vida divina e suas operações, muito provavelmente detém a chave do único argumento arminiano para a essência e a vida serem os dois *momenta* da natureza divina e para esta vida ser distinguível em dois *actus*. É a vida divina que é, para Armínio, o fundamento de todas as relações *ad extra*.

Essa linguagem fundamental da essência ou ser e vida fornece a Armínio o padrão formal para o arranjo dos atributos em seu sistema uma vez que eles são enunciados seja afirmativa ou negativamente. Com isso, uma série de atributos, incluindo simplicidade, infinidade, eternidade e a maioria dos atributos identificados ou como negativos, ou nos sistemas reformados típicos, como incomunicáveis, são deduzidos com base no conceito de essência ou ser divino. E uma segunda série, incluindo essencialmente conhecimento, vontade e poder, atributos esses identificados frequentemente como positivos ou comunicáveis, é derivada do conceito de vida divina. A lógica das duas séries demonstra um alto nível de argumentação nos esforços sistemáticos de Armínio, e o coloca muito claramente na vanguarda do desenvolvimento escolástico do Protestantismo de sua época. As duas séries de atributos parecem ter sido mais estreitamente debatidas do que as seções correspondentes das *Disputationes* de Gomaro ou da breve *Institutio* de Trelcatius.[450]

---

[450] Cf. Gomaro, *Disputationes,* III-IV e Trelcatius, *Scholastica e methodica locorum communion institutio*, I. iii, 152. *Disp. pub.,* IV. ix, citando Is 43.10; 44.8, 24; 46.9; Ap 1.8; Rm

O primeiro argumento, em que Armínio identifica o ser e a vida como os dois fundamentais movimentos ou realidades da natureza divina, tem um caráter positivo de acordo com a *via eminentiae*. O segundo argumento, no qual ele migra para desenvolver a série de atributos essenciais, tem um caráter negativo, que assume, inicialmente, o cancelamento da corporalidade e suas habilidades associadas a partir do conceito de Deus junto com a remoção das limitações de todas as formas inferiores da existência espiritual:

> Como deveríamos enunciar negativamente o modo pelo qual a essência de Deus preeminentemente é de fato espiritual, acima da excelência de todas as essências, inclusive das que são espirituais, isso deve ser feito primeira e imediatamente em uma única construção: Ele é *anarchos kai anaitios*, sem começo e sem causa (*principii & causae expers*) sejam internas ou externas.[451]

Essa lógica negativa, que cancela o início e a causa de Deus, corresponde, além do mais, à direção causal e analógica das provas:

> Pois desde que não pode haver *progressus in infinitum* (ou se pudesse, não haveria essência ou conhecimento), deve haver uma existência (*esse*), acima e antes de qualquer outra, poder existir. Essa deve necessariamente ser a *esse* de Deus: na verdade, o que for que receber essa atribuição deverá ser Deus em si.[452]

A natureza última, não causada, da essência divina leva diretamente à identificação de Deus como simples e infinito. Em outras palavras, na conceituação de Armínio, assim como na conceituação

---

9.35-36; 1Co 8.4-6; Rm 9.5.

[451] *Disp. pub.*, IV. ix.

[452] Idem.

dos escolásticos medievais e de seus contemporâneos os escolásticos protestantes, simplicidade e infinidade são correlativos necessários da absoluta preeminência e perfeição de Deus como a causa não causada de todas as coisas.[453] A simplicidade nem é tanto um atributo divino como uma caracterização da "constituição ontológica divina" que segue diretamente do fato de que Deus é completamente sem início ou causa, visto que indica que ele é destituído de toda a composição, e de seus componentes, sejam sensíveis (*sensibilium*) ou inteligíveis (*intelligibilium*); a ausência de composição indica falta de "causa externa" – a de componentes, a falta de "causa interna".[454]

A essência de Deus, assim, não consiste em partes materiais, integrais ou quantitativas, de matéria e forma, de gênero e diferença, de tópico e acidente, ou de forma e coisa formada... Seja o que for é absolutamente predicado de Deus e deve ser entendido essencial a ele e não acidentalmente; e aqueles atributos (sejam muitos ou diversos) considerados predicados de Deus são, em Deus, não muitos e sim um único.[455]

Na simplicidade da essência divina, portanto, é que os atributos divinos são idênticos com essa essência e essencialmente idênticos entre si. Por essa doutrina, somos lançados novamente ao problema da predicação. É de fato a noção da simplicidade divina, entendida como o baluarte da preeminência e supremacia divinas que efetivamente força o problema da predicação em um primeiro momento. Embora Armínio estabeleça o conceito de simplicidade como uma conclusão após descartar a aplicabilidade, para Deus, dos três padrões básicos para distinguir atributos ou predicados desde uma substância,[456] vemos agora que a simplicidade é um conceito orientador que controla a linguagem básica da predicação de atributos. Com isso, uma real distinção entre atributos

---

[453] *Disp. pub.*, IV. x.; cf. Aquino, *Summa*, Ia, q. 3, art. 8.
[454] *Disp. pub.*, IV. xi; cf. Burrell, *Knowing the unknowable God*, p. 46 sobre simplicidade como a caracterização da "constituição ontológica de Deus" e não um predicado no sentido usual.
[455] *Disp. pub.*, IV. xi.
[456] *Disp. priv.*, XV. vi.

e essência – considerando-os distintos entre si como uma coisa é de outra coisa – indicaria uma composição em Deus, o que é inaceitável. Os atributos tampouco podem ser considerados distintos como relações subsistentes na essência divina. Essa visão iria de encontro ao domínio das definições trinitarianas. E se a distinção de atributos é apenas "uma mera concepção da mente" sem nenhuma correlação com a realidade de Deus,[457] ela passa a ser um enigma infrutífero.

Esse problema certamente não era novo no final do século XVI. No entanto, ele era relativamente novo ao Protestantismo. Não podia ser encontrada nenhuma indicação do problema da predicação nas obras dogmáticas de Calvino, Bullinger, Musculus ou Vermigli.[458] Ursino, Zanqui ou Daneau tampouco se debruçaram sobre esse tópico. Quando aparece o problema na exibição do sistema dogmático protestante estendido no final do século XVI e início do XVII, Armínio e seus contemporâneos foram pressionados para examinar a linguagem escolástica medieval dos atributos divinos e suas distinções como encontrado nos escritos dos próprios escolásticos e, de fato, nas obras mais recentes dos católicos romanos, a exemplo das *Disputationes metaphysicae*, de Suarez.

Seguindo essa argumentação escolástica tradicional, Armínio esboça um meio de entender a distinção e predicação de atributos fora da linguagem da simplicidade divina, pois embora eles sejam essencialmente únicos e idênticos, são de fato "distinguíveis" como muitos e diversos, não, certamente, *essentialiter* ou *realiter*, mas sim "em nosso modo de considerá-los compostos".[459]

O modo humano de entender as coisas é por composição: a mente humana entende o que é uma coisa ao compilar uma lista de suas propriedades e entendê-la como composta dessas propriedades. Ainda assim, a mente humana busca entender Deus ao compilar uma lista de atributos

---

[457] Idem.
[458] Cf. Calvino, *Inst.*, I. xiii. 1; Bullinger, *Compendium*, iii; Musculus, *Loci communes*, I, xli-xlii; Vermigli, *Loci communes*, I. xvii. 2.
[459] *Disp. pub.*, IV. xi: "nostro tantum considerationis modo, qui compositus est."

divinos. Nasce imediatamente uma questão se esse entendimento é uma "mera concepção da mente" – um produto do raciocínio racional (*ratio ratiocinans*) em um vácuo. Armínio deve superar esse problema: os atributos não podem ser essencialmente distintos em Deus, mas nossa distinção de atributos, baseada na razão e na revelação, deve fornecer ideias genuínas sobre a realidade de Deus. Nossa consideração dos atributos sob a regra da simplicidade divina é, conclui Armínio, inapropriada, visto que os atributos "são de fato distinguíveis por uma razão formal."[460]

A resposta não é apresentada detalhadamente: Armínio menciona a distinção formal dos atributos, não tenta explicar os termos, certamente não aponta seu histórico, e, então, passa para o seu próximo tópico, apesar de ter tomado uma decisão doutrinal importante e ter alterado seu acento tomista por um escotista. A denominada distinção formal, *distinctio formalis a parte rei*, indica uma distinção entre aspectos ou formas em e de uma coisa. Esses aspectos ou formas não são distintos da coisa em si, e sim essencialmente idênticos a ela –, mas são objetivamente distintos entre si, novamente, não essencialmente como coisas de outras coisas, mas sim como "formalidades diferentes, porém inseparáveis, de um e do mesmo objeto."[461] Os tomistas rejeitavam a ideia de uma distinção formal, argumentando que ela, de certo modo, não passaria de uma distinção racional moderadamente definida. Os pensadores reformados do século XVII também a rejeitavam, tendendo a acomodar a distinção dos atributos não em Deus e sim em suas obras *ad extra*, em sua própria revelação.[462] A distinção formal de perfeições em Deus fora observada, no final do século XVI, por Suarez de modo a distinguir os atributos individualmente e ao mesmo tempo declarar suas identidades com a essência divina.[463]

---

[460] Idem.

[461] Compare a discussão em Copleston, *History*, II, p. 508-13, 529.

[462] Compare Burmann, *Synopsis theol.*, III. xix. 11. A distinção de atributos em Deus é, portanto, por razão da análise (*ratio ratiocinata*) e não uma formal ou real distinção que implicasse divisão na divindade; veja *RD*, p. 59-60.

[463] Suárez, *Disp. metaph.*, XXX. xi. 3, 19.

Mais uma vez, é significativo que Armínio, em sua modificação de uma posição essencialmente tomista, migra na direção tomada por Suarez. E embora este tenha preferido o termo "modal" e não "formal" em sua definição da distinção, a utilização de Armínio e sua fundamental motivação filosófica se equiparam muito às de Suarez. Este, por sua vez, havia reconhecido que nem os argumentos de Aristóteles, tampouco os raciocínios de Tomás de Aquino, tinham levado à noção de uma "distinção formal", mas que também nem Aristóteles, tampouco Tomás de Aquino, tinha abordado a questão selecionada por Scotus.[464] "Independentemente do que se estende além da definição essencial de uma coisa", argumentava Suarez, "ela é em certo sentido realmente distinta disso; porém, muitos elementos se estendem além da essência de uma coisa sem serem em si coisas distintas do elemento em questão; portanto, uma distinção na ordem real tem menor peso que uma real distinção."[465] A completa exposição dos atributos de Armínio – incluindo a identificação básica dos dois *momenta* da essência divina – aponta para a insistência nas distinções existentes ou subsistentes na realidade, "na ordem real", em Deus que indica a ordem e o fluxo da vida e da atividade divinas sem interromper a simplicidade essencial dele.

A partir da identificação da essência divina como causa não causada, Armínio também identifica a infinitude divina. Certamente, ele acredita nessa doutrina, bem como nas duas atribuições precedentes, por serem totalmente bíblicas. Deus é "desprovido de todo limite e fronteira" conforme atestado em Salmo 145.3 e Isaías 43.10. A questão primária, contudo, é a relação da infinitude divina com a natureza não causada de Deus. Desse modo, a essência infinita de Deus

---

[464] Suárez, *Disp. metaph.*, VII. 13-14; compare a tradução Francisco Suárez, *On the various kinds of distinctions*, traduzida com uma introdução por Cyril Vollert (Milwaukee: Marquette University Press, 1947), p. 24-26.

[465] Idem, VII. 15; traduz. por Vollert, p. 26.

> é desprovida de toda limitação e fronteira, seja acima ou abaixo, antes ou depois. Nem acima, pois ele não recebe sua existência (*esse*) de ninguém, nem abaixo pois [sua] forma auto idêntica não é limitada pela capacidade de qualquer substância material (*materiare*) que possa recebê-lo; nem antes, pois não deriva de nenhuma [causa] eficiente, nem depois, pois não existe para o bem de um outro fim [a não ser de si próprio].[466]

Certamente que a essência divina tem alguns limites –, conforme defende Armínio detalhadamente em suas discussões do poder e da vontade divina, porém, esses são limites estabelecidos pela natureza do próprio ser divino. Assim, ele pode dizer, brevemente, que a essência de Deus é encerrada internamente pela sua própria propriedade, de acordo com a qual é o que realmente é, e nada mais.[467] Com isso, Deus não pode ser menos do que bom, não pode cessar de viver, se tornar complexo ou composto, nem pode ser outro a não ser o Pai, o Filho e o Espírito [Santo]. Deus é e deve ser Deus; no entanto, essa limitação não ameaça o conceito da infinitude divina; pelo contrário, ela define e reforça esse conceito.[468]

Os outros atributos comumente identificados como incomunicáveis ou negativos são, de fato, de acordo com Armínio, conclusões sobre a essência divina que seguem logicamente das doutrinas da simplicidade e da infinitude divinas. Da simplicidade e infinitude da essência divina, nasce a infinitude *em relação ao tempo*, que é chamada eternidade, e *em relação ao espaço*, chamada imensidão.[469]

Os demais atributos como impassibilidade, imutabilidade e incorruptibilidade são anexados à tese de Armínio imediatamente a seguir da imensidão, mas a lógica de suas derivações não é diretamente discutida.

---

[466] *Disp. pub.*, IV. xii.
[467] *Disp. pub.*, IV. xii.
[468] *Disp. pub.*, IV. xii.
[469] *Disp. pub.*, IV. xii.

Fica claro, todavia, da discussão subsequente que esses três atributos retrocedem ao problema da causalidade: para Deus realmente ser sem causa, ele deve ser impassível, imutável e incorruptível.[470] Neste ponto, novamente, como na escolha inicial de se adotar uma classificação de atributos em perfeições de eminência e perfeições por meio da negação, é possível notarmos uma tendência escotista ou até nominalista na conceituação arminiana. Enquanto tomistas do final da Idade Média e do século XVI como Capreolus e Bañez haviam escolhido *aseitas* como o atributo primário divino, os escotistas tipicamente tinham apontado para a infinitude de Deus como a base para a posse divina de todas as perfeições.[471] Os teólogos nominalistas fundamentavam tipicamente suas doutrinas da *nomina Dei* na simplicidade divina.[472]

A derivação de eternidade da simplicidade e infinitude, e sua definição de "infinitude em relação ao tempo", portanto, nos aponta, mais uma vez, para as múltiplas raízes e a natureza eclética do escolasticismo de Armínio. O problema dessa derivação, conforme implícito na discussão de Tomás de Aquino da eternidade é a diferença qualitativa entre eternidade e um lapso infinito de tempo. O ponto é importante e retornará para assombrar Armínio em sua discussão da criação. A eternidade da duração divina é, na realidade, governada pela simplicidade e unidade divinas pelo fato de que a eternidade divina não somente é livre da limitação dos fins e começos como também da limitação da sucessão, ou seja, da sequência temporal e da sequência lógica. Se o mundo fosse "eterno" no sentido de ter uma duração infinita, lhe faltaria início e fim, e ele não experimentaria a existência simultânea de todos os seres finitos. Ele continuaria parado no tempo.[473] Aquino, portanto, estabelece que "a eternidade é a medida de um ser permanente; enquanto

---

[470] Cf. idem, ad fin com idem, IV. xvii-xviii.
[471] Toussant, "Attributs divins", *DTC* 1/2, col. 2229.
[472] Vignaux, "Nominalisme", *DTC* 11/1, cols. 755-56.
[473] Veja Wippel, *Methaphysical thought of Godfrey of Fontaines*, p. 164.

o tempo é a medida do movimento..., a eternidade é simultaneamente o todo; porém, o tempo não é assim."⁴⁷⁴

Aquino, apropriadamente, não deriva a eternidade da infinitude, mas sim da imutabilidade: "a ideia da eternidade segue a da imutabilidade, assim como a ideia do tempo segue a do movimento."⁴⁷⁵ A infinitude do tempo, que indica uma infinitude do movimento, é bastante antitética em relação à eternidade divina – e, certamente como Agostinho já há tempo havia estabelecido, o tempo sofre uma mutação de sua própria natureza –, de modo que há uma coordenação lógica da eternidade com uma falta de movimento.⁴⁷⁶ Suarez, no entanto, discorda de Aquino precisamente neste ponto e fornece um certo precedente para as perspectivas de Armínio: ele traça um paralelo entre eternidade e imensidão, definindo a primeira como excedendo infinitamente todo o tempo, e a última como excedendo infinitamente todo o espaço – de modo que Deus pode ser entendido por existir antes do "tempo real" em todo "o tempo imaginário" ao menos para o propósito de declarar a natureza da infinitude divina. Deus, igualmente, é infinito, isto é, imenso – em relação tanto ao espaço real como ao imaginário.⁴⁷⁷ Suarez, todavia, reconhece a necessidade de se distinguir entre a eternidade divina e a duração infinita de criaturas mutáveis espiritualmente como os anjos. Ele retorna, assim, ao ponto que a duração divina, infinita, é completamente livre de sucessão em sua perfeita imutabilidade.⁴⁷⁸

Essas considerações, de fato, aparecem na definição de Armínio. Como Deus é infinito, ele não tem início nem fim, e como é totalmente simples, jamais em potência e sempre em realidade; ele não experimenta nenhum movimento ou sucessão.⁴⁷⁹

---

⁴⁷⁴ Aquino, *Summa*, Ia, q. 10, art. 4, *corpus*.
⁴⁷⁵ Idem, Ia, q. 10, art. 2, *corpus*.
⁴⁷⁶ Agostinho, *Confessions*, XI. 30-31.
⁴⁷⁷ Suárez, *Disp. metaph.*, XXX. vii. 38.
⁴⁷⁸ Idem, XXX. viii-ix; cf. Mahieu, *Francois Suárez*, p. 214.
⁴⁷⁹ Suárez, *Disp. metaph*, XXX. viii. 38.

De acordo com esse [modelo], portanto, a essência de Deus é sempre universal, o todo, a plenitude, de sua essência, sem separação (*indistanter*), de modo fixo e a todo instante presente com a essência, parecendo um ponto no tempo desprovido de partes inteligíveis e que não flui adiante, mas sim permanece para sempre em si mesmo.[480]

A eternidade, com isso, é o correlato da infinitude divina em relação à limitação do tempo ou duração. Deus é reconhecido como eterno pela negação ou remoção do conceito de temporalidade de nossa visão do ser divino. Armínio especificamente identifica a eternidade como uma infinitude do ser sem início ou fim, sem sucessão ou movimento do passado ao futuro – e, acima de tudo, uma perfeição do ser de tal modo que Deus é sempre completamente realizado, porém não em movimento da potência ao ato.[481] O último ponto se baseia diretamente na identificação básica da natureza de Deus como constituída de dois *momenta*, o ser e a vida. Deus não é um ser que nasce, mas sim um Ser que é vida, e uma vida que existe sempre em total simplicidade. Como implícito previamente, esses argumentos apontam para antecedentes escotistas e mesmo nominalistas –, ou, pelo menos, para modificações do modelo tomista inspiradas pelo debate e diálogo com as posições escotistas e nominalistas. Novamente, Armínio não precisa pesquisar muito mais longe que Suarez para obter um resumo dessas perspectivas, ou de fato, no caso da derivação da eternidade a partir da infinitude, para atingir a conceituação de diversos pensadores reformados de sua geração.[482]

Ele se baseia em e modifica a definição boethiana da eternidade que havia influenciado tanto a concepção escolástica medieval de Deus. Boethius havia definido eternidade como "a posse perfeita e simultânea

---

[480] *Disp. pub.*, IV. xiv.
[481] Idem.
[482] Compare Polanus como citado em *RD*, p. 65 com Suárez, *Disp.metaph.*, XXX. xiv. 1-16 e note como imutabilidade e eternidade são inferências coordenadas da infinitude em idem, XXX. viiii. 1, 10; ix. 55.

de uma vida interminável"; Armínio oferece uma definição modificada, "a posse completa, perfeita, simultânea e interminável da essência".[483] A modificação se justifica, segundo ele, porque a essência deve ser considerada como o primeiro movimento da natureza divina, antes da vida; e pelo fato de a eternidade não pertencer à essência através da vida, e sim da vida através da essência.[484] A primária, e não a operacional ou secundária realidade divina, agora proporciona a base para a definição dos atributos divinos. O problema com a definição de Boethius é a limitação do termo *vita* em seu uso tradicional, observada pelos doutores medievais; Scotus, por exemplo, aceita essa definição quando *vita* é entendida como existência "perfeita, realizada".[485] O mesmo problema havia sido notado por Aquino em sua segunda objeção à definição boethiana: "a eternidade significa um certo tipo de duração. Mas a duração se refere mais à existência que à vida. Desse modo, a palavra vida não deveria entrar na definição de eternidade, mas sim a palavra existência".[486]

Aquino, no entanto, retém a palavra *vita* em sua definição – significativamente, pela mesma razão que Armínio a rejeita: "o que é verdadeiramente eterno, não é somente o ser, mas também viver, e a vida se estende à operação, que não é verdade para o ser".[487] A dedução de Armínio da eternidade a partir da infinitude e não da imutabilidade teve implicações importantes em sua teologia posterior, em que a noção de eternidade como "uma duração sem início ou fim" e não necessariamente como contrária a uma sucessão de momentos fora elaborada tanto por Episcópio como Limborch, com considerável impacto em suas visões do relacionamento de Deus com o mundo.[488] De

---

[483] *Disp. pub.*, IV. xiv.
[484] Idem.
[485] Cf. Minges, II, p. 83.
[486] Aquino, *Summa*, Ia, q. 10, art. 1, obj. 2.
[487] Idem, Ia, q. 10, art. 1, ad obj. 2.
[488] Episcópio, *Inst. theol.*, IV. ii. 9 (p. 287, cols. 2-289, col. 1) e Limborch, *Theologia christiana*, II. v. i, v.

fato, se como argumentou Episcópio, a realidade do passado, presente e futuro depende do reconhecimento da duração imutável de Deus e, portanto, da realidade da sucessão divina extrinsecamente considerada,[489] então se abriria um canal para argumentar não somente a relação, mas também a interrelação de Deus com o mundo e, talvez, inclusive, de uma certa determinação temporal do divino.[490]

O conceito de Armínio da eternidade divina tem implicações diretas para a sua linguagem dos atributos em geral:

> As propriedades, sejam elas quais forem, são predicados absolutos de Deus e lhe pertencem desde toda a eternidade e todas juntas; certamente que as coisas que não lhe pertencem por toda a eternidade, não são predicados absolutos, mas sim por relação com as criaturas, tais como Criador, Governador e Juiz de todas as coisas.[491]

As perfeições divinas, portanto, pertencem a Deus de modo absoluto e eterno – e qualquer termo predicado de Deus sob uma perspectiva temporal e um sentido relativo não pertence aos atributos essenciais divinos. Ou seja, os atributos essenciais de Deus devem respeitar a eternidade divina como um conceito dominante ou princípio heurístico, visto que Deus deve ser concebido como de posse de seus atributos essenciais antes e aparte do ato de criação em que tanto o mundo como o tempo passem a existir.

Essas duas espécies de atribuição, a absoluta e a relativa, conforme identificadas pelo conceito de eternidade divina, levam Armínio à sua discussão de imensidão (*immensitas*) e onipresença (*omnipraesentia*):

---

[489] Episcópio, *Inst. theol.*, IV. ii. 9 (p. 288, col. 1).
[490] Observe que essa fora precisamente a crítica levantada pelos reformados contra os arminianos, vorstianos e pelos tomistas contra Molina e Suárez por suas defesas da *scientia media*: veja *RD*, p. 65, 79-81; Garrigou-Lagrange, "Thomisme", *DTC* 15/1, col. 870.
[491] *Disp. pub.*, III. xiv.

A imensidão é um modo preeminente da essência de Deus, pelo qual ela é vazia de lugar de acordo com o espaço e limites... a partir dessa imensidão segue... a onipresença ou ubiquidade da essência de Deus, segundo a qual ele está inteiramente onde quer que qualquer criatura ou qualquer lugar esteja.[492]

A imensidão, a exemplo da eternidade, fora derivada da infinitude de Deus,[493] mas colocada secundariamente por Armínio em face de seu corolário temporal – corolário esse definido não somente pela relação de Deus com o espaço criado, mas também pela natureza temporal deste último. O espaço, em outras palavras, não é visto pelo pensamento escolástico como eterno: preferentemente, trata-se de um predicado de substâncias materiais que, por definição, tem um início no tempo. A eternidade, portanto, governa a linguagem da imensidão: somente em relação ao tempo Deus pode ser chamado onipresente. Somos novamente lançados aos antecedentes escotistas: Aquino discutira a onipresença antes da eternidade, e não levantara a distinção entre imensidão e onipresença.[494] Scotus, por meio de crítica, argumentara que as definições anteriores de onipresença se baseavam em uma analogia inaceitável entre Deus e as criaturas, e que a presença divina deveria ser definida primariamente em termos da imutabilidade e supremacia divinas, antes de qualquer atividade ou relação com as criaturas. Essa modificação de definição, como tantas outras já observadas, poderia ter sido mediada para Armínio por Suarez.[495]

Como ela é concebida sem ter tempo ou espaço, a essência divina também é considerada impassível, isto é, "desprovida de todo o sofrimento", não no sentido de que Deus não tem relação com a ordem

---

[492] Idem, IV. xv-xvi.
[493] Idem, IV. xiii.
[494] Le, Aquino, *Summa*, Ia, p. 8 (onipresença) e 10 (eternidade).
[495] Scotus, *I sent.*, I, d. 37; II, d. 2, q. 5; compare Suárez, *De Deo*, I. ii. 2 e *Disp. metaph.*, XXX. vii; Mahieu, François Suárez, p. 211-14.

criada ou não tem afeições da vontade como o amor e a misericórdia, que são de certo modo remotamente análogas às emoções humanas, porém mais no sentido de que "nada pode agir contra Deus" e que ele "não pode receber a ação de algo".[496] Deus, como reconhecido, não tem causa e é simples. Somente um ser que foi ou pode ser causado, é ou pode ter um efeito – contra o qual é possível agir; e somente um ser composto ou potencialmente composto pode "receber um ato" do nada e ter um atributo ou parte adicionado consequentemente à sua essência. Portanto, Deus deve, também, ser reconhecido como imutável ou desprovido de mudança. Considerando que Deus é não causado e está além do poder de todas as causas criativas, ele não pode ser submetido a alteração, geração ou corrupção, de modo a aumentar ou diminuir. Considerando que ele é imenso e onipresente, e uma vez que também Deus é sua meta e seu bem eternamente realizado, ele não está submetido a um movimento de um local para outro ou de uma condição para outra.[497] Similarmente, ele é incorruptível visto que não está sujeito a movimento da potência para a realidade: "isso pertence a Deus, e somente a ele, ser imóvel (*quietum*) em operação."[498]

Os dois últimos atributos na derivação de Armínio são, respectivamente, a unidade e a bondade. A colocação deles no final da ordem, ao menos no caso da unidade, pode refletir Aquino, embora a linguagem – para não dizer também a colocação – na doutrina arminiana da bondade divina, também pareça ter fortes afinidades com a de Aquino.[499] Especificamente, Aquino expressa a identidade do ser e da bondade com a qualificação que conquanto "uma coisa é boa até o ponto de sua existência"; o bem, no entanto, "apresenta o aspecto da desejabilidade, que o ser não apresenta".[500] O bem, assim, representa o aspecto afetivo

---

[496] *Disp. pub.*, IV. xvii.
[497] Idem, IV. xviii.
[498] Idem
[499] Compare Aquino, *Summa*, Ia, p. 6 e 11.
[500] Idem, Ia, q. 5, art. 1, *corpus*.

do ser –, e essa é a razão porque o ser é o objeto apropriado de conhecer e desejar. De fato, parece que essa definição tomista da bondade é que leva Armínio a discuti-la por último na ordem, juntamente com unidade divina, antes de sua discussão sobre os atributos da vida, intelecto e vontade divina. A unidade e a bondade de Deus definem e qualificam a linguagem sobre o seu conhecimento e vontade.

Armínio define a unidade e a bondade como "afeições gerais do ser" e, portanto, vincula a discussão da unidade e da bondade divina à sua discussão dos atributos essenciais. Essas "afeições do ser" devem, é certo, ser entendidas em termos do "modo de preeminência, de acordo com a regra da simplicidade e infinitude da essência [divina]".[501] Por unidade, entendemos que Deus não é dividido e é "totalmente indivisível com respeito ao número, espécies, gêneros, partes, modos etc." Mesmo assim, a sua essência é separada das coisas e incapaz de "entrar em composição com qualquer outra coisa."[502] Apesar de algumas de nossas observações anteriores sobre ordem e derivação, a definição concorda bastante com as definições da *Summa theologica* de Tomás de Aquino em que a derivação da unidade divina a partir da simplicidade e infinitude manifesta um ponto de contato com os últimos ensinamentos escotistas e nominalistas.[503] Na realidade, pode muito bem ter sido esse ponto de contato que permitiu a Armínio extrair sua doutrina dos atributos essenciais em termos de ideias críticas dos ensinamentos dos últimos escotistas e nominalistas medievais enquanto ao mesmo tempo retém as premissas intelectualistas e tomistas de sua doutrina de Deus e da relação dele com o mundo.

(Em uma mudança exegética reminiscente da doutrina dos reformadores, Armínio declara que a linguagem da unidade divina está implícita na linguagem bíblica da santidade divina. Deus, como santo, está separado e "dividido de todos os outros". Como ele é único e separado, segue-se que "Deus não é a alma do mundo, nem a forma do uni-

---

[501] *Disp. pub.*, IV. xx.
[502] Idem, IV. xxii.
[503] Compare Aquino, *Summa*, Ia, q. 11, art. 3, *corpus*.

verso; tampouco uma forma herdada [*forma inhaerens*] ou corporal."[504] Em outras palavras, Armínio expressa uma oposição radical a todas as noções de uma imanência divina em favor não somente de um conceito filosófico de transcendência, mas também de um conceito religioso de diversidade. Seu ponto permanece, contudo, em relativo isolamento da direção geral de seu argumento, o qual havia extraído pouco da exegese e muito da discussão tradicional dos atributos divinos. O ponto também é um tanto diferente do defendido pela ortodoxia reformada, que tendia a definir a santidade como um atributo moral associado à justiça e perfeição absoluta de Deus.)[505]

Embora a discussão inicial de Armínio sobre a bondade divina como um atributo essencial seja comparativamente breve, ela fornece a base para virtualmente tudo que ele diz sobre a relação do intelecto e vontade divinos e sobre a relação de Deus, como conhecedor e desejoso, com a ordem criada. Neste ponto, também, suas inclinações tomistas são aparentes. De fato, as pressuposições intelectualistas de seu ensinamento herdado de Tomás de Aquino são provavelmente a razão pela qual Armínio se afastou da colocação anterior da bondade divina de Aquino, como o último entre os atributos essenciais, como o objeto principal e, portanto, a categoria dominante, imediata, antes de sua discussão do intelecto e da vontade divinos. A definição de Armínio de fato aponta em duas direções – retrocede à linguagem inicial sobre a essência divina e avança até uma discussão subsequente do relacionamento de Deus com as coisas finitas:

> A bondade da essência divina é aquela de acordo com a qual ela é, essencialmente em si, o supremo e verdadeiro bem; desde uma participação na qual todas as outras coisas existem e são boas, e para a qual todas as outras coisas devem

---

[504] *Disp. pub.*, IV. xxii.
[505] *RD*, p. 92-96.

ser referidas como seus fins supremos. Por essa razão, ela é chamada comunicável.⁵⁰⁶

As definições básicas são claramente reminiscentes de Tomás de Aquino. É característico da concepção de Aquino entender a bondade como idêntica ao ser e como auto difusiva ou comunicável sob dois aspectos: em primeiro lugar, todas as coisas têm suas existência e bondade "por participação", tendo-as recebido de Deus; em segundo lugar, essa comunicação da bondade é uma matéria da causalidade eficiente final, e não da primeira. A finalidade da criação é a comunicação da bondade *ad extra*, às coisas finitas, para o bem da derradeira manifestação da bondade divina.⁵⁰⁷ Esse é precisamente o ponto de Armínio.

A prioridade da essência e, portanto, dos atributos essenciais sobre a vida leva ao uso desses últimos como conceitos dominantes que determinam o significado da vida de Deus e de todos os atributos que pertencem à mesma. Os atributos do movimento primário ou da realidade da natureza divina devem, assim, ser usados para interpretar os atributos do movimento secundário ou realidade da natureza divina.⁵⁰⁸ Assim, a vida de Deus é infinita, simples, eterna e imutável – e o mesmo ocorre com o seu entendimento, vontade e poder.⁵⁰⁹ Mesmo assim, os atributos de afeições, como amor, ódio, graça, generosidade, justiça, paciência e assim por diante, devem favorecer as definições

---

[506] *Disp. pub.*, IV. xxiii, citando Mt 19.17; Tg 1.17; 1Co 10.31 na margem: "Bonitas essentiae Dei & secundum quam ipsa summum & ipsum bonnum est, essentialiter in se ipsa, ex cuius participatione omnia alia sunt, & bona sunt: & ad quam omnia tanquam ad summum finem sunt referanda. Hac ratione dicitur communicabilis.

[507] Compare Aquino, SCG, I. 40.3: "Deus est bônus per essentiam, omnia vero alia per participationem" com idem, II. 15.5: "Deus autem est ens per essentiam suam: quia ipsumesse. Omne autem aliud ens est ens per participationem"; e compare *Summa*, Ia, q. 44, art. 2, q. 5, art. 4, com e *Compendium theologiae*, I. 109, Copleston, *History*, II, p. 365-66 e Patterson, *Conception of God*, p. 261-64.

[508] *Disp. pub.*, IV. xxiv.

[509] Idem, IV. xxvii, xxxiii-xxxiv, li-lii, lxxxiii.

básicas de simplicidade, eternidade e imutabilidade da essência.[510] Vale a pena notar que a questão de um ordenamento de atributos nasce no desenvolvimento posterior do escolasticismo medieval e que a questão específica dos "atributos primários" como interpretativos da ordem é típica do século XV.[511]

A lógica da exibição dos atributos essenciais por Armínio é um elemento fortemente reminiscente de Aquino em suas hipóteses subjacentes que os artigos de fé não serão irracionais e que a razão, em seu correto exercício, pode ser eminentemente fiel. Certos elementos, contudo, tais como primários e secundários, pressupõem desenvolvimentos teológicos nos últimos períodos do escolasticismo medieval e, de fato, desenvolvimentos como os encontrados na própria época de Armínio, na metafísica de Suarez.

Armínio, além disso, parece avançar mais do que Aquino rumo a uma teologia racional: em primeiro lugar, a ênfase em uma trajetória afirmativa, causal, e a lógica da preeminência conferem mais poder aos esforços positivos da razão do que a insistência de Aquino na capacidade de a razão inferir somente "o que Deus não é". Em segundo lugar, Armínio expressa um interesse muito maior que Aquino na dedução de todos os atributos essenciais partindo de um conjunto de inferências primárias sobre a essência divina. De fato, embora Aquino considere o entendimento ou conhecimento uma característica dos seres vivos, ele não tenta subordinar a *scientia* ou *intellectus Dei* sob a *vita Dei*; preferindo, ao contrário, apresentar a vida de Deus após discutir o seu conhecimento;[512] tampouco ousa tentar uma apresentação dedutiva dos atributos.

---

[510] Idem, IV. lxxiii.

[511] Cf. Toussaint, "Attributs divins", *DTC* 1/2, col. 2228.

[512] Cf. Aquino, *Summa*, Ia, q. 14 (conhecimento) com q. 18 (vida).

PARTE IV

O conhecimento divino e sua vontade

CAPÍTULO 9

O conhecimento divino

A faculdade psicológica, com uma distinção característica da vida espiritual aplicada às faculdades do intelecto e vontade, ou mais precisamente da alma, e que atuava em quatro faculdades – intelecto, vontade, poder sensitivo e poder vegetativo –, teve suas raízes em Aristóteles, e se tornara, durante o desenvolvimento do século XIII em um aristotelismo cristão, a perspectiva dominante da existência espiritual ou racional.[513] Esse modelo, tão útil em descrever as características dos seres em geral, era igualmente útil para apresentar as características de um ser puramente espiritual. Os poderes sensitivo e vegetativo, conforme correlacionados com a ordem física, poderiam ser descartados, deixando o intelecto e a vontade como as características ou faculdades do ser espiritual. Conquanto que esse modelo continuasse a ser visto como correto ao longo de toda a era da Reforma,[514] não é de surpreender que os teólogos protestantes da fase inicial da ortodoxia, incluindo Armínio, desenvolvessem-no novamente com uma profundidade especulativa considerável e retomassem a questão escolástica do relacionamento entre intelecto e vontade em suas doutrinas de Deus.

---

[513] Cf. Copleston, *History of philosophy*, I, p. 328-29; II, p. 289, 376-83, 538-41; III, p. 100.
[514] Cf. Calvino, *Inst.*, I. xv. 6-7.

Ao passar de sua discussão dos atributos essenciais e da vida divina para sua discussão do entendimento, vontade e poder de Deus, Armínio apresenta uma definição básica que ele desenvolverá exaustivamente nas três principais divisões de sua discussão.[515]

> A vida de Deus é realizada (*actuosa*) em três faculdades: no entender (*intellectu*), vontade (*voluntate*) e poder (*potentia*) assim propriamente chamadas; no intelecto, ou entendimento interno, considerando seu objeto...; na vontade interna desejando primeiro a si, o mais elevado e apropriado objeto, e extrinsecamente o restante; no poder, operando somente extrinsecamente, que é a razão para que seu ser seja denominado *potentia*, pelo fato como este é capaz de operar em todos seus objetos antes do próprio ato de um objeto.[516]

Desse modo, as faculdades e operações da *vita Dei* são arranjadas em termos do relacionamento de Deus consigo e com todas as coisas *ad extra*. O *intellectus Dei*, como a faculdade mais alta, fica na retaguarda e regula tanto a *volunta* como a *potentia*, permanecendo sempre como uma operação *ad intra*, conhecendo os aspectos externos, mas sem deixar de abordar as coisas *ad extra*. A vontade, operando abaixo do intelecto, quer primeiro e acima de tudo o bem divino supremo conhecido para o *intellectus Dei* e quer secundariamente todos os outros bens. A *potentia Dei* opera abaixo da vontade para gerar a existência das coisas *ad extra*, de modo que a vontade opera nos modos *ad intra* e *ad extra*, enquanto o poder de Deus é exercido unicamente no modo *ad extra*. Deus, afinal das contas, é completamente realizado – não em potência – e, portanto, não pode exercer *potentia* interiormente. O modo no qual a *potentia Dei* opera, além do mais, é dar a objetos o potencial ou a potência de seus

---

[515] Cf. *Disp. pub.*, IV. (1) xxx-xlvi; (2) xlvii-lxxvii; (3) lxxvii-lxxxvi com *Disp. priv.*, XVII, XVIII-XXI, XXII.

[516] *Disp. pub.*, IV. xxix.

próprios seres, de modo que logicamente preceda os atos ou operações de seus objetos. Esse padrão operacional básico das faculdades divinas fornece o fundamento para tudo que se segue na doutrina de Deus e nas doutrinas da criação e providência de Armínio, tanto na ordem das operações divinas como na concorrência de Deus com as atividades independentes das criaturas.

Ao formular sua definição dessa maneira – referindo-se ao conhecimento divino como inteiramente para o entendimento ou intelecto –, Armínio omite uma categoria do conhecimento que era de fundamental importância a seus contemporâneos reformados: a sabedoria de Deus ou *sapientia Dei*. O conhecimento (*scientia*) e o entendimento (*intellectus, intelligentia*) são referidos, respectivamente, como o conhecimento das causas e efeitos e o conhecimento dos primeiros princípios. A utilização escolástica normalmente reservava à sabedoria, *sapientia*, para o conhecimento de propósitos e objetivos. A omissão de uma discussão sobre *sapientia* na doutrina dos atributos divinos é curiosa em razão da prática claramente enunciada de Armínio, modelos analíticos ou resolutivos de acordo com os quais todo o sistema é ordenado na direção de seu fim – e por causa da confiança que ele depositava no conceito de sabedoria divina apresentado em sua discussão subsequente sobre criação e providência. Se a *sapientia* tivesse recebido uma abordagem formal em sua doutrina de Deus, muito certamente teria sido colocada junto à *scientia* sob a categoria mais ampla do *intellectus Dei*. Na realidade, a discussão de Armínio sobre os tipos de conhecimento pertencentes ao intelecto divino efetivamente contém indícios do conceito de *sapientia* divina.

Os detalhes e a extensão dessas discussões, essencialmente as do entendimento e vontade divinos, são certamente uma indicação de suas importâncias para as hipóteses fundamentais de Armínio referentes ao formato de seu sistema teológico como um todo. Uma ênfase similar sobre o problema da vontade divina irá, na conceituação de Beza e Zanqui, ser também notada como característica de suas crescentes confianças nos padrões de argumentação escolástica e como evidência da cada vez mais lógica e racional abordagem à teologia encontrada na era da ortodoxia. inicial[517] Em vez de entender esse interesse na *voluntas Dei* e as distinções entre vários aspectos da vontade divina como um desenvolvimento determinístico ou puramente especulativo do Protestantismo reformado, deveríamos considerá-lo uma nova reflexão sobre a herança do tópico e sobre a importância de sua correta declaração para a teologia como um todo, independentemente de o sistema ou o teólogo em questão seguir ou não uma doutrina de estrita predestinação. Mais uma vez, devemos nos referir, portanto, aos escritos dos doutores medievais, em que a ideia do *voluntas Dei* em sua relação com a bondade e o entendimento divino, e em relação à contingência e liberdade da ordem criada, era um tópico intensamente discutido. Especialmente no caso de pensadores como Occam e Scottus, que dificilmente poderiam ser classificados como deterministas. O relacionamento substantivo do pensamento de Armínio com os ensinamentos de Zanqui e Beza e os de Occam e Scottus, e sua harmonização de temas e questões entre o Escolasticismo mais novo e o antigo, é evidência de seu conhecimento extenso dessas fontes, apesar de ele não fazer citações diretas.

O intelectualismo de Armínio é evidente, desde o princípio, em sua definição da *scientia Dei*, como a faculdade da vida divina que é "primeiro em natureza e em ordem."[518] A vontade divina, em outras palavras, como "a segunda faculdade" da vida divina não é meramente colocada em segundo lugar para fins de discussão; ela é colocada nessa posição porque "segue o intelecto divino e é produzida a partir dele".[519] Assim, é pela vontade divina que Deus é interiormente dirigido (*fertur*) "na direção de um bem conhecido"[520]. (Tampouco o intelectualismo de Armínio está confinado à sua doutrina de Deus. Ele também assume a

---

[517] Cf. Brian Armstrong, *Calvinism and the Amyraut heresy* (Madison: University of Wisconsin Press, 1969), p. 32, 131-39.

[518] *Disp. pub.*, IV. xxx.

[519] Idem, IV. xlix, ênfase adicionada.

[520] Idem, ênfase adicionada.

prioridade do intelecto em relação a vontade em seres humanos, tanto em suas primitivas condições antes da queda bem como após esse evento.[521] Este último ponto contrasta com os reformados que, ao seguir Calvino, eram normalmente intelectualistas filosóficos e voluntaristas soteriológicos, colocando a vontade acima do intelecto na natureza caída do homem.[522] O ponto, ainda, contrasta significativamente com os ensinamentos de Aquino, visto que este representa um intelectualismo mais reflexivo; de fato, com um leve toque de racionalismo. Aquino havia assumido que o caráter indireto do conhecimento de Deus disponível na ordem temporal, resultava no conhecimento de Deus disponível ao *viator,* menos perfeito que o amor divino, que mesmo nesta vida, Deus deseja diretamente. Nas palavras de Copleston, "na visão beatífica no céu, ... quando a alma vê a essência de Deus imediatamente, a superioridade intrínseca do intelecto irá tranquilizá-lo."[523] Armínio concede, mais do que Aquino, um status superior ao conhecimento mediato de Deus – ou, talvez, um status inferior à vontade temporal humana –, resultando que o intelecto permanece mais que a vontade ou amor na condição pós-queda.)

Com base na tradição em geral e na teologia escolástica, ambas da Idade Média e dos primórdios do Protestantismo ortodoxo, Armínio esboça uma doutrina da onisciência divina. O *intellectus Dei*, a exemplo de todos os outros predicados da natureza divina, participa da simplicidade, infinidade e eternidade, ou da simultânea totalização da essência divina. Embora ele seja uma faculdade da vida divina, isto é um aspecto da operação fundamental ou *actus secundus* da essência divina, que é eterna e totalmente realizável. Portanto, o *intellectus Dei* é um conhecimento eterno de "todas as coisas e de cada coisa que agora tem, terá, teve, ou poderia hipoteticamente ter, qualquer espécie de ser."[524] Ainda

---

[521] *Disp. pub.,* XL. i, v, vii, ix, x.
[522] Cf. Calvino, *Inst.,* I. xv. 7-8; II. ii. 26; *RD*, p. 241-42.
[523] Copleston, *History,* II, p. 383.
[524] *Disp. pub.,* IV. xxx.

assim, Deus não meramente sabe as coisas, mas também sabe a ordem e a relação de todas elas. Armínio estende esse conhecimento divino inclusive para as "coisas" puramente racionais – a conceitos e relações –, existentes apenas na imaginação.[525] Deveríamos ser desnecessário dizer que esse tipo de argumentação intensamente especulativa, embora bastante típica da filosofia e teologia escolástica, não encontra paralelismo no pensamento dos reformados. É possível também que essa ampliação do conhecimento das coisas em que se inclui construções mentais ou racionais existentes somente na mente se equipara e se baseia em um desenvolvimento da metafísica da época de Armínio para a identificação do objeto metafísico não meramente como *ens*, mas também como *ens* e *non ens*. Ocorrem mais indicações desse paralelismo na doutrina arminiana da criação.[526]

Essa onisciência integral pode ser posteriormente descrita como um total autoconhecimento, um conhecimento completo de todas as possibilidades, além de um conhecimento absoluto de toda a realidade.[527] Portanto, é possível dizer que Deus absolutamente se conhece. Nós já encontramos esse aspecto da onisciência como a *theologia archetypa*, o autoconhecimento essencial e infinito de Deus que, por definição, é idêntico a Deus em Si.

Dado esse infinito auto idêntico autoconhecimento, e dado também que Deus é a primeira causa de todas as coisas, Ele deve conhecer todas as possibilidades e todas as realidades (que é o mesmo de dizer todas as possibilidades realizadas), além de conhecer exaustivamente essas categorias:

> Ele conhece toda *possibilia*, quer estejam em sua capacidade (*potentia*) ou das criaturas; na capacidade ativa ou passiva,

---

[525] Idem

[526] Veja Jean-François Courtine, "Le Project suárezien de la metaphysique: pour une étude de la thése suárezien du néant", *Archives de philosophie* 42 (1979): 234-74 e a seguir veja cap. 11.

[527] *Disp. pub.*, IV. xxxi.

e na capacidade da operação, imaginação ou enunciação. Conhece todas as coisas que poderiam ter uma existência, em qualquer hipótese. Conhece coisas distintas dele próprio, sejam necessárias ou contingentes, boas ou más, universais ou particulares, do futuro, presente ou passado, bem como coisas substanciais e acidentais de qualquer tipo.[528]

O conhecimento divino das possibilidades, visto que se trata de um conhecimento de quais coisas podem passar a existir, é também um conhecimento do modo no qual todas as possibilidades poderiam existir ideal ou perfeitamente, sem defeitos e um conhecimento também das impossibilidades. Armínio, inclusive, defende uma ordem do conhecimento divino dos casos possíveis. Consequentemente, Deus sabe, primeiro, "que coisas podem existir por seu próprio ato primário". Segundo, na ordem lógica do conhecimento, ele sabe quais possibilidades residentes na ordem secundária da causalidade pertencem às criaturas. Independentemente se uma criatura ou ordem de criaturas existe ou existirá, Deus sabe as capacidades dessas criaturas e o que pode ocorrer nelas e através delas por meio de suas "conservação, movimentação, assistência, concorrência e permissão (*conservatio, motus, auxilium, concursus, permissio*)."[529] Terceiro, "ele sabe o que pode fazer a respeito dos atos das criaturas, consistente com ele mesmo e esses atos."[530] Essa lógica também deve ser aplicada ao conhecimento de Deus das coisas reais.[531] O argumento poderia ser citado diretamente de Aquino.[532]

Seguindo novamente esse pensador, Armínio afirma que o entendimento divino é idêntico à essência divina em sua simultânea to-

---

[528] Idem.

[529] *Disp. priv.*, XVII. iv.

[530] Idem.

[531] Idem; cf. *Disp. pub.*, IV. xxxiv.

[532] Cf. Aquino *Summa*, Ia, q.14, art. 9 com Gilson, *Christian philosophy of St. Thomas Aquinas*, p. 113-14, Patterson, *Conception of God*, p. 294-95; e Rousselot, *Intelectualism of St. Thomas*, p. 65.

talidade, e visto que o conhecimento divino é, primeiro e antes de tudo um autoconhecimento, ele não é abstrato, discursivo, compositivo ou dialético.[533] Deus não sabe as coisas por primeiramente captar a ideia ou as partes inteligíveis da coisa individual e depois aplicá-la ou descobri-la na própria coisa –, tampouco sabe pela aplicação de um conhecimento prévio de outras coisas, recém-aprendidas. Em vez disso, Deus sabe todas as coisas graças a uma compreensão imediata, infinita e simples.[534] Esse argumento leva Armínio a cinco teses referentes ao *intellectus Dei*: (1) "Deus sabe todas as coisas da eternidade e nada *de novo*; (2) "ele sabe todas as coisas imensuravelmente, aparte do aumento ou da diminuição das coisas conhecidas ou de seu conhecimento"; (3) "Ele sabe todas as coisas imutavelmente, e seu conhecimento não varia com todas as infinitas alterações das coisas conhecidas"; (4) "Ele sabe todas as coisas por um ato indivisível único"; (5) quando "sono, entorpecimento, e perdão são atribuídos a Deus" nas Escrituras, essas atribuições referem-se a adiamentos temporais das recompensas e punições e não a limitações do conhecimento divino.[535]

A identidade do *intellectus Dei* com a essência divina e o conhecimento divino eterno de todas as coisas são, além do mais, meramente dois lados da mesma questão. Como o *intellectus Dei* é o Ser e a essência divina, trata-se de um conhecimento "adequado" e "completo" – ou seja, infinito e perfeito, de tudo que está em Deus. Ele não se limita só a "entender todas as coisas através de sua essência", mas também as conhece "inteiramente" e "excelentemente como se elas estivessem nele mesmo

---

[533] *Disp. pub.*, IV. xxxii. 1: "Intellegere Dei est ipsius esse est essentia"; cf. *Disp. priv.*, XVII. iii; e observe Aquinas, SCG, I. 45. 2: "Intellegere ergo Dei est divina essentia, et divinum esse, et ipsius Dei"; Idem, 46. 6: Intellegere Dei est eius essentia". Observe ainda que as breves declarações de Armínio sobre a natureza do conhecimento divino como simultâneas, nem abstrativas, discursivas, tampouco compositivas ou dialéticas, também seguem o padrão da *SCG* de Aquino, I. 45-48; cf. *Disp. pub.*, IV. xxxiiii; e Gilson, *Christian philosophy of St. Thomas Aquinas*, p. 111.

[534] *Disp. pub.*, IV. xxxii-xxxiii; cf. Aquino, *SCG*, I. 48, 55, 57-58; e Patterson, *Conception of God*, p. 302.

[535] *Disp. pub.*, IV. xxxiii.

e em seu entendimento", que é o mesmo que dizer que ele não conhece outras coisas além de si mesmo, graças à percepção das "espécies inteligíveis" – coisas conhecíveis – externas a ele antes de seu conhecimento. Tampouco Deus sabe coisas ao conhecer suas similaridades.[536]

O ponto é, mais uma vez, idêntico ao de Aquino. "Pelo fato de Deus entender a si mesmo primaria e essencialmente, deveríamos postular que ele sabe em si coisas distintas de si próprio", contudo, não porque elas são espécies inteligíveis antes de seu conhecimento, visto que esse tipo de conhecimento indicaria uma potência em Deus – mas sim porque sabe todas as coisas em sua própria essência. Da mesma forma, Deus não conhece coisas por distinguir suas similaridades.[537]

A ordem dos argumentos e as robustas semelhanças verbais indicam que Armínio construiu essa parte de sua doutrina a partir do *intellectus Dei* com uma consistente referência ao *Summa contra gentiles* de Aquino. Não pode ser dito que ele tenha reproduzido a *Summa* em uma larga escala. Preferentemente, parece que ele extraiu ideias-chave dos capítulos e utilizou-as como material de uma tese para discussões acadêmicas. (deve ser notado que ele efetivamente não extraiu de Aquino a ideia de eternidade como uma dádiva eterna ou o conceito Boetiano de presciência como um conhecimento direto, eternamente presente e simultâneo de todos os objetos temporais, porque talvez essa noção seja desnecessária para a afirmação tomista central do conhecimento divino infinito fundamentado na essência divina.[538] A exclusão dessa

---

[536] Idem, IV. xxxii: "Seipsum novit... alia etiam tota, sed excellenter ut in ipso sunt et eius intellectu" e idem: "Novit Deus omnia quae novit, non per species intelligibles, non per similitudinem... sed per suam ipsius essentiam." Veja também xxxiii.

[537] *SCG*, I. 49.1: "Et hoc autem quod seipsum cognoscit primo et per se, quod alia a se in sepso cognoscat ponere opportet"; I. 46. 1: "Intellectus divinus nulla alia specie intelligibili intelligat quam sua essentia"; I. 46. 5: "Species intelligibilis similitudo est alicuius intellecti... Nec etiam potest esse intellectu divino species alia praeter essentiam ipsius quae sit alterious rei similitudo."

[538] Cf. Aquino, *Summa*, Ia, q. 10, arts. 1-2; q. 14, art. 13, ad obj. 3.

ideia de sua doutrina de Deus tem, sobretudo, um impacto importante na visão arminiana da criação e da providência.[539])

Contrariamente ao tipo de lógica encontrado tão frequentemente nas reflexões do século XX sobre a onisciência divina, Armínio assume que a natureza ou modo do conhecimento divino não gera nenhum impedimento ao conhecimento divino de entes que existem e conhecem de outras maneiras.[540] De fato, Armínio parece reconhecer esse tipo de objeção ao teísmo tradicional e propor uma resposta a isso. Não apenas ele insiste na ideia de que Deus sabe todas as coisas, quer substanciais ou acidentais, externamente existentes ou puramente racionais, mas também insiste que Deus conhece as relações entre elas. E, ainda mais importante, o conhecimento de Deus é específico, e não meramente geral ou universal, além de ser um conhecimento completo de todas as coisas. Deus conhece "coisas em suas causas, em si mesmas, em sua própria essência –, presentemente em si mesmas, antecedentemente em suas próprias causas, e preeminentemente em si mesmo."[541] Com isso, embora Deus não conheça coisas temporais de um modo temporal, eterna e integralmente, conhece-as como se elas estivessem em suas próprias temporalidades:

> O conhecimento de Deus é certo e infalível, de modo que é possível ver até contingências futuras de maneira segura e infalível, independentemente se as vê em suas causas ou em si mesmas. Essa infalibilidade, no entanto, depende da infinitude da essência divina, e não de sua vontade inalterável.[542]

---

[539] Veja a seguir, caps 11-12.

[540] Cf. p. ex. Norman Kretzmann, "Omniscience and Immutability", *Philosophy of religion*, ed. Stephen Cahn (Nova York: Harper and Row, 1970), p. 89-103.

[541] *Disp. pub.*, IV. xxxii, tese 4.

[542] *Disp. priv.*, XVII. v.

Desse modo, deve ser feita uma distinção entre a certeza do conhecimento e a necessidade da existência. A primeira está no conhecedor e não tem uma relação direta com as questões da causalidade; a outra está no objeto conhecido, nasce diretamente da causalidade e pode estar no objeto, quer ele seja conhecido com certeza, com incerteza ou desconhecido. Consequentemente,

> o conhecimento de Deus, apesar de certo, não impõe uma necessidade sobre as coisas, mas sim estabelece contingência sobre elas. Pois quando conhece sabe uma coisa, e a maneira dela, se o seu modo é contingente, deve conhecê-la como tal, e, portanto, ela permanece contingente em relação ao conhecimento divino.[543]

Defender de outra forma seria impor um limite e uma contradição ao conhecimento divino – pois, uma harmonização da certeza com a necessidade causal significaria que um certo conhecimento de uma coisa contingente deveria gerar uma coisa necessária, implicando uma alteração do modo da coisa conhecida ou uma inabilidade divina para ter conhecimento de coisas contingentes.[544]

Embora Deus conheça todas as coisas "por uma intuição infinita" ou apreensão imediata – e não pelo exercício de uma disposição para saber, mas preferentemente com um conhecimento eterno e perfeitamente realizado que é simples, não tendo em si nenhuma sucessão temporal ou lógica – podem ser feitas algumas distinções entre modos do conhecimento divino, conquanto possa ser dito que Deus conheça todas as possibilidades de uma maneira diferente do modo no qual ele conhece toda a realização ou conhece todas as coisas necessárias de um modo diferente pelo qual ele conhece as contingências. Essas distinções surgem, é certo, não da consideração de Deus, mas sim da consideração

---

[543] Idem, XVII; cf. *Disp. pub.*, IV. xxxviii.
[544] Cf *Disp. pub.*, IV. xxxviiii.

dos objetos do conhecimento divino – de modo tal que a *scientia Dei* pode ser distinguida em diversas categorias para fins de discussão.[545]

Com base nessas considerações, Armínio faz duas distinções: o conhecimento de Deus pode ser entendido como "teórico" ou "prático" ou como um "conhecimento da inteligência simples" (*scientia simplicis intelligentiae*) ou "da visão" (*scientia visionis*). Com isso, "*o conhecimento teórico* é aquele pelo qual as coisas são conhecidas em termos de (*sub racione*) ser e verdade. O *conhecimento prático* é aquele pelo qual as coisas são consideradas em termos do (*sub ratione*) bem, e como objetos da vontade e poder [de Deus]".[546]

Essa breve referência ao "conhecimento prático" (*scientia practica*) em Deus, em paralelo com um comentário igualmente breve em uma tese subsequente,[547] é o mais próximo que Armínio chega em sua doutrina de Deus a uma discussão da *sapientia Dei* ou a sabedoria de Deus – conceito esse de considerável importância para suas doutrinas da criação e providência. A *sapientia* é normalmente definida pelos escolásticos no sentido aristotélico de um conhecimento ordenado na direção de um objetivo, ou seja, um conhecimento prático.[548]

A segunda distinção, entre o conhecimento da inteligência simples e o da visão, nos reencaminha para a questão da possibilidade e da realidade. No caso de Deus, ao saber a faixa inteira de possibilidades, ele fica sabendo também quais dessas possibilidades realmente se realizam e quais não. A *scientia simplicis intelligentiae* é o conhecimento pelo qual Deus "conhece a si mesmo, todas as coisas possíveis, e a natureza ou essência de todas as entidades."[549] Esse conhecimento também é intitulado *scientia necessaria* e é descrito como "indefinido" ou "indeterminado". Ele é "simples" ou "simplesmente necessário" pelo fato de

---

[545] *Disp. pub.*, IV. xl.
[546] Idem, IV. xli; cf. *Disp. priv.*, XVII. viii.
[547] *Disp. pub*, IV. xlv.
[548] Cf. *PRRD*, I, p. 205-15.
[549] *Disp. priv.*, XVII. ix.

se basear na preeminência ou perfeição do conhecimento divino. Este, em seu sentido mais aleatório, *deve* ser um conhecimento ilimitado de todas as possibilidades, privado de qualquer determinação de objetos reais, seja pela vontade divina ou pelas ações contingentes ou livres dos próprios objetos. Trata-se de um conhecimento da "inteligência simples" pelo fato de a inteligência divina, ou seja, o conhecedor divino em si, ser totalmente simples e não ter sucessão em seu absoluto (e absolutamente necessário) conhecimento de si mesmo e de todas as possibilidades.[550]

Esse simples ou necessário conhecimento também é denominado conhecimento natural (*scientia naturalis*), pois está em Deus de acordo com a infinitude da natureza divina, e é "indefinido" ou "indeterminado", pois ele se baseia no conhecimento natural que Deus tem de todas as possibilidades, antes da atividade criativa e livre da vontade divina. Ele é indefinido e indeterminado, então, porque é gerado da natureza divina sem referência ao real, aos objetos definidos e determinados.[551] A *scientia naturalis*, no entanto, direciona as ações da vontade e da potência divina. Armínio, neste ponto, propõe mais uma vez uma definição essencialmente tomista: "A *scientia Dei* denominada de inteligência simples, prática, e natural ou necessária, é a causa de todas as coisas por meio de um modo de determinação e direcionamento, ao qual são acrescentadas as ações da vontade e do poder".[552]

Quando chegarmos à discussão da *scientia media*, veremos Armínio qualificar esse ponto – nas definições básicas, porém, ele segue a visão intelectualista e tomista de que o conhecimento divino é a causa das coisas.

A *scientia visionis* é o conhecimento da visão divina de objetos efetivos ou entidades. É, portanto, identificado como conhecimento definido e determinado.[553] Armínio observa que os escolásticos cor-

---

[550] Cf. idem XVII. x com *Disp. pub.*, IV. xlii.
[551] Cf. *Disp. pub.*, IV. xlii-xlii com *Disp. priv.*, XVII. x.
[552] *Disp. pub.*, IV. xlv.
[553] Idem, IV. xlii; *Disp. priv.*, XVII. ix.

relacionam esse conhecimento da visão à vontade divina. Enquanto o conhecimento natural ou simples das possibilidades é logicamente anterior aos atos livres da vontade divina, o conhecimento determinado e visionário de objetos reais segue "cada ato livre da vontade divina".[554] Esse conhecimento é, portanto, também chamado de "conhecimento livre" (*scientia libera*) pelos escolásticos pois se baseia no livre exercício da vontade divina. Enquanto a *scientia simplicis intelligentiae* é mera ou absolutamente necessária, a *scientia libera* ou *scientia visionis* é relativamente ou "hipoteticamente" necessária, "pois quando qualquer objeto em absoluto é apresentado, deve por necessidade cair no alcance do conhecimento de Deus", porém objetos reais existem *ex hypothesi* na determinação divina de suas existências, e o conhecimento deles como coisas existentes é um conhecimento relativo à vontade divina.[555]

A *scientia visionis*, entendida como um conhecimento de objetos definidos, é o que é normalmente chamada de presciência (*praescientia*) divina. Como ele notou previamente em sua definição geral de onisciência, Armínio agora observa especificamente sobre a presciência divina que ela não impõe uma necessidade sobre coisas. A presciência segue a vontade divina, mas não é idêntica a ela – sua certeza repousa na compreensão divina do objeto, e não sobre a vontade divina referente ao objeto. Armínio pode dizer, portanto, que "coisas não existem porque Deus conhece-as como existentes no futuro, mas que ele conhece coisas futuras porque elas são futuras".[556] Armínio parece seguir o argumento, primeiramente apresentado por Boethius e depois adotado pela maioria dos escolásticos medievais, de que Deus, na condição de eterno, vê as coisas como elas são. Seu conhecimento não precede os objetos no tempo e os reconhece quando estão a ponto de existirem; preferentemente, ele conhece os objetos à medida que estes estejam oportunamente prontos além do tempo. O que é futuro para mim, Deus

---

[554] *Disp. priv.*, XVII. x.
[555] Idem.
[556] *Disp. pub.*, IV. xliv; Cf. *Disp. priv.*, XXVIII. xiv.

reconhece como futuro para mim, pois ele simultaneamente sabe todas as coisas, independentemente se são passado, presente ou futuro em relação à minha pessoa.[557]

Esse ponto – de que Deus "conhece coisas futuras porque elas são futuras" – representa um distanciamento da típica visão intelectualista da natureza divina, ao menos como definida por Aquino. Encontramos na *Summa* precisamente a declaração oposta: "Se as coisas estão no futuro, segue que Deus as conhece; mas não que a futuridade delas é a causa de Deus saber disso."[558] De fato, Aquino consegue argumentar que "Deus é o causador das coisas por Seu intelecto, visto que seu ser é seu ato de entendimento; e como consequência, seu conhecimento deve ser a causa das coisas em face da sua vontade ter se unido a ele."[559] Ao menos como forma de contraste, a visão arminiana implica menos que uma conjunção total entre o intelecto e a vontade divinos, pois embora Armínio, a exemplo de Aquino, subordine a vontade ao intelecto, diferentemente daquele pensador, ele obviamente acaba reconhecendo que Deus conhece algumas coisas existentes que ele diretamente não quer. Aquino, por sua vez, não faz aqui uma distinção entre a vontade permissiva e a positiva.

Embora essas definições básicas de *scientia necessaria* e *scientia libera*, *scientia simplicis intelligentiae* e *scientia visionis* estejam de acordo com o uso dos contemporâneos reformados de Armínio, elas apresentam certas nuances em diferentes direções. Enquanto Armínio coloca ambos os aspectos do conhecimento divino firmemente sob o argumento Boetiano de que a certeza do conhecimento não implica uma necessidade, e enquanto ele relativiza a linguagem da *scientia libera* separando-a claramente da atividade livre da vontade divina e repousando sua certeza somente no objeto, os reformados extraem as implicações de se colocar a causalidade divina entre o conhecimento simples ou o

---

[557] Cf. Boethius, De *consolatione*, V.
[558] Aquino, Summa, Ia, q. 14, art. 8, ad obj. 1.
[559] Idem, art. 8, corpus.

necessário e o conhecimento livre ou visionário de Deus. Polanus, por exemplo, defende que Deus conhece os objetos de sua *scientia visionis* pois ele se conhece como capaz de trazê-los à existência e, além disso, tem uma vontade eficaz de fazê-lo.[560] Deus reconhece determinadamente como existentes aquelas coisas que deseja existirem. Por implicação, a *scientia visionis* é extremamente coextensiva com a realidade, posto que somente aquelas coisas que Deus permissiva ou positivamente deseja que existam, de fato existem.

O resumo de Heppe do ponto reformado é preciso e correto:

> "Conhecimento de visão" e conhecimento de "inteligência simples" são muito distintos entre si, pois o primeiro é uma ciência apropriada pela qual a visão de Deus penetra em todas as coisas que não são Ele Próprio, visto que Ele pode e efetivamente quer efetivar tudo que existe e ocorre fora dele. Ao passo que o último não é propriamente um conhecimento (*scientia*) e sim uma *intelligentia* pela qual Deus revisa o campo de Sua absoluta liberdade; no qual residem inúmeras possibilidades, que, todavia, Ele não permitirá suas realizações.[561]

Com essa perspectiva, não há campo entre o conhecimento necessário e o simples ou entre o livre e o visionário para uma terceira categoria de conhecimento – a faixa inteira de conhecimento é exaurida pelas duas categorias.

Até esse ponto, temos observado uma série de diferenças entre o sistema teológico de Armínio e os sistemas de seus contemporâneos reformados, mas nenhuma delas estava em questões cruciais para o desenvolvimento das visões arminianas sobre predestinação, livre-arbítrio e a ordem da salvação. Nenhum dos pontos diferentes referentes

---

[560] Polanus, *Syntagma*, II. xviii; cf *RD*, p. 74
[561] *RD*, p. 74.

à natureza de sua teologia ou de sua doutrina de Deus correlaciona-se com, ou fornece uma base metafísica para, os controversos artigos de seu tratado *Declaratio sententiae*. Além disso, virtualmente todos esses pontos de diferença podem ser justapostos aos pontos de similaridade ou continuidade com os ensinamentos reformados estabelecidos no mesmo contexto doutrinal. Mas, há uma diferença, embora Armínio considere a teologia como uma matéria essencialmente prática, ele concorda com os reformados em sua identificação da teologia arquetípica e sua relação com as formas de teologia ectípica. Ele não aceita a classificação comunicável/incomunicável dos atributos, mas adere estritamente às implicações cristológicas do ensinamento reformado sobre este ponto – e assim por diante. Agora, entretanto, na doutrina do conhecimento ou entendimento divino, finalmente temos um ponto de discordância com o ensinamento reformado que reside diretamente na substância do último debate. Na realidade, a concepção arminiana da *scientia media* é fundamental para sua revisão da doutrina da predestinação e para seu sinergismo soteriológico.

Júnio observara de maneira bastante breve a distinção entre *scientia simplicis intelligentiae* e *scientia visionis*. Deus conhece todas as coisas, tanto contingentes como necessárias, quer presentes, passadas ou futuras, sabendo tudo isso perfeitamente. Ele, ainda, conhece coisas que não estão a não ser em *potentia* igualmente em potência e, portanto, possíveis sob sua vontade e a vontade das criaturas. Seu conhecimento de coisas reais reside na determinação de sua vontade.[562] Júnio não faz menção à *scientia media*, demonstrando pelo menos que suas teses sobre a *scientia Dei* foram formuladas no início dos anos 1590 antes de o conceito de *scientia media* se tornar um foco do debate teológico protestante.

Os teólogos do início do século XVII, no entanto, estavam profundamente interessados no conceito. Do lado reformado, a reação foi inicialmente mesclada: Gomaro, Walaeus e Crocius consideravam o conceito útil ao explicar a concorrência permissiva de Deus nos atos

---
[562] Júnio, *Theses theologicae*, IX. 4.

maldosos dos seres humanos,[563] mas não estavam em absoluto preocupados em defender, em geral, uma presciência divina condicional de eventos contingentes futuros. De modo geral, os pensadores reformados sustentavam que Deus, em sua ordenação de todas as coisas, ordenava a ocorrência necessária de certas coisas e a contingente de outras. Como a existência de eventos contingentes dependia diretamente da vontade divina, a presciência divina de eventos contingentes futuros poderia ser explicada como pertencente à *scientia libera seu visionis*, sem recurso a qualquer conceito de uma *scientia media*.[564] Poder-se-ia perguntar, portanto, aos ortodoxos reformados por quê adotaram uma solução escotista a um problema tomista? Deus conhece a existência de eventos contingentes futuros seja porque decretava suas ocorrências, seja porque concorre eternamente nos atos livres das criaturas.[565] (Com o propósito de repudiar a perspectiva reformada, Armínio não apenas adotaria um conceito de *scientia media*; ele também defenderia uma visão alternativa de concorrência.[566])

O problema do conhecimento médio, no entanto, não desapareceria. O conceito fora elaborado não apenas pelos jesuítas, mas também pelos socinianos e pelo notório Conrad Vorstious como um meio de defender o espaço da liberdade humana no trabalho de salvação. Os socinianos inclusive haviam migrado para um conceito de presciência limitada de eventos contingentes futuros – restringindo o conhecimento a uma gama de possibilidades contingentes e excluindo o resultado real como futuro.[567] Walaeus eventualmente desenvolveu uma contra-argumentação extensa ao reconhecer a *scientia media* como uma descrição válida de um conhecimento hipotético divino de possibilidades futuras não realiza-

---

[563] RD, p. 79.
[564] Idem, p. 79-80.
[565] Cf. Raymond, *DTC* 4/2, "Duns Scot", col. 1880, citando *I sent.*, d. 39, nota 23.
[566] A seguir, cap. 12.
[567] Cf. Fausto Socino, *Praelections theologicae*, caps. 8-11 em *Bibliotheca fratrum polonarum*, vol. 1 com Johann Crell, *Liber de deo eiusque atttributis*, cap. 24, em idem, vol. 4; e veja também Otto Zockler, "Socin und Socinianismus", *RE* 18, p. 471.

das. Deus sabia, por exemplo, que Tiro e Sidom teriam se arrependido se tivessem visto as obras poderosas feitas por Jesus em Corazim e Betsaida (Mt 11.21). Portanto, há em Deus uma certeza a respeito de eventos contingentes futuros hipoteticamente conhecidos, conhecimento este anterior à vontade decretadora divina e consequentemente anterior à *scientia visionis*. Walaeus observa, no entanto, que esse conhecimento hipotético não é necessariamente para ser entendido como um terceiro tipo de conhecimento separado da *scientia simplicis intelligentiae*.[568] Armínio defende exatamente o ponto que as definições oferecidas por seus contemporâneos reformados tinham propositadamente excluídos. Após seu conjunto básico de definições, ele apresenta a tese de que

> Os escolásticos dizem, além disso, que o conhecimento de Deus (*scientia Dei*) é natural e necessário, ou livre, ou intermediário (*mediam*). O conhecimento natural ou necessário é aquele pelo qual Deus compreende a si mesmo e a todos os possíveis. O conhecimento livre é aquele pelo qual ele conhece todos os outros Seres. O conhecimento intermediário é aquele pelo qual ele sabe que, se isso ocorrer, aquilo acontecerá. A primeira precede todo ato livre da vontade divina. A segunda segue o ato livre da vontade. Este último de fato precede o ato do livre-arbítrio [divino], mas na hipótese dele ver o que irá ocorrer".[569]

Consequentemente, a *scientia media* intervém entre o conhecimento natural ou necessário e o conhecimento livre ou visionário como um conhecimento de eventos contingentes que reside fora do campo da vontade divino positiva, no campo da causalidade secundária. Armínio, significativamente, não identifica os escolásticos de cujas obras ele tirou suas definições.

---

[568] Walaeus, *Loci communes*, p. 175.
[569] *Disp.pub.*, IV. xliii, xlv ad fin.

Ele ainda reconhece que a distinção de diversos tipos de conhecimento em um Deus onisciente é um tanto problemática. Estritamente falando, todo o conhecimento de Deus é necessário. Deus sabe todas as coisas por causa da infinitude de sua essência. Até mesmo a *scientia libera* não pode ser considerada um resultado –, nem mesmo um resultado da vontade divina oferecendo um objeto desejado ao intelecto divino.[570] Armínio, afinal das contas, defendera a posição intelectualista em que o intelecto divino governa a vontade divina, e não o contrário. Quaisquer objetos, inclusive os apresentados hipotética ou contingentemente, são conhecidos por causa do entendimento infinito da essência divina que, na condição de infinita, deve conhecer todas as coisas.

Armínio não desenvolve muito sua definição de *scientia media*, mas sua própria definição do conceito levanta uma séria questão sobre a extensão do conhecimento divino e de suas possíveis limitações. A definição insere um elemento de condicionalidade na *scientia Dei*: "se acontece isso, aquilo ocorrerá". Armínio parece estar dizendo que, de acordo com a *scientia media*, Deus tem um conhecimento condicional de eventos contingentes futuros. Em outras palavras, ele de fato não sabe se um evento contingente futuro é algo que absolutamente ocorrerá, mas reconhece esse evento relativa ou hipoteticamente como um potencial resultado de um ato anterior da criatura. A *scientia media*, em outras palavras, aparentemente introduz na mente divina um elemento de potência ou conhecimento de possibilidade realizado por algo externo a Deus.[571] Ao menos, essa é a implicação do elemento condicional na definição – e, de fato, da criação de uma categoria de conhecimento entre o conhecimento pré-criativo, puro de possibilidades e o absolutamente certo conhecimento pós-criativo de realidades positivamente desejadas. A *scientia media* é meramente um conhecimento dos resultados dos desejos permissivos divinos (nesse caso seria um conhecimento certo e definitivo) –, ou é também um conhecimento de eventos que ocorrem

---

[570] *Disp.pub.*, IV. xliii.
[571] Cf. *Amica collatio*, p. 492 (*Works*, III, p. 65-66).

fora dos desejos divinos, quer permissivos ou positivos (nesse caso seria um conhecimento incerto ou indeterminado)?

Embora os reformados tivessem agrupado o conhecimento de todos os eventos contingentes, inclusive os permissivamente desejados, sob a *scientia visionis*, Armínio acrescenta uma nova categoria. Isto é crucial para a questão de onde deriva essa categoria bem como quais suas implicações para a doutrina de Deus e para o sistema teológico em geral. Armínio identifica as três categorias da *scientia Dei* como emprestadas dos escolásticos, que era a típica designação protestante, não dos protestantes contemporâneos que seguiam um método escolástico, mas sim dos escolásticos medievais. O problema aqui é que o conceito de uma *scientia media* não deriva dos escolásticos medievais cujos sistemas filosóficos e teológicos tinham sido ora identificados como meios utilizados no desenvolvimento da ortodoxia protestante. Preferentemente, ele foi gerado a partir de um debate da Igreja Católica Romana do século XVI, e, especificamente, do encontro entre Driedro, Molina e Suárez, do predestinacionismo de Bañez e da tradição tomista em geral. O termo *scientia media*, colocado em evidência por Molina, muito provavelmente fora criado por seu mestre, Fonseca.[572]

Aquino, por exemplo, havia levantado a questão se Deus é capaz de conhecer eventos futuros contingentes. Sobre o lado negativo, ele apontava que todo o conhecimento divino é sob certo sentido necessário. Dado que a proposição "se Deus sabe que tal coisa acontecerá, ela acontecerá" é verdadeira, então, "o antecedente condicional", isto é, "se Deus sabe que tal coisa acontecerá" é "absolutamente necessário" conquanto que se trate de uma declaração sobre a eternidade de Deus. A parte consequente, então, segue como uma necessidade, dada a obrigação da primeira parte. Tudo o que Deus sabe, inclusive aquelas coisas apresentadas sob a forma de verdadeiras proposições condicionais, é necessário – e ele não

---

[572] Cf. Robert Merrihew Adams, "Middle knowledge and the problem of evil", em *The virtue of faith and other essays in philosophical theology* (Nova York: Oxford, 1987), p. 91, n. 2 com Vasteenberghe, 'Molinisme", DTC 10/2, col. 2096.

conhece coisas contingentes.[573] Colocado de forma mais simples, tudo o que Deus conhece, Deus conhece necessariamente. "Mas, nenhuma coisa contingente futura dever necessariamente acontecer. Portanto, nenhuma coisa contingente futura é conhecida por Deus".[574] Em outras palavras, ou Deus sabe tudo e não há eventos contingentes, ou ocorrem esses eventos e o conhecimento de Deus é limitado.

Certamente que nenhuma dessas opções é aceitável, e como alternativa Aquino recorre à definição Boetiana da eternidade como vida simultânea (embora rejeite o argumento Boetiano de que o conhecimento como tal é causal).[575] A certeza não implica necessidade.

Consequentemente, Deus "conhece todas as coisas contingentes, não somente como são suas causas, mas também como cada uma, de maneira individual, é realmente em si". Além do mais, Deus conhece coisas contingentes como fatos na simultânea totalidade de sua eternidade, sem sucessão temporal. "Daí é manifesto que coisas contingentes são infalivelmente conhecidas por Deus, conquanto que sejam submetidas à visão divina em suas presencialidades; elas, no entanto, são eventos contingentes futuros em relação às suas próprias causas."[576] A visão reformada, anteriormente citada, concorda de modo geral com Aquino ao fazer uma distinção entre a simultaneidade eterna do conhecimento divino e o evento da futuridade como um fato pertencente restritivamente à ordem temporal, e depois em inferir que Deus certa e absolutamente conhece coisas contingentes de acordo com a *scientia visionis* – embora os reformados, como Armínio, geralmente assumam que o conhecimento *não* é causal.

Aquino consegue responder suas objeções com uma divisão similar da questão: "as coisas conhecidas por Deus são contingentes por conta de suas causas aproximadas, enquanto o conhecimento de Deus, que é a

---

[573] Aquino, *Summa*, Ia, q. 14, art. 13, obj. 2.
[574] Idem, obj. 3.
[575] Idem, q. 14, art. 8.
[576] Idem, q. 14, art.13, corpus.

primeira causa, é necessário."⁵⁷⁷ Sobre o argumento baseado na condição antecedente do conhecimento divino, Aquino primeiramente faz uma distinção entre a necessidade e a contingência das coisas, e a necessidade puramente lógica e a contingência das proposições. A primeira não segue da última. A questão básica é "o que é conhecido por Deus deve ser necessário de acordo com o modo pelo qual é submetido ao conhecimento divino,... mas não absolutamente conforme considerado em suas próprias causas."⁵⁷⁸ Ele ainda defende que a necessidade do conhecimento divino nasce na infinitude de Deus, mas diferentemente de Aquino, que simplesmente assume que Deus pode incondicional e absolutamente conhecer coisas contingentes, Armínio assume que esse conhecimento não é causal e adiciona a categoria da *scientia media*. (A hipótese de Aquino de que o conhecimento em Deus é na realidade causal, como o intelecto da primeira causa estabelecendo toda a ordem da causalidade secundária,⁵⁷⁹ iria, presumivelmente, descartar qualquer ideia de uma *scientia media*.)

O problema, residente na teologia tomista, havia se tornado foco de discussão na Universidade de Louvain após a publicação do tratado *De concordia liberi arbitrii et praedestinationis divinae*, de John Driedro, em 1537. Driedro defendia que a graça divina e a liberdade humana não deveriam ser canceladas do trabalho de salvação e, de fato, o "uso correto do livre-arbítrio, previsto por Deus, deveria ser a base para eleição para a graça da justificação" e que, portanto, a predestinação poderia ser definida como um decreto divino "para chamar e ajudar seres humanos de um modo que lhes faça obedecer."⁵⁸⁰ Driedro achou necessário distinguir entre a intenção inicial divina de salvar todos os homens que estabelecem a prioridade da graça e depositam todos os atos salvíficos dos seres humanos no movimento real de Deus como primeira causa, e

---

[577] Idem, q. 14, art. 13, ad. obj. 1.
[578] Idem, ad, obj. 3.
[579] Idem, q. 14, art. 8, corpus.
[580] Driedro, *De concordia*, como citado em Vansteenberghe, "Molinismo", *DTC* 10/2, col. 2096.

o pré-conhecimento divino do sucesso ou fracasso da graça, conquanto os chamados não respondam igualmente à oferta divina de salvação. O fundamento supremo da predestinação é o bom propósito divino, mas este último fundamento não conflita com a demanda divina em que seres humanos livremente escolhem ter uma vida correta.[581] As perspectivas de Driedro foram conduzidas adiante por seus alunos em Louvain, e, em 1556, adotadas por um professor jesuíta, Fonseca, como a base para a sua refutação de um escrito de Calvino, intitulada *De praedestinatione, libero arbitrio et gratia contra Calvinum* (Paris, 1556). Em 1565, Fonseca havia apresentado uma descrição completa do conceito de *scientia media* divina, antes dos decretos divinos e assim com um caráter de um conhecimento não causal, distinto das categorias da *scientia necessaria* e da *scientia libera*.[582]

Era precisamente esse caráter último e causal do intelecto divino – de que Deus conhece todas as possibilidades e, dada a prioridade do intelecto sobre a vontade, reconhecidamente ordena que possibilidades ele quer realizar – que Molina se esforça para superar em seu debate com o Agostinianismo um tanto radical de Bañez e com os interpretadores dominicanos de Tomás de Aquino. Enquanto o tomismo de modo geral e especificamente Bañez "começam com princípios metafísicos", com Deus "como primeira causa e primeiro motor", Molina começa com o problema do livre consentimento da vontade, assumindo como sua tarefa a explicação da "presciência divina, e a ação da graça, de tal maneira que a liberdade da vontade não é explicada ou tacitamente negada."[583] O seu tratado *Concordia liberi arbitrii cum gratiae donis, divina praescientia, providentia, praedestinatione et reprobatione,* publicado em 1588, defendia que a presciência divina sobre eventos contingentes futuros não deve ser entendida como um conhecimento de contingências criadas, ou ordenadas como tal, pela ação direta da vontade divina (e desse modo

---

[581] Dumont, *Liberté humaine*, p. 99-101, citando Driedro, *De concordia*, L. iv e IL. iii.
[582] Compare Vansteenberghe, "Molinisme", *DTC* 10/2, col. 2096 com Dumont, *Liberté humaine*, p. 127-28.
[583] Copleston, *History of philosophy*, III, p. 342.

uma categoria da *scientia libera)*. Mas sim, como um conhecimento de contingências existentes antes de "qualquer ato livre de sua vontade e que se baseiam em um claro e seguro conhecimento do ato das criaturas.[584]

Consequentemente, Molina defende a existência de um conhecimento, ou presciência divina,

> mediato entre o conhecimento livre e puramente natural de Deus pelo qual... Ele conhece, antes de qualquer ato livre de sua vontade, o que ocorreria condicionalmente (*ex hypothesi*) pela agência da vontade criada na ordem das coisas, dado que ele decidira colocar esses anjos ou homens em uma particular situação; se, além disso, a vontade criada fosse capaz de fazer o contrário, ele conheceria esse contrário [por essa presciência].[585]

Esse conhecimento divino, portanto, é fundamentado diretamente nos atos das criaturas. Não há determinação divina nenhuma na *scientia media*. Assim, Deus é capaz de antever o modo como uma criatura irá agir, dadas certas condições, – e capaz, portanto, de agir nessa presciência de eventos contingentes futuros, estabelecendo certas condições para tanto. Molina refere-se especificamente à declaração de Orígenes que "uma coisa ocorrerá não porque Deus a conhece como futuro, e sim porque é futura, estando naquela conta conhecida por Ele antes de sua existência", conforme citado por Aquino, e, especificamente, discorda

---

[584] Luis de Molina, *Concordia liberi arbitrii cum gratiae donis, divina prescientia, providentia, praedestinatione et reprobatione*, ed. Joahnn Rabeneck (Onia e Madri: Collegium Maximum Societatis Iesu, 1953), VII, q. 23, arts. 4-5, disp. 1, memb. Ult (14). 9. "Tertium est praescientia illa media scietiam Dei liberam et mere naturalem qua... ante actum liberum suae voluntatis cognovit Deus, quid in unoquoque rerum ordine per arbitrium creatum esset futurum ex hypothesi, quod hos homines aut angelos in hoc vel illo ordine rerum collocare statueret, qua tamen cogniturus erat contrarium, si contrarium, ut protest, pro libertarte arbitrii creati esset futurem";compare Vansteenberghe, "Molinisme", *DTC* 10/2, col. 2119.

[585] Molina, Concordia, p. 549.

da interpretação dada por este pensador. Aquino havia deliberadamente recusado a considerar um evento futuro como a causa de algo em Deus ou como estando fora da causalidade divina.[586]

Portanto, um elemento decisivo na transição da perspectiva de Aquino até o Tomismo modificado – sobre esse ponto, radicalmente modificado – dos teólogos jesuítas, era a negação da natureza causal do conhecimento divino de eventos contingentes futuros na "perfeição ilimitada do intelecto divino". Em outras palavras, Deus conhece tão extensamente o campo inteiro de possibilidades que, além de sua vontade, algumas coisas existem e outras não. Ele também conhece, simplesmente por causa de seus poderes cognitivos infinitos, os efetivos resultados de todas as causas contingentes antes de suas realizações.[587] Suárez, cuja formulação sobre o problema provavelmente Armínio também lera, prefere não basear seu argumento puramente na natureza da cognição divina, defendendo que Deus, ao antever a natureza ou caráter de suas criaturas, prevê como elas estariam dispostas a agir em qualquer dada situação, e, portanto, prevê com certeza o real resultado de suas escolhas futuras.[588]

Armínio em ponto algum cita Driedro, Molina, Suárez ou Orígenes e tampouco cita o debate à época da Igreja Católica Romana sobre o conhecimento médio. Sua única citação de Tomás de Aquino não guarda nenhuma relação direta com a questão da *scientia media*, contudo, é difícil descartar a influência de Molina e Suárez em sua doutrina. Há inclusive uma dica da famosa citação tomista de Orígenes e sua interpretação molinista na observação de Armínio de que "uma coisa não ocorre (*non sit*) porque ela é antevista ou prevista, mas é antevista ou prevista porque está para ocorrer (*futura est*)."[589] Também, a motivação

---

[586] Idem, p. 317-18, citando Aquino, *Summa*, Ia, q. 14, art. 8, ad. obj. 1.

[587] Compare Adams, "Middle Knowledge", p. 81, citando Molina, *Concordia*, q. 14, art. 13, disp. 53.

[588] Suárez, *De scientia Dei futuorum contingentium*, prol. 2, cap. 7, nn. 21-25 em *Opera*, XI, p. 94-96; e veja a exibição em Adams, "Middle Knowledge", p. 81-82.

[589] *Disp.priv.*, XXVIII. xiv.

de Armínio em defender a *scientia media* é idêntico ao de Molina: "conhecimento médio", argumenta Armínio "deveria intervir (isto é, entre o conhecimento natural e o livre) em coisas dependentes da liberdade da escolha das criaturas."[590] Com isso, a *scientia media* deve preceder o "ato livre da vontade em relação à inteligência" –, isto é, preceder o ato da vontade que fundamenta a *scientia libera* ou a *scientia visionis*, e deve conhecer eventos futuros, não porque eles foram desejados e sim na hipótese de suas futuras ocorrências.[591] Deus, portanto, será capaz de ordenar os meios de salvação com base no conhecimento consequente ou hipotético da livre escolha das criaturas em um contexto de graça.[592]

A questão surge naturalmente sobre a fonte real ou antecedente para a concepção arminiana da *scientia media*. Ela deriva de Molina ou de Suárez? De fato, há três perspectivas básicas da *scientia* e de seu relacionamento com a eleição de indivíduos sustentadas por membros da ordem jesuíta envolvidos na controvérsia: uma representada essencialmente por Molina, Toletano, Vazquez e Lessius; outra por Suárez, e Belarmino; e a terceira por Aquaviva. A perspectiva molinista prega que Deus tem determinado eternamente para distribuir, a toda a humanidade, a graça necessária à salvação. A graça, assim, é distribuída desigualmente, mas de modo suficiente para cada indivíduo. De acordo com sua *scientia media*, Deus sabe como os indivíduos aceitarão ou resistirão à assistência de sua graça e pode destiná-los para a glória ou a punição com base em suas livres escolhas. A predestinação, portanto, é *post praevisa merita et demerita*.[593] Contrastando, a perspectiva de Suárez e Belarmino defende que Deus escolhe eternamente aqueles que são dele, e que de acordo com essa eleição, concede a graça suficiente para a salvação dos indivíduos. A *scientia media* serve para prover Deus com um conhecimento da livre

---

[590] Idem, XVII. xvii.

[591] Idem, XVII. xi; o resumo de Vansteenberghe do ensinamento de Molina apresenta um paralelo perfeito com a definição arminiana; veja "Molinisme", *DTC* 10/02, col. 2119.

[592] Compare *Disp. priv.*, XL. v; XLI. iii (sobre predestinação).

[593] Scorraille, Francois Suárez, I, p. 355; compare Dumont, *Liberté humaine*, p. 127-40, 164-70 e La Serviére, *Théologie de Bellarmine*, p. 575-84, 597-601.

aceitação do eleito de sua graça, e igualmente com um conhecimento da rejeição de sua suficiente graça, mas ineficaz, pelos condenados. A graça dada é congruente com o fim divino de uma eleição *ante praevisa merita*: a doutrina de Suárez, portanto, é intitulada "congruente" ou "congruente pura".[594] A terceira perspectiva, atribuída a Aquaviva, tem sido denominada de "congruente mitigada". Ela defende que Deus determina eternamente que atos virtuosos merecerão a glória eterna. Em seguida concede a graça suficiente e congruente com sua vontade e, de acordo com sua *scientia media*, sabe que indivíduos aceitarão a sua graça. A predestinação é *post praevisa merita*.[595] Todas as três perspectivas assumem que os eleitos são salvos pois cooperaram com uma graça divina resistível, e os punidos se perdem por suas próprias falhas – mas a perspectiva de Suárez, ao assumir a escolha divina anterior dos eleitos, faz a ideia da *scientia media* retroceder ao modelo tomista. Essa abordagem se aproxima mais da posição de Bañez do que da perspectiva molinista e, de fato, fica próxima ao ensinamento reformado.[596]

Alguma indicação da direção da linguagem de Armínio da *scientia media* é fornecida pelas suas discussões finais do decreto eterno da salvação – além de uma posterior indicação na linguagem dos desejos antecedente e consequente, absoluto e condicional em Deus que pertence ao seu conceito da *voluntas Dei*.[597]

Em uma curta série de artigos escritos muito provavelmente em 1608, e na *Declaratio sententiarum* do mesmo ano, Armínio descreve o decreto eterno de Deus como consistindo de quatro decretos logicamente distinguíveis. Os três primeiros desses decretos estabelecem a intenção divina geral de apontar Cristo como o Mediador da salvação para a humanidade decaída, "para receber em [seu] favor aqueles que se arrependem e creem" em Cristo, e para prover "os meios para o arrepen-

---

[594] Idem, p. 355-56.
[595] Idem, p. 356.
[596] Compare idem, p. 355-56.
[597] *Disp. pub.*, IV. lx-lxii; *Disp. priv.*, XIX. iii-ix; e a seguir, este cap., p. 138-41.

dimento e a fé a medida que são necessários, suficientes e eficazes."[598] O quarto decreto, em contrapartida, refere-se a indivíduos particulares e "se fundamenta na presciência (*praescientia*) e previsão (*praevisione*) de Deus, pelas quais ele prevê, de toda a eternidade, quem acreditaria... com a ajuda da graça preveniente e perseveraria com a ajuda da graça subsequente, e quem não acreditaria nem perseveraria."[599]

Em seus detalhes, a linguagem de Armínio dos decretos divinos dá uma guinada da perspectiva *ante praevisa merita* de Suárez sobre a predestinação e evidencia uma certa afinidade com os ensinamentos de Driedro e Molina e com a formulação de Aquaviva. Embora, é certo, a doutrina da *scientia media* de Armínio, ao manter-se com a doutrina protestante da justificação, defenderia que Deus elege no modo *post praevisam fidem* em vez de no *post praevisa merita*. A exemplo de Driedro e Molina, Armínio assume uma determinação divina geral, anterior, para salvar a humanidade e para prover recursos suficientes a esse fim – e, mais uma vez, como Molina, ele assume que Deus elege ou rejeita com base em uma presciência da resposta humana em relação à graça[600]. A diretriz básica é molinista, então, contanto que a presciência divina inclua o conhecimento da rejeição assim como da aceitação da graça. No entanto, como Driedro e Aquaviva, ele também inclui em sua descrição dos decretos anteriores ou antecedentes de Deus a ordenação das condições de salvação – no ensino de Armínio a fé vem antes que méritos.[601] Além do mais, não somente podemos assumir que Armínio era ciente das linhas gerais do debate da Igreja Católica Romana sobre a graça, livre-arbítrio e predestinação, mas podemos também inferir, do catálogo de sua biblioteca particular, que ele tinha um conhecimento detalhado, e direto, das posições de Driedro e Molina e, muito provavelmente, de Suárez. Armínio possuía cópias do *De concordia liberi arbitrii*

---

[598] Articuli nonnulli, XV. 1-3; compare Dec. sent., p. 119.
[599] Articuli nonnulli, XV. 4.
[600] Compare *Dec. sent.*, p. 119 e *Articuli nonnulli*, XV. 1-3.
[601] Compare *Dec. sent.*, p. 119 e *Articuli nonnulli*, XV. 4.

et praedestinationis divinae de Driedro (Louvain, 1537), do *Concordia liberi arbitrii cum gratiae donis* de Molina (Antuérpia, 1595) e do *Opuscula theologica* de Suárez.[602]

A razão para ele ter adotado essa abordagem à *scientia media* discutivelmente se equipara à de Molina. Na *Conferência* com Júnio, ele reserva para discussão três perspectivas de predestinação: a de Calvino (e Beza), de Aquino e a de Agostinho. Sua preferência era claramente pela de Tomás de Aquino, embora observasse que ela, a exemplo das doutrinas de Calvino e Agostinho, ficava no caminho de uma afirmação completa da liberdade e responsabilidade humana. Armínio defende especificamente que Deus, de forma infalível e segura, prevê a queda do homem no pecado, mas que essa infalibilidade "diz respeito somente... à sua antevisão e não em relação a qualquer ato da vontade divina, seja ele afirmativo ou negativo."[603] A exemplo de Molina, Armínio vê isso como um problema no postulado por Tomás de Aquino de que não há nenhum conhecimento de contingências anterior ao ato da vontade divina que estabelece a existência de todas as coisas, e como aquele autor ele modifica o modelo tomista que repousa no centro de sua teologia. Enquanto Tomás de Aquino havia simplesmente defendido que Deus conhece todas as coisas graças à sua essência, pelo fato de "Ele se conhecer perfeitamente" e, portanto, conhecer também "a essência da coisa criada", que é algo dele e existe por participação, Armínio sustenta que embora "Deus conheça todas as coisas por sua essência" por causa de suas participações em seu *esse*, algumas coisas são conhecidas antes de serem desejadas por ele.[604] De acordo com Armínio, Deus conhece coisas "em si mesmas" bem como "em suas causas" – ao passo que Tomás de Aquino afirme categoricamente que Deus vê coisas contingentes "mesmo antes de elas existirem... como elas realmente existem, e não meramente como existirão no futuro

---

[602] *Auction catalogue*, p. 7-8 (títulos estão corrigidos).
[603] Compare *Amica collatio*, p. 372 (*Works*, III, p. 180).
[604] Compare Aquino, *Compendium theologiae*, I. 133 com Armínio, *Disp. priv.*, XVII, ii, xi.

e como, virtualmente presentes em suas causas, na perspectiva de podermos conhecer alguns eventos futuros."⁶⁰⁵

Em outras palavras, a linguagem de Armínio em relação ao decreto reside em uma distinção entre um conhecimento divino da possibilidade soteriológica (que é universal ou, ao menos hipoteticamente, universal da perspectiva da oferta de Deus) e uma presciência divina do que é executável pelos homens. Esta última, além disso, é conhecida por Deus aparte de qualquer causalidade divina direta, como um resultado das escolhas humanas na ordem contingente. Com isso, a vontade divina de salvar determinadas pessoas reside no conhecimento divino de atos contingentes futuros – *scientia media*. De fato, é apenas pelo instrumento da *scientia media* que Armínio consegue sustentar uma vontade genuinamente universal de salvar, com base em um conhecimento de possibilidades, e subsequentemente sustentar uma vontade genuinamente específica de salvar somente os crentes. Se houvesse apenas uma *scientia simplicis intelligentiae* e uma *scientia visionis*, então a possibilidade de uma salvação universal seria sempre conhecida de Deus como uma possibilidade fora de sua vontade e o conhecimento real dos salvos seria o resultado direto de uma vontade de salvar alguns e não outros – ou seja, a posição reformada.

Além disso, o postulado por Armínio sobre a *scientia media* marca a entrada decisiva desse conceito no Protestantismo, resultando que a Escolástica reformada do século XVII consideraria necessário discutir extensivamente contra a doutrina, embora pensadores remonstrantes como Episcópio e Limborch, juntamente com Grotius e Vorstius, fossem elaborar e defender a posição. Deve ser notado que Ritschl localizava o conceito nas obras de Grotius e Vorstious, mas não reconhecia suas raízes nos debates da Igreja Católica Romana da época, nem sua apropriação por Armínio e tampouco sua história subsequente na teologia remonstrante.⁶⁰⁶ Episcópio e Limborch desenvolvem o ponto de maneira

---

⁶⁰⁵ Armínio, *Disp. priv.*, XVII. V; Aquino, *Compendium theologiae*, I. 133.
⁶⁰⁶ Compare Ritschl, *Dogmengeschichte*, III, p. 352.

idêntica aos ensinamentos de Armínio: *a scientia media* é uma certa previsão de eventos contingentes futuros, especificamente dos atos livres de homens e anjos. O primeiro, em particular, aponta para a diferença entre essa definição remonstrante do conceito e a perspectiva sociniana de uma limitação da presciência divina.[607]

Para concluir, vale a pena também notar que a discussão de Armínio sobre o conhecimento ou entendimento divino conforma-se à visão do Escolasticismo protestante em geral e da ortodoxia reformada em particular como um tomismo modificado. Armínio seguira o intelectualismo de Tomás de Aquino ao considerar o intelecto divino, antes da vontade divina, no ordenamento dos atributos. Nesse ponto, ele modifica o postulado por Aquino muito menos do que seus contemporâneos reformados, que tinham, em muitos casos, migrado para uma ênfase mais forte, talvez escotista, sobre a vontade divina. O conceito de Armínio sobre a *scientia media* é também uma modificação consciente do intelectualismo tomista – nesse caso, não cogitada por seus contemporâneos reformados, ao menos não de um modo substantivo. Em resumo, Armínio retém a prioridade tomista do intelecto sobre a vontade, mas deixa de lado a hipótese igualmente tomista da natureza ativa da *scientia Dei*: para Tomás de Aquino e pensadores tomistas subsequentes, como Giles de Roma, o conhecimento divino é a causa das coisas.[608]

Armínio deve, portanto, assumir a existência de eventos contingentes externos à causalidade divina, eventos esses que, em certo sentido, são a causa para Deus conhecê-los. A definição básica de Armínio, antes de sua discussão da *scientia media*, nega esse ponto.[609] No entanto, visto que ele retém seu senso tomista da prioridade do intelecto sobre a vontade, mas nega a natureza causal do conhecimento divino, Deus deve ter um conhecimento não causal daqueles eventos contingentes futuros promovidos pelos atos livres das criaturas. Como Garrigou-La-

---

[607] Compare Episcópio, *Inst. theol.*, IV. ii. 17-19; Limborch, *Theologia christiana*, II. viii. 8-29.
[608] Compare Steinmetz, *Misericordia Dei*, p. 42.
[609] Compare *Disp. priv.*, XVII. vi com *Disp. pub.*, IV. xxxvii.

grange afirma a respeito do molinismo, "aos olhos dos tomistas, essa teoria leva à admissão, em Deus, de uma *dependência* ou *passividade* do conhecimento em relação a uma ocorrência na ordem criada que não nascera dele."[610] "Se Deus não está *determinando*", conclui Lagrange, "Ele está [sendo] *determinado*."[611] Deveria também ser explicitado que as implicações do conceito de *scientia media*, particularmente em um sistema filosófico e teológico que detém a prioridade do intelecto sobre a vontade, se estendem muito além da questão um tanto limitada da liberdade humana na obra da salvação. A determinação de Deus antevendo eventos contingentes futuros que não fazem parte de sua vontade qualifica o relacionamento que ele tem com toda a ordem criada. A questão sobre a natureza e extensão do relacionamento divino com a criação e, mais ainda, permitindo a bondade e o amor do Deus Cristão, é uma questão sobre a natureza e extensão da providência divina.[612] A defesa da *scientia media* por Armínio, com isso, aponta diretamente para sua reformulação das doutrinas da criação e providência.

---

[610] Garrigou-Lagrange, "Thomisme", *DTC* 15/1, col. 870.

[611] Idem.

[612] Compare Burrell, *On Knowing the Unknowable God*, p. 80.

CAPÍTULO 10

A *vontade divina*

A doutrina do poder (*potentia*) e da vontade (*voluntas*) de Deus era uma das principais ênfases dogmáticas dos reformados desde a *Loci communes* de Musculus (1560) em diante.[613] Beza devotou bastante espaço a uma discussão do poder e da vontade divina, e o tratamento de Zanqui deve ser considerado um dos mais elaborados e exaustivos de toda a história da doutrina.[614] Armínio, assim, acessara uma tradição reformada da vontade divina e suas afeições e poderes que já tinha, anteriormente à sua época, experimentado um desenvolvimento escolástico importante. De fato, com base em Musculus e seus seguidores da tradição reformada nascera uma tendência escotista e nominalista; do lado de Zanqui, uma direção tomista. A doutrina de Armínio toma forma, portanto, em um cenário variado e em um contexto em que as principais tendências do Escolasticismo do final do período medieval já tinham sido apropriadas ou modificadas.

A ênfase nos argumentos racionais e na revelação se evidenciava tanto em suas provas como em sua discussão da natureza divina, e aparece

---

[613] Wolfang Musculus, *Loci communes* (Basileia, 1560), cap. 45.
[614] Theodore Beza, *Questionum et reponsionum christianarum libellus* (Genebra, 1584), p. 95-125 sobre providência, predestinação e a vontade divina; Jerome Zanqui, *De natura Dei*, III. iv.

mais uma vez em suas observações introdutórias sobre a vontade divina: "não somente uma perspectiva racional da essência e do entendimento de Deus, mas também as Escrituras e o consenso universal da humanidade testemunham que a vontade é corretamente atribuída a Deus."[615] Aqui, Armínio parece refletir a questão introdutória tipicamente escolástica – de que "se há uma vontade em Deus" ou "se a vontade pode ser um de seus predicados".[616] Ele fornece uma resposta tripla: de que há uma vontade inerente a Deus é um ponto que não pode ser questionado, mas a forma como ela é concebida e como ela se correlaciona com a ordem criada são questões importantes a serem abordadas, especificamente em vista do relacionamento entre o intelecto e a vontade e da colocação de algum evento contingente no intelecto divino, mas fora da vontade divina, defendido por Armínio na seção anterior de suas disputas.

Na discussão básica da natureza divina e em sua apresentação da vida divina, Armínio define a vontade divina em termos da realidade primária e secundária – neste ponto, ecoando especificamente a linguagem da psicologia das aptidões escolástica. A vontade é uma faculdade da vida divina existente nesta como tal, na condição de uma disposição passiva ou quiescente, e como uma operação, como uma atividade ou disposição ativa tendendo para um objeto. Assim, Armínio reconhece que "a vontade de Deus é considerada de três modos: primeiro, a faculdade da disposição como tal; segundo o ato da disposição (*actus volendi*); e terceiro, o objeto desejado."[617]

A vontade, desse modo, pode ser definida como

> a segunda faculdade da vida de Deus, fluindo pelo entendimento desde a vida e se estendendo além dela (isto é, para os objetos), pelo qual ele tende na direção de um bem conhecido.

---

[615] *Disp. pub.*, IV. xlviiii.

[616] P. ex., Aquino, *Summa*, Ia, q. 19, art. 1; Alexandre de Hales, *Summa* I, trat. vi., q 1, cap. 1; Peter Aureole, *I. sent.*, dist, 45-46; Henry de Ghent, *Summa*, art. 45, q. 1; e Suárez, *Disp.*, XXX. xvi.

[617] *Disp. priv.*, XVIII. i; compare um argumento similar em *Disp. pub.* IV. xlvii.

Na direção de um bem, porque este é um objeto adequado de toda a vontade. Na direção de um bem conhecido, não apenas na medida em que ele seja um ser (*qua Ens est*), mas também que seja bom, quer na realidade ou somente no ato do entendimento divino.[618]

Nessa definição básica, Armínio se afasta da tendência escotista ou nominalista que já havíamos identificado com a contribuição de Musculus para a teologia reformada. Este autor havia especificamente repudiado a analogia entre a disposição humana e a divina ao argumentar que o modelo da psicologia das aptidões da vontade e das afeições não poderia ser aplicado a um ser divino.[619] Armínio segue o padrão de analogia mais tomístico com as faculdades da alma humana e, além disso, com seu arranjo ou ordem. A discussão da vontade divina encontrada em suas *Disputationes* é, além do mais, a peça mais extensa dessa doutrina gerada na Universidade de Leiden à sua época: ela supera o detalhamento de Júnio, e a *Synopsis purioris*, além das disputas publicadas por Gomaro que efetivamente omitem o tópico.[620] Walaeus, entretanto, desenvolveria a doutrina com mais detalhamentos e com reflexões significativas ou que se equiparam à perspectiva exposta por Armínio.[621]

A definição de Armínio é significativa por sua dimensão intelectualista – pelo fato de posicionar a vontade abaixo do intelecto – e por sua omissão à referência da sabedoria de Deus (*sapientia Dei*). Em discussões subsequentes sobre a criação e a providência, ele consegue argumentar que a vontade divina se fundamenta na sabedoria de Deus, bem como em seu entendimento ou intelecto divino.[622] A omissão nes-

---

[618] *Disp. priv.*, XVIII. ii; compare *Disp. pub.*, IV. xlix.

[619] Compare Musculus, *loci Communes*, cap. xlv.

[620] Compare Júnio, *Theses theologicae* (Heilderberg) secs. 11-12; (Leiden), IX-5; *Synopsis purioris*, VI. xxxiv-xxxxv.; Gomaro, *Disp. theol.*, III.

[621] Walaeus, *Loci Communes*, III. 9 (p. 176-81).

[622] Compare *Disp. priv.*, XXIV. iv e corolário ii (sobre criação) e *Disp. priv.*, XXVII. vi, xi (sobre providência).

te ponto é, portanto, de certa forma curiosa e pode indicar a natureza incompleta e ocasionalmente provisional de suas *disputationes*. O que conseguimos obter da obra de Armínio é, antes de tudo, um sistema fragmentado que teria sido retrabalhado consideravelmente para sua publicação final. Este é também o caso que a discussão de Armínio dos atributos particulares apareça de certa forma mais antes em suas *Disputationes publicae*, e suas discussões sobre a criação e providência nas *disputationes privatae*, para as quais ele não faz esforço algum no sentido de retrabalhar a discussão dos atributos.[623]

O intelectualismo de Armínio é talvez mais óbvio em sua declaração de que o objeto da vontade não é meramente o bem, mas sim um "bem conhecido". O objeto da vontade é primeiramente reconhecido como bem por um ato do entendimento (*actus intellectus*); o intelecto, em resumo, apresenta a vontade com o seu objeto. Uma vez que o intelecto e a vontade são idênticos à essência divina, que é o bem mais elevado, a ordem ora descrita por Armínio é puramente lógica. Deus, assim, ao desejar o bem que ele conhece, primeiramente, e acima de tudo, deseja ele próprio. O argumento, mais uma vez, reflete lógica de Tomás de Aquino.[624] No entanto, a posição tomista básica é modificada na perspectiva de Armínio sobre a função da vontade. Para ele, o intelecto não é diretamente causal –, de tal modo que o conhecimento de Deus de um objeto não responde pela sua existência. Antes, de acordo com Armínio, a vontade funciona distintamente (no entanto, é certo, não separadamente) do intelecto ao gerar o bem conhecido *ad extra*.

Como o bem pode ser entendido como o bem mais elevado ou como bondade derivada, a vontade divina pode ser entendida como

---

[623] Compare *Disp. priv.*, XV. vii.

[624] Compare Aquino, *Summa*, Ia, q. 19, art. 2 ad. 4: " ita vele divinum est unum et simplex, quia multa non vult nisi per unum, quod est bonitas sua"; e idem, SCG, 1.75.7: "Deus intellectu suo intelligit se principalliter et in se intelligit alia. Igitur similiter principaliter vult se, et, volendo se, vult omnia alia"; com Armínio, *Disp. pub.*, IV. li: "ut intellectus Dei simplicíssimo actu intelligit essentiam suam, & per illam omnia alia; sic voluntas Dei uno et simplici actu vult bonitatem suam & omnia in bonitate sua."

tendo dois objetos, um "primário, imediato" ou objeto apropriado, o bem mais elevado; e outro "secundário e secundário", ou bem derivado, "para o qual a vontade divina não tende, salvo por meio do [bem mais elevado]."[625] Se este argumento é aceito, então segue para Armínio, assim como para Aquino, que Deus quer essencialmente ele próprio como o bem mais elevado e quer secundariamente todas as coisas, conquanto que elas derivem seus seres dele próprio e de sua bondade e desde que tendam para ele próprio como seu bem mais elevado. Deus não quer o mal.[626] Não encontramos nenhuma discussão paralela nas disputas de Gomaro, mas as posteriores teologias de Leiden de Walaeus e Episcópio adotam precisamente esse ponto, identificando o objeto primário da vontade divina como o próprio Deus, e o objeto secundário como todas as coisas feitas por ele, que como a fonte de todo o bem também é o fim de todas as coisas.[627] No ponto em que Walaeus – do lado reformado – difere de Armínio é em sua ênfase na identidade da *voluntas Dei* com a essência divina e, portanto, com o decreto eterno que estabelecia todas as coisas e de uma forma tão imutável.[628] Episcópio, do lado remonstrante do espectro da teologia leidiana, assume o ponto básico da relação entre a vontade divina e a bondade suprema de Deus e, seguindo a linha de argumentação de Armínio, não enfatiza a relação da vontade divina com o decreto imutável e sim a natureza da bondade divina como determinativa da vontade de Deus. Assim, para Episcópio, é claro que Deus *permite* o mal, mas fica igualmente claro, dado que a

---

[625] *Disp. priv.*, XVIII. iii.

[626] Compare *Disp. pub.* IV. xlix: "Malum autem, quod culpae dicitur, non vult Deus. Quia nullum bonum malo isti connexum magis vult, quam bonum cui malitia peccati adversatur, nempe bonum malo isti connexum magis vult, quam bonum cui malitia peccati adversatur, nempe bonum ipsum divinum" com Aquino, *Summa*, Ia, q. 19, art. 9, corpus: "Nullam autem bonum Deus magis vult quam suam bonitatem...Unde malum culpae, quod privat ordinem ad bonum divinum, Deus nullo modo vult", e com Patterson, *Conception of God*, p. 333.

[627] Walaeus, *Loci communes*, III. 9 (p. 176-77).

[628] Idem, p. 176.

bondade divina é a bondade primária e derivativa das coisas finitas e o objeto secundário da vontade divina, que Deus não *deseja* ou *permite* diretamente o mal. Ou, mais precisamente, Deus permite somente a função livre da vontade humana, e não o poder de pecar.[629] De fato, argumenta Episcópio, Deus quer diretamente somente o bem e assim o faz como uma "necessidade natural".[630] Como na teologia de Armínio, a direção primária da argumentação é afirmar a bondade de Deus até o ponto de desconsiderar a hipótese reformada de que Deus deseja todas as coisas, com o resultado que a permissão, para tomar emprestado as palavras de Agostinho, é uma "permissão desejada".[631]

Essa distinção entre dois tipos de bem e, portanto, entre dois objetos da vontade divina, primário e secundário, imediato e indireto, apontam na direção da doutrina da criação, especificamente em termos do relacionamento do Criador eterno com a ordem das coisas contingentes. Como esse aspecto da doutrina da criação correlaciona-se diretamente ao problema da vontade divina e o modo no qual identifica e refere-se a objetos externos, Armínio levanta a questão em suas disputas públicas sobre a vontade de Deus (que é, nesse ponto, algo mais elaborado do que em suas disputas privadas). O bem mais elevado, que é necessariamente o objeto primário e direto da vontade de Deus, não pode ser outro que a essência divina em si.[632] Por definição, a bondade não é meramente um predicado da essência divina, ela é – na simplicidade da essência divina – essencialmente idêntica à própria essência. A bondade é a perfeição preeminente da essência divina, como, de fato, são todos os outros atributos. Ainda assim, o objeto primário da vontade divina "estava isolado de toda a eternidade, há eras infinitas antes da existência de qualquer outro bem; e, portanto, trata-se do único bem (Pv 8.22-24)."[633]

---

[629] Episcópio, *Inst. theol.*, IV. ii. 20 (p. 305, col. 1).
[630] Idem, p. 305, col. 2.
[631] Agostinho, *Exchiridion*, cap. 100.
[632] *Disp. pub.*, IV. 1.
[633] Idem.

Há, de acordo com Armínio, um ordenamento de bens inferiores sob o bem mais elevado que reflete a ordem dos movimentos e dos atos ou operações secundárias na natureza de Deus. O bem finito "não existe concomitantemente com [o bem mais elevado], mas sim, a partir dele, pelo intelecto ou vontade divina."[634] O bem supremo é, com isso, o objeto primário e direto da vontade divina, e todos os outros objetos são secundários ou indiretos; o bem supremo, que é a essência divina em si, aparece antes na ordem do intelecto e da vontade divina, embora todos os bens inferiores estejam separados da essência divina e permaneçam subjacentes às operações do intelecto e da vontade.

Armínio reconhece que essa identificação de Deus como o primário, eterno e de fato eternamente suficiente objeto de sua própria disposição, imediatamente levanta a questão do motivo de a Divindade estender sua vontade a quaisquer objetos secundários. Em outras palavras, se Deus existe eternamente e "por infinitas eras antes da existência" de todos os bens finitos, qual é a razão para sua disposição criativa de objetos inferiores no tempo? A resposta é que tanto o entendimento como a vontade divina, ao buscarem a essência divina como o bem supremo, têm como seus objetos primários não somente o ser e a bondade, mas também a compleição ou plenitude do ser e da bondade. Essa plenitude de sua própria natureza é auto comunicante. O conhecimento divino confirma, e a vontade divina habilita, essa autocomunicação do ser e da bondade, a partir da qual surgem todas as coisas boas – como objetos secundários da vontade divina.[635] O ponto não é bem defendido, mas reflete o argumento de Tomás de Aquino de que

> Com efeito, quer-se a si mesmo e as demais coisas (ou: quer seu ser e os demais seres). Porém, a si mesmo como fim, e as demais como verdadeiramente ordenadas a este

---

[634] Idem.
[635] Idem.

fim, enquanto convém à bondade divina que também seja participada por outros.[636]

O modo no qual Armínio defende o ponto não apenas reflete esse argumento básico tomista, mas também a elaboração posterior do argumento feita por Capreolus e Suárez.[637] O primeiro defendera que a vontade de Deus não poderia ser indeterminada pelo fato de que consequentemente seria inoperante –, mas que não poderia ser determinada pela imperfeição visto que contrariaria a própria natureza de Deus. A vontade divina, portanto, está sujeita a "uma determinação que não pode ser externa a Deus" – isto é, a uma determinação interna, ou *intra,* que pode ser influenciada pela função de julgamento do intelecto.[638] Consequentemente, acrescenta Suárez, o intelecto divino natural e necessariamente conhece todas as coisas, e propõe objetos para a vontade. Esta, por sua vez, natural e necessariamente deseja seu principal objeto – que é o mesmo que desejar que o intelecto conceba e dite para a vontade o que produzir para manifestar a bondade divina.[639] Aqui, novamente, o ponto intelectualista básico foi retido na posterior teologia de Leiden, conforme evidenciado pela discussão de Walaeus sobre a direção da vontade divina. Como a vontade é uma "faculdade intelectual ou racional", ela é dirigida pelo intelecto para "o bem conhecido"; de modo tal que Deus necessariamente deseja a si próprio como o bem supremo e deseja livremente todas as coisas finitas à medida que elas nascem e são extraídas na direção de própria bondade dele como seus objetivos.[640]

---

[636] Aquino, *Summa,* Ia., q. 19, art. 2, corpus.
[637] Compare Suárez, *Disp.* XXX. xvi. 44-48 (p. 198-200), citando Capreolus, *Defensiones,* I, dist. 45, q. 1, art. 2, ad argum.
[638] Idem, XXX. xvi. 44.
[639] Idem, XXX. xvi. 47.
[640] Walaeus, *Loci comunes,* III. 9 (p. 176).

Portanto, pode ser dito que Deus deseja "coisas além dele próprio por querer sua própria bondade",[641] na medida que Deus deseja e ama sua essência e sua bondade essencial como os objetos primários de sua disposição e amor. Como "a essência divina não pode ser aumentada ou multiplicada" a não ser que seja refletida em coisas finitas que recebam o ser e a bondade a partir dela, Deus deve ser concebido como desejoso de "uma variedade de coisas ao desejar e amar sua própria essência e perfeição."[642] Esse aparentemente poderia ser o ponto defendido por Armínio, defendido através das palavras de Aquino. O intelecto é mantido como prioritário à vontade na afirmação de que o entendimento ou intelecto fornece à vontade o seu objeto, a bondade divina, e ao mesmo tempo a vontade é reconhecida como a via pela qual o bem conhecido é comunicado.

A forma do argumento de Armínio, contudo, imediatamente levanta o problema de uma lógica ou complexidade ideacional ou composição na essência divina – uma vez que ele não fora tão cuidadoso como Tomás de Aquino em manter a identidade essencial do intelecto e da vontade e suas distinções somente na ordem.[643]

A avaliação de Dorner do ensinamento de Armínio sobre a vontade divina como uma extensão radical da *potentia absoluta* nominalista segue totalmente contrária a essas tendências básicas de suas ideias. De acordo com Dorner, a teologia de Armínio "não... considerará a livre soberania divina ligada a qualquer lei em Deus", resultando que "a bondade, bem como a justiça divina, são posicionadas sob seu poder", e que isso não ocorre porque uma coisa que é boa em seus próprios termos seja desejada por Deus, "mas sim que é bom aquilo ele de fato comanda e deseja".[644] Esse poder absoluto de Deus é tão arbitrário no sistema de Armínio, Dorner declara, que "não há nada em Deus para preveni-lo de

---

[641] Aquino, *Summa*, Ia, q. 19, art. 2, ad. obj. 2.
[642] Aquino, *SCG,* 1.75.3.
[643] Cf. idem, I. 45, 73, 74.
[644] Dorner, *History*, I, p. 417-18.

conceder outras leis de cunho moral, caso o bem-estar tiver sido consequentemente atingido."⁶⁴⁵ Muito pelo contrário, o intelectualismo radical de Armínio coloca o conhecimento divino anterior a todos os atos da vontade divina, e identifica o ser humano como um ente derivado do bem divino. Na realidade, o bem supremo dos seres humanos nasce, na perspectiva de Armínio, na visão de Deus como o bem mais elevado e depende, ontologicamente, da participação das criaturas em sua bondade criativa: Deus deseja primeiramente sua própria bondade e, depois, a bondade da criatura em e graças a ele. A afinidade de Armínio com o Tomismo permanece firmemente no modo de uma visão como a proposta por Dorner.

O movimento da vontade divina para os objetos *ad extra* deve ser entendido não somente em termos da plenitude da bondade divina, mas também em termos de outros atributos divinos. De fato, seria interpretar mal o carácter da vontade divina defini-lo sem referência à simplicidade, infinitude, eternidade e imutabilidade da essência divina. Conforme notado por Armínio, a vontade de Deus é idêntica à sua divina essência, e "só se distingue dela por uma razão formal"⁶⁴⁶. Com isso,

> o ato pelo qual a vontade de Deus se estende para seus objetos é essencialmente simples; visto que o seu entendimento por um ato essencialmente simples entende sua própria essência, e, graças a isso, todas as outras coisas; portanto, a vontade de Deus por um simples e único ato, deseja sua própria bondade, e todas as coisas em sua bondade.⁶⁴⁷

Esse ponto é defendido muito mais claramente do que o argumento anterior referente à auto comunicação da bondade divina, primeiramente porque Armínio não tenta aqui descrever o inter-relacionamento do entendimento e da vontade em relação à bondade, mas, em uma citação praticamente perfeita de Tomás de Aquino, correlaciona o entendimento

---

⁶⁴⁵ Idem, p. 419.
⁶⁴⁶ *Disp. pub.*, IV. 1.
⁶⁴⁷ Idem, IV. li.

ou intelecto à essência e a vontade à bondade.⁶⁴⁸ O ponto poderia, é certo, ser apenas extraído de Scotus, e embora este difira em sua hipótese da prioridade da vontade, o comentário de Armínio de que a vontade é formalmente distinta da essência divina pode indicar uma modificação escotista de seu argumento, provavelmente, mais uma vez, mediada por Suárez. Em qualquer caso, a linguagem da definição básica de Armínio, "voluntas Dei est ipsamet Dei essentia", é muito provavelmente a mais direta definição latina de Tomás de Aquino, "Est igitur voluntas Dei ipsa eius essentia" do que o argumento mais detalhado de Suárez com sua preferência por *substância* sobre a *essência*. A linguagem de uma "distinção formal", no entanto, é estranha para Tomás de Aquino, mas claramente presente nas definições de Suárez da *voluntas Dei*.⁶⁴⁹

A doutrina de Armínio agora fica em concordância substancial com a ortodoxia luterana (reformada) contra as perspectivas de Vorstious e dos socinianos, embora, num sentido formal, ela flutue entre as duas posições. O último pensador havia rejeitado a simplicidade divina e sua implicação para a doutrina dos atributos divinos, resultando que a vontade de Deus poderia ser abstraída dos outros atributos e imaginada como algo, em certo sentido, temporal e mutável.⁶⁵⁰ Novamente essa alegação das reais distinções entre os atributos divinos, onde os reformados defendiam a perspectiva tomística de uma distinção entre os atributos, que não era real nem meramente racional (*ratio ratiocinans*), mas sim uma distinção em razão da análise (*ratio ratiocinata*) e, portanto, com uma base na coisa analisada. Além do mais, na esteira de suas

---

⁶⁴⁸ Compare Aquino, *Summa*, Ia, q. 19, art. 2, ad obj. 2: "Unde, cum Deus alia a se velit nisi propter finem qui est sua bonitas, ut dictum est, non sequitur quod aliquid allud moveat voluntaem eius nisi bonitas sua. Et sic, sicut alia a se intelligit intelligendo essentiam suam, ita alia a se vult, volendo bonitatem suam." Compare Armínio, *Disp. pub.*, IV. li: "nam ut intellectus Dei simplicíssimo actu intelligit essentiam suam, & per illam omnia alia; sic voluntas Dei uno & simplici actu vult bonitatem suam & omnia in bonitate sua."

⁶⁴⁹ Compare Armínio, *Disp. pub.* IV. 1, ad fin com Aquino, *SCG*, 1.73.2 e Suárez, *Disp. metaph.*, XXX. xvi.12-13; sobre Scotus, veja *Minges*, II, pp. 122, 151; e sobre a distinção formal dos atributos, idem, II, p. 59-60.

⁶⁵⁰ Compare Walaeus, *Loci communes*, III. 9 (p. 176) com Turretin, *Inst. theol.*, III. vii.

conclusões, os reformados tinham considerado e rejeitado a noção de um objetivo formal, ou, para utilizar outro dos termos de Suárez, uma distinção modal.[651] Assim, não apenas a discussão na era medieval sobre as distinções formais, racionais e reais criavam um exaustivo paradigma, mas também escolásticos protestantes, de Vorstious até Armínio, deste até os ortodoxos luteranos e reformados, reproduziam um paradigma mais antigo, inclusive a visão rejeitada pela igreja medieval, de distinções reais entre a essência e os atributos de Deus.[652]

De acordo com essa visão escolástica dos atributos divinos, Armínio deve concluir que "a variedade de coisas desejadas (*multitudo volitorum*) não é incompatível com a simplicidade da vontade divina."[653] A vontade de Deus é única – seu objeto secundário é um universo de coisas finitas. Por que é que essa variedade de objetos não é refletida na vontade, e como que uma única vontade pode efetivar um universo de coisas? A resposta está no relacionamento entre a vontade e a bondade divina. Ao desejar de forma simples e indivisível a plenitude de sua própria bondade, Deus quer a efetivação de todo o bem *ad intra* e *extra* conquanto que todo o bem finito seja emitido e encontre sua finalidade em Deus, o bem supremo.[654] A dificuldade com essa posição certamente reside na experiência da

---

[651] Compare Burmann, Synopsis theol., III. xix. 8-9 com Turretin, *Inst. theol.*, III. V. 9 e Mastricht, *Theoretico – practica theol.*, II. v. 7.

[652] Veja Schwane, *Histoire des dogmes*, IV, p. 185-86, 190-207.

[653] *Disp. pub.*, IV. li:"Itaque multitudo volitorum non repugnat simplicitati voluntatis divinae"; compare Aquino, *SCG*, 1.77.1: "Et hoc sequitur quod volitorum multitudo non repugnat unitati et simplicitati divinae substantiae."

[654] *Disp. priv.*, IV. li: "sic voluntas Dei... vult bonitatem suam et omnia in bonitate sua"; compare Aquino, SCG, 1.77.3: "Oestensum est quod Deus alia vult inquantum vult bonitatem suam". Também, Armínio, *Disp. pub.*, IV. xxiii: "Bonitas essentiae Dei et secundum quam ipsa summum et ipsa bonum est, essentialiater in se ipsa, ex cuiús participatione omnia alia sunt, et ad quam omnia alia tanquam ad summum finem sunt referanda"; compare Aquino, *Summa*, Ia, q. 5, art. 5, ad. 3: "quia Deus est bonus, summus, refertur ad causam finalem"; q. 6, art. 4: "Et quia bonum convertitur cum ente, sicut et unum, ipsum per se bonum dicebat esse Deum, a quo dicuntur bona per modum paricipationis"; *SCG*, I. 41. 3: Deus est bônus per suam essentiam, alia vero per participationem... Est igitur ipse summum bonum."

liberdade, contingência, e de fato, do mal que se contrapõe à vontade de Deus, na ordem finita. A ênfase em Deus querer todas as coisas no âmbito da, e pela bondade da essência divina, aponta para uma vontade divina eterna, infinita e de certo modo necessária, dirigida precisamente para o tipo de determinismo causal que Armínio luta em evitar.

Mesmo assim, esse "ato pelo qual a vontade de Deus se estende para seus objetos", também é eterno, infinito, imutável e, acrescenta Armínio, sagrado. Ele parece equacionar a infinitude da vontade divina com a supremacia não-causada da essência divina: "ela é... infinita pois é movida pela vontade, não por uma causa externa, eficiente ou final; é movida tampouco por qualquer outro objeto distinto de si mesma."[655] O ato da vontade divina também é eterno e imutável pelo fato de que Deus sempre sabe o que será e o que é bom. Nada da ordem finita pode parecer novo ou diferente a Deus. O que Deus sabe e quer, ele sabe e quer perpetuamente, pois o seu "ente imutável" é o sujeito que sabe e quer, e, consequentemente, a vontade de Deus é sagrada:

> porque Deus se inclina para (*tendit*) seu objeto somente enquanto ele é bom, e não por conta de qualquer outra coisa que lhe é adicionado, e somente porque seu entendimento responde que ele é bom, não por causa de uma de suas afeições [p. ex. amor, compaixão, gentileza] inclina-se para isso sem uma razão certa.[656]

---

[655] Armínio, *Disp. pub.*, IV. li: "sic voluntas Dei... vult bonitatem suam et omnia in bonitatem sua". Compare Aquino, *SCG*, 1. 77. 3: "Ostendum est quod Deus alia vult inquantum vult bonitatem suam". Também, Armínio, *Disp. pub.*, IV. xxiii: "Bonitas essentiae Dei et secundum quam ipsa summum et ipsa bonum est, essentialiter in se ipsa, ex cuius participatione omnia alia sunt, et bona sunt: et ad quam omnia alia tanquam ad summum finem sunt referenda"; compare Aquino, *Summa*, Ia, q. 5, art. 5, ad. 3: "quia Deus est bonus, summus refertur ad causam finalem"; q. 6, art. 4: "Et quia bonum convertibur cum ente, sicut et unum, ipsium per se bonum dicebat esse Deum, a quo dicuntur bona per modum participationis"; *SCG*, I. 41. 3: "Deus est bônus per suam essentiam, alia vero per participationem... Est igitur ipse summum bonum."

[656] *Disp. pub.*, IV. li.

A santidade da vontade de Deus é, com isso, garantida pela premissa intelectualista do argumento de Armínio, seguindo a lógica da posição tomística de que o objeto da vontade deve ser um bem conhecido. O bem é capturado pelo intelecto conquanto que este adote a bondade essencial e a essência de Deus como seu objeto apropriado. O intelecto em si não atua, mas, preferentemente, direciona a vontade para o seu objeto, o bem conhecido. [657]

Esse argumento diretamente reflete o ponto defendido por Armínio em seus prolegômenos de que Deus, como o bem supremo, estende-se na direção das criaturas racionais como o apropriado objeto e a finalidade de seus conhecimentos religiosos.[658] A correta religião e a verdadeira teologia refletem de uma perspectiva epistemológica a ordem ontológica do universo. Ainda assim, a doutrina de Deus – a *principium essendi theologiae* –, fornece uma série de conceitos reguladores que se estendem retroativamente nos prolegômenos e progressivamente nos *loci* sucessivos do sistema. O caráter da "extensão" divina até o finito determina consequentemente tanto a natureza da teologia como a forma assumida pela governança providencial da criação e pelo plano de salvação.

Dada a direção um tanto necessária desses argumentos, Armínio deve propor uma certa diversidade e distinção na vontade divina. Essa distinção e diversidade não podem, é certo, nascer da essência divina em sua simplicidade. Antes, devem nascer da natureza dos possíveis objetos conhecidos de Deus, e realizados por ele no ato da criação. A vontade divina, em outras palavras, correlaciona-se e acomoda-se a seus objetos – primeiro em termos de uma ordem de disposição de objetos em relação a outros objetos, e na relação com o propósito de Deus, e segundo, em termos das distinções na vontade que nascem da ordem e da relação dos objetos desejados. Somente por meio dessas duas séries de distinções, é que a contingência e a liberdade reconhecidas na

---

[657] Compare *SCG*, I. 45, 72, 74.
[658] *De auctore*, p. 49 (*Works*, I, p. 361-62).

ordem mundial podem ser explicadas como existentes, na realidade, sob a vontade divina.

"À medida que o ato eterno e simples pelo qual o entendimento divino conhece todos os objetos não exclui a ordem deles, da mesma forma nos pode ser concedido atribuir uma certa ordem de acordo com a qual o ato simples e único da vontade de Deus é estendido para seus objetos."[659]

O paralelo com a apresentação inicial de Armínio da ordem dos objetos no intelecto divino é bastante aparente.[660] Como no caso do entendimento divino, onde se diz que Deus primeiro conhece a si mesmo, assim também na discussão da vontade divina Deus se diz, antes de mais nada, que quer a si mesmo. Segundo, como resultado da plenitude da bondade divina, Deus deseja todas as coisas.[661] Neste ponto, a identificação de uma ordem é crucial, pelo fato de que dificilmente pode ser dito que Deus deseje todas as coisas, as criaturas, os atos delas, eventos contingentes, e falhas nas criaturas, em seus atos e na ordem contingente, precisamente da mesma forma. Deveria ser claro desde o início que Deus não deseja o bem, o pecado e a sua punição da mesma forma.

Armínio apresenta a ordem da vontade divina de acordo com um padrão que se estende desde o geral até o específico – daquelas coisas que repousam unicamente na vontade divina até as coisas que nascem no contexto da disposição das criaturas. Assim, após Deus desejar a si próprio, em um sentido derivativo e secundário, "Deus deseja todas aquelas coisas que, fora das coisas infinitas que lhe são possíveis, ele tem pelo julgamento final a sabedoria determinada para fazer."[662]

Essa vontade mais geral posteriormente apontada em cinco aspectos:

---

[659] *Disp. pub.*, IV. lii.
[660] Cf. *Disp. pub.*, IV. xxxiv e *Disp. priv*, XVII. iv.
[661] *Disp. pub.*, IV. lii; *Disp. priv.*, XVIII. ii.
[662] *Disp. priv.*, XVIII. iv.

> Primeiro, ele deseja fazer com elas sejam; segundo é influenciado em direção a elas por sua vontade, conforme elas possuam alguma semelhança com sua natureza, ou algum vestígio disso. O terceiro objeto da vontade de Deus, são aquelas coisas que ele julga aptas e imparciais a serem feitas pelas criaturas dotadas de entendimento e livre-arbítrio; no qual é incluída uma proibição do que ele não quer que seja feito. O quarto objeto da vontade divina é sua permissão, principalmente aquela pela qual é permitido a uma criatura racional fazer o que ele tenha sido proibido e omitir o que ele tenha ordenado. Quinto, ele deseja aquelas coisas que, de acordo com sua própria sabedoria, julga que deveriam ser feitas sobre os atos de suas criaturas racionais.[663]

O interesse central de Armínio claramente não é a questão da teodiceia que passaria a ser um problema importante com o aumento do racionalismo no século XVII, e sim a questão escolástica da operação da *concursus divinus* –, a disposição divina de todas as coisas que operam concorrentemente com, e que, portanto, concorrem em, e com efeito, sustentam a disposição de todas as criaturas racionais. Não há um interesse particular em discutir como esses resultados desagradáveis de contingências na ordem natural, como incêndios, fome disseminada, inundações ou terremotos de alguma forma pertencem ao âmbito da vontade divina.

Esses argumentos criam um paradoxo: de um lado, Deus é infinito e simples em sua vontade, e de nenhum modo é causado por nada que lhe seja externo para desejar de uma forma ou outra –, mas, por outro, Deus responde ativamente aos desejos de suas criaturas racionais, livres, permitindo que elas ajam contra sua vontade e respondendo positiva ou negativamente a seus atos, como ele considera adequados. Como isso é possível? Se, de fato, Deus deseja todas as coisas por um ato eterno e

---

[663] Idem.

imutável, ele deve, em certo sentido, simultaneamente, desejar todos os defeitos, problemas e pecados da ordem temporal juntamente com sua resposta a esses defeitos, problemas e pecados. No entanto, essa explicação beira um Monismo que destitui a liberdade da ordem criada. A hipótese contrária, que enfatizaria a liberdade das criaturas e a capacidade de resposta de Deus, atua contra a eternidade, imutabilidade e simplicidade divina. Armínio reconhece o paradoxo e, sem resolvê-lo, estrutura-o com uma definição que tenta fazer justiça com os termos do problema:

> Não há externamente a Deus nenhuma causa interna influenciadora de sua vontade; tampouco há algum objetivo [i.e., causa final] fora dele. Mas as criaturas, seus atos ou paixões, podem ser a causa externa influenciadora, sem a qual Deus substituiria ou omitiria essa vontade.[664]

Com isso, o entendimento, poder e a vontade de Deus causam todas as coisas, de forma simples e imutável, mas também de tal modo que a vontade divina para uma criatura concorre com e junto à vontade da criatura em seus próprios termos.

Quando Deus opera através, com ou nelas, ele não elimina o modo distintivo de agir ou experimentar (*modum proprium agendi vel patiendi*) que divinamente colocara nelas, mas permite às mesmas gerarem seus próprios efeitos e receberem inerentemente suas ações, de acordo com seus mesmos distintivos modos, quer necessários, contingentes ou livres.[665]

Armínio observa o paralelismo entre esse ponto e o ponto defendido anteriormente referente à presciência divina. Exatamente como Deus pode ter certo conhecimento de eventos contingentes futuros sem qualquer diminuição do conhecimento divino ou de qualquer redução da contingência para a necessidade, a vontade divina também pode coincidir

---

[664] Idem, XVIII. v.
[665] Idem, XVIII. xi.

com a contingência na ordem criada; inclusive com "certa futurização" de eventos contingentes. Se um evento futuro é certo, e conhecido com certeza por Deus, sua natureza contingente também é conhecida.[666]

Enquanto o primeiro ponto – de que a vontade divina sustenta todas as coisas em suas necessidade, contingência e liberdade –, poderia ser defendido por qualquer um dos contemporâneos reformados de Armínio,[667] o problema subjacente ao segundo ponto – da presciência divina de eventos contingentes futuros –, leva Armínio para uma qualificação da linguagem da vontade divina bastante oposta ao pensamento reformado da época. O problema do modo pelo qual um evento previsto de "certa futurização" pode se tornar "a causa influenciadora externa" da vontade divina[668] pressiona Armínio além da questão de uma ordem nos objetos da vontade divina, para a questão das distinções na vontade divina referentes "à maneira e ordem de sua extensão para os objetos."[669] O ponto básico em que a vontade eterna, e em certo sentido necessária, de Deus de nenhuma forma interfere com, mas efetivamente sustenta a contingência de causas secundarias é, além do mais, uma característica comum do Tomismo, seja ele Católico ou Reformado.[670] Ao passo que as alterações introduzidas por Armínio representam tentativas de modificar o ponto tomista na direção de um relacionamento menos claramente definido entre a causalidade divina e a das criaturas.

De modo a resolver o problema da eterna, imutável e simples vontade divina contra a disposição contingente, livre e múltipla das criaturas temporais, Armínio propõe uma série de nove distinções para a vontade

---

[666] Idem; cf. *Disp. pub.*, IV. liv.
[667] Cf. *RD*, p. 82, 144.
[668] Cf. *Disp. priv.*, XVIII. vi com XVIII. v.
[669] Idem, XIX. i.
[670] Cf. Aquino, *Summa*, Ia, q. 19, art. 8; SCG, I, 84; com Ursino, *Explicat.*, cols. 136-37 (Comentário, p. 161-62); Zanqui, *De natura Dei*, III. iv. 6; V. i. 4; Júnio, *Theses theologicae* (Leiden), XVII. 7.

divina.⁶⁷¹ Essas distinções, a exemplo da maioria dos argumentos doutrinais precedentes, apresentam certa familiaridade com a teologia do final do período medieval e refletem os empréstimos de contemporâneos de Armínio luteranos e reformados. Como nas distinções da *scientia Dei,* as diferenças entre as definições de Armínio e as propostas pelos primeiros teólogos reformados ortodoxos apontam inevitavelmente para o debate sobre predestinação e livre-arbítrio humano.

Armínio faz uma distinção inicial entre a operação da vontade divina de acordo com "o modo da natureza" e sua operação de acordo com "o modo da liberdade".⁶⁷² Essa distinção nos devolve, momentaneamente, à questão dos objetos da vontade divina. Segundo o modo da natureza, Deus naturalmente deseja o objeto direto e primário de sua vontade – isto é, ele próprio. Segundo o modo da liberdade, no entanto, Deus deseja livremente outras coisas, coisas *ad extra*. Esse modo livre da vontade deve ser subdividido em uma "liberdade de exercício" e uma "liberdade de especificação", com a primeira sendo uma extensão da vontade geralmente direcionada para todas as coisas, e a segunda para as coisas boas ou para coisas conquanto que sejam boas.⁶⁷³ Essa distinção e limitação surge por causa da existência de coisas que merecem a ira ou o ódio divino. Essas coisas são de modo geral desejadas por Deus contanto que ele deseje a existência de todas as coisas, mas, é claro, não são desejadas especificamente por Deus para serem pecaminosas ou defeituosas.

---

⁶⁷¹ Cf. *Disp. pub.*, IV. lvi-lxiii com *Disp. priv.*, XIX. ii-ix; as *Disputas públicas* e as *Disputas privadas* contêm oito distinções – no entanto, a segunda distinção das *Disputas públicas* não aparece nas *Disputas privadas*, enquanto a terceira da ordem numérica (embora a quarta distinção citada) das *Disputas privadas* não aparece nas *Disputas públicas*. Há ainda o problema, nas *Disputas privadas*, que somente sete distinções estão numeradas: a XIX. iv deveria ser a distinção 3 e não uma segunda parte da distinção 2 (XIX. iii). Em qualquer caso, uma comparação entre as *Disputas públicas* e as *Disputas privadas* geraria nove distinções.

⁶⁷² *Disp. priv.* XIX. ii.

⁶⁷³ Idem.

Essa distinção básica entre dois modos de desejo, um natural, o outro livre, ou como é mais comumente denominado, entre a *voluntas necessaria sive naturalis*, vontade essa natural ou necessária, e a *voluntas libera*, ou livre-arbítrio, ecoa e se equipara à distinção entre a *scientia necessaria* e a *scientia libera*.[674] Ela fora usada igualmente pelos contemporâneos luteranos e reformados de Armínio e há pouca controvérsia ou debate associados a isso.[675] A *voluntas naturalis* é a vontade que Deus tem de acordo com sua própria natureza. Ele, portanto, a tem por uma necessidade natural, e por ela quer sua própria bondade, justiça e santidade. Já a *voluntas libera*, a exemplo da *scientia libera*, é direcionada *ad extra* e trata-se da vontade referida numa linguagem mais geral e não técnica concernente à atribuição da vontade para Deus. Portanto, é esse "modo de liberdade" da vontade divina que passa a ser o tópico de debates e distinções posteriores. (A escolha de Armínio da linguagem – "modo de liberdade" em lugar do termo mais frequente *voluntas libera*, é provavelmente uma reflexão de um interesse em observar os problemas de predicação dos vários atributos divinos. Mais do que falar impropriamente de duas vontades de Deus, uma natural e outra livre, Armínio identifica dois modos de uma mesma vontade.)

Ele, em seguida, apresenta uma das distinções típicas da teologia escolástica do final do período medieval, que há entre a *voluntas beneplaciti*, "a vontade beneplácita [divina]" e a *voluntas signi*, "vontade do signo" ou "vontade preceptiva".[676] Essa distinção, a exemplo da que ele notara entre a liberdade de exercício e a liberdade de especificação é normalmente utilizada por escolásticos luteranos e reformados medievais

---

[674] Cf. *DLGT*, s.v. "voluntas Dei".

[675] Cf. Walaeus, *Loci communes*, III. 9 (p. 176) com Gerhard, *Loci communes*, II. xv. 10; note também *RD*, p. 84 e *DTEL*, p. 26.

[676] Cf. *DLGT*, s.v. "voluntas Dei"; e note o uso da distinção em, p. ex., Alexandre de Hales, *Summa*, I/1, inqu. 1, trat. 6, q. 3, memb.1-2; Gregório de Rimini, *I. sent.*, d. 46-47, q. 1, art. 1; Capreolus, *Defensiones*, I, dist. 46-47; Scotus, *Op. Oxon*, I, dist. 46, n. 2 e II, dist. 37, n 21, em *Minges*, II, p. 170-71.

como uma distinção no âmbito da *voluntus libera*.[677] Armínio não nota especificamente uma conexão nesse ponto, embora a implicação de um relacionamento entre a primeira e a segunda distinção fique clara. Ao migrar do "modo da natureza" ao "modo da liberdade", Armínio seguira a vontade divina em seu movimento ou tendência para objetos *ad extra*. Todas as distinções subsequentes referem-se à vontade divina como um ativo *ad extra*.

Armínio define a vontade beneplácita divina como a vontade absoluta de Deus "para fazer ou evitar algo". Essa vontade é "parcialmente revelada" e "parcialmente oculta" (*occulta*) e é uma vontade eficaz que utiliza o poder divino para atingir seus fins. Armínio defende que esse poder ou é totalmente irresistível ou tão grande que seu objeto não consegue suportá-lo. Em outras palavras, o poder de Deus se "acomoda ao objeto e ao sujeito de modo que o efeito possa ocorrer, ainda que poderia ter ocorrido de outra forma."[678] A *voluntas beneplaciti* é, portanto, a vontade derradeira e irresistível de Deus. Essa vontade não é para ser confundida com a absoluta e necessária *voluntas naturalis* pela qual Deus deseja a si próprio. Antes, ela é a vontade derradeira que Deus livremente deseja para as criaturas, ou seja, uma categoria da *voluntas libera*. Ela, no entanto, não é uma categoria da disposição divina que Armínio normalmente usa para explicar eventos no mundo, pois seu interesse reside na identificação do relacionamento da vontade divina com as criaturas em sua liberdade e contingência.[679] Os pensadores ortodoxos reformados não somente concordam com essa definição básica, mas, assumindo a identidade da vontade beneplácita divina com a vontade mandatória de Deus, também consideram a *voluntas beneplaciti* decisiva para a explicação teológica. Assim, Walaeus consegue definir a *voluntas beneplaciti* como a vontade pela qual Deus imediatamente decreta tanto em, como com respeito à humanidade o que quer que ele deseje – seja um

---

[677] Cf. *RD*, p. 84-85 com *DTEL*, p. 126-28.
[678] *Disp. priv.*, XIX. iii; cf. *Disp. pub.*, IV. lvii.
[679] Cf. *Disp. priv.*, XVIII. vi.

evento que ocorrerá ou um evento que não ocorrerá, quer isto tenda para a salvação ou para a condenação. O "bene" em *beneplaciti*, acrescenta Walaeus, refere-se não a eventos temporais, mas sim ao *consilium Dei*, que é sempre bom (*semper bonum*), quer castigue ou confira bênçãos (*sive punit sive beneficiis afficit*).[680]

A *voluntas signi*, a vontade do signo, ou talvez melhor, a vontade significada, é uma vontade completamente revelada de Deus pela qual ele "quer que algo seja feito ou não por criaturas dotadas de entendimento."[681] Essa é uma vontade ineficaz pelo fato de que as criaturas podem resisti-la e desobedecê-la. A resistência ou desobediência delas, no entanto, é limitada em certo sentido pela vontade revelada em si, pois o desobediente ainda cai sob a regra ou ordem da vontade revelada e corre o risco de uma imposição da vontade de Deus sobre ele.[682] Contra a linguagem reformada da *voluntas signi*, Armínio não considera nesse ponto o chamado universal do Evangelho. Ele não justapõe uma universalidade da promessa a um particularismo oculto da salvação. Em sua conceituação, a teologia reformada formula a hipótese de uma contradição em Deus: ele deseja a salvação de todos (*voluntas signi*) e ao mesmo tempo não deseja a salvação de todos (*voluntas beneplaciti*).[683] Na realidade, a sua construção da distinção entre a *voluntas beneplaciti* como uma vontade absoluta e a *voluntas signi* como uma vontade condicional de Deus ecoa perfeitamente a definição das vontades absoluta e condicional propostas por Molina para o específico propósito de declarar como Deus pode, condicionalmente, querer que todos os homens sejam salvos, embora também queira, absolutamente, a existência da liberdade de criaturas pecaminosas e, além disso, a punição daqueles

---

[680] Cf. Walaeus, *Loci communes*, III. 9 (p. 179) com *RD*, p. 85-88. Heppe não é correto em sua conclusão de que a teologia reformada "geralmente desaprova" a distinção entre *voluntas beneplaciti* e *voluntas signi* (p. 88).

[681] Disp. pub., IV. lviiii.

[682] Idem. Essa definição expandida da *voluntas signi* está ausente em *Disp. priv.*, XIX.

[683] Cf. *RD*, p. 87 com a tentativa de Walaeus de lidar com a objeção de Armínio, *Loci communes*, III. 9 (p. 179).

que não se arrependem.⁶⁸⁴ Para Armínio, assim como para Molina, a potencial contradição é resolvida com o conceito de uma *scientia media* divina e em uma concepção revisada da concorrência causal divina nos atos das criaturas.

A *voluntas beneplaciti* e a *voluntas signi* também, de acordo com Armínio, apresentam seus corolários negativos – "uma dupla atenuação da vontade" com paralelismo na declaração dupla da vontade divina. A vontade beneplácita divina é refletida em uma permissão divina para a criatura transgredir o derradeiro beneplácito ou propósito divino. Deus cancela ou protela sua vontade eficaz e permite a ação sucessiva da "vontade da criatura por não impor um efetivo impedimento", ou mais simplesmente, "permite algo para o poder (*potestati*) de uma criatura racional, não limitando [seu] ato com uma lei (*lege*)."⁶⁸⁵ A vontade significada ou preceptiva de Deus é refletida em uma atenuação da vontade divina "que permite algo para o poder de uma criatura racional, ao não limitar seu ato com uma lei."⁶⁸⁶

Como temos reconhecido nas várias distinções usadas por Armínio para explicar o conceito de teologia, a natureza divina, os atributos essenciais e o entendimento ou intelecto divino, as suas perspectivas teológicas estão enraizadas na teologia escolástica do fim do período medieval. Essas distinções na vontade divina não são exceção para a generalização. Cada uma delas, começando com a distinção básica entre *voluntas beneplaciti* e *voluntas signi*, pode ser facilmente identificada em virtualmente qualquer uma das grandes summas e sentenças anotados desde Alexandre de Hales⁶⁸⁷ até Gabriel Biel.⁶⁸⁸ As definições de Armínio refletem essa tradição, baseada em seu vocabulário, e em alguns lugares

---

⁶⁸⁴ Cf. Vansteenberghe, "Molinisme", *DTC* 10/2, col. 2120.

⁶⁸⁵ *Disp. pub.*, IV. lviiii; *Disp. priv.*, XIX. iii.

⁶⁸⁶ *Disp. pub.*, IV. lviiii.

⁶⁸⁷ Alexandre de Hales, *Summa*, I/1, inqu. 1, trat. 6, q. 3.

⁶⁸⁸ Gabriel Biel, *Sacri canonis misse expositivo resolutíssima* (Basileia, 1510), cols. 68-69 conforme citado em Oberman, *Harvest*, p. 103-4.

ajustam as definições aos seus próprios propósitos. Assim, Armínio não faz uso da distinção entre *voluntas beneplaciti* e *voluntas signi* como o fundamento para todo o restante – embora possam ser facilmente detectados certos pontos de conexão entre isso e todas as definições subsequentes. Como base de comparação com os escolásticos, observemos a definição resumida de Altenstaig:

> a vontade de Deus verdadeira e propriamente definida está nele e é [idêntica à] sua essência. Além do mais, ela é única e não entendida como múltipla. Por isso, ela é normalmente distinguível como a vontade beneplácita divina (*voluntas beneplaciti*) e a vontade do signo ou significada (*voluntas signi*). A primeira, é dupla, a saber: a vontade antecedente e a consequente (*voluntas antecedens & consequens*). A segunda é quíntupla, a saber: proibição (*prohibitio*), preceito (*praeceptio*), conselho (*consilium*), implementação (*impletio*) e operação (*operatio*).[689]

A razão pela qual Armínio se afasta do padrão escolástico típico de utilizar a distinção entre a *voluntas beneplaciti* e a *voluntas signi* como o padrão básico para todas as definições pode ser encontrada no *Articuli nonnuli*, ou *Certos Artigos*, em que ele escreve "a distinção da vontade de Deus entre a que é secreta e a beneplácita que é revelada ou significada, não consegue passar em um rígido exame."[690] Armínio claramente rejeita a ideia de que Deus pode querer uma coisa de um modo derradeiro e oculto e querer outra coisa contraditória ou oposta de um modo penúltimo e revelado. Sua definição positiva da distinção corrobora isso pelo fato de ele considerar a *voluntas beneplaciti* uma vontade derradeira, irresistível, e limitar a *voluntas signi* a uma lei revelada. A primeira é o propósito derradeiro de Deus; a segunda é meramente o ideal para a

---

[689] Altenstaig, *Lexicon theologicum*, s.v., "*voluntas Dei*".
[690] *Articuli nonnulli*, II. 7.

conduta humana, e sob nenhum aspecto um atalho ou contradição do propósito divino.

Armínio a seguir apresenta sua própria leitura da distinção entre a obra intrínseca e a extrínseca de Deus (*opus proprium; opus alienum*). Diz-se que uma obra é intrínseca de Deus, defende ele, quando Deus deseja certos objetos "de si próprio, não por conta de qualquer outra causa colocada além Dele."[691] Outras obras divinas são chamadas de "extrínsecas ou exteriores" (*alienum & extraneum*) quando são feitas por Deus "em razão de uma causa precedente ocasionada pela criatura."[692] Ainda assim, algumas das coisas que Deus deseja – como obras moralmente boas –, são "agradáveis e aceitáveis para Deus em sim próprio", enquanto outras coisas desejadas por ele – como os atos cerimoniais –, agradam acidentalmente e por conta de alguma outra coisa.[693] Para dizer o mínimo, essa interpretação da distinção entre a *opus proprium* e a *opus alienum* não é usual.

Em primeiro lugar, a distinção geralmente não é apresentada na discussão da *voluntas Dei*, mas sim como um elemento da doutrina da criação e providência. Em segundo lugar, a obra extrínseca de Deus executada "por conta de uma causa precedente proporcionada pela criatura" normalmente é definida pelos escolásticos como uma obra divina com boas finalidades nos e pelos atos maldosos das criaturas.[694] A distinção entre obras intrinsecamente boas e atos cerimoniais – como coisas desejadas diferentemente por Deus, tem pouca influência no significado da obra própria e estranha. Armínio, no entanto, recorre ao conceito de uma obra extrínseca de Deus em sua discussão da relação entre a providência e o pecado; aqui, ele observa a definição tradicional, mas não se baseia no vocabulário explicitamente.[695] A definição esco-

---

[691] *Disp. priv.*, XIX. iv.
[692] Idem.
[693] Idem; cf. *Disp. pub.*, IV. lix.
[694] *Disp. priv.*, XIX. iv.
[695] Cf. *Disp. pub.*, X. x, xii.

lástica típica da *opus alienum* aparece em sua *Declaração de sentimentos* como um elemento de sua doutrina da criação. A obra própria de Deus é a criação em si, enquanto que "as ações de Deus que tendem para a condenação das criaturas são seus atos estranhos (*alienae Dei actiones*), porque Deus consente para elas algumas outras causas estranhas" [i. é., para seu propósito último].[696]

A razão de ele variar sua definição dessa distinção não é clara. É particularmente curioso que em suas *Disputas privadas*, nas quais ele está fazendo um esforço para fornecer uma definição normativa, se desvie tanto da definição típica da *opus alienum*. As duas definições da obra estranha de Deus, no entanto, enfatizam um ponto integral da revisão de Armínio da doutrina reformada da vontade de Deus. Em vez de reforçar o meio no qual a *opus alienun* opera a vontade de Deus, e, portanto, serve ao propósito divino apesar das vontades pecaminosas das criaturas, Armínio reforça o meio no qual a *opus alienun* é uma resposta à disposição de seres contingentes – novamente contra a *opus proprium* como uma vontade absoluta de Deus.

A quarta distinção observada por Armínio em suas *Disputas privadas* (omitidas das *Disputas públicas*) é entre a vontade peremptória e a vontade condicional de Deus. A primeira é uma vontade estrita ou rigidamente obtida. Neste ponto, Armínio dá como exemplo as palavras do Evangelho, "a ira de Deus permanece sobre aquele que não crê", "e o que crê será salvo" (cf. Jo 3.36).[697] Ambas passagens são declarações diretas da intenção divina. Às vezes, no entanto, a vontade de Deus é expressa condicionalmente – como em Jeremias 18.8, "se a tal nação, contra a qual eu falei, se converter da maldade, também eu me arrependerei do mal que pensava fazer-lhe."[698] Aqui a intenção de Deus é influenciar a criatura, mas em ambos os casos, o peremptório ou o condicional, a

---

[696] *Dec. sent*, p. 108 (*Works*, I, p. 627).
[697] *Disp. priv.*, XIX. v.
[698] Idem (fazendo referência, mas sem citar Jr 18.7-10).

vontade de Deus é descrita por estar correlacionada e dar resposta à disposição livre e contingente das criaturas.

Em sua quinta distinção, Armínio retoma a questão indicada em sua reinterpretação da distinção entre a obra própria e a estranha de Deus –, ou seja, o relacionamento entre a vontade divina e as ações das criaturas. De fato, conforme indicado nas seções finais das precedentes disputas (*Sobre a vontade de Deus*), esse é o principal interesse de toda a discussão de Armínio sobre a vontade divina. A vontade de Deus para as criaturas, a *voluntas libera*, ou é absoluta ou relacionada:

> a [vontade] absoluta é aquela pela qual ele simplesmente deseja algo, sem considerar a vontade ou o ato das criaturas, como a que trata da salvação dos crentes. A relacionada é aquela pela qual ele deseja algo a respeito da vontade ou do ato das criaturas.[699]

A definição é extraída diretamente de Tomás de Aquino que, ao definir predestinação, fazia uma distinção entre uma vontade de Deus simples e outra relativa.[700]

A distinção entre vontade absoluta e relativa também pode ser apresentada como uma disposição das coisas para as quais elas são em si mesmas, ou como uma disposição de coisas "em seus antecedentes". (Armínio apresenta esse ponto como sua oitava distinção em suas *Private disputationes*, e nota sua identidade com a quinta distinção.) Quando Deus deseja uma coisa em seus antecedentes,[701] ele não a deseja diretamente para si próprio, mas sim relativamente a, em e por meio de suas causas. Em outras palavras, ele deseja a causa primariamente ou diretamente, mas "em tal ordem que pode seguir seus efeitos". Dado que efetivamente isso ocorre, elas foram desejadas "em seus antecedentes".

---

[699] *Disp. priv.*, XIX. vi.
[700] Aquino, *Summa*, Ia, q. 23, art. 4, ad. obj-3.
[701] *Disp. priv.*, XIX. ix; cf. *Disp. pub.* IV. lxii.

Armínio acrescenta, apesar de tudo, que esses efeitos ainda podem ser desejados, de modo que, em seus próprios termos, também estejam satisfazendo a Deus.[702]

A vontade relativa de Deus, além do mais, é antecedente ou consequente:

> A antecedente é quando ele deseja algo que diz respeito ao ato ou vontade subsequente da criatura, pois Deus quer que todos os homens sejam salvos se eles acreditarem. A consequente é aquela pela qual ele deseja algo em relação à vontade ou ato da criatura... Ambas dependem da vontade absoluta, e de acordo com esta cada uma delas é regulada.[703]

Essa distinção, como formulada por Armínio, não é muito diferente da questão abordada pela sua definição da *opus alienum* divina ou da distinção precedente entre a vontade peremptória e a condicional de Deus. Como a definição de Armínio reflete diretamente Tomás de Aquino,[704] o significado da formulação deve ser identificado em termos do espectro dos ensinamentos reformados, que incluíam as fórmulas tomísticas além das perspectivas mais nominalistas opostas de Armínio. Outros de seus escritos garantem a importância que ele coloca nessa distinção apropriadamente definida. Ele a chama de correta e útil e, ao mesmo tempo, levanta questões sobre a distinção entre a *voluntas beneplaciti* e a *voluntas signi*,[705] além de aparentemente utilizá-la em sua linguagem dos quatro decretos da salvação.[706]

A perspectiva tomista havia sido defendida entre os reformados antes de Armínio por Zanqui, e em sua época por Polanus. Após Armínio,

---

[702] Idem.

[703] *Disp. priv.*, XIX. vi.

[704] Cf. Aquino, *Summa*, Ia, q. 19, art. 6, ad obj. 1q. 23, art. 4, ad obj. 3 com Garrigou-Lagrange, *Predestination*, p. 80-84.

[705] *Articuli nonnulli*, II. 6-7.

[706] Cf. idem, XV. 1-4 com *Dec.sent.*, p. 119 (*Works*, I, p. 653-54).

ela continuaria a ser representada por Walaeus. Em todos os casos, esses teólogos definiram a vontade antecedente como uma vontade geral de Deus direcionada aos seres humanos, anterior e não imperativa sobre a fé, o mérito ou as ações humanas. A vontade consequente se estabelece como uma resposta divina à fé, mérito, ou às ações. A exemplo da *voluntas signi*, a *voluntas antecedens* às vezes não é cumprida.[707] Uma perspectiva diferente da vontade antecedente e consequente é dada por Perkins, que parece ter identificado a vontade antecedente com a *voluntas beneplaciti*.[708]

Contra o uso da linguagem desse último autor para a vontade antecedente e consequente como uma distinção entre uma vontade absoluta, irresistível e uma vontade condicional no sentido de que ela nasce em relação a causas secundárias, Armínio defende incisivamente que as vontades antecedente e consequente de Deus devem ser definidas não em relação ao ser divino como tal, e sim em relação aos atos temporais das criaturas. A vontade antecedente logicamente precede o conhecimento de Deus e a disposição do ato da criatura, e a vontade consequente logicamente segue o ato da criatura, respondendo a ele. O único outro significado que Armínio concederá para a distinção refere-se à ordem lógica e interna da vontade divina propriamente dita. Deus deseja uma coisa antes de outra em ordem, embora não no tempo, "com a primeira como antecedente, a segunda como consequente".[709] Portanto, "se considerarmos a ordem das coisas desejadas por Deus antes de toda a ação ou desejo das criaturas, ... algumas são vontades antecedentes, e outras são consequentes, mas todas elas precedem qualquer outro ato da criatura." A vontade normalmente chamada consequente se origina em resposta ao "ato ou desejo da criatura".[710]

---

[707] Cf. Zanqui, *De natura Dei*, III. iv., q-3, Polanus, *Syntagma*, II. xix; Walaeus, *Loci comunes*, III. 9 (p. 180).

[708] Perkins, *Treatise of the manner and order of predestination*, p. 606-7.

[709] *Examen modestum*, p. 740 (*Works*, III, p. 429).

[710] Idem, p. 741.

Como ambas as vontades guardam uma relação com a criatura, Armínio pode negar que se tratem de vontade absoluta – quer absoluta seja entendida como irresistível ou não condicionada. Deus, assim, não castiga ninguém por uma vontade absoluta, ainda que a vontade divina para amaldiçoar possa ser fundamentada em condições antecedentes; inversamente, tampouco a vontade antecedente divina para salvar todos os homens será identificada como absoluta:

> Deus deseja seriamente que todos os homens sejam salvos; todavia, compelido pela maldade incorrigível e obstinada de alguns deles, ele deseja que estes ... sejam condenados. Se você disser que ... Deus poderia ter corrigido suas perversidades ... Eu respondo que, de fato, o faria por sua absoluta onipotência, mas que não lhe é apropriado fazer essa correção nas criaturas desse modo. Deus, portanto, quer suas condenações, pois não está disposto a ver sua própria justiça perecer.[711]

Não há aqui nenhuma vontade irresistível operacional e, de fato, nenhuma vontade que se sobrepõem ao domínio do relacionamento com seres concretos. Armínio nega que Deus pode ter qualquer domínio sobre "criaturas indefinidamente previstas", ou seja, criaturas possíveis" que "não sejam entidades".[712]

A vontade antecedente, comenta Armínio, deveria ser chamada *velleitas* e não *voluntas*.[713] *Velle est in se volitionem habere*, escreve Altenstaig: "desejar é ter vontade (i. é., o exercício da vontade) em si mesmo.[714] Se *voluntas* é a faculdade que exerce a vontade, *velleitas* é o estado imperfeito, incipiente, por causa da natureza incompleta da vontade oferecendo

---

[711] Idem, p. 742 (*Works*, III, p. 430-31).
[712] *Examination of the theses*, em *Works*, III, p. 627.
[713] *Disp. pub.*, IV. lx.
[714] Altenstaig, *Lexicon theologicum*, s.v. "*velle*" (p. 932).

impossibilidade ou, talvez, a falta de uma possibilidade realizável. Assim, Tomás de Aquino contrasta a *voluntas absoluta et completa seu perfecta* que atinge seus objetivos, e a *voluntas incompleta* ou *velleitas* que deseja coisas impossíveis ou possíveis, mas não existentes.[715] Ao identificar a vontade antecedente de Deus como *velleitas,* Armínio, portanto, remove-a da consideração como uma vontade absoluta ou efetiva. Gomaro que, a exemplo de Perkins, adotara uma vontade antecedente absoluta, inalterável e onipotente, claramente teria fundamentos para se preocupar com respeito a definição de Armínio e, especificamente, sobre o modo com o qual, em concordância com as outras distinções de Armínio, isso tendia a amenizar o imediatismo e a necessidade do envolvimento divino na vida e atividade de todas as criaturas.[716] Como Wendelin comentaria posteriormente: "Considerado estritamente, *velleitas* não se aplica a Deus, em vista de que ela denota imperfeição",[717] ou seja, uma incapacidade ou ineficácia na vontade.

Portanto, grande parte do debate entre Armínio e os reformados diz respeito à natureza do conhecimento divino de criaturas possíveis e à natureza da vontade divina dirigida para essas conhecidas (ou previstas) possibilidades. Ou, para estabelecer o problema um tanto diferentemente, a discussão é sobre a implicação da precedência da vontade antecedente divina sobre a existência e os atos das criaturas. A precedência divina é tal que implica um conhecimento divino indefinido ou faz Deus sempre desejar em relação a objetos definidos, seja para criá-los ou para atuar neles ou sobre eles? O reformado objeta para com a utilização de Armínio do conceito de vontade antecedente em relação ao decreto divino, de modo a formular uma hipótese de uma vontade divina geral, indefinida, pela qual Deus ordena meios de salvação sem referência ao bom ou mau uso de seu poder de escolha,

---

[715] Aquino, *Summa*, Ia, q. 19, art. 6, ad. 1; III, q. 21, art. 4, corpo.
[716] Cf. acusação de Gomaro em Dibon, *L'Enseignement philosophique*, p. 66.
[717] *RD*, p. 81.

ou à obra da graça sobre a vontade humana.[718] Em outras palavras, os reformados rejeitam que Deus possa querer a salvação, especificamente os meios de salvação, aparte de um conhecimento completo, definido, dos resultados de sua vontade. Posteriormente, teólogos dogmáticos reformados, como Voetius, Heidegger e Mastricht, concedem a definição inicial de uma disposição antecedente geral das condições de salvação, mas defendem, baseados na eternidade e simplicidade divinas, de que há apenas uma vontade de Deus, de desejar todas as coisas. Postular um desejo indefinido e não executável em Deus, declaram eles, é um erro.[719]

Como uma sexta distinção, Armínio observa que Deus deseja algumas coisas "conquanto que sejam boas quando consideradas absolutamente de acordo com suas naturezas" e outras coisas "conquanto que, após uma inspeção de todas as circunstâncias, sejam entendidas como desejáveis."[720] Essa distinção, na própria admissão de Armínio, é virtualmente idêntica ao conceito de uma vontade antecedente de Deus. Similarmente, (a sétima), Deus deseja algumas coisas *per se* e outras *per accidens*."[721] Consequentemente, ele deseja algumas coisas de, ou em si mesmas, porque são boas: assim, "ele deseja salvação aos homens obedientes." Aquelas coisas que não são simples ou totalmente boas, mas que de certa forma são más, Deus deseja acidentalmente – consequentemente, deseja punição para o que é em si um mal – porém, o faz pelo bem da justiça "desejando que a ordem da justiça seja servida por punição em vez de a criatura pecaminosa seguir não punida."[722] Em uma distinção correlacionada, que está presente somente nas *Disputationes* públicas, Armínio defende que Deus "deseja algumas coisas como um fim, e outras como um meio para obter esse fim." As primeiras

---

[718] Cf. Walaeus, *Loci communes*, III. 9 (p. 180)

[719] *RD*, p. 91-92.

[720] *Disp. pub.*, IV. lxi; compare *Disp. priv.*, XIX. vii.

[721] *Disp. priv.*, XIX. viiii; compare *Disp. pub.*, IV. lxiii.

[722] *Disp. priv.*, XIX. viii.

são desejadas por "uma afeição ou desejo natural"; as últimas por "uma escolha livre".[723]

Todas essas distinções concebidas por Armínio em relação à vontade divina são análises ou alterações da argumentação escolástica tradicional. Suas modificações são significativas não apenas porque desviam a doutrina das definições reformadas típicas, mas também porque tendem a exibir uma relação mútua ou recíproca entre Deus e o mundo em vez de uma relação absoluta ou de pura soberania de Deus com o mundo. Enquanto a doutrina reformada da vontade divina tende a resumir todas as distinções em uma vontade eterna, simples e única de Deus a fim de realizar certas possibilidades e não outras, a doutrina de Armínio tende a enfatizar as distinções para argumentar a interação entre Deus e os eventos genuinamente livres ou contingentes da ordem criada. Assim como na linguagem de Armínio dos dois *momenta* da natureza divina, essência e vida, e da realidade primária e secundária da vida divina, há, nessa linguagem de distinções na vontade divina, um movimento que se afasta da noção mais estrita da simplicidade divina e da transcendência, para uma visão de Deus como condicionada e, portanto, de certa forma limitada por sua relação com a ordem temporal.

Armínio, por um lado, identificara diferenças qualitativas e quantitativas genuínas entre a vontade divina que é absoluta, antecedente e *per se*, e a vontade divina relativa, consequente e *per accidens*. Por outro, ele se recusara a resolver essas tensões em termos dos conceitos de uma última, oculta e uma revelada ou significada vontade em Deus. Consequentemente, como no padrão e movimento geral de sua doutrina dos atributos divinos, Armínio identificara uma extensão ou tendência do divino para a ordem criada, um movimento de Deus no relacionamento, de fato, uma ordenação ou ordenamento do divino para a ordem criada que, por sua vez, tem um efeito sobre a vontade divina. (Visto desse modo, o contraste entre a vontade divina antecedente e a consequente parece muito com a distinção tradicional entre a *potentia absoluta* e a

---

[723] *Disp. pub*, IV. lvii.

potentia ordinata com, no entanto, o poder absoluto definido simplesmente como primazia ou supremacia e o poder ordenado nascente não somente da consistência da vontade de Deus para a ordem criada, mas também fora da própria ordem criada no que se refere e fixa um limite sobre o exercício do poder e da vontade divinos.)[724] Essa linguagem teve um impacto importante não somente em Episcópio e Limborch, mas também no filósofo Leibniz, que citara os argumentos de Armínio sobre as vontades antecedente e consequente divinas com uma forte aprovação em seu *Essai de theodicée*.[725]

No caso de Episcópio em particular, as distinções de Armínio na vontade divina frutificaram em um desenvolvimento mais completo de uma concepção não determinística do relacionamento de Deus com o mundo. Como vários codificadores e seguidores, Episcópio foi capaz de reunir as questões abordadas pelas distinções de seu mestre e determinar o ponto subjacente mais claramente, numa forma resumida. Consequentemente, ele começa sua discussão das distinções na vontade divina não com a distinção tradicionalmente primária entre a *voluntas beneplaciti* e a *voluntas signi*, mas antes de introduzir essa distinção, traz uma discussão estendida do dito, "Nulla est voluntas Dei nisi efficax" – a vontade de Deus não é nada se não eficaz. O ditado em si é certamente incorreto, e argumenta Episcópio, deve ser substituído com a declaração contrária, "Non omnem Dei voluntatem esse efficacem" – nem toda a vontade de Deus é eficaz. O último princípio em si responde pela existência e os benefícios da religião! Se a vontade de Deus é sempre eficaz e, além disso, definitivamente unitária, a obediência ou a desobediência voluntária se tornam impossíveis.[726]

Ainda assim, Episcópio segue Armínio, insistindo que a vontade oculta do beneplácito divino não pode ser isolada da vontade revelada

---

[724] Veja a seguir, cap. 12.

[725] G. W. Leibniz, *Essai de theodicée: Abrégé de la controversie*, em *Opera philosophica quae extant*, ed. J. E. Erdmann (1840; repr. Aalen: Scientia Verlag, 1974), p. 627, col. 1.

[726] Episcópio, *Inst theol.*, IV. ii. 21 (p. 308, col. 1).

ou significada, de tal modo a anular nos recessos ocultos da intencionalidade divina o valor redentor dos atos humanos executados em obediência à vontade revelada.[727] Seguindo o princípio e a linha do argumento de Armínio, ele redefine a *voluntas* e a *potentia* absoluta, na realidade fundindo os termos com a *voluntas antecedens*. O poder e a vontade absolutas de Deus não mais permanecem como uma possibilidade que paira por trás da ordem estabelecida das coisas, mas agora são definidos como um poder e vontade sem relação com as criaturas que estão sujeitas à modificação quando entram em uma relação como *voluntas conditionata* e *consequens*.[728]

Quando a vontade de Deus tiver sido definida em sua relação com a ordem criada, o caráter ou aspectos afetivos desse relacionamento podem ser definidos. Como, além do mais, essa livre disposição de Deus é uma disposição *ad extra* direcionada a objetos finitos, ela é mais propensa a uma abordagem analítica do que fora a essência divina em si, quer pela preeminência ou negação. Armínio, assim, pode abordar "os atributos de Deus que deveriam ser considerados sob sua vontade" primariamente como atributos que têm "analogia com as afeições ou paixões" normalmente atribuídas às vontades das "criaturas racionais".[729] Essas afeições ou paixões podem, além do mais, ser distinguíveis em dois gêneros: "o primeiro contém aquelas afeições que dizem respeito *simpliciter* ao bem ou ao mal, e que podem ser chamadas primitivas (*primitivi*); o segundo, compreende aquelas afeições que têm relação com o bem ou o mal na condição de ausentes ou presentes, e são derivadas das primeiras".[730]

As afeições primitivas ou primárias são o amor, e seu oposto, o ódio, a bondade, graça, benignidade e compaixão.[731] As afeições secundárias ou derivadas nascem das afeições primárias numa relação direta com o

---

[727] Idem. (p. 308, col. 2).
[728] Idem. (p. 309, col. 1).
[729] *Disp.priv.*, XX. Cabeçalho e i.
[730] Idem, XX. ii.
[731] Idem, XX. ii.

bem ou o mal em criaturas específicas. Essas afeições secundárias são entendidas por analogia com as emoções "concupiscíveis" e "irascíveis" experimentadas pela alma humana.[732]

Certamente, é apropriado termos alguma definição preliminar. A concupiscência, um termo usualmente associado a uma luxúria errônea, indica em seu significado básico simplesmente um desejo ardente. As operações concupiscentes da vontade são, portanto, afeições do desejo juntamente com alegria na realização e tristeza na perda. As operações irascíveis da vontade, ou afeições irascíveis, são sentimentos, como ira, que têm a ver com aversão ou repulsa –, mas também, no uso de Armínio, com expectativa, o oposto de aversão ou repulsa.[733] Essa terminologia pertence tipicamente ao uso aristotélico da psicologia das aptidões escolástica e é característica da antropologia tomista.[734] A mudança de significado do termo "concupiscência", com base no sentido agostiniano puramente negativo, de um desejo desordenado ou luxúria, em um sentido neutro, e inclusive, potencialmente positivo, de uma inclinação natural para um objeto, é normalmente creditada a Tomás de Aquino. Esse pensador adotara o termo em seu desenvolvimento de uma psicologia aristotélica cristã e o aplicara ao aspecto afetivo da natureza humana. A concupiscência, assim, é um apetite por um objeto, ou especificamente na perspectiva de Aquino, um dos poderes do apetite sensível. Seu oposto, o outro poder do apetite sensível –, a irascibilidade, é uma aversão ou repulsa a um objeto, particularmente conquanto que esse objeto esteja impedindo de se atingir algo desejado.[735] O próprio Aquino não força essas categorias em sua doutrina de Deus. A presença delas na doutrina de Deus de Armínio aparenta ser uma extensão especulativa

---

[732] Idem, XX. ix.

[733] Veja Idem, XX. x-xi.

[734] Cf. Garrigou-Lagrange, "*Thomisme*", *DTC* 15/1, col. 966.

[735] Aquino, Summa, La Illae, q. 25 e compare a discussão em Pierre Pourrat, *Christian spirituality*, trad. W. H. Mitchell, S. P. Jacques e Donald Attwater, 4 vols. (Westminster, Md.: Newman, 1953-55), II, p. 144.

do princípio da analogia de certa forma não tão típica entre os autores medievais, mas de uso corrente no século XVII.

A psicologia tomística também reconhecia o estreito relacionamento entre concupiscência e irascibilidade, e conseguira defender não somente a subordinação da última em relação à primeira, como também sua origem na primeira. Conforme comentado por Pourrat, "Somente ficamos irados porque desejamos possuir a qualquer custo o que queremos para nós mesmos de modo a usufruí-lo." "O amor", portanto, "gera todas as paixões".[736] Esse modelo para o entendimento das afeições apetitosas da vontade tem, por extensão, um enorme impacto no conceito de Deus e em seu relacionamento com o mundo quando ele é desenvolvido em conexão com os atributos divinos. (Ele pode, de fato, ser considerado como uma extensão natural da ênfase de Tomás de Aquino na prioridade do amor na disposição eletiva de Deus; na realidade, uma extensão da identificação de Deus como o *summum bonum* que adota para si o objeto primário de sua vontade.)[737] Como o apetite irascível é subordinado e serve ao apetite concupiscível, o amor deve ter mais primazia que o ódio, e o *odio Dei* deve ser uma obra estranha que serve ao objetivo do amor de Deus. Essa psicologia divina força Armínio ao reconhecimento de que a própria natureza de Deus antevê qualquer ato de uma aversão última para a criatura. Deus, com efeito, não pode querer um mundo ou um fim para o mundo e suas criaturas contrário aos atributos primários do amor e da bondade. Contra seus colegas reformados, em especial contra o supralapsariano Gomaro, Armínio se posicionaria contra uma perfeita coordenação do amor para os eleitos e o ódio para os condenados, de misericórdia para alguns e justiça para outros.

A apresentação dele das afeições primárias ou primitivas da vontade divina focarão, muito compreensivelmente, nos atributos do amor e da bondade. Uma dificuldade subjacente encontrada por Armínio nessa apresentação é a dupla identidade da bondade divina: ela é tanto

---

[736] Pourrat, *Christian spirituality*, II, p. 144-45.
[737] Sobre a doutrina da eleição de Aquino, veja *Summa*, Ia, q. 23, art. 4, corpo.

um atributo essencial como uma afeição da vontade. No primeiro caso, é totalmente incomunicável; no segundo, é eminentemente comunicável –,[738] de fato Armínio consegue declarar que "a bondade em Deus é a afeição de comunicar seu próprio bem."[739] Não há contradição neste ponto, a lógica das declarações é idêntica à lógica dos comentários de Armínio sobre os objetos da vontade divina. Lá ele havia defendido que a bondade essencial de Deus, o *summum bonum* ou bem supremo, é o objeto primário da vontade divina e que essa, portanto, deve se estender *ad extra*, para atingir bens menores, somente de forma secundária ou indireta.[740] Além disso, não há um objeto externo que acarrete um movimento interior em Deus. Todo o movimento em Deus, especificamente o impulso ou movimento para a efetivação de coisas *ad extra* deve estar fundamentado na plenitude da própria essência divina.[741]

Com isso, a bondade essencial de Deus, identicamente a *esse* divina, não pode ser mais comunicada que a *esse* divina em si. Na criação, o ser de Deus capacita a existência das criaturas, assim como a sua bondade é a base para a bondade das criaturas. Mas a *esse* das criaturas não é idêntica às suas essências, e a *bonitas* das criaturas existe somente por derivação e participação. A bondade volitiva de Deus, no entanto, é em certo sentido comunicável conquanto que ele, pelo poder de sua vontade, confere bondade juntamente com o ser a suas criaturas. O ensino de Armínio simplesmente reflete a alteração escolástica da linguagem de emanação ou efluxo do divino; não é a bondade essencial nem o ser que emanam, mas sim a *potentia* para o ser e para o bem.[742] A distinção entre Criador e criatura é mantida embora, ao mesmo tempo, o relacionamento teleológico entre a criatura e sua fonte, e objetivo de ser e bondade, seja estabelecido.

---

[738] *Disp. pub.*, IV. xxii.
[739] Idem, IV. lxviii.
[740] Cf. *Disp. pub.*, IV. l-li com *Disp. priv.*, XVIII. iii-iv. x
[741] *Disp. priv.*, XVIII. V; Cf. *Disp. pub.*, IV. 1.
[742] Compare Pinard, "Création", *DTC* 3/2, cols. 2089/91.

Na discussão anterior, Armínio havia, com certa dificuldade, explicado que a vontade de Deus, por desejar a plenitude da bondade divina, deve também, por descansar sobre e agir em conjunto com o entendimento divino, desejar também, embora indireta e secundariamente, a existência da ordem criada como um bem. Aqui, no inter-relacionamento das afeições divinas, Armínio consegue retomar o problema e fornecer, em um diferente nível, uma explicação mais coesiva. No ser divino, o amor está, em certo sentido, antes da bondade. Na ordem afetiva da disposição divina, no ato primário ou realidade da vontade pela qual Deus deseja sua própria bondade, o amor é a afeição que busca o bem. Com isso, "o amor é anterior à bondade em relação a seu objeto, que é Deus em si."[743] No movimento *ad extra* da vontade divina, o amor busca aquelas coisas capazes de serem amadas pelo fato de que elas são o bem, criado e ordenado para o bem supremo. Consequentemente, "a bondade é anterior ao amor em relação a um objeto distinto de Deus."[744]

Esse relacionamento do amor divino com a bondade divina tem profundas ramificações para a teologia como um todo, particularmente para as doutrinas da criação, providência e predestinação. A prioridade do amor sobre a bondade em relação ao objeto divino, e da bondade sobre o amor em relação ao objeto criado, estabelece um ordenamento dos decretos divinos de acordo com o qual Deus primariamente ama e deseja sua própria bondade. Secundariamente deseja e ama todas as coisas em si próprio à medida que elas nascem da comunicação de sua bondade e, como resultado, ordena todas as coisas boas para si próprio como seus objetivos, o *summum bonum*. Essa não é apenas a lógica da doutrina de Armínio sobre bondade divina em sua autocomunicação criativa; ela é também a lógica da doutrina de Aquino da predestinação:

> Pois a vontade [de Deus], pela qual ao amar ele deseja o bem para alguém, é a causa desse bem possuído por alguma

---
[743] *Disp. priv.*, XX. iii.
[744] Idem.

pessoa em detrimento a outras. Com isso, é claro que o amor precede a eleição na ordem da razão, e a eleição precede a predestinação. Daí que todos os predestinados são objetos da eleição e do amor.[745]

Certamente, o ato criativo de Deus comunica bondade à parte, e em certo sentido, antes da eleição –, bem como a providência é um ato mais geral que a predestinação – embora a eleição deva ser em referência a um bem específico concedido a certos indivíduos.[746] Além disso, é "o amor de Deus que infunde e cria bondade."[747] Deve, portanto, haver uma vontade antecedente de acordo com a qual Deus deseja a salvação de todos. Essa vontade antecedente é, além de tudo, não uma vontade absoluta ou simples, mas sim relativa.[748] Como Tomás de Aquino de vez em quando dizia, "tudo o que Deus simplesmente deseja ocorre; embora o que ele deseja previamente possa não acontecer."[749] A vontade antecedente, de acordo com Aquino, é "o princípio da graça suficiente", enquanto a vontade consequente, que é uma vontade simples e, portanto, definitiva, é "o princípio da graça eficaz".[750] Armínio claramente avança mais na linha da lógica tomística do que os reformados e assim o faz de forma significativa, em relação a sua perspectiva igualmente tomística da prioridade do intelecto divino e o caráter auto difusivo da bondade divina. Em nenhum desses pontos, os reformados estavam querendo seguir a lógica tomística sem modificação.

Com base nessa lógica fundamentalmente tomista, o amor divino é

---

[745] Aquino, *Summa*, Ia, q. 23, art. 4, corpo.
[746] Idem, Ia, q. 23, art. 4, ad obj. 1; cf. idem, q. 6, art. 4.
[747] Idem, Ia, q. 20, art. 2, corpo.
[748] Idem, Ia, q. 23, ad obj. 3.
[749] Idem, Ia, q. 19, art. 6, ad obj. 1.
[750] Garrigou-Lagrange, *Predestination*, p. 80; compare Aquino, *Summa*, Ia, q. 23, art. 4 ad. obj. 3.

uma afeição da união em Deus, cujos objetos são o próprio Deus e a bondade de [sua] justiça (*iustitia*), bem como a criatura, seja enquanto sua imagem (*imaginem*) ou enquanto vestígio (*vestigium*), que se refere a ele e à sua felicidade."[751]

Dada novamente a distinção do objeto, o amor de Deus em si é sujeito a distinção entre "o amor complacente" (*amor complacentiae*) e o "amor de amizade" (*amor amicitae*).[752] O primeiro corresponde à identificação agostiniana do amor como *fruto* ou *fruitio*, o desfrute do bem, o amor de algo em e para si próprio como o bem supremo; já o último corresponde à identificação agostiniana do amor como *uti* ou *utilitas*, o amor ou uso de algo como um meio para um fim. O amor complacente é aquele pelo qual Deus ama a si próprio "na perfeição de sua própria natureza" como o bem mais elevado, capaz em seus próprios termos de ser amado pelo que é em si. Esse tipo de amor estende-se também para o amor divino de obras *ad extra* pelo fato de que elas são "evidências" da perfeição divina.[753] O amor de amizade, por seu lado, é reservado para coisas amadas por Deus como meios para sua própria finalidade. As definições de Armínio desses termos não são particularmente específicas; elas simplesmente refletem o cenário escolástico geral.

O *odio Dei,* ou ódio divino, é o oposto do amor, mas não seu antagônico completo. Esse status secundário do ódio divino nasce do fato de que ele não tem nenhum objeto último e não flui diretamente da, ou retorna para, a bondade divina. Fluxos de ódio escapam do amor divino porque este amor "não consegue se estender para todas as coisas que se tornam objetos do entendimento divino."[754] Enquanto o amor "pertence" a Deus "no primeiro ato ou realidade primária ... antes da

---

[751] *Disp. priv.*, XX. iv.

[752] Idem, cf. Altenstaig, *Lexicon theologicum*, s.v. *"amor amicitae"* e *"amor complacentiae"* (p. 38-39).

[753] *Disp. priv.*, XX. iv.

[754] Idem, XX. vi.

existência de qualquer coisa", o ódio deve acompanhar a existência das coisas como uma operação natural ou necessária da vontade e não como algo desejado livremente por Deus. Em outras palavras, Deus não escolhe ou elege ter, mas ele natural e necessariamente tem aversão a certas coisas simplesmente por que é Deus.[755]

Armínio define o *odio Dei* como "uma afeição da separação de Deus, cujo objeto primário é a injustiça (*injustitia*), e o objeto secundário, ou a miséria das criaturas."[756] O objeto primário do ódio divino nasce do "amor complacente" conquanto que Deus "propriamente ama a si próprio e o bem da [sua] justiça, e ao mesmo instante (*momento*) odeia a iniquidade da criatura."[757] O objeto secundário, no entanto, deriva do amor divino secundário, "o amor de amizade", de acordo com o qual Deus ama a comunicação de sua bondade às criaturas em suas existências, e em suas bem-aventuranças, no mesmo *mometum* odeia, não as criaturas como tais, mas a miséria delas. No entanto, acrescenta Armínio, se uma criatura rejeita a bondade de Deus e se recusa a ser libertada da miséria de seu pecado, Deus então passa a odiar "a criatura que persevera na injustiça e que ama sua miséria.[758] Essa linguagem do amor divino, e de seu nem tanto oposto final, o ódio divino, reflete a linguagem e dinâmica das teorias escolásticas medievais da predestinação. E o faz de uma forma muito específica no ponto em eles tendem a se afastar de fazer com que a reprovação se ajuste com a eleição e migram para fundamentar a predestinação como uma vontade positiva de Deus no âmbito do amor geral e universal dele para as criaturas como criadas boas.

A comunicação divina da bondade pela, ou por meio da, afeição amorosa tem, de acordo com Armínio, três objetos e atos positivos:

---

[755] Idem.
[756] Idem., XX. v.
[757] Idem.
[758] Idem.

Seu primeiro objeto *ad extra* é o nada; e isso é muito necessário; primeiro, que, ao ele ser removido, nenhuma comunicação pode ser feita externamente. Seu segundo objeto é a criatura como criatura, e seu ato é chamado sustentação (*sustentatio*), como se fosse uma continuação da criação. Seu terceiro objeto é a execução, pela criatura, de sua tarefa de acordo com o comando divino; e esse ato é a elevação até uma condição mais meritória e feliz, ou seja, a comunicação de um bem maior do que aquele obtido pela criatura na criação.[759]

Esses dois "movimentos exteriores" (*progressus*) que alcançam a criatura podem ser identificados como a benignidade ou bondade de Deus.[760] Com isso, por sua disposição ou amor real, Deus tanto deseja a si próprio como o objetivo final de toda a vontade e amor, e deseja a existência de todas as coisas, como evidências de sua bondade e tende para sua bondade final como o objetivo de seus seres.[761]

No estilo de Tomás de Aquino, esses comentários parecem indicar que o conceito de providência como a governança divina da ordem finita –, que Armínio discutira extensivamente, após sua doutrina da criação, também deveria ser discutido em relação à doutrina de Deus, como uma das operações ou poderes predicados da essência divina.[762] A "boa ordem existente nas coisas criadas" expressa tanto a origem como a participação de todas as coisas na bondade de Deus e o objetivo de todas as coisas como o *summum bonum*. Além disso, como "Deus é a causa de todas as coisas pelo seu intelecto... é necessário que o tipo de ordem das coisas para seus fins devia preexistir na mente divina: e o tipo de

---

[759] Idem, XX. vii.
[760] Idem.
[761] Cf. *Disp. priv.*, XX. iv, vii com *Disp. pub.*, IV. lxvii e *Disp. priv.*, XXIV. viii.
[762] Cf. Aquino, *Summa*, 1a, q. 22 e q. 103; observe também *SCG*, 1. 76-79.

coisas ordenadas para um fim é, propriamente falando, a providência".[763] Consequentemente, de acordo com Armínio, o *intellectus Dei* sabe "a ordem, conexão e relação de todos [os seres criados]... pela sua própria essência."[764] Todavia, permanece a questão de como a providência, um predicado eterno de Deus, opera na ordem temporal –, particularmente em razão das distinções feitas por Armínio no conhecimento e na vontade divina. Para o momento, tudo que pode ser dito é que o intelectualismo dele serve para reforçar a orientação prática e resolutiva de seu sistema teológico ao identificar a bondade essencial de Deus como a fonte e objetivo de todas as coisas – e, igualmente, de apontar para uma forte ênfase dogmática ou sistemática sobre a criação como o principal objetivo de toda a atividade divina que é ordenada, *ad extra*, na direção do objetivo derradeiro da sua bondade. O ato da criação em si implica não apenas a sustentação da criação, mas também o requisito da obediência das criaturas, e a esperança de uma "comunicação final de um bem maior", numa união escatológica com Deus.

O quarto objeto da comunicação divina da bondade "é a criatura não executar seu dever, ou pecar, e por conta disso se tornar responsável pela miséria de acordo com o justo julgamento de Deus, e de esse ato ser uma consequência do pecado pela remissão e mortificação."[765] Essa última movimentação da bondade é chamada misericórdia. O que Armínio faz nessa descrição da autocomunicação da bondade divina é defender todas as afeições divinas como manifestações das duas afeições primárias ou primitivas, bondade e amor –, com o ódio como o contraponto do amor; benignidade, gentileza e compaixão como modificações da bondade em relação a seus objetos. Esse argumento é crucial para toda sua perspectiva teológica pelo fato de que tem o efeito de unir as afeições divinas ao impulso primário de Deus *ad extra*, o caráter auto comunicativo da bondade divina, e por isso relacionar as

---

[763] Aquino
[764] *Disp. pub.*, XVIII. ii.
[765] *Disp. priv.*, XX. vii.

afeições divinas com a pressuposição teleológica da teologia de Armínio e, mais imediatamente, à relação graciosa de Deus com a ordem criada.

> Graça é um certo acessório da bondade e do amor, pelo qual significa que Deus é afetado (*quod Deum affectum esse*) para comunicar seu próprio bem e para amar criaturas, não pelo mérito ou dívida, nem por qualquer causa extrínseca influenciadora (*causa extrinsecus impellente*), e tampouco como se algo pudesse ser adicionado ao próprio Deus, mas para que esteja bem com aquele quem o bem é concedido e que é amado, o que poderia também ser chamado de liberalidade; e de acordo com isso, diz-se que Deus abunda em bondade, misericórdia etc.[766]

A *sola gratia* ressoa tão forte neste ponto como em qualquer teologia luterana ou reformada, mas com uma diferença significativa. Enquanto os ortodoxos luteranos ou reformados entendem a graça como algo essencialmente, de fato, virtualmente, do ponto de vista soteriológico em operação, Armínio prepara da forma mais sutil já vista, a base para uma ênfase subsequente no relacionamento entre a graça e a natureza nas criaturas e na ordem providencial. Certamente que a ortodoxia luterana ou reformada associa a graça, como um atributo divino, à bondade de Deus, e estabelece que a bondade e o amor divinos para as criaturas não são uma questão de dívida, mas sim de graça. Os reformados, no entanto, manifestam um certo desconforto com a ideia de uma graça "comum" ou generalizada e tendem a focar em uma graça especial de Deus voltada aos eleitos, a ponto de defender que o amor de Deus para o "mundo" (Jo 3.16) não é um amor para "todo o sistema envolvendo os céus e a terra com todos seus habitantes divinamente gerados do nada,

---

[766] Idem, XX. viii.

mas apenas para a raça humana."⁷⁶⁷ Os luteranos não enfatizam tanto a eleição, mas, como os reformados, a ênfase em sua doutrina da graça está na natureza imerecida do dom livre da graça na salvação.⁷⁶⁸ Armínio, contudo, ampliara a questão da graça ao vincular mais estreitamente o seu conceito à auto comunicação criativa divina, de modo que a bondade de Deus na criação é entendida como um abrangente e primário ato gracioso. Essa perspectiva terá um enorme impacto em suas doutrinas da criação e providência pelo fato de que a graça imerecida não poderá ser arbitraria ou estritamente concedida. Se a graça é imerecida, ou implícita no ato criativo, ela deveria ser natural e universal.

Armínio a seguir analisa – ainda sob uma categoria mais ampla da vontade divina –, os atributos de Deus "com uma certa analogia às virtudes morais". Esses atributos, argumenta ele, "governam geralmente todas as afeições, ou em especial referem-se a algumas delas."⁷⁶⁹ Assim, "o geral [atributo] é a justiça ou retidão (*iustitia*), que é chamado universal [ou legal]; com referência ao que os antigos diziam de ele conter em si todas as virtudes; os especiais são a justiça particular, a paciência e todas as moderações (*moderatrices*) da ira, e dos castigos e punições".⁷⁷⁰

Essas "moderações de ira" compreendem aqueles atributos como resiliência, gentileza, clemência e aptidão para perdoar. A discussão desses atributos por Armínio é breve, não passa de uma definição deles – com a exceção da *iustitia Dei*, que ele desenvolve mais detalhadamente.

A justiça ou retidão de Deus é considerada por Armínio, em primeiro lugar em seu sentido geral ou universal, como um atributo ou virtude de Deus, e depois em seu sentido particular, quando se refere aos objetos. Esse segundo sentido é subdividido nas categorias de "justiça em atos"

---

[767] RD, p. 95-96, 372. Sobre o problema da graça comum na teologia reformada, veja Louis Berkhof, *Systematic Theology*, 4ª ed. (Grand Rapids: Eerdmans, 1941), p. 432-46.
[768] *DTEL*, p. 471-78.
[769] *Disp. priv.*, XXI, cabeçalho e i.
[770] Idem, XXI. i.

(*iustitia in factis*) e "justiça em palavras" (*iustitia in dictis*).[771] Considerada de modo geral ou universal, a *iustitia Dei* é uma virtude de Deus de acordo com a qual ele administra todas as coisas de modo reto e apropriado (*recte et decenter*), de acordo com o que sua sabedoria indica que é adequado a si próprio.[772] Essa retidão divina primária governa, juntamente com a sabedoria de Deus, todos "atos, decretos e esforços" (*actionibus, decretis, factis*) de Deus –, de modo tal que ele genuinamente pode ser considerado "justo sob todos Seus aspectos".[773] Essa retidão divina universal é, portanto, o fundamento dos atos ou operações de Deus, em, e pelo qual ele gera justamente para si mesmo o que estiver em seu dever, além de conceder a suas criaturas o que corretamente pertença a elas.

Em um comentário extremamente significativo sobre as implicações do conceito de *iustitia Dei* para o restante de sua teologia, Armínio observa que essa justiça particular proporciona o que é devido tanto a Deus como às criaturas, e que é claramente enunciada tanto em obras como em palavras. Não sendo diferente em maneira, modo ou implicação do decreto eterno: "independentemente do que Deus faz ou diz, ele o faz de acordo com seu próprio decreto eterno."[774] Em outras palavras, a justiça de Deus, manifesta em obras e palavras, permanece firme em relação ao decreto. Não pode haver nenhuma injustiça no decreto e nenhum desvio da revelação a respeito do decreto a partir da revelação referente à justiça de Deus. Ainda assim, a *iustitia Dei* concorda com "o amor de Deus para as criaturas e segue para a bondade das mesmas."[775] Por implicação, o decreto não pode ser diferente, ele deve concordar com o amor e a bondade de Deus conforme definido em relação à obediência das criaturas e à bondade delas como criadas.[776]

---

[771] Idem, XXI. ii-v.

[772] Idem, XXI. ii.

[773] Idem.

[774] Idem, XXI. iii.

[775] Idem.

[776] Cf. *Disp. priv.*, XX. vii.

A justiça divina em obras segue uma ordem de três vias. Primeiro, ela atua na comunicação do bem, seja de acordo com a criação primária (*creationem primam*) ou de acordo com a regeneração.[777] Aqui encontramos a primeira utilização de *iustitia* que indica o que é normalmente traduzido em português como "retidão". Vale a pena notar que a palavra latina, *iustitia*, assim como a grega, *dikaiosune*, não fazem tal distinção, mas identificam os conceitos de justiça legal e retidão moral com o mesmo termo básico – e, portanto, mantém os dois em uma estreita relação na discussão teológica. Assim, o segundo aspecto da justiça em obras é

a prescrição do dever, ou, em legislação, o que consiste na requisição de um plano, e na promessa de uma recompensa e ameaça de punição, enquanto o terceiro aspecto reside no julgamento de obras reais em atos equitativos quer de punição ou recompensa. A punição é para ser entendida, portanto, não somente em termos de um ódio divino por causa da desobediência bem como em termos da vindicação da justiça divina.[778]

A "justiça em palavras" também pode ser explicada em um ordenamento de três vias. A justiça divina primeiro declara que a verdade é oposta à falsidade: Deus sempre "declara exatamente como algo é". Segundo; essa declaração é sincera e simples no sentido de que Ele "sempre declara como algo é concebido interiormente, de acordo com o significado e propósito (*propositum*) de sua mente, contrastando com o que é hipocrisia e duplicidade do coração". Terceiro, a justiça de Deus é leal e constante "ao respeitar promessas e manter a comunicação dos bens, para os quais são opostos a inconstância e a infidelidade."[779] Se a utilização do termo "*propositum*" ou "propósito" pode ser considerada um uso teológico técnico –, que poderia ser o caso dado o caráter técnico das disputas de Armínio, e seu constante recurso ao vocabulário escolástico – Armínio aqui também aponta para suas formulações concernentes ao decreto de Deus e se posiciona contra qualquer divergência de propósito

---

[777] *Disp. pub.*, XXI. iv.
[778] Idem.
[779] Idem, XXI. v.

entre o desígnio interno de Deus e suas exigências e promessas na revelação. Essa também fora a implicação da discussão de Armínio sobre a *voluntas beneplaciti* e a *voluntas signi*, em que os reformados postularam tal divergência e, entre a *voluntas antecedens* e a *consequens*, discussão essa rejeitada pelos reformados.

Como para enfatizar o ponto de que uma consideração cuidadosa da justiça divina em relação ao decreto eterno e ao propósito de Deus resultará em uma visão diferente do ensino reformado ortodoxo, Armínio anexa um conjunto de três corolários à sua disputa:

> Permite a justiça de Deus que uma criatura racional sem pecado seja destinada à morte eterna? (Negativo).
>
> Permite a justiça de Deus que uma criatura perseverante no pecado seja salva? (Negativo).
>
> Se a justiça e a misericórdia não podem ser consideradas, em um sentido acomodado, como opostos em alguns aspectos (Afirmativo).[780]

Ainda que essas teses representem uma caricatura da perspectiva reformada ou, talvez, mais precisamente um exagero de Armínio de seus riscos, elas efetivamente fornecem uma clara ideia da essência da doutrina de Deus de Armínio e um ponto muito instrutivo de transição entre sua a doutrina de Deus dos atributos morais divinos e sua discussão sobre o poder de Deus (*potentia Dei*). Mesmo se os atributos essenciais de Deus determinam toda a discussão subsequente da natureza e da obra divina, isso também é concretizado por seus atributos morais. O poder e a vontade de Deus não podem ser interpretados de modo a gerar conflitos ou contradições na divindade. Consequentemente, a vontade divina é regulada pela bondade suprema de Deus e o poder divino não violará a sua justiça – seja condenando os homens puros ou justificando

---

[780] *Disp. priv.*, XXI, ad fin.

os perversos. Portanto, Armínio vai argumentar contra uma discussão especulativa do poder absoluto de Deus. Este é restringido, de alguma maneira, por sua justiça, que é equilibrada por sua misericórdia.

Armínio reconhece a necessidade de definir o poder de Deus (*potentia Dei*) muito cuidadosamente em termos da supremacia, simplicidade e imutabilidade da essência divina.

Deus, afinal das contas, é desprovido de causa e não está "em movimento" desde a potência até a realidade. A potência ou *potentia* de Deus, portanto, não pode ser definida como se definia a potência de uma criatura. Não pode haver uma "potência passiva" em Deus conquanto que ele é *actus purus*, ou pura realidade. Por causa da realidade divina, os "atos interiores" da divindade que pertencem necessariamente a Deus de acordo com sua natureza, tais como as relações entre os entes da Trindade, também não devem ser considerados exercícios de poder ou movimentos da potência à realidade. "Exibimos para exame que poder é apenas aquilo que consiste na virtude de agir, e pelo qual Deus não somente é capaz de atuar além dele próprio, mas também realmente opera onde quer que seja para seu próprio beneplácito."[781] A *potentia Dei* é "uma faculdade da vida (subordinada ao entendimento, que mostra e direciona para a vontade que comanda) pela qual [Deus] é capaz de originar externamente quaisquer coisas que possa livremente desejar e pela qual origina o que quer que livremente deseja".[782]

Em outras palavras, o conceito escolástico de onipotência refere-se especificamente à "liberdade de Deus em suas obras *ad extra*", independentemente se essas obras pertencem ao reino da "teologia sobrenatural" – ou seja, obras tais como predestinação, encarnação ou redenção –, ou ao reino da "teologia natural", em que a transcendência de Deus é mantida contra o envolvimento divino na criação.[783]

---

[781] Idem, XXII. i.
[782] Idem, XXII. ii; compare *Disp. pub.*, IV. lxxviii-lxxix.
[783] Chossat, "Dieu. Sa nature selon les scholastiques", col. 1162.

Armínio reconhece uma distinção dos poderes de Deus entre poder absoluto (*potentia absoluta*) e o poder ordenado ou ordinário (*potentia ordinaria*), mas se refere à distinção da vontade e não à potência de Deus assim propriamente chamada. Ele observa que a vontade divina eventualmente deseja exercer poder e às vezes recua de fazer isso – e que Deus, portanto, poderia exercer seu poder absoluto para "fazer muito mais coisas" do que efetivamente faz.[784] Neste ponto, novamente, encontramos uma modificação decerto curiosa de uma distinção escolástica tradicional. Se de fato é verdade, de acordo com os escolásticos, que "Deus efetivamente pode fazer muito mais coisas segundo o poder absoluto que ele não faz de acordo com o poder ordenado,[785] essa declaração, porém dificilmente exaure a questão, ou tampouco, considerada em seus próprios termos, índica o propósito da distinção.

A distinção escolástica entre *potentia absoluta* e *potentia ordinata* teve sua origem à época do lançamento da *De sacramentis christianae fidei* de Hugo de São Vitor, sendo portanto uma parte integral da doutrina de Deus escolástica desde seus primórdios.[786] Ela aparece nos trabalhos da maioria dos doutores do século XIII –, consequentemente, Tomás de Aquino consegue distinguir entre o conceito da onipotência divina considerada em si, em termos do que Deus pode fazer, e o da onipotência divina considerada em relação ao que Deus realmente faz.[787] Todavia, a linguagem das *potentias absoluta* e *ordinata* não passa a ser uma questão central na doutrina de Deus e na relação dele com a ordem criada até o advento do nominalismo no século XIV. Como Oberman propriamente diz sobre esse desenvolvimento,

> o *irrealis* indica o que poderia ter ocorrido se Deus tivesse desejado de outra forma tornar-se mais e mais um *realis*. A sua *potentia absoluta* a se

---

[784] *Disp. pub.*, IV. lxxxv.
[785] Altenstaig, *Lexicon theologicum*, s.v. "*potentia Dei est duplex*" (p. 715-16).
[786] Hugh of St. Victor, *De sacramentis christianae fidei*, I. 22 em PL, 176. 214.
[787] Aquino, *Summa*, Ia, q. 25, art. 5.

torna o poder de inverter a ordem natural das coisas como de fato é o caso dos milagres. Deus não é obrigado a obedecer a leis morais ou naturais.[788]

A distinção entre o poder absoluto e o ordenado de Deus, é certo, não implica a presença de dois poderes nele. Os mestres nominalistas que desenvolveram essa distinção adotaram uma simplicidade radical da essência divina. Os atributos divinos são meramente vários conceitos "ou nomes" (*nomina*) aplicados por nós a Deus. Mesmo assim, a *potentia* divina é o próprio Deus em sua total simplicidade e unidade.[789] A linguagem dos dois poderes, portanto, refere-se ao modo com que Deus se relaciona à ordem criada – seja absolutamente em razão do que ele pode fazer, ou ordinariamente em vista das leis que estabelecera para governar a ordem natural. Deus, em outras palavras, transcende não somente a ordem temporal como também as leis que a governam.[790]

Como a *potentia Dei* opera sob a vontade divina, como uma eficácia ou eficiência *ad extra* da *voluntas Dei*, ela está "circunscrita ou limitada" pela vontade divina apenas. Se Deus não deseja qualquer objeto em particular, então ele também não exerce seu poder para efetivar aquele objeto.[791]

> Porém, a vontade de Deus pode desejar somente o que não se opõe a essência divina (que é o fundamento para o seu entendimento e sua vontade), isto é, [pode desejar] nada além do bem e do verdadeiro ser (*nihil nisi ens, verum, bonum*). Portanto, seu poder não pode gerar nenhum outro. Além disso, como a construção "o que não se opõem à essência divina" compreende tudo o que seja simples e absolutamente

---

[788] Obermann, "Some notes on the theology of nominalism", p. 56-57.

[789] Vignaux, "Nominalism", *DTC* 11/1, cols. 757, 764.

[790] Veja Francis Oakley, *Omnipotence, covenant, & order. An excursion in the history of ideas from Abélard to Leibniz* (Ithaca and London: Cornell University Press, 1984) esp. p. 79-84, 87-92.

[791] *Disp. priv.*, XXII. iii.

possível, e como Deus é capaz de fazer tudo isso, conclui-se que Deus consegue fazer tudo o que for possível.[792]

Consequentemente, ele não consegue fazer o que é impossível, ou seja, aquilo que "envolve alguma contradição", tal como: "criar outro Deus, mudar, pecar, mentir, fazer algo ao mesmo tempo existir e não existir, ou ter sido e não ter sido... o que algo e seu oposto deveria ser, que deveria ter um acidente sem um sujeito?!, que uma [dada] substância deveria ser transformada em uma outra substância".[793]

Armínio, então, defende dois tipos de limitações em Deus ou, para estabelecer o ponto um tanto diferentemente, observa dois tipos de atos contraditórios dos quais ele deve ser incapaz. Deus não pode, é certo, de modo geral, estar envolvido em qualquer contradição, ou contradições, sejam elas essenciais ou lógicas. Deus não pode, portanto, violar sua própria natureza; não pode descartar nenhuma das propriedades presentes em sua essência de modo a executar um ato contrário a uma particular propriedade – como, por exemplo, sua bondade ou verdade. (Esse ponto certamente deriva da definição dos atributos divinos não como propriedades incidentais, mas sim, como perfeições idênticas à essência divina, além de essencialmente idênticas entre si.) Tampouco Deus pode criar coisas contraditórias ou não mutuamente possíveis. Esses atos indicariam, pondera Armínio, uma ausência de *potentia*, de fato uma impotência (*impotentia*), bem como uma falta fundamental de veracidade e consistência na essência divina.[794]

Entretanto, essas limitações de modo algum enfraquecem a onipotência divina. Deus, de fato, tem poder infinito pelo fato de ser capaz de fazer qualquer coisa dentro do campo de possibilidades e de nenhum ser criado conseguir resistir ao seu poder. "Todas as coisas criadas dependem dele, segundo o princípio eficiente, tanto em seus seres como

---

[792] Idem, XXII. iv.
[793] Idem, XXII. v.
[794] Idem.

em suas preservações; por isso, a onipotência é simplesmente atribuída a ele."[795] Armínio, portanto, não baseia seu conceito de onipotência numa hipótese ingênua de que "Deus pode fazer qualquer coisa", nem em uma hipótese mais sútil de um poder absoluto transcendente e capaz de abreviar a ordem das coisas. A primeira ideia efetivamente destitui Deus de poder genuíno e é tipicamente fundamentada em especulações sobre impossibilidades; a última, no entanto, poderia e efetivamente funcionaria na conceitualização dos contemporâneos de Armínio, notadamente Gomaro e Perkins. Como se torna claro em sua doutrina da criação e providência, Armínio considera que essa segunda perspectiva pode ser problemática e se coloca para deixar de lado a noção de uma *potentia absoluta* no sentido recebido do termo.

Armínio "desentoca" essa discussão dos atributos divinos com um debate sobre a perfeição, bem-aventurança e a glória de Deus.[796] Duas questões estruturais ou organizacionais precisam ser tratadas aqui antes de passarmos para a discussão desses atributos. Primeiro, se a doutrina de Deus de Armínio fosse construída dedutivamente e não analiticamente ou "de maneira resolutiva", poder-se-ia facilmente discutir esses atributos previamente, como perfeições essenciais, e depois utilizar a doutrina da *potentia Dei* como o ponto de transição até a doutrina da criação. De fato, na lógica da extensão divina direcionada a objetos *ad extra*, conforme apresentada por Armínio, o poder de Deus é a última operação da vida divina a ser discutida no ordenamento dos atributos levando à geração de criaturas. Essa ordem precisará ser observada na subsequente análise da criação e providência. No entanto, em segundo lugar, o padrão abrangente prático, teológico e analítico-resolutivo do sistema de Armínio exige a conclusão da doutrina de Deus de tal forma que indique o objetivo final da práxis teológica – a perfeição final, bem-aventurança e glória de Deus para a qual toda a criação tende como sua última esperança e visão final.

---

[795] *Disp. pub.*, XXII. vi.

[796] *Disp. priv.*, XXIII; compare *Disp. pub.*, IV. lxxxviii-xcii.

"A perfeição de Deus tem sua existência desde a simples e infinita combinação de todos esses [atributos] quando eles são considerados de acordo com o modo de preeminência."[797] Essa ideia de perfeição não é meramente uma duplicação do que fora dito sob os atributos da simplicidade e infinitude, uma vez que essa perfeição não diz respeito aos meios ou modo pelo qual Deus tem todos esses atributos, mas sim o modo que ele "perfeitamente possui todas as coisas que denotam qualquer perfeição."[798] Em outras palavras, a perfeição divina é mais do que apenas um padrão de atributos; trata-se também de um atributo genuíno em seu próprio direito que, por causa da identidade essencial de todos seus atributos, pode ser inferido do modo no qual Deus está em posse das várias "perfeições" da essência divina. Por uma questão de definição, Armínio retorna ao padrão oferecido pela definição de eternidade de Boethius: perfeição "é a completa, interminável e, ao mesmo tempo, a perfeita posse da essência e da vida."[799] Essa perfeição, diferentemente das criaturas, não é derivada de algo externo; antes disso, trata-se do arquétipo da perfeição de todas as criaturas.[800] A bem-aventurança divina é um ato interno ou intrínseco de Deus baseado nessa perfeição, e a glória de Deus é uma relação extrínseca da sua perfeição.[801]

A bem-aventurança, portanto, pode ser definida como: "um ato da vida de Deus pelo qual ele desfruta de sua própria perfeição, que é completamente conhecida por seu entendimento e supremamente estimada por sua vontade, e pela qual ele, deleitosamente, se fundamenta em sua perfeição com satisfação.[802]

---

[797] *Disp. pub*, IV. lxxxvii.
[798] Idem.
[799] Idem.
[800] Idem, IV. lxxxviii.
[801] Idem, IV. lxxxix.
[802] Idem, IV. xc.

A definição pode apontar para o "amor complacente" (*amor complacentiae*) pelo qual Deus ama a si próprio como o bem mais elevado.[803] Essa bem-aventurança deve ser incomunicável – embora também seja a base de qualquer bem-aventurança existente nas criaturas. Assim, em relação às criaturas, Deus é o "causador do ato que se estende para" a criatura e resulta na bênção de seu ser. Vemos aqui uma reflexão do argumento concernente aos objetos primários e secundários da bondade divina: a criatura é um objeto secundário do movimento interior do intelecto e vontade divinos em que ambos reconhecem a essência divina como o bem mais elevado, têm "perpetuamente uma apreensão imediata do objeto bendito e se descansam no mesmo."[804]

A *gloria Dei* é "a excelência acima de todas as coisas, que ele manifesta por atos externos de várias maneiras."[805] Aqui, também, encontramos uma reflexão da natureza teleológica e resolutiva do sistema de Armínio e da ponderação escolástica medieval sobre o significado da causalidade final. A glória divina, de acordo com o movimento interno do intelecto e da vontade divinas para o ser e a bondade de Deus como seus objetos primários, e para o ser e a bondade das criaturas como seus objetos secundários, é atingida pela obra da criação. Deus não pode ser glorificado sem ser conhecido, especificamente sem fazer suas perfeições conhecidas por suas comunicações *ad extra*. A participação nas perfeições divinas por meio da comunicação criativa da existência e da bondade é, por sua vez, o bem e, portanto, o objetivo de todas as coisas. O fim definitivo de todas as coisas na glória de Deus consiste então na revelação de sua *gloria intrinseca* infinita e na compleição de sua *gloria extrinseca,* na reflexão das perfeições divinas nas criaturas.[806] A glória de Deus nasce, então, da perfeição da *cum respectu ad extra* divina, a respeito de; ou em relação a fatores externos, e é manifesta de duas formas – 1) por uma refulgência

---

[803] Compare *Disp. priv.*, XX. iv.

[804] *Disp. priv.*, XXIII. iv.

[805] Idem, XXIII. vi.

[806] Compare Aquino, *SCG*, III. 17 com Pinard, "Création", *DTC* 3/2. col. 2085.

de luz de inusitado esplendor, ou por seu oposto, uma densa escuridão ou obscuridade (Mt 17.2-5; Lc 2.9; Êx 16.10; 1Rs 8.11); 2) pela geração de obras concordantes com sua perfeição e excelência (Sl 19.1; Jo 2.11).[807] Deus tem, em seu derradeiro propósito, "nos formado para a sua glória", e fará acontecer esse propósito em Cristo, "o esplendor de sua glória e a expressa imagem de sua pessoa". Além do mais, toda a religião nos direciona para essa finalidade conforme evidenciado pela revelação dos atributos divinos; a perfeição e a bem-aventurança de Deus indicam o mérito e a utilidade da observância religiosa, enquanto nosso conhecimento de Deus nasce diretamente da "manifestação da glória divina".[808]

Com isso, ao colocar a *gloria Dei* no último lugar dos atributos divinos, Armínio fecha satisfatoriamente sua doutrina de Deus de modo a ilustrar o padrão resolutivo de seu sistema como um todo e apresentar um ponto conveniente de contato entre sua doutrina de Deus e sua doutrina da criação e providência que se seguem. A linguagem da *gloria Dei* aponta diretamente, como acontecera nas teologias escolásticas medievais, para o conceito dos objetivos primário e secundário da criação, a glória de Deus como *summum bonum*, e o bem das criaturas pela participação na bondade divina.[809] Mais importante ainda, no caso do sistema de Armínio, essa declaração de objetivos e finalidades, além de uma abordagem conjunta de temas ligados à bondade, intelecto e vontade divina, bem como a finalidade e o bem das criaturas, fornece uma base para a declaração subsequente, na doutrina da criação e providência, de uma autolimitação divina na criação, em função da estrutura do relacionamento de Deus com suas criaturas.

---

[807] *Disp. pub.*, IV. xcii.
[808] Idem, IV. xcii, ad fin; *Disp. priv.*, XXIII. viii.
[809] Pinard, "Création", col. 2085.

PARTE V
Criação e providência

CAPÍTULO 11

A doutrina da criação

A doutrina da criação de Armínio é apresentada em suas *Disputationes privatae*, mas não nas *Disputationes publicae*.[810] Há também uma seção dedicada à criação em *Articulli nonnulli*, mas ela lida apenas brevemente com a criação em geral e passa quase que imediatamente à doutrina do homem.[811] Finalmente, a doutrina da criação aparece brevemente na *Declaratio sententiae* como um elemento da refutação de Armínio sobre a perspectiva supralapsariana da predestinação.[812] A partir dessas diversas fontes, é aparente que não somente sua doutrina da criação, assim como sua doutrina de Deus, estão profundamente enraizadas na tradição escolástica, particularmente no Tomismo, mas também que sua doutrina da criação é um dos alicerces fundamentais de seu sistema teológico. De um lado, ele se baseia na perspectiva escolástica de Deus como o *summum bonum* em sua bondade divina auto difusiva. Além disso, a sua doutrina da criação ecoa o ensinamento, típico da tendência agostiniana e platonizante dos doutores medievais desde Alexandre de Hales em diante, que preconizam que a obra de Deus na

---

[810] *Disp. priv.*, XXIV.
[811] *Articulli nonnuli*, VI.
[812] *Dec. sent.*, p. 107-8 (*Works*, I, p. 626-27).

criação, encarnação e consumação deve ser entendida como um trabalho unificado quem tende para o objetivo final e único da bondade divina.[813] Por outro lado, fica muito claro que Armínio não apenas reproduzia os escolásticos de modo a desenvolver uma doutrina da criação mais completamente alinhada às linhas dogmáticas do que tinha sido feito pelos reformados. Ele cria suas próprias categorias escolásticas e obtém suas conclusões a respeito da bondade divina e do aspecto do ato criativo divino de modo a determinar sua perspectiva teológica em geral e da vontade externa de Deus, especialmente aquela conhecida na eleição e condenação, em particular.

É provável, também, que Armínio, que morrera aos 49 anos, após praticamente cumprir seis anos de cátedra em Leiden, não vivera suficientemente para solucionar todas as questões levantadas em sua doutrina da criação. Como se tornará claro na análise e exposição a seguir, há várias direções, para não dizer inconsistências, em sua linguagem da criação que permanecem em tensão mútua. Como, ademais, as *Disputas públicas* quase que, invariavelmente, parece ter sido um primeiro esboço do sistema, e as *Disputas privadas* o seu aperfeiçoamento, a falta de uma doutrina da criação desde o primeiro documento aponta que as teses dessas últimas seriam uma primeira tentativa de uma definição doutrinal, talvez carecendo do polimento das teses finais do autor sobre a essência e os atributos de Deus. Essas tensões e possíveis inconsistências, contudo, não são sem um significado pelo fato de que elas parecem se basear em um motivo, já presente em seu discurso inicial *On the object of theology* [*Sobre o objeto da teologia*] – e claramente reconhecível nas teses sobre providência – da limitação de Deus implícita no próprio ato da criação.

Com esse objetivo prático ou teológico em vista, Armínio começa sua doutrina da criação observando que Cristo é o segundo objeto da religião cristã e que a discussão dele naturalmente segue a discussão do primeiro objeto, que é o próprio Deus. Deve ser observada, no entanto, uma transição de um objeto para o outro e uma ordem apropriada de

---

[813] Cf. Scheficzyk, *Creation and providence*, p. 138-39.

discussão – e, portanto, devem ser apresentados certos tópicos para os fins de preparação para a discussão sobre Cristo. É necessário, portanto, fazermos um prefácio da Cristologia com uma discussão sobre a razão do porquê Deus pode de fato "exigir alguma religião do homem", que religião tem sido requerida em face de sua prerrogativa divina, e por que razão, após a criação, Deus não somente retém esse direito como também necessita constituir Cristo como o Mediador e Salvador:[814]

> Como Deus é o objeto da religião cristã, não apenas como criador mas também recriador, e a esse último respeito Cristo também, como constituído por Deus como o Salvador, é o objeto da religião cristã, é necessário que possamos primeiramente discutir a criação original (*creatione primaeva*) e aquelas coisas que se uniram a ela de acordo com a natureza e, após isso, aquelas coisas resultantes da conduta do homem –; isso antes de iniciarmos a discussão da recriação, em que a consideração primária é de Cristo como Mediador.[815]

Essa identificação do ato criativo divino como a base de toda a religião, e a tendência conferida pela teologia na direção de uma perspectiva mais racionalista e para um sentido da ordem criada como fundamentalmente constituída da lógica do sistema teológico, marcam não somente o ponto central da teologia de Armínio, mas também um tema importante conduzido desde suas concepções iniciais até o trabalho de Episcópio.[816] A implicação estrutural da definição de Armínio, que o trabalho de Deus é duplo, tendo a ver com a criação e a recriação ou redenção, se baseia em uma distinção escolástica relativamente padrão referente ao conceito de *opus Dei*. Armínio pode ter visto isso sido usa-

---

[814] *Disp. priv.*, XXIV. i.
[815] Idem, XXIV. ii.
[816] Cf. Episcópio, *Inst. theol.*, IV. lii. 1.

do estrutural ou arquitetonicamente na obra de seu mestre, Lambert Daneau, que novamente adotara um conceito existente na teologia medieval e o declarara (num estilo Agrícola ou Ramista) como ponto-chave em sua discussão da doutrina.[817] Além desse ponto estrutural, no entanto, a doutrina da criação de Armínio parece extrair muito pouco diretamente de Daneau, seja pelo ordenamento dos tópicos ou pelo teor da discussão. Daneau, por exemplo, estava muito interessado na ordem hierárquica do cosmos ptolomaico, enquanto Armínio, virtualmente, não manifesta nenhum interesse pessoal nessa questão.[818]

"A criação é um ato externo de Deus, pelo qual ele produzira todas as coisas do nada, para si próprio, por sua Palavra e seu Espírito."[819] Armínio continua, após determinar essa definição básica, a apresentar a causalidade do ato criativo numa linguagem extremamente desenvolvida do Aristotelismo escolástico. Assim, Deus o Pai, atuando de acordo com o padrão de toda a atividade trinitariana *ad extra*, que é o mesmo que dizer, pela Palavra e pelo Espírito, é a "causa eficiente primária" da ordem criada.[820] (Toda a obra da Divindade *ad extra* é comum às três pessoas, mas na ordem estabelecida por suas relações pessoais *ad intra*: essa obra é do Pai pelo Filho, através do Espírito.[821])

A causalidade divina primária da criação também pode ser explicada em termos dos atributos divinos, compartilhados pelas pessoas da Trindade, que já tinham sido usados por Armínio para indicar a extensão ou movimentação de Deus na direção dos objetos finitos de sua obra criativa: bondade, sabedoria, vontade e poder.

---

[817] Daneau, *Christianae isagoges*, I. 24 (p. 38r).

[818] Cf. Idem., I. 27.

[819] *Disp. priv.*, XXIV. iv. "Creatio est actio Dei externa qua Deus verbo & Spiritu suo omnia propter semetipsum ex nihilo produxit."

[820] Idem, XXIV. iv.

[821] Cf. *Disp. pub.*, VI. ii, xii.

A causa impelidora, que indicamos na definição pela preposição "para", isto é, criada do nada, *para* si próprio, é a bondade de Deus, de acordo com a qual ele é inclinado a comunicar seu bem. A [causa] ordenadora é a sabedoria (*ordinatrix est sapientia*), a executiva é o poder (*executrix potentia*), que ele utilizará como um resultado da bondade (*ex effectu bonitas*) de acordo com a mais justa ordenação de sabedoria.[822]

A fórmula referente à bondade, poder e sabedoria divina é levada adiante na teologia de Johann Poliander e na *Leiden synopsis*.[823]

A visão de uma criação que emerge, causalmente, na bondade auto difusiva de Deus está no cerne da teologia de Armínio e é indicativa de suas raízes escolásticas. Ele, alternativamente, consegue definir criação como "o perfeito ato de Deus pelo qual este manifestava sua sabedoria, bondade e onipotência" e, de um modo mais filosófico, "uma comunicação do bem de acordo com a propriedade intrínseca de sua natureza".[824] Essa propriedade intrínseca é, certamente, a natureza auto difusiva da bondade. Dadas essas premissas e a hipótese subjacente de que Deus deverá ser conhecido, acima e além de todas as outras identificações, como o bem mais elevado e o objetivo final de todas as coisas, a criação deve ser considerada pertencente ao derradeiro propósito divino. Muito semelhante a Aquino em sua *Contra gentiles* e na *Compendium theologiae*, Armínio sustenta de tal forma a identidade do ser com a bondade que ele pode afirmar que todas as coisas têm suas *esses* por participação na *esse* divina, e que todas as coisas existentes são boas em razão de suas

---

[822] *Disp. priv.*, XXIV. iv.

[823] *Synopsis purioris*, X. xx: "Ejusdem creationis causa directrix est Deus sapientia; exsecutrix potentia ejus infinita."

[824] *Dec. sent.*, p. 107-8 (*Works*, I, p. 626-27). Note a similaridade da formulação de Aquino sobre a existência e bondade do ente criado em *De veritate*, q. 21, art. 4, discutido por Chossat, "Dieu. Sa nature selon les scolastiques", em *DTC* 4/1, col. 1236.

participações na bondade de Deus.[825] Isto não pode ser, como sustenta o supralapsarianismo de Gomaro, um ato subordinado de Deus desejado por algum propósito distinto da comunicação do bem. Não pode ser, em outras palavras, um ato de Deus subordinado a um objetivo final de condenação de alguns indivíduos: "se fosse assim, a criação não teria sido uma comunicação de algum bem, e sim uma preparação para o mal maior, tanto de acordo com a própria intenção do Criador como com a efetiva questão da matéria."[826]

Seguindo a lógica causal da criação, Armínio aborda a seguir os problemas da causalidade material e formal, ou mais simplesmente, matéria e forma. Há, começa ele, três estágios e meios de se entender a matéria no processo criativo:

> O primeiro é aquele a partir do qual todas as coisas em geral foram criadas, e, portanto, no qual elas podem recair e ser reduzidas: é o nada em si (*ipsum Nihilium*), que a nossa mente, pela remoção de toda a entidade (*per aphairesin omnis entitatis*), considera como a primeira matéria (*ut materiam primam*), pois somente ela é capaz da primeira comunicação de Deus *ad extra,* visto que ele não teria o direito de introduzir sua própria forma na matéria contemporânea (coeva) (*materiam coevam*), nem seria capaz de atuar, uma vez que a matéria seria eterna e, portanto, não suscetível a alteração.[827]

O tratamento aqui é bastante inusitado, pelo fato de Armínio apresentar o conceito tradicional de criação *ex nihilo*, enquanto que ao mesmo tempo identifica o *nihil*, o nada, como em certo sentido perten-

---

[825] Cf Aquino, *SCG,* I.41; III.17 e *Compendium theologiae* , I. 109 com Armínio, *Disp. priv.,* IV. viii; *Disp. pub.* IV., lii e com Patterson, *Conception of God,* p. 262-64.
[826] Idem.
[827] *Disp. priv.*, XXIV. v.

cente à causalidade material do Universo. A forma do segundo ponto de Armínio, a negação de uma *materia prima* existente eternamente, parece ser emprestada de Suárez.[828] Quando este pensador se voltou para o problema filosófico da criação *ex nihilo*, ele havia acompanhado o argumento tomista de que a razão em si não poderia desaprovar a eternidade do mundo.[829] Ele, no entanto, somente poderia permitir uma noção da eternidade de uma ordem contingente, extraída do nada, não temporalmente mas ontologicamente, por Deus: não haveria nenhuma matéria preexistente justaposta com Deus, pelo fato de não ser possível ele atuar sobre ela.[830] O conceito de interação divina com a ordem temporal em seus próprios termos força uma conclusão de que Deus cria *ex nihilo*. Essa linguagem suareziana das disputas de Armínio não encontra nenhum paralelo nas teses de Júnio sobre criação, mas é surpreendentemente similar às de Poliander na *Leiden synopsis*:

> Esse universo de coisas fora gerado do nada, com [o *nihil*] sendo tomado não privativamente, mas negativamente, e, portanto, devia ser concebido pela anulação ou negação de todas as entidades; flexivelmente ou por um uso inválido disso que tem sido denominado de matéria – na realidade, onde há o nada, é incorretamente dito que a matéria existe.[831]

Polliander nega o primeiro ponto de Armínio e o descarta. Não há nenhuma tentativa de identificar o *nihil* com a matéria primária. De

---

[828] Cf. Suárez, *Disputationes metaphysicase*, XX. i. 18, com Scheffczyk, *Creation and Providence*, p. 182.

[829] Suárez, *Disp. metaph.*, XXI. 18; cf. idem, XXXI. ii.11.

[830] Idem, *Disp. metaph.*, XXI. i. 18; cf. idem. XXXI.ii. 3-5 e a tradução por Wells em Francis Suárez, *On the essence of finite being as such*, p. 59-60.

[831] *Synopsis purioris*, Xxxii: "Haec rerum universitas producta est ex nihilo, non privative sed negative sumpto, ideoque, per aphairesin et negationem omnis entitatis, a nostro intellectu concipitur; quod a quibusdam katachrestikos ac valde akurologos materia ex qua nominatur, ubi enim nihil est, ibi impropri materia esse dicitur."

fato, Polliander comenta sobre a impropriedade e singularidade de seu uso. O segundo ponto, ou seja, a negação suareziana de um substrato material externo nos fundamentos lógicos, é aceito por Polliander sem elaboração.[832] Mais uma vez, a teologia de Armínio se posiciona no desenvolvimento do escolasticismo protestante de Leiden, defendendo, nesse caso, o ponto do acolhimento da metafísica de Suárez.

Como *nihil* é entendido como "a eliminação de toda a entidade", sendo absolutamente nada, ele não representa qualquer realidade –, tampouco representa uma potência em qualquer sentido comum desse termo. A potência ou o potencial para a ser é somente a *potentia Dei*, com o resultado que o *nihil* torna-se potencialmente algo único no emprego do poder divino. Fosse esse poder ou potencial divino para ser extraído um dia, todas as coisas necessariamente "recairiam" no nada. Essa é a perspectiva escolástica típica da criação[833] e parece ser também a de Armínio. No entanto, ele se refere a esse nada como capaz de ser considerado a primária ou primeira matéria, *materia prima* –, declaração essa consistente não com o Aristotelismo cristão de Aquino ou, inclusive, com a linguagem essencialmente aristotélica da matéria primária e secundária embutida no Neoplatonismo cristianizado de Agostinho,[834] mas antes segue o argumento da própria *Metafísica* de Aristóteles, em que o *me on,* ou não-ser, do Platonismo é entendido como um substrato material, um *me po on* de pura potência ou matéria informe.[835] Para contrastar, Aquino poderia declarar muito categoricamente que o *ex* ("de") em *ex nihilo* "não significa a causa material, mas sim somente a ordem."[836]

Os contemporâneos reformados de Armínio tendem, nesse ponto, a concordar com Tomás de Aquino, e de fato eles assumem com esse

---

[832] Idem, X. xxiii-xxiv.

[833] Cf. Scotus, *Opus ox.*, IV, dist. 1, q. 1, n. 33, como citado em *Minges*, II, p. 273 com Aquino, *Summa*, Ia, q. 44, arts. 1 e 2; q. 104, art. 3.

[834] Cf. Aquino, *Summa*, Ia, q. 45, art. 1 com Agostinho, *Confessions*, XII.; e idem. *De genesi ad literam*, I. xv. 29-30.

[835] Aristóteles, *Metaphysics*, VII. 1-10 (1028a-1035a); IX. 6, 8 (1048a-b, 1050 b).

[836] Aquino, *Summa*, Ia, art. 1, ad obj. 3.

pensador que o termo *ex nihilo* não indica, estritamente, uma *criação* de alguma coisa fora do nada, mas somente uma indicação do limite ontológico e temporal e da ordem do processo criativo. Inicialmente não havia nada e, então, após o ato criativo, havia algo. Portanto, o termo *"ex nihilo"* indica a existência da ordem material *post nihilum*.[837] O que é significativo é que Armínio, que certamente havia analisado esse argumento, não o utilizara. Seu interesse em uma construção alternativa da linguagem da criação e, especificamente, do problema do *nihil* como este se refere ao conceito da eternidade do mundo pode inclusive refletir seu ano de estudo em Pádua, onde Pomponazzi e Aquilino tinham, no início do século XVI, lecionado a filosofia aristotélica com uma marcante predileção para as interpretações de Averróis e Alexandre de Afrodísias sobre o Aristotelismo cristianizado da Idade Média, além de terem discutido a eternidade da matéria.[838] Ou essa conceituação poderia ter se originado do contato de Armínio com os desenvolvimentos subsequentes da filosofia e metafísica renascentistas, tal como o florescimento das metafísicas protestantes alemã e holandesa do início do século XVII.[839] Também, é claro, essas duas possíveis fontes deveriam ser isoladas entre si

No Aristotelismo cristianizado da Idade Média – assim como nas ponderações agostinianas sobre os estágios da criação –, o nada a partir do qual Deus cria o nada absoluto e o primeiro estágio da criação, o caos ou vazio de Gênesis 1.1-2, é identificado como *materia prima* ou *informis*, o nada material ou substrato, extraído do vazio absoluto por Deus.[840] Armínio parece ter voltado para uma utilização mais genuinamente aristotélica nesse ponto. De fato, ele identifica o substrato material

---

[837] Cf. *RD*, p. 196-97 com Keckermann, *Systema*, I. vi (col. 109); Zanqui, *De operibus Dei*, I. iii,q. 3 (*Opera*, III, col. 35), e observe *DTEL*, p. 164.

[838] Cf. Constantino, "Rationalisme", *DTC* 13/2, cols. 1697-99.

[839] Cf. Wund, *Schulmetaphysik*, p. 75-76; Dibbon, *L'Enseignement philosophique*, p. 64-71; Lewalter, *Metaphysik*, p. 46-59.

[840] Cf. Aquino, *Summa*, Ia, q. 44, art. 2; q. 66, art.1 com Scotus, conforme citado em *Minges*, II, p. 268-69; Lombardi, *Sent*, II, d. 2, caps. 2, 5; d. 12, caps. 1-2 e Altenstaig, *Lexicon*, s.v., "materia potest capi dupliciter"(p. 521).

criado por Deus do nada como *materia secunda*, matéria secundária (e não como os escolásticos medievais e seus contemporâneos reformados escolásticos tinham discutido, como *materia prima*):[841] "a [matéria] secundária é aquela a partir da qual todas as coisas corpóreas agora são distinguíveis de acordo com suas formas separadas (*formas separatas*); e esse é o caos bruto e massa informe criados no início."[842]

Um conceito similar, no qual Armínio pode ter se baseado, consta do estudo *Metaphysicae systema methodicam* (1604) do filósofo de Steinfurt e colega de Conrad Vorstious, Clemens Timpler. Timpler defendia uma dualidade no princípio último, do ser e do nada, e, assim, concede status metafísico ao *nihil* em oposição ao ser.[843] Se Courtine está correto, ademais, o argumento de Timpler, e, por extensão, talvez também o de Armínio –, trata-se do resultado da radicalização do projeto crítico de Suárez de identificar o objeto apropriado da metafísica. Suárez reconhecia que uma ontologia abrangente deveria concordar com todos os objetos possíveis. Embora ele seguisse a visão tradicional do objeto apropriado da metafísica como uma existência extramental, real, *ens inquantum ens*, sendo contanto como ele é, ou *ens real*, ser real ou ser com o caráter de uma coisa (*res*), ele também acreditava que objetos mentais, sem uma existência extramental, real, (*ens rationis*) entrariam na discussão no nível da identificação de um ser real contra um possível ser. Se a metafísica é para ser construída, na concepção de Suárez, como uma ciência intelectualmente independente da metafísica geral e não da metafísica teológica, e seu objeto deva ser entendido num sentido neutro, então, sustenta Courtine, o resultado de uma elaboração radical dessa metafísica será um conceito não essencialmente de *ens* como Deus,

---

[841] Cf. Júnio, *Theses theologicae*, XV. 7 com *Synopsis purioris*, X. xxii-xxiii e com Lombardi, *Sent.*, II, dist. xii, cap. 2.

[842] *Disp. priv.*, XXIV. v.

[843] Cf. Wundt, *Schulmetaphysik*, p. 76, citando Timpler, *Metaphysicae system methodicum*, cap. 2.

mas sim de *ens* como o objeto mais geral, *ens* como um nome (*nomen*), como algo puramente *cogitável*.⁸⁴⁴

Timpler, ao desenvolver ainda mais o argumento de Suárez, migra de uma definição do objeto metafísico como o *ens inquantum ens* para sua definição como *intelligibile inquantum intelligibile,* e a delineia "como uma arte contemplativa que lida com todas as coisas inteligíveis".⁸⁴⁵ A metafísica, então, se estende a todos os objetos, inclusive os puramente mentais, e examina as existências desde o seu mais alto ao mais baixo nível, incluindo o que Courtine chama de "uma indeterminação" essencial ou "neutralidade" do objeto, resultando que tanto o algo (*aliquid*), o nada (*nihilo*), como o ser (*ens*) e o não ser (*non-ens*) também são seus objetos apropriados. De fato, a questão básica da metafísica assim como da ontologia deve agora se tornar a oposição entre o ser e o não ser conforme estabelecido pela gama de seus objetos apropriados. O *nihil* agora é entendido como *nihil negativum,* um nada absoluto, incapaz de representação – enquanto o *non-ens,* oposto ao ens, é entendido como *nihil privativum,* a possibilidade puramente possível ou totalmente indeterminada que pode ser determinada ou realizada.⁸⁴⁶

Armínio aparentemente encontrara esse desenvolvimento e havia registrado a questão em sua identificação dos *non-ens,* ou uma mera possibilidade em certo sentido de um objeto na obra de criação. Embora a brevidade com que ele formula o problema e a imprecisão de sua linguagem impeçam uma explicação definitiva da importância dessa outra definição para a sua teologia, a implicação de uma certa

---

⁸⁴⁴ Courtine, "Le projet suarézien", p. 249-50.
⁸⁴⁵ Citado em Courtine, "Le project suarézien, p. 251.
⁸⁴⁶ Idem, p. 239-41, 251-52. Uma conclusão similar parece ter sido tirada por Eilhardus Lubinus (1565-1621), um professor de teologia em Rostok, que afirmara dois princípios eternos, *ens* e *non-ens:* Deus, como *ens,* é a causa eficiente da ordem criada e o autor de todo o bem; *non-ens* é o princípio material e a fonte de todas as limitações, incluindo o mal. O *Phosphorus de prima causa & natura mali tractatus* (1596) causou considerável controvérsia na Igreja Luterana com início em torno de 1600: veja Punjer, *History,* p. 174 e Jocher, *Lexikon,* II, cols., 1146-47, 2254-55.

limitação, fora de Deus, no trabalho de criação, ressoa com outras formulações ao longo de seu sistema. Como Armínio discutirá em sua doutrina da providência, a comunicação da existência e a bondade para a ordem criada não é uma comunicação absoluta e sim relativa à finitude das criaturas,[847] e enquanto virtualmente todos os autores escolásticos concordam com a ideia básica de um limite na comunicação de qualquer perfeição divina aplicada às criaturas finitas, praticamente nenhum deles permitiria que uma limitação positiva emergente do *nihil* fosse considerada um substrato material eterno ou como um domínio da possível existência de seres, independentemente do domínio do efetivo ser. Armínio parece, na pior das hipóteses, ter jogado com a ideia de uma opção teórica para delimitar e restringir o exercício do poder divino sobre a ordem criada. Se, além disso, essa é a implicação de sua linguagem, seus questionamentos teológicos parecem não somente estarem em continuidade com os debates filosófico-escolásticos de sua própria época, mas também alinhados com o desenvolvimento filosófico que vai desde a aceitação inicial das ideias de Suárez na Holanda e Alemanha no início do século XVII até a ascensão a uma metafísica racionalista completamente desenvolvida nas obras de Leibniz, Wolff e Baumgarten nos primórdios do século seguinte.[848] Sem alegar um envolvimento maior nessa ampliada discussão histórica, é possível pelo menos apontar essa afinidade das ideias de Armínio com as diretrizes racionalistas da filosofia e lógica do século XVII, além de observar que sua extensão vai além da abertura generalizada para a razão que havia sido frequentemente reconhecida na teologia de Armínio.[849] A teologia reformada experimentara muito

---

[847] Cf. *Articuli nonnulli*, VII. 1 com *De objecto*, p. 29 (*Works*, I, p. 326).

[848] Cf. As perspectivas de Courtine sobre a importância de Suárez nesse desenvolvimento em "Le projet suarézien", p. 235-43, 245-51, 272-73 com Mahieu, *François Suárez*, p. 517-21.

[849] Cf. Van Holk, "From Arminius to Arminianism in dutch theology", em Mc Cullow (ed.), *Man's faith and freedom*, p. 38-39 com A. C. MgGiffert, *Protestant thougt before Kent* (Nova York: Harper and Row, 1962), p. 187-89.

mais dificuldades ao negociar essa breve e parcial aliança do século XVIII com o racionalismo continental.[850]

Vale mencionar também que, posteriormente, defensores da linha de Armínio seguiram o seu mestre ao reconhecer um problema filosófico na linguagem da criação –, em vez de meramente descartar as dificuldades e as formulações inconclusivas descobertas em sua teologia, e acabarem caindo em uma declaração mais tradicional. Assim, Episcópio, após ter identificado Deus como o bem mais elevado e o objeto primário de sua própria vontade, declara que o "objeto primário" *ad extra* da vontade divina é o nada (*nihilum*). O primeiro efeito dessa vontade é a produção de *ens ex nihilo*: o ato divino anterior a todos os outros atos divinos está necessariamente relacionado com "o nada considerado como nada" (*nihilum qua nihilum*).[851] Esse *nihil* não é matéria preexistente; antes, é uma potência objetiva não contraditória ou repugnante ao estabelecimento do ser real de modo que, "após não ter existência, recebe o status de um ente" (*post non esse, accipiat esse*). "Desse modo", conclui Episcópio, "o *nihil* não evita o estabelecimento de potência objetiva nele próprio."[852] Como nas ponderações de Armínio, mas agora com muito mais clareza filosófica, o nada não é um *nihil* absoluto nem *nihil negativum*, mas sim um *nihil privatum* ou uma potência latente para a existência. Além disso, Episcópio claramente segue as implicações da definição de Timpler, de metafísica como sendo a arte que lida com todos os seres inteligíveis e, portanto, com os *ens* e *non-ens*. O nada não se tornara "algo", mas ganhara, na perspectiva de Episcópio, o que Courtine denominara de "objetividade".[853] O ponto é conduzido adiante por Limborch.[854]

---

[850] Cf. *PRRD*, I, p. 88-97, 190-93, 242, 305-8 com Ernst Bizer, "Die reformierte orthodoxie und der cartesianismus", *Zeitchrift fur theologie und kirche* 55 (1958): 306-72.

[851] Episcópio, *Inst. theol.*, IV. ii. 22 (p. 310, col. 2).

[852] Idem, IV. iii. 1 (p. 346, col. 1): "Hujusmodi potentiam objectivam in nihilo ponere nihil vetat."

[853] Courtine, "Le projet suarezien", p. 235, 240-42, 251-52.

[854] Limborch, *Theologia christiana*, II. xix. 7.

Em contrapartida, a discussão escolástica protestante típica sobre criação assume uma primária ou primeira criação (*creatio prima*) da matéria a partir do nada. Essa matéria gerada, porém, ainda informe, é a *materia prima*. Ela pode ser chamada *nihilum secundum quid* ou o nada relativo pelo fato de ser incapaz, por si só, de gerar coisas totalmente formadas. Deus atua sobre essa primeira matéria na segunda criação (*creatio secunda*) de modo a gerar a substância das coisas –, isto é, a *materia secunda*.[855] Nesse modelo de dois estágios, a *creatio prima* precede a *materia secunda*, e em ambos os casos a criação é a pré-condição para a existência da matéria. No modelo de Armínio, a *materia prima* precede a primeira criação e a *materia secunda*, a segunda criação, resultando que, mesmo que concedendo a identificação dessa "matéria prima" como o *nihil* em um sentido mais tradicional, a matéria de certa forma é sempre a precondição para a obra de criação e, de fato, um fator limitante dessa obra.

Os corolários anexados por Armínio a esse debate ajudam a extrair as implicações desse conceito da criação de, inclusive, o substrato material das coisas. Em primeiro lugar, a plenitude superabundante da sabedoria, bondade e poder divinos paira sobre qualquer vazio total, uma "ausência ou vacuidade dupla". Novamente diante de Deus há uma ausência total da "essência e da forma, que comportará uma certa semelhança a um nada infinito capaz de infinitas formas" – e também há uma ausência total, secundária, de "espaço, que será como um vácuo infinito capaz de servir de receptáculo a numerosos mundos."[856] Essa linguagem, a exemplo da variante de Armínio sobre o uso de *materia*

---

[855] Cf. RD, p. 197 com DLGT, s.v. "creatio", "ex-nihilo" e "materia prima." Observe que essa perspectiva dos dois atos criativos levanta uma questão de ordem, não de tempo: não há nenhuma duração temporal da matéria informe antes da criação da *materia secunda*.

[856] *Disp. priv.*, XXIV, corolário ii: "Qui creationem accurate mente sua concipit, necesse est ut praeter plenitudem sapientiae, bonitatis, & potentiae divinae, duplicem concipiat sive privationem sive vacuitatem; unam secundum essentiam & formam, quaerit instar infiniti Nihili, quod infinitarum formarum capax est; alteram secundum locum, quae erit instar infiniti vacui, quod plurimorum mundorum potest esse receptaculum." Sobre o problema da pluralidade dos mundos, veja Funkeisten, *Scientific imagination*, p. 140-43.

prima e *materia secunda,* aparentemente, se baseia em um Aristotelismo mais puro ou mesmo em um conceito platônico modificado de uma potência pura que, embora informe e, tecnicamente, [sem] nada, ainda tem uma receptividade para a forma e, portanto, um potencial remotamente similar para a multiplicidade da ordem criada. Podemos ainda ouvir, nas postulações de Armínio, um eco da teoria da pluralidade dos mundos.

Em segundo lugar, Armínio consegue defender que a ausência completa do *nihil* a partir do qual Deus cria o mundo leva à percepção que o "tempo e o espaço" não são entidades separadas, mas sim criados com coisas em si mesmos.[857] O tempo e o espaço, é certo, não são coisas. Ao invés disso, eles existem relacionados às coisas, de modo tal que "nenhuma coisa criada pode ser concebida" sem eles. "Eles coexistem na criação das coisas."[858] O tempo existe somente na mutação das coisas finitas, e o espaço somente em seus relacionamentos: Deus é eterno, sem tempo, e imenso, sem medida – o tempo e a medida são características da ordem criada. O ponto, em sua forma original, deriva de Agostinho.[859] Ele, decerto, fora conhecido dos reformadores, mas discutido extensivamente antes da era da Escolástica Protestante, somente na tradição escolástica.

Tendo identificado por "matéria secundária" o que seus contemporâneos geralmente chamavam *materia prima*, Armínio avança para definir as efetivas substâncias das coisas como "terceira matéria":

> A terceira matéria consiste desses secretos e simples elementos e de certos corpos compostos, a partir dos quais todo o restante é gerado – como das águas surgem seres rastejantes e voadores, e peixes – da terra, todos os outros seres vivos,

---

[857] *Disp. priv.*, XXIV, corolário iii.
[858] Idem: "Unde & hoc sequitur, tempus & locum separatas criaturas non esse, verum rebus ipsis concreari, vel potius ad rerum creationem simul existere, non absoluta sed relativa entitate, sine quae res creata nulla concipi aut cogitari possit."
[859] Veja Agostinho, *Confessions,* XI. 30-31; XII. 15; e idem, *De genesi ad litteram,* I. xv. 29; V. v. 12-13.

árvores, ervas e arbustos; da costela de Adão, a mulher; e da semente (*ex semine*), a perpetuação das espécies.[860]

Esse conceito dos "elementos secretos", ou como são mais tipicamente chamados, *rationes seminales*, tem suas raízes nas ideias de Agostinho,[861] e é conduzido pelo pensamento dos escolásticos e, numa certa extensão, até mesmo pela teologia dos reformadores, cuja exegese de Gênesis 1 – com todo seu apelo à linguagem original – tendia a repousar em uma visão tradicional dos começos do mundo.[862]

A causa formal ou forma da ordem criada é "a geração em si de todas as coisas a partir do nada".[863] Armínio, portanto, não permitirá a existência real ou efetiva de qualquer causa formal ou forma de coisas criadas à parte do ato criador divino: assim como nenhuma materialidade existe na eternidade ao lado de Deus. Com isso, as formas das coisas "preexistiram já estruturadas, de acordo com o padrão na mente divina, sem qualquer ente próprio (*sine ulla propria entitate*), a não ser que alguém alegue um mundo ideal."[864] Aqui retomamos mais uma vez ao ponto de Suárez contra a coeternidade com Deus da matéria ou substância, aparte ao ato criativo – mas agora por meio da hipótese tomista de que todas as formas estejam conjugadas com a matéria na criação das substâncias das coisas preexistentes na mente divina.[865] Deus, assim, ao conhecer a si próprio em seu ser e bondade – por ter uma teologia arquetípica idêntica com a sua essência própria – também conhece toda a realidade, e de um modo eterno.

---

[860] *Disp. priv.*, XXIV. v.

[861] Cf. Agostinho, *De genesi ad litteram*, V. 4. com Gilson, *Christian philosophy of Saint Augustine*, p. 206-8.

[862] Cf. Lutero. *Lectures on Genesis*, em *Luther's works*, vol. 1 (St. Louis: Concordia, 1958, p. 6, 8; e observe Zanqui, *De operibus Dei*, I. i. 3. 3; II. i. 2, 4-5 em *Opera*, III, cols. 35-36, 224-25; 251-57.

[863] *Disp. priv.*, XXIV. vi.

[864] Idem.

[865] *SCG*, 158.

O entendimento divino, portanto, não somente conhece eternamente a plenitude da bondade divina; ele também conhece eternamente todas as formas das possíveis existências que podem surgir da comunicação da bondade *ad extra*. Essa autocomunicação pode também ser entendida, como defendera Tomás de Aquino, como a comunicação do ser, contanto que o bem último seja identificado como ser.[866] Armínio, em outras palavras, aceitara a fusão escolástica do modelo artesanal de criação de acordo com o qual Deus molda o mundo das coisas, informando a matéria que ele criara e a perspectiva da criação como uma emanação do ser (ou bondade) de acordo com que as existências das coisas fluem dele próprio.

De fato, Armínio adotara uma síntese tomística dessas duas visões completamente opostas, na hipótese de que é o poder ou potência do ser, e não o ser em si, que emana de Deus, dado que a bondade divina não é assim tão eficiente como causa final, a ponto de extrair coisas do nada para si. A ausência de qualquer senso de conflito entre essas três hipóteses existentes nas ideias de Armínio somente serve para mostrar com que grau ele aceitara a síntese tomística como a correta leitura metafísica da narrativa da criação: a exegese passa a um segundo plano.

O corolário óbvio para esses argumentos é o problema da eternidade do mundo. Armínio levanta a questão em todo seu paradoxo:

> O mundo jamais foi estabelecido desde eternidade, nem poderia ser criado a partir dela. Embora Deus viesse da eternidade dotado com o poder (*potentia*) pelo qual poderia criar o mundo e em seguida efetivamente o criara; e embora

---

[866] Compare *Disp. pub.*, IV. xx, xxiii, lii com Aquino, *Summa*, Ia, q. 5, art. 1; q. 6, art. 4; q. 19, art. 2. Veja especialmente, *Disp. pub.*, IV. xxiii: "Bonitas essentiae Dei &secundum quam ipas summum &ipsum bonum est, essentialiter in se ipsa, ex cuius participatione omnia alia sunt, & bona sunt: & ad quam omnia alia tanquam ad summum finem sunt referenda"; Aquino, *Summa*, Ia, q. 6, art. 4, corpo: "Et quia bonum convertitur dicuntur bona per modum participationis" e idem, q. 19, art. 2, ad 2: "cum Deus alia a se non velit nisi proper finem qui est sua bonitas."

não pudesse ser concebido nenhum momento do tempo por nós no qual o mundo não pudesse ter sido criado.[867]

A noção da eternidade do mundo consequentemente é considerada um erro e, além disso, uma impossibilidade. Contudo, o argumento doutrinal apresentado por Armínio não fornecia nenhuma base positiva para essa afirmação. A exemplo do que fizera em suas provas introdutórias da existência de Deus, ele aqui depositara toda sua exibição doutrinal em um modelo causal, de cunho aristotélico. O argumento de que a *materia prima* (ou em sua terminologia, *materia secunda*), não pode ser eterna pelo fato de não poder atuar em uma substância eterna, meramente duplica um ponto defendido nas provas,[868] e é muito pouco conclusivo – particularmente, no contexto dos conceitos aristotélicos que implicam o oposto. Armínio aparentemente não segue a lógica da realização de Suárez de que a eternidade do mundo, (em oposição a uma eternidade da co-igualmente matéria) pode ser explicada em termos de uma criação *ex nihilo* atemporal e ontologicamente formada, e que esse entendimento da eternidade do mundo em seus próprios termos torna imaginável uma relação criativa entre Deus e uma *materia prima* eterna.

A redação do corolário de Armínio indica um problema adicional – o de que Deus é eterno e eternamente capaz de criar, e que nossa temporalidade, como a experimentamos, não pode ser concebida com um começo, muito menos como "começo no tempo". De um lado, a justaposição da eternidade de Deus com uma noção de um começo no tempo deixa a questão da atividade divina antes do começo – ou da inatividade divina. Por outro lado, a eternidade de Deus entendida em termos da pura realidade e imutabilidade do ser divino em todos seus atributos parece se contrapor a qualquer conceito de começos em relação a Deus. O conceito de uma criação do mundo *ex nihilo* pode suficientemente ser entendido em termos da completa contingência das coisas e do poder

---

[867] *Disp. priv.*, XXIV, corolário 1.
[868] Compare *Disp. priv.*, XXIV. v com XIV. vii.

divino que as detêm eternamente na existência. Tudo que Armínio pode fazer é afirmar a doutrina ortodoxa, embora o modo como ele nota sua natureza paradoxal sugere que ele possa, de alguma forma, hesitar em resolver o problema causado por sua linguagem aristotélica. Sua doutrina é exageradamente escolástica para evitar o problema – mas, não suficientemente desenvolvida para observar uma forma de sair dele.[869]

Claramente, ele tinha à disposição nessa e em outras disputas as linhas gerais de uma solução –, de fato, da solução tomística. Ele havia argumentado previamente que Deus possui eternamente em seu intelecto as ideias de todas as coisas finitas e que esse conhecimento não é em si mesmo, eternamente, o compartilhamento de existências para as coisas. Simplesmente por conhecer sua própria essência, que é sua própria *esse*, e, além disso, a *esse* de todas as coisas, Deus eterna e imutavelmente conhece a ordem temporal em *si próprio*. Contornos desse argumento não estão apenas presentes na doutrina de Armínio da criação, mas também, numa extensão ainda maior, na discussão da autocomunicação da bondade divina encontrada em sua doutrina da vontade e afeições divinas.[870] Por que, então, Armínio reteve a solução do problema? Há inúmeras respostas possíveis para a pergunta. Ele pode ter simplesmente postado uma questão para discussão, esperando que surgisse a resposta escolástica padrão no curso dos debates. Seu sistema, afinal, assume a forma de disputas; no entanto, sua intenção pode ter sido a de identificar um problema existente no Escolasticismo ortodoxo de sua época – ou pode ter desejado forçar por implicação uma solução fora dos limites da ortodoxia da época de modo a reforçar seus argumentos a respeito do caráter autolimitante do ato criativo divino. O padrão das disputas de Armínio (e, quanto a isso, as de Júnio, Gomaro e Poliander) era, normalmente, [o de] declarar um ponto para elaboração, e não para refutação.

---

[869] Compare o debate medieval em Cyril Vollert (ed), *On the eternity of the world*.

[870] Veja na referência anterior, 4. 2; e compare Patterson, *Conception of God*, p. 424-37 para uma discussão dos argumentos de Tomás de Aquino.

Seu exame subsequente do problema da matéria e forma – ambas carecendo de uma existência real antes do ato criativo divino – aponta para duas conclusões que ecoam a solução escolástica ortodoxa:

> Primeiro, que a criação é um ato imediato de Deus sozinho, bem como uma criatura com um poder finito e incapaz de operar no nada, e, porque tal criatura não consegue moldar matéria em formas substanciais. Segundo, a criação foi livremente gerada, não necessariamente, pois Deus não era limitado pelo *nihil*, tampouco era destituído de formas.[871]

A criação, em outras palavras, deve ser um ato divino, pois sendo ela entendida como uma criação *ex nihilo,* está além da competência de uma criatura. Apenas o poder infinito de Deus pode fazer algo onde antes não havia nada – e somente o poder infinito de Deus pode transformar matéria informe em algo formado, em uma substância. Essa ação divina, além do mais, deve ser entendida como uma ação livre pelo fato de as hipotéticas limitações da matéria preexistente, ou das formas eternas existentes fora da mente divina, terem sido eliminadas nos prévios argumentos. (Ainda estamos com o problema que teve Armínio, em diversos lugares, por ter declarado o ponto aparentemente contrário de que o *nihil* impõe um limite para a comunicação divina do ser e da bondade.)[872]

A primeira dessas conclusões novamente parece ser uma reflexão da posição tomística, segundo a qual a criação deve ser "o ato próprio de Deus sozinho" conquanto que somente ele seja capaz de gerar o ser em um sentido absoluto. As criaturas podem ser capazes de gerar seres individuais, mas somente Deus pode gerar um ser como tal, pois a essência

---

[871] *Disp. priv.*, XXIV. vii.

[872] Compare *De objecto*, p. 29 (*Works*, I, p. 326) com *Articulli nonnulli,* VII. 1 e *Disp. priv.*, XXIV. iv.

de Deus é ser ele próprio.⁸⁷³ Armínio, lembramos, tem defendido precisamente este ponto, e desse modo assenta as bases para o seu conceito de criação, em sua definição inicial da essência divina como o primeiro momento da natureza de Deus. Ele deve ser entendido, no primeiro caso, "pura e simplesmente" como *"esse"*.⁸⁷⁴ Conforme apontado por Gilson, a alternativa escotista aloja o ato de criação na vontade de Deus de modo a defender sua liberdade em um contexto voluntaríssimo. Aqui o ato de criação nasce da essência divina, do puro ato do |Ser divino.⁸⁷⁵ O argumento tomístico estava disponível para Armínio, sobretudo não apenas em sua forma original, mas também como defendido contra a crítica de Scotus nas *Disputationes* de Suárez.⁸⁷⁶

A segunda dessas conclusões – a liberdade de Deus em seu ato criativo –, representa também o resultado de extensos debates escolásticos. Se, como Armínio previamente defendera, o ser e a bondade de Deus em sua plenitude superabundante são tais que "fiquem inclinados" para a autocomunicação⁸⁷⁷ e o entendimento e vontade de Deus, em um sentido, concorrem na conveniência da comunicação dessa plenitude, e se de fato Deus é imutável em seu ser, bondade, entendimento, e vontade, a criação aparentemente seria necessária. Armínio consegue estabelecer o oposto, e o faz de forma simples, sem elaboração, devido a seu debate anterior e a seu resultado. Como indicado no parágrafo precedente, uma parte da razão de um desacordo entre tomistas e escotistas sobre a linguagem da criação advinha do desejo, de ambos os lados, de afirmar isso como um ato livre de Deus. O problema em si surgiu da discussão filosófica da criação herdada pelo Ocidente de fontes árabes – especificamente da discussão averroísta⁸⁷⁸ sobre a eternidade do mundo – e, além disso,

---

⁸⁷³ Aquino, *Summa,* Ia, q. 45, arts 5 e 6; *SCG,* II. 21.
⁸⁷⁴ *Disp. priv.,* XV. v.
⁸⁷⁵ Gilson, *Christian philosophy of St. Thomas Aquinas,* p. 122 e p. 140, n. 102.
⁸⁷⁶ Suárez, *Disp. metaph.,* XX. ii. 23-38.
⁸⁷⁷ *Disp. priv.,* XXIV. Iv.
⁸⁷⁸ Relativo ao pensamento do filosofo Averróis (1126-1198) [N. R].

alheio ao desejo de pensadores ocidentais como Tomás de Aquino de se aproveitar da filosofia aristotélica e/ou árabe.[879]

Alexandre de Hales explicitamente vinculou os conceitos da criação a partir do nada, e a liberdade de Deus na criação, sobre a base que o começo temporal das coisas poderia responder apenas pelo resultado de um decreto livremente disposto a criar.[880] Tomás de Aquino esclarecera consideravelmente o ponto ao defender que Deus necessariamente conhece desde toda a eternidade a ideia do mundo, visto que ele conhece desde toda a eternidade a plenitude de sua própria essência e bondade, além da infinitude de seu próprio intelecto (que é idêntico, essencialmente, à sua essência e bondade).[881] Notamos precisamente esse ponto na locação de Armínio das formas de todas as coisas "já estruturadas de acordo com o padrão na mente divina".[882] A liberdade de Deus na criação nasce para Aquino e, de fato, para Armínio, na relação entre o intelecto e a vontade, pelo fato de a criação e o ordenamento das coisas na direção do bem ser um ato do intelecto e da vontade em que o primeiro direciona a segunda para agir. O conhecimento de todas as coisas é necessário, mas a criação dessas coisas se baseia em um livre decreto para realizar as possibilidades eternamente conhecidas.[883] Mesmo se o ato da vontade é entendido como estando eternamente em Deus, no entanto é com a vontade de Deus que o mundo será criado no tempo.[884]

A origem de todas as coisas a partir do nada, por um ato completamente livre de Deus serve também para enfatizar tanto a contingência radical da ordem criada como a distância entre seres contingentes e seu Criador, o autossuficiente e necessário Ser. As criaturas "são sempre mais

---

[879] Compare Schwane, *Histoire des Dogmes*, IV, p. 283.

[880] Alexandre de Hales, *Summa*, II, q. 21, memb. 3, arts. 1-2.

[881] Aquino, *SCG*, I. 45. 7; 49.3-4; 50.8.

[882] *Disp. priv.*, XXIV.vi, cf. idem, XXIV.vii; e veja Aquino, *Summa*, Ia, q. 44, art. 3, corpo.

[883] Compare *SCG*, II. 23. 4; *Disp. pub.*, IV. 1; Schwane, *Histoire des dogmes*, IV, p. 284-85; e Jordan, *La philosophie de Saint. Thomas d'Aquin*, 1, p. 229-30.

[884] Compare Armínio, *Disp. priv.*, XXIV, corolários i e iii. Suárez, *Disp. metaph.*, XX. v e com Patterson, *Conception of God*, p. 425.

próximas do nada do que seu Criador, de quem são separadas por uma distância infinita e, são distintas do nada, sua fonte primeva (*primaeva matrice sua*), somente por propriedades finitas visto que podem cair nessa classe mais uma vez e jamais atingir a equiparação com Deus."[885] Esse ponto fora defendido pelos nominalistas do final da Idade Média que, dada a distância infinita entre Criador e criatura, entre o Ser e tudo que se origina do não-ser, até a criatura mais exaltada não se encontra mais próxima de Deus do que a forma mais inferior na grande cadeia das existências. O ser espiritual mais elevado está afastado da forma material mais inferior por uma medida finita, embora grande, enquanto os dois seres estão infinitamente afastados de Deus.[886] Armínio, nesses comentários, parece refletir seu mais recente problema medieval com a cadeia de seres. Ele reconhece que o uso de Deus ou Ser e não-ser como padrões ou medidas do ser relativo, ou não-ser das coisas na ordem temporal, é um exercício repleto de dificuldades. De fato, embora ele tenha defendido previamente a existência de coisas finitas por participação na comunicação da bondade de Deus, agora ele parece defender uma maior afinidade entre coisas finitas e o não-ser do que entre essas coisas e Deus.

Assim que a distância infinita entre Deus e a mais exaltada das criaturas é reconhecida, a lógica da cadeia de seres começa a desmoronar, e ela não mais atinge a Deus. Suas posições altas, espirituais, não mais ficam mediadas entre Deus e o homem, Deus e o cosmos tangível. Se Blumberg está correto sobre o problema colocado não apenas para o conhecimento racional de Deus, mas sim para a compreensão da ordem mundial por essa última argumentação medieval, particularmente pela lógica da *potentia absoluta*,[887] Armínio acabara de estabelecer um dos problemas filosóficos e teológicos centrais de sua era –, e o modo como ele lida com o problema é crucial para um entendimento de seu lugar na história intelectual e da teologia.

---

[885] *De objecto*, p. 29 (Works, I, p. 327).
[886] Mahoney, "Metaphysical Foundations", p. 238.
[887] Blumemberg, *Legitimacy of the modern age*, p. 152-54.

O Nominalismo, de acordo com Blumberg, havia evitado o dualismo metafísico enquanto ao mesmo tempo criara "seu equivalente prático *ad hominem*: o único Deus fiel e infalível é o Deus da salvação, que tem se restringido à sua *potentia ordinata*, [agindo] como um monarca parcialmente constitucional, mas que, por meio da predestinação, ainda retém do conhecimento humano a faixa sobre a qual ele escolhe estar seguro."[888] Essa perspectiva definitivamente impossibilitava o conhecimento ordenado da criação e eliminava tanto a natureza como a razão do domínio da certeza. A concepção de Armínio da transcendência divina ecoava a visão nominalista, mas sua abordagem à epistemologia teológica e ao problema da ordem criada como a emanação de criaturas a partir da bondade divina apontava para a direção contrária. A grande problemática da teologia abordada em sua doutrina da criação e providência é justamente essa dificuldade de manter a transcendência e a liberdade criativa de Deus e ao mesmo tempo assegurar a estabilidade da ordem criada, e da teológica, como validade filosófica das conclusões tiradas da natureza e do caráter da criação de Deus.

Certamente, como mostrado por Oberman e Vignaux,[889] o ponto defendido por Blumenberg é uma exagerada simplificação. A linguagem nominalista da *potentia absoluta* efetivamente foca a teologia no problema da transcendência divina e, em o assim fazendo, no caso de Occam, oferece um ponto final crítico da tentativa tomista de reconciliar a fé com a razão. Dada a *potentia absoluta* divina, a revelação poderia não somente estar além da razão, podendo ser não racional ou irracional. Até esse ponto, Blumemberg está correto. Mas também pode ser que "a tese de Occam, da irracionalidade da revelação, talvez não seja ... igualada com o enfraquecimento da ordem estabelecida."[890] Ainda mais signifi-

---

[888] Idem, p. 154.

[889] Oberman, "Some Notes on the theology of nominalism", p. 56-62; Vignaux, "Nominalisme", *DTC* 11/1, cols. 762-69. Essas conclusões são tiradas por Marylin McCord Adams, *William Ockham,* 2 vols. (Notre Dame: University of Notre Dame Press, 1987), II, p. 1186-1207.

[890] Idem, p. 60.

cativo, a linguagem da *potentia absoluta* funcionava para enfatizar tanto a proximidade divina, como para indicar a transcendência divina. Deus pode, por sua *potentia absoluta*, operar imediatamente com os indivíduos, sem qualquer referência ao padrão ordenado de leis e intermediários, mas não pode desfazer a história ou trazer à tona o oposto inviável de uma verdade temporal conhecida com certeza de antemão.[891]

Então, se a rejeição de Armínio da linguagem da *potentia absoluta* não pode ser demonstrada por um repúdio generalizado da utilização nominalista, ela ainda pode ser vista como o repúdio de uma particular abordagem para o conceito de uma *potentia absoluta*, abordagem essa herdada do nominalismo dos Agostinianos como Gregório de Rimini e representado em sua época por Perkins e Gomaro. Esses escritores, de fato, tinham forçado a transcendência divina até o ponto de admitir que não havia nenhuma correlação entre a atividade moral e a eleição,[892] cortando com isso a ligação entre o exercício da liberdade humana na ordem natural e o propósito último de Deus para a sua criação. Enfaticamente contra essa perspectiva de Perkins e Gomaro, a rejeição de Armínio do conceito de *potentia absoluta*, ao ser inserida no contexto de suas doutrinas da *scientia media* e da concorrência divina, será considerada como apontando em duas direções.

De um lado, como argumentaremos a seguir, Armínio se esforça para diminuir consideravelmente o espectro da causalidade divina positiva no mundo em benefício da liberdade das criaturas. Com efeito, ao desconsiderar a *potentia absoluta*, ele tanto limita a atividade divina como flexibiliza o vínculo causal entre Deus e o mundo. Por outro lado, e ao mesmo tempo, sua rejeição da *potentia absoluta* e a redefinição do absolutismo do poder divino em termos da *potentia ordinata* aumenta amplamente a vinculação entre o ser e a bondade divina com a lógica

---

[891] Idem, p. 62, e compare Occam, *Predestination, God's foreknowledge and future contingents*, p. 36.

[892] Compare Vignaux, "Nominalisme", *DTC* 11/1, com Perkins, *Exposition of the symbole or creed*, p. 278-79 e Armínio, *Examination of the theses of Dr. Francis Gomarus*, em *Works*, III, p. 527-29, 650-58.

física e moral da ordem criada. A negação de Armínio de uma *potentia absoluta* essencialmente arbitrária, irracional e transcendente tem o efeito de transportar o ser divino e a bondade, conforme evidenciado na criação, a um relacionamento mais consistente e direto com as percepções humanas dos resultados da obra de Deus na ordem criada.

Como Oakley reconhecera, a alteração profunda do significado do conceito dos duplos poderes de Deus que ocorrera no final da Idade Média pode ser traçada como uma mudança desde o intelectualismo do pensamento tomista até o voluntarismo de Scotus e Occam. Se tudo que Deus deseja é governado pelo conhecimento divino da bondade da própria natureza divina, então o poder e a vontade última de Deus será manifesta na própria ordem das coisas, resultando que "a sujeição à lei bem poderia se estender ao próprio Deus."[893] A afirmação escotista e nominalista da primazia da vontade – inclusive concedidas completamente as limitações colocadas sobre o poder e a vontade divina pelos teólogos nominalistas – colocara a lei eterna, como conhecida pela razão divina, em certo sentido abaixo da vontade, e afirmou poderosamente a liberdade e a onipotência divinas. O ressurgimento do intelectualismo tomista e sua modificação nas mãos de Molina, Suárez e Armínio representava um retorno à concepção anterior, mais limitada, da *potentia absoluta* – e de fato, no caso de Armínio, precisamente, a questão da autolimitação divina contra a qual Scotus e os nominalistas haviam reagido – e, portanto, um retorno para uma clara declaração da estabilidade, legalidade, racionalidade e a inerente moralidade da ordem mundial como criada e mantida por Deus.

Essas questões abrangentes da formulação teológica não são imediatamente óbvias no próximo tópico de Armínio – o da causalidade final –, embora, como vimos no capítulo anterior, o conceito da glória de Deus, intrínseca e extrínseca, como o objetivo da criação, não se correlaciona diretamente com a questão de uma autolimitação divina consequente ao ato da criação. De maneira até surpreendente, ele não retorna em

---

[893] Oakley, *Ominipotence*, p. 80.

detalhes a esse ponto seja para a bondade de Deus como o apropriado e último objeto da disposição divina de todos os bens menores, ou para a união escatológica de todas as coisas em Deus numa bem-aventurança final. A omissão do segundo desses pontos é especificamente curiosa em face da orientação prática, e teológica, do sistema de Armínio para fins últimos. Em qualquer um dos casos, a causalidade final da criação indicada por Armínio é imediata e aproximada:

> O fim – não aquele que moveu para criar, pois Deus não é movido por nada externo –, mas o que deriva imediatamente e sem interrupção desde o próprio ato da criação, e que está, de fato, contido na essência desse ato, é uma demonstração da bondade, poder e sabedoria divina, pois essas propriedades divinas é que concorrem no ato, se sobressaem e se mostram em suas próprias naturezas em ação.[894]

Aqui, a transcendência de Deus ainda é o interesse dominante, muito embora esteja um tanto limitada pela *analogia entis* –, isto é, pela apresentação analógica ou revelação de atributos na ordem criada. A bondade é revelada na comunicação da existência, o poder na geração de coisas a partir do nada[895] e a sabedoria na ordem e na variedade do mundo. Além disso, a bondade divina é seu próprio objeto primário, de modo que a comunicação dele para as criaturas não pode representar um acréscimo na própria bondade de Deus ou um ato necessário por parte dele.[896]

O outro fim da criação notado por Armínio é geralmente identificado por *finis proximus creationis* –, o aproximado, e não o último, fim da criação. "O fim intitulado "para que propósito", é o bem das criaturas em si, e especialmente dos seres humanos, a quem são referidas muitas

---

[894] *Disp. priv.*, XXIV. viii; compare *Synopsis purioris*, X. 19.

[895] *Disp. priv.*, XXIV. viii.

[896] Cf. *Disp. pub.*, IV. lxviii com *Disp. priv.*, XXIV. iv, viii e com Patterson, *Conception of God*, p. 424 em Aquino, *SCG*, II. 23, 31.

das outras criaturas, como sendo útil para ele, segundo a instituição da criação divina[897]".

Agora, talvez, temos alguma limitação ao poder de Deus e uma certa indicação de um relacionamento entre o Criador transcendente e a criatura. Primeiramente, a criação agora é definida como um ato pretendendo o bem das criaturas e, em seguida, estas são definidas como "úteis" a Deus – não, todavia, de modo a subverter o bem das criaturas. De fato, o equilíbrio entre essas questões e o modo pelo qual o bem ordenado das criaturas limita o poder do Criador transcendente, será um ponto central de interesse da doutrina da providência, de Armínio.[898]

Assim que definira a causalidade da criação, Armínio pretende considerar a criação como um efeito ou objeto capaz de uma descrição geral. O efeito do ato criativo divino é o "mundo universal que, nas Escrituras, é identificado pelos termos 'céu' e 'terra', e às vezes também 'mar', como sendo as fronteiras dentro das quais estão contidas todas as coisas."[899] Armínio ainda assume que ele pode falar da ordem universal em si como uma coisa – uma unidade com uma forma abrangente dada por Deus – e tão perfeita e completa que não apresenta nenhum defeito no todo ou nas partes. A forma do mundo é perfeitamente preenchida sem redundâncias. Com isso, o mundo é um todo unificado, pois há uma perfeita "conexão e coordenação" de todas as partes em suas "mútuas relações" e ao mesmo tempo todas as partes são "distinguíveis, não somente de acordo com a posição e situação, mas também com a natureza, essência e existência única."[900]

Essa unidade e diversidade em perfeitas ordem e plenitude "era necessária, não apenas para prefigurar em alguma medida a perfeição de Deus, em variedade e grande número, como também demonstrar que o onipotente não criara o mundo por uma necessidade natural exceto pela

---

[897] *Disp. pub.*, XXIV. ix.
[898] A seguir, cap. 12.
[899] *Disp. priv.*, XXIV. x.
[900] Idem.

liberdade da vontade."⁹⁰¹ Aqui, mais uma vez, é possível identificarmos uma breve reflexão do que era, na teologia de Tomás de Aquino, uma questão importante elaborada extensivamente – a ausência de uma necessidade natural na criação do mundo. Com isso, a ordem e a unidade abrangentes repousam no intelecto divino, que, por sua vez, atua pela vontade divina. Essa atividade é voluntária, e não está atrelada a uma necessidade da natureza. E mais, tanto Aquino como Armínio acrescentam que Deus não cria *todas* as coisas possíveis, indicando mais uma vez, contrariamente à teoria platônica da emanação, a liberdade do ato criativo.⁹⁰²

Armínio fez nada menos que enunciar uma modificação decisiva do princípio da plenitude subjacente à perspectiva escolástica da "grande cadeia de seres". Como Lovejoy havia definido conceito, ele indica "que nenhuma potencialidade do ser poderia permanecer incompleta, que a abundância e extensão da criação deve ser tão grande como a possibilidade da existência e comensurável com a capacidade produtiva de uma inexaurível e 'perfeita' Fonte." ⁹⁰³ O Deus definitivo é uma *plenum formarum*, cheio de formas, que de sua própria natureza como bem, deve ser auto difusivo, de tal modo que as formas que lhe são eternamente pertencentes, se efetivam ou realizam na ordem temporal. Essa visão basicamente platônica do cosmos fora ligada, em especial na concepção reinante da era medieval, com o conceito aristotélico de uma série de seres na ordem temporal. As coisas não existem isoladas como entidades discretas, e sim numa relação contínua com outras coisas no tempo e espaço. Partindo desse último conceito, a Escolástica medieval formulou uma teoria com uma série ontológica contínua de seres na emanação de coisas provindas de Deus.⁹⁰⁴

---

⁹⁰¹ Idem.

⁹⁰² Compare Aquino, *SCG*, II. 23 com Armínio, *Disp. priv.*, XXIV. x; corolário 5; e com Patterson, *Conception of God*, p. 408-11.

⁹⁰³ Arthur O. Lovejoy, *The great chain of being: a study in the history of an idea* (Cambridge, Mass.: Harvard University Press, 1936), p. 52.

⁹⁰⁴ Compare idem., p. 55-56 com Mahoney, "Metaphysical foundations", p. 212-14. Mahoney, neste estudo, pesquisa o debate sobre o "princípio da plenitude" e critica a perspectiva

A associação feita por Armínio de um princípio modificado da plenitude com a liberdade da vontade divina cria um certo paradoxo – pelo fato de que era o princípio da plenitude que parecia, em primeiro lugar, afirmar a necessidade da criação.[905] Lovejoy defende que a "expansividade ou fecundidade de Deus... não é a consequência de qualquer ato livre ou arbitrário de escolha do Criador pessoal no mito; trata-se de uma necessidade dialética".[906] Essa condição de necessidade, no entanto, não se desenvolveria na ideia dos escolásticos – de fato, ela não poderia, em vista de suas concepções cristãs de um Deus livremente criar o mundo *ex nihilo*.[907] A apropriação dogmática do conceito de plenitude era, portanto, na melhor das hipóteses, parcial. A modificação cristã do conceito é, talvez, mais claramente vista na redefinição da emanação do ser desde Deus, não como uma emanação de substância, e sim como uma emanação de poder para o ser da ordem finita.[908] Contra Lovejoy, a questão não é que o princípio de plenitude gera uma necessidade exacerbada. Mas sim, como o conceito de plenitude, em associação com o conceito cristão de um Criador livre, gera modificações da linguagem teológica e, como no caso da teologia de Tomás de Aquino, e ainda mais nos casos das de Suárez e Armínio, consegue promover uma percepção de autolimitação de Deus em seu ato criativo.

O conceito modificado de plenitude é transmitido pela perspectiva de Armínio de distribuição das criaturas em "três classes" de seres como a "melhor" distribuição possível. Há criaturas "puramente espirituais e invisíveis" – os anjos, e outras, "completamente corpóreas". E, ainda, como se fosse para fornecer à ordem das criaturas um

---

de Lovejoy deste como um conceito essencialmente necessário. Veja também Edward P. Mahoney, "Lovejoy and the hierarchy of being", *Journal of the history of ideas* (1987): 211-30.

[905] Compare Lovejoy, *Great chain of being*, p. 61-62, 65-66, 72-74.

[906] Idem, p. 54.

[907] Compare Schwane, *Histoire des dogmes*, IV, p. 281-85 sobre a discussão da liberdade divina na criação com Patterson, *Conception of God*, p. 408-11.

[908] Aquino, *Summa*, Ia, q. 65, art. 3; compare q. 25, art. 1.

requisito de simetria, há criaturas que são parte "corpóreas e visíveis", parte "espirituais e invisíveis", a saber, os seres humanos dotados de corpo e alma.[909] Essa também é a ordem da criação, argumenta Armínio, com os anjos criados primeiro, as criaturas corpóreas nos seis dias seguintes e "não juntos num mesmo momento", e, finalmente, os homens – primeiro seu corpo e posteriormente sua alma foram "inspirados pela criação e criados pela inspiração". Aqui, também, na ordem de criação, são refletidas a realidade e a verdade de Deus: "como Deus começou a criação em um espírito (i.é., anjos), deveria finalizá-la em um espírito (i.é., a alma) sendo ele próprio o eterno e imensurável Espírito."[910]

A criação, conclui Armínio, é "a base do que é correto pela qual Deus pode exigir que o homem seja religioso."[911] Se Deus não fosse o Criador sob cujo poder e comando todas as coisas existem, ele talvez não fosse totalmente crido ou a única fonte de nossa esperança – nem iria ser o único ser a ser temido de forma final. Mas esses atos – crença, esperança e temor –, pertencem todos à religião. Portanto, a religião em si se baseia na identidade de Deus como Criador. Aqui, novamente, temos uma forte evidência das hipóteses intelectualistas e das tendências racionalistas da teologia de Armínio: a religião é fundamentada no relacionamento dos seres humanos com o seu Criador. E, ainda mais importante, se seguirmos a lógica da discussão de Armínio do fim primário da criação, a religião pode ser fundamentada na demonstração da bondade, poder e sabedoria divina na ordem natural.[912] Podemos dizer de Armínio, como Sertillanges dissera de Tomás de Aquino, que sua visão "do problema da criação não é menos complexa nem menos refinada do que o problema de Deus", porque, "no fundo, é o mesmo"

---

[909] Disp.pub., XXIV. xi.
[910] Idem, XXIV. xiii.
[911] *Disp. priv.*, XXIV. viii.
[912] Compare idem, XXIV. viii.

problema, dado que a teologia como um todo é interessada na relação de Deus com as criaturas e das criaturas com Deus.[913]

O pensamento de Armínio expressa, portanto, uma maior confiança na natureza e nos poderes naturais do homem para discernir Deus na natureza do que a teologia de seus contemporâneos reformados. Ele também manifesta, em um nível um pouco mais profundo, uma visão de criação tendo um *status* virtualmente de princípio para o sistema teológico. Enquanto a teologia dos contemporâneos reformados de Armínio tendia a colocar a obra da graça antes da criação, e com isso cada vez mais entendendo a criação como um meio para se obter um final mais elevado da salvação por Deus, a teologia de Armínio tende a conjugar natureza e graça e, portanto, concebe o ato divino da criação anteriormente a todos os outros atos divinos *ad extra,* além de estabelecer o contexto e suas limitações nos quais esses atos devem ocorrer.

Ocorrera, portanto, uma enorme mudança de ênfase, afastando-se da pressão feita pelos reformados sobre a distinção ou inclusive, em momentos extremos, a separação, entre a natureza e a graça. Armínio não apenas 'enxerga' o caráter auto comunicativo ou difusivo da bondade divina como a base de identificação da criação, como uma revelação do propósito definitivo de Deus, bem como 'enxerga" uma ação autolimitante pela qual Deus torna toda a criação necessária, e consequentemente, até a exaltação ou glorificação final das criaturas. A criação é colocada de tal forma como o ponto central e fundamental da teologia de Armínio que a obra de salvação não pode mais ser construída como uma restrição do propósito universal implementado por Deus no ato criativo: deve haver uma vontade universal para o todo antes do chamado universal para a salvação, antes de uma intenção original de criar para a destruição, bem como para a comunhão eterna. Essas implicações da visão de Armínio sobre a criação ficam ainda mais evidentes em suas doutrinas do domínio e providência divina.

---

[913] A. D. Sertillanges, *Les grandes theses de la philosophie thomiste,* p. 81, conforme citado em Patterson, *Conception of God,* p. 437, n. 2.

CAPÍTULO 12

A doutrina da providência

Ao abordar a doutrina da providência divina, Armínio contou com abundante material a sua disposição – tanto da Escolástica medieval como do protestantismo pós-Reforma. Suas perspectivas sobre o assunto refletiam claramente ambas as fontes, além dos primórdios da doutrina da providência ortodoxa reformada, que como seus próprios ensinamentos, havia sido construída com base nos materiais da era medieval e da Reforma. As diferenças entre sua apresentação e as perspectivas de outros ortodoxos pioneiros como Ursino, Zanqui, Daneau e Júnio, no entanto, residem no padrão de apropriação dos materiais medievais e na combinação apropriada desses materiais. Enquanto o trabalho daqueles pensadores tinha como objetivo a reafirmação de uma perspectiva calvinista ou reformada da providência na linguagem e método do Escolasticismo, o esforço de Armínio parece se concentrar na reformulação da doutrina protestante da providência não meramente em termos escolásticos, mas também e essencialmente na visão dos temas teológicos do último período medieval distintamente em desacordo com a linguagem encontrada nas ideias de reformadores como Zwínglio e Calvino. A doutrina da providência de Armínio representa o desenvolvimento dos princípios elaborados em suas doutrinas da criação e de Deus, direcionado especificamente para obter uma solução do problema que tem permeado nossas vidas desde a discussão das provas da existência de Deus – problema esse do relacionamento de Deus com a vida contingente da ordem criada. O estudo no qual Armínio se baseia direta e objetivamente para construir seu modelo de doutrina reformada é, como antes, nas *Theses theologicae* de Francisco Júnio.

Como, além disso, poder-se-ia esperar, é a partir de sua discussão da *scientia media* que nasce sua doutrina da providência – em que as contingências antevistas por Deus, de acordo com seu conhecimento médio, devem ser entendidas como contingências genuínas em relação à sua vontade – como um dos pontos no qual ele se afasta não apenas da visão reformada típica, mas também de seus modelos tomistas. Diferentemente de Tomás de Aquino, que estava interessado em argumentar como Deus consegue "administrar as coisas de diversas formas de acordo com suas próprias diversidades", de forma que todo o movimento definitivamente inicie nele, mas também, ao mesmo tempo, respeite as criaturas e não as prive de suas próprias operações,[914] Armínio buscava eliminar a eficácia divina desses atos previstos por Deus como eventos contingentes genuínos. Em outras palavras, o afastamento de Armínio das ideias de Aquino na doutrina da *scientia media* é acompanhado por um afastamento na doutrina da providência exatamente onde a questão da contingência e da relação divina com a ordem contingente é levantada. Todavia, o relacionamento mais estreito entre a doutrina da criação e a de Deus extraído do Tomismo é transferido à doutrina da providência de Armínio, assim como o relacionamento, explicitado na *Summa theologiae* e no *Compendium* de Aquino, entre governo e providência divina.[915]

O relacionamento estabelecido por Deus com suas criaturas no ato da criação continua na preservação e governo da ordem criada, conforme descrito na doutrina da providência. As perspectivas de Armínio

---

[914] *Summa*, Ia, q. 103, art. 5; cf. Jourdain, *La philosophie de Saint Thomas d'Aquin*, I, p. 243-49.

[915] Cf. Armínio, *Disp. priv.*, XXVII e XXVIII com Aquino, *Summa theologiae*, Ia, q. 22 (providência), q. 103-4 (governo divino), e *Compeundium theologiae*, I. 123-25, 130-32 e com Patterson, *Conception of God*, p. 446.

sobre a providência são apresentadas em quatro disputas – "Sobre a autoridade de Deus", "Sobre a providência de Deus"[916], e no par de debates intitulado "Sobre a eficácia e justiça da providência de Deus acerca do Mal".[917] Além disso, seções individuais da carta para Hipólito A Colibus e da *Declaratio sententiae* são devotadas à discussão da providência bem como as duas seções dos *Articuli nonnulli*.[918] Em resumo, esse é um dos tópicos mais amplamente documentados na teologia de Armínio – e o único tópico do grupo ora discutido que foi motivo de controvérsia durante a sua existência. As duas *Private disputations* apresentam a teologia de Armínio em um cenário relativamente livre de controvérsias e, provavelmente, fornecem uma indicação de suas próprias propostas para a direção a ser tomada pelo seu sistema teológico na doutrina da providência. Os outros documentos, em especial as *Declaratio sententiae*, embora claramente apresentem aspectos da doutrina de Armínio, tendem a ser orientadas por seus interesses apologéticos e polêmico.

A doutrina da criação fornece a Armínio a base para ele elaborar sua concepção da regra e governo de Deus. O Senhor, corretamente, tem domínio sobre todas as criaturas visto que é o Criador. A natureza ou caráter do ato divino, além do mais, determina e delimita a natureza e o caráter do domínio divino:

> O domínio de Deus sobre as criaturas repousa na comunicação do bem que lhes é concedido. Como esse bem não é infinito, seu domínio também não é. Esse domínio somente é infinito no sentido de que é legítimo e próprio de Deus emitir seus comandos às criaturas, de modo a impor às mesmas todas as suas obras, para usá-las em todas aquelas coisas que sua

---

[916] *Disp. priv.*, XXVII e XXVIII.
[917] *Disp. pub.*, IX e X.
[918] *Epistola ad Hippolytum*, p. 941-43 (*Works*, II, p. 696-98); *Declaratio sententiae*, p. 121 (*Works*, I, p. 657-58); *Articuli nonnulli*, VII-VIII.

onipotência pode ser capaz de comandar e impor a elas, e para engajá-las em seus serviços ou atenção.[919]

Armínio afirma um governo virtualmente ilimitado de Deus sobre a criação; sua lista de comandos "legítimos e próprios" não implica nenhum enfraquecimento da doutrina da providência. No entanto, ele também decididamente nega que pode haver um exercício arbitrário do poder absoluto por parte de Deus. O governo de Deus é limitado pelo caráter do ato criativo, especificamente pelo modo de sua comunicação da bondade às criaturas.[920]

No ato de comunicar sua bondade aos objetos *ad extra*, portanto, Deus estabelece limitar seu governo para a ordem criada. Nesse processo, o domínio de Deus é primário, definitivo, absoluto e perpétuo. O governo de Deus não depende de nenhum domínio anterior e deve, portanto, ser identificado como primário. Mesmo assim é, como o próprio Deus e a bondade divina sobre a qual repousa, definitivo: não há domínio maior ou superior. Esse domínio também é absoluto, pelo fato de ser um governo que se estende a cada uma, individualmente, e a todas as criaturas em sua plenitude, "seja de acordo com o todo ou com as suas partes", ou, ainda, de acordo com todas as relações subsistentes entre Deus e as criaturas."[921] A perpetuidade do governo divino segue desse despotismo: a criatura está sob o domínio de Deus enquanto existe.[922]

Esse absoluto, primário e supremo governo de Deus encontra sua limitação no próprio ato da criação que o estabelece como despótico: "o domínio de Deus é o direito do Criador e de seu poder sobre as criaturas, segundo o qual ele as têm como suas, pode comandá-las e usá-las, e fazer nelas o que for que a ordem (*ratio*) da criação e a equidade nela

---

[919] *Articuli nonnulli,* VII. 1.

[920] Cf. *Dec. sent.,* p. 107 (*Works,* I, p. 626).

[921] *Disp. priv.,* XXVII.i. Armínio distingue entre o domínio derivado da criação (XXVII. i-iv) e o derivado do pacto (XXVII. v-ix) com o resultado que somente a primeira parte dessa disputa refere-se diretamente à providência.

[922] Idem.

residente permita."⁹²³ Como se para enfatizar que a limitação do governo divino é intrínseco ao ato criativo em si, continua Armínio: "O direito não pode se estender além da causa a partir da qual a inteireza desse direito deriva, e da qual ele depende."⁹²⁴ A causa é, entretanto, Deus em si e, especificamente, a plenitude do ser e bondade em Deus que tem sido comunicada para as criaturas de um modo finito.⁹²⁵ No próprio ato de tornar as criaturas finitas, realizar as competências e formas finitas, Deus estabelece "um limite e uma medida" sobre a transmissão de sua bondade e ser, e, com isso, de seu direito sobre criaturas cujas bondades e ser são menos definitivas do que suas próprias.⁹²⁶

O argumento de Armínio neste ponto reflete a distinção escolástica entre o poder absoluto e o ordenado de Deus. A *potentia absoluta* é o poder absoluto, derradeiro de Deus que tem a ver com o seu desejo. Ele reflete as possibilidades ilimitadas conhecidas para a *scientia simplicis intelligentiae* e o poder ilimitado, "para fazer ou evitar algo", colocado na *voluntas beneplaciti*.⁹²⁷ A *potentia ordinata*, no entanto, é a vontade de Deus conhecida graças à ordem pactuada do universo. A teologia escolástica da Idade Média, e a teologia dos primeiros ortodoxos reformados, tinha posicionado a *potentia absoluta* como se estivesse atrás da *potentia ordinata*, e adotado que em certos casos ou para determinados propósitos finais, Deus poderia, e de fato faz, intervir na ordem temporal das coisas de modo a manifestar sua transcendência sobre sua própria ordem universal.⁹²⁸ Já a teologia de Armínio absorve os conceitos de poder absoluto e ordenado de modo a defender o absolutismo divino

---

⁹²³ *Disp. priv.*, XXVII. ii.

⁹²⁴ Idem, XXVII. iii.

⁹²⁵ Cf *Articuli nonnulli*, VII. 1. com *Disp. pub.*, IV. 1 e *Disp. priv.*, XXIV. iv.

⁹²⁶ *De objecto*, p. 29 (Works, I, p. 326).

⁹²⁷ Cf. *Disp. priv.*, XIX. iii e *Disp. pub.*, IV. xliii (*scientia simplicis intelligentiae*) com *Disp. priv.*, XIX. iii e *Disp. pub.*, IV. lviii (*voluntas beneplaciti*).

⁹²⁸ Cf. Oberman, *Harvest*, p. 30-38 com Heppe, *RD*, p. 103-4.

na ordenação do domínio e a ordenação divina das coisas como característica do domínio absoluto em si.

A *potentia absoluta* não mais paira por trás da vontade divina, representando a gama de todas as possibilidades, incluindo as que oscilam dentro dessa ordem do mundo. Deus é entendido como absoluto nessa, e para essa, presente ordem do mundo, conforme ordenado por sua bondade. Armínio, com efeito, refere-se à distinção de modo a descartá-la pela redefinição. Ele aparenta não reconhecer nenhum poder em Deus que, de algum modo, não seja limitado ou regulado pelos atributos que estão logicamente antes dele na ordem. A *potentia* está abaixo da *voluntas Dei*; e, por sua vez, a vontade de Deus responde à *sapientia, scientia e intellectus Dei*, e está, em todos seus movimentos ou extensões, definitivamente fundamentada na *bonitas Dei* como aquela bondade conhecida e desejada interna, ou intrinsecamente, por Deus.[929] O intelectualismo de Armínio determina mais uma vez sua abordagem à doutrina. A liberdade de Deus para criar não é, portanto, acompanhada de uma liberdade com a criação. Dada a livre decisão para criar e, em assim fazendo, realizar certas possibilidades, devemos também considerar a autolimitação divina em relação à ordem criada. A própria natureza divina em sua bondade essencial é um fator limitante.

Em seu discurso inicial, *On the author and end of theology*, Armínio defende o argumento de uma limitação no relacionamento entre Deus e o mundo de um modo significativamente diferente: "Deus é o autor do universo, não por uma operação natural e interna e sim por uma operação voluntária e externa, e que confere à obra do que é dele, tanto como ele escolhe, tanto como o permite o *nihil*, a partir do qual é gerada".[930] Esse comentário remete-nos ao problema da identificação de Armínio do *nihil* com a *materia prima*. O domínio de Deus, geralmente é entendido como limitado apenas pela ordenança divina, a *potentia ordinata*, é aqui entendida como limitada por um fator externo de Deus,

---

[929] Cf. *Disp. pub.*, IV. 1 com *Disp. priv.*, XVIII. iv.
[930] *De auctore*, p. 43 (*Works*, I, p. 350-51).

o "nada", que de certo modo determina a constituição das coisas finitas ao limitar suas receptividades ao ser divino.[931] Essa hipótese eliminaria uma *potentia absoluta* transcendente e, como as definições de Armínio parecem indicar, redefiniria o poder absoluto de Deus como singular e único de governo último dentro da ordem criada e dentro de uma gama de possibilidades inerentes aos atos criativos, em vez de uma potência absoluta de fazer ou desfazer todas as coisas.[932]

Quando Armínio especifica as várias limitações intrínsecas à autoridade ou governo de Deus, não apenas fica claro que sua redefinição do governo absoluto e ordenado representa um importante afastamento da doutrina reformada em geral, mas também que seus argumentos estão estruturados com particulares questões na mente, tais como a doutrina reformada da predestinação. Fica evidenciado também que sua oposição aos ensinamentos reformados não nasce de um desacordo sobre a exegese de certas passagens, e sim de uma divergência fundamental baseada em uma concepção escolástica extremamente desenvolvida sobre a essência, atributos e operações da divindade numa relação primária com as obras da criação e providência. Armínio parece ter discernido um dos problemas subjacentes que confrontam a teologia no início da era moderna, que é o relacionamento de Deus com um universo ordenado, e ter se distanciado de uma noção radicalizada da onipotência divina, defendida por vários de seus contemporâneos reformados, indo na direção de um conceito

---

[931] *De objecto*, p. 29 (*Works*, I, p. 327).

[932] *Disp. priv.*, XXVII. i.; cf. Funkestein, *Theology and the scientifique imagination*, p. 135-40: O autor defende "uma mudança radical na percepção do mundo" entre as épocas de Armínio e Occam definida pela premissa ocamista de que qualquer coisa pode ser aniquilada pela *potentia absoluta* contrariamente à hipótese tomista de que o universo é uma ordem interconectada de formas em que nenhuma delas pode ser arbitrariamente destruída sem haver a destruição da ordem em si. A exemplo de Blumemberg, Funkestein exagerara de certa forma nas implicações da especulação nominalista. No entanto, é verdade que os argumentos arminianos se posicionam contrariamente a qualquer especulação excessiva da *potentia absoluta* e apontam de volta para a perspectiva tomística que Funkestein contrasta com um nominalismo radical.

da autolimitação divina mais de acordo com as teorias da constância e estabilidade da lei natural.

Não seria de acordo com a bondade de Deus ou com o modo de transmissão dessa bondade para a criatura (e, portanto, não um direito do Criador nem um aspecto de seu poder sobre as criaturas) entregá-las nas mãos de algum outro, e arbitrário, poder que pudesse infringir nelas doença a parte de quaisquer deméritos ou pecados. Mesmo assim, não está no domínio de Deus "comandar um ato a ser feito pela criatura que não tenha nem suficientes nem necessários poderes para executar."[933] Tampouco ele pode "empregar a criatura para introduzir pecados no mundo de tal modo que, ao punir ou perdoá-la, possa promover sua própria glória" – e ainda menos possa "fazer com a criatura o que for possível de acordo com seu poder absoluto (*absolutam suam potentiam*), isto é, puni-la ou afligi-la independentemente de seu pecado" ou "seus méritos".[934]

De forma bastante incisiva, declara Armínio contra seu colega Gomaro: "É falso, portanto, que 'embora Deus destinasse e criasse certas criaturas para a destruição (consideradas indefinidamente), e sem qualquer consideração do pecado como a causa meritória, não pudesse ainda ser acusado de injustiça, pois ele possui um direito absoluto sobre elas.'"[935]

Armínio também afirma que é falsa a declaração de Lutero em *On the bondage of the will* que entenderemos, pela luz da glória, o direito de Deus de condenar qualquer indivíduo que quiser, assim como agora entendemos, pela luz da graça, "por qual direito Deus justamente salva homens indignos e pecadores."[936] Porém, "ainda mais falsa", continua Armínio, é a alegação de que "o homem está obrigado a concordar com

---

[933] *Disp. priv.*, XXVII. iii.

[934] Idem; *Articuli nonnulli*, VII. 2.

[935] *Articuli nonnulli*, VII. 3, citando as *Theses on predestination* de Gomaro (cf. Armínio, Works, III, p. 626-32 e observe p. 599-602.

[936] *Articuli nonnulli*, VII. 4.

essa vontade de Deus, ou melhor, a agradecê-lo, pelo fato de ele ter feito do homem um instrumento de sua glória divina, a ser exibido por meio da ira e do poder em sua destruição eterna."[937] Todas essas declarações confundem o caráter da autoridade de Deus em relação à criação e, particularmente, confundem a natureza de seu poder absoluto nas relações *ad extra*: "Deus pode criar em seus próprios termos qualquer coisa que deseja, mas ele não deseja, nem pode desejar, fazer daquilo que lhe é próprio, o que lhe for possível fazer de acordo com seu poder infinito e absoluto."[938]

Certamente, se Deus efetivamente *não pode* querer essas coisas, colocá-las hipoteticamente sob a *potentia absoluta* é absurdo. Com efeito, o poder absoluto, assim definido, não pode existir.

A parte conclusiva do debate de Armínio sobre o governo de Deus migra da consideração de um governo divina geral ou providencial até a consideração de um relacionamento pactuado entre Deus e os seres humanos. A transição ocorre de forma suave conquanto que o domínio tido por ele como "o direito do criador" (*creatoris ius*) incorpora um princípio pactual – o conceito de *potentia ordinata*. Com isso, Armínio faz uma distinção entre uma regra "despótica" (*despotike*) de Deus pela qual ele governa seu universo "sem qualquer intenção de fazer o bem que pode ser útil ou salvador para a criatura", e um governo real ou paternal" (*basilikea seu patrike*) que se origina "pela abundância da bondade e da autossuficiência [divina]" e pretende direta e especificamente "o bem da criatura em si."[939] Esse governo paternal predomina até que a criatura, intransigente em sua indignidade e perversidade não mais mereça suas bênçãos –, e assim o governo despótico ou imperioso – que atinge os fins divinos para a criação apesar da criatura, começa a desempenhar

---

[937] Idem, VII. 5.
[938] Idem, VII. 6.
[939] *Disp. priv.*, XXVII. iv.

a sua função. Implícita neste ponto é a leitura usual da distinção entre *opus proprium* e *opus alienum*.[940]

A prioridade do governo paternal de Deus em seu plano para as criaturas é vista nos incentivos à obediência que acompanham os comandos divinos. Deus "não exige tudo que por direito (*iure*)" poderia exigir da criatura, e sim utiliza "persuasões ou argumentações" que expressam "a utilidade e necessidade" da obediência.[941] Além desses estímulos, o governo paternal de Deus é manifesto no acordo ou pacto que ele faz com as criaturas. O propósito desse pacto é gerar "uma espontânea, liberal e livre obediência" que nasce das "estipulações e promessas" a ele anexadas.[942] Subjacentes a todos os pactos, há uma condição básica de recusa em atender aos seus termos e de se beneficiar de seu governo mais flexível, o que ocasionará o governo estrito e rígido de Deus segundo seu nobre domínio.[943]

Há, portanto, um direito duplo (*duplex ius*) que Deus tem "sobre os seres humanos" –, e, no caso da desobediência e do pecado, um direito triplo. Deus tem o direito de autoridade ou domínio que surge do ato criativo e o bem concedido à criatura por Deus como Criador. O segundo direito surge do pacto embutido na ordem natural e que consiste no "maior benefício que a criatura receberá de Deus, o preservador, promotor e glorificador."[944] O terceiro direito resulta de quando a criatura se recusa a aceitar a autoridade de Deus e cai na desobediência, dando ao Senhor o direito de "tratá-la como uma criatura pecadora e de lhe infringir castigo." Esse direito não se origina de um ato dele, mas sim "do ato maldoso da criatura afrontando Deus."[945] O ponto anterior, que o poder absoluto de Deus não lhe confere o direito ou a competência

---

[940] Idem, cf. *Disp. priv.*, XIX. iv e anteriormente, no cap. 10.
[941] *Disp. priv.*, XXVII. v.
[942] Idem, XXVII. vi.
[943] Idem, XXVII. vii.
[944] Idem, XXVII. viii.
[945] Idem, XXVII. ix.

de punir criaturas inocentes com justiça, é reforçado e posicionado no contexto concreto da ordem do mundo. O direito de punição não é em si um direito absoluto, e sim, derivado, que não repousa na criação nem mesmo no pacto – tampouco diretamente – mas sim indiretamente no domínio positivo de Deus, e diretamente na relação de desobediência da criatura relacionado a esse domínio.

Essa associação de um conceito de autolimitação divina na criação com uma doutrina de relacionamento pactual assinala também um ponto de contato entre a teologia de Armínio e a do Escolasticismo do último período medieval. Há, é certo, um cenário de desenvolvimento da teologia reformada do pacto contra a qual os ensinamentos de Armínio podem ser interpretados tanto por seus elementos comuns como por suas características distintivas,[946] mas a argumentação teológica agora retoma a lógica pactual da discussão sobre a *potentia ordinata* do último período medieval.

Especificamente, a primeira dessas fontes, a tradição teológica medieval, proporciona a Armínio uma conexão entre a linguagem da *potentia ordinata* em sua relação com o ato da criação e o conceito de um acordo ou pacto divino (*pactum*) com as criaturas. Deus faz pactos com a ordem do mundo para observar as limitações de seu poder ordenado e não para desencadear a *potentía absoluta*.[947] Armínio, é certo, alterara o argumento dissolvendo a *potentia absoluta* em um conceito de soberania fundamentado na vontade antecedente de Deus e na natureza de Deus como Criador e o bem auto difusivo – além de tê-lo alterado também ao extrair o conceito de um pacto da criação para incluir a lei moral divina.

A última modificação certamente se relaciona com a teologia reformada do pacto. O conceito de Armínio do pacto guarda todas as características de um tratado suserano no qual Deus entra unilateralmente, mas que, uma vez decretada a unilateralidade, tem uma função

---

[946] Veja Muller, "Federal Motif", p. 102-8.

[947] Cf. Oberman, *Harvest*, p. 100-111, com Steinmetz, *Misericordia Dei*, p. 51-55 e Oakley, *Omnipotence*, p. 55-65, 79-85.

bilateral. A responsabilidade humana antes e em relação a Deus surge sob condições estabelecidas por ele. A maior parte do desenvolvimento da teologia reformada do pacto pode de fato ser descrita em termos da incorporação de temas da soberania divina e da responsabilidade humana; do pacto unilateral ou monoplêurico (unilateral), e do bilateral ou duoplêurico, na linguagem federal da teologia.[948] Armínio escreve em uma época em que a teologia pactual ainda era fluida tanto em suas estruturas quanto na abordagem mais racionalista na relação de Deus com a ordem do mundo, apropriou-se da linguagem reformada do pacto moral e soteriológico para sua discussão do pacto primordial de Deus, embutindo *de potentia ordinata* na ordem mundial em si. Novamente, é estabelecida uma relação clara entre a ordem da salvação e a ordem moral reconhecida pela observação racional do mundo.[949] Tanto no ato de criação como no estabelecimento do pacto, Deus, livremente, se compromete com a criatura. Ele não é, no primeiro caso, de nenhuma forma limitado para criar, mas o faz somente por causa de sua própria livre inclinação ao comunicar sua bondade. Nem é, no segundo caso, limitado para oferecer ao homem algo como recompensa pela obediência, pelo fato de o ato da criação implicar um direito e poder sobre a criatura. Em ambos os casos, no entanto, o desempenho ilimitado do ato resulta no estabelecimento de limites para o exercício do poder divino. Concedendo o ato da criação, Deus não pode condenar de forma absoluta

---

[948] A história da teologia federal é recontada em Gottlob Schrenk, *Gottesreich und bund im ulterem protestantismus* (Guterlosh: Bertelsmann, 1923) e o problema das fórmulas monoplêurica e duoplêurica é discutido por Leonard J. Trinterud, "The origins of puritanism", *Church history*, 20 (1951): 37-57. Estudiosos mais recentes têm alterado consideravelmente os argumentos de Trinterud – o mais notável entre eles, Lyle D. Bierma com sua dissertação de doutorado "The covenant theology of Caspar Olevian", Duke University, 1980, acessível em *Studies in historical theology from labyrinth*, Durham, N. C.) e John Von Rohr, *The covenant of grace in puritan thought* (Atlanta: Scholars, 1986); veja tb. Muller, *Christ and the decree*, p. 41.

[949] Sobre as perspectivas dos contemporâneos reformados de Armínio, veja Schrenk, *Gottesreich und bund*, p. 57-82; e para uma discussão do relacionamento de Armínio com a posterior teologia remonstrante, veja Muller, "Federal motif", p. 109-22.

e sem uma causa na criatura; concedendo a iniciação do pacto, ele não pode cancelar ou negar suas promessas.⁹⁵⁰

A doutrina da providência divina nasce das Escrituras e da experiência, e é inferida pelo nosso conhecimento "da própria natureza de Deus e das coisas em si."⁹⁵¹ Essa providência não é uma disposição ou poder prioritário de Deus; antes, trata-se de um ato *ad extra* direcionado para as criaturas e que tem nelas seu objeto primário. Como tal, o ato da providência não deve ser considerado como algo pertencente eternamente à mente divina, mas sim algo "separado e realmente existente."⁹⁵² Consequentemente, a providência é um ato do entendimento prático de Deus, ou mais precisamente "da vontade empregando o entendimento" em um ato, não completado em um único movimento, mas sim continuado ao longo dos momentos da duração das coisas."⁹⁵³ A providência pode ser definida como

> uma supervisão continuada, onipresentemente poderosa e solícita de Deus, de acordo com a qual ele exercita um cuidado geral em relação a todo o mundo, e a cada uma das criaturas, suas ações e paixões, de maneira condizente com ele próprio e consistente com o bem-estar de suas criaturas, especificamente para o benefício dos homens devotos, e para a declaração da perfeição divina.⁹⁵⁴

---

⁹⁵⁰ Cf. *Disp. priv.*, XXIV. vii, viii, xi; XXVII. i-ii, v-vi; XXIX. i, iv; *Dec. sent.*, p. 107-8 (Works, I, p. 626-27); *Articuli nonnulli,* VII. 1-3; VIII. 1-3; com Oberman, *Harvest,* p. 42-44, 168-70 e Steinmetz, *Misericordia Dei,* p. 51-55.

⁹⁵¹ *Disp. priv.*, XXVIII. i.

⁹⁵² Idem, XXVIII. ii.

⁹⁵³ Idem, XXVIII. iii.

⁹⁵⁴ Idem, XXVIII. iv; Armínio cita e depois defende essa definição em *Dec. sent.*, p. 121 (*Works*, I, p. 657).

Essa providência é orientada ou ordenada pela sabedoria divina (*sapientia*), e, portanto, é invariavelmente justa e equitativa.[955]

O cuidado providencial de Deus, como Armínio se esmera por apresentar em detalhes, adota como seu objeto apropriado tanto o mundo como um todo "consistindo de partes com uma certa relação entre elas, e uma determinada ordem", como cada criatura como um indivíduo com suas próprias ações e paixões. Essa operação dupla da providência é planejada para "preservar a bondade" nas criaturas, e "de acordo com a graça, pela comunicação de bens sobrenaturais e pela elevação da respeitabilidade (*juxta gratiam ex donorum supernaturalia communicatione*)." Além disso, a providência também supervisiona "o uso correto da natureza e da graça".[956]

Armínio, ainda, conclui essa tese com uma observação pontual de que "atribuímos as duas últimas [operações] também ao ato da providência" –, como se para 'martelar' o ponto de que a providência não é meramente da natureza e que a graça, através da providência, administrada universalmente para todas as criaturas. A graça, portanto, pertence à ordem criada como parte de sua fundamental relação com Deus – e não é simplesmente um dom divino posterior e só para alguns como um meio de reparação de um problema! Armínio havia sinalizado muito isso em sua primeira aula como professor de teologia em Leiden, em 1603.[957]

Essa afirmação pontual concernente ao caráter gracioso da providência universal significa mais do que um desacordo geral com a tendência da teologia reformada. Ela é, de fato, diretamente contrária à distinção de Júnio entre a providência universal e a particular. O predecessor de Armínio ensinara que "a obra realizada por Deus na ordem criada (*in rebus creatis*), de acordo com sua providência dupla, também é duplo: um é da natureza e outro, da graça." A primeira pertence à

---

[955] *Disp. priv.*, XXVIII. vi.
[956] Idem, XXVIII. v.
[957] Cf. *De objecto*, p. 28 (*Works*, I, p. 325).

providência universal de Deus sobre todas as coisas na ordem criada; a última, de acordo com Júnio, é uma obra especial que Deus "realiza em seu eleito de acordo com o beneplácito de sua vontade (*secundum beneplacitum voluntatis suae*)."[958] Armínio se recusa a particularizar a graça providencial e refere-se a ela como uma vontade de Deus que permanece parcialmente oculta.

A diferença entre o relacionamento da natureza e da graça na criação e providência é fundamental para as questões levantadas por Armínio no debate com Júnio sobre o problema da condição inicial do homem e o significado do termo *in puris naturalibus*. Júnio sustentava a perspectiva, herdada de Tomás de Aquino e defendida pelos proponentes de uma visão tipicamente agostiniana de criação e graça, que o ato divino da criação comunica ao homem tanto dons naturais (isto é, o intelecto, vontade, afeições, ações e paixões) como dons sobrenaturais de graça pela qual a perseverança no bem poderia ser possível.[959] Júnio assume que o *donum superadditum* sobrenatural fora conferido por um ato divino logicamente distinto do, mas temporalmente simultâneo ao, ato da criação, no e pelo qual foram concedidos os dons naturais. Esse dom sobrenatural era, no entanto, específico de Adão e Eva e incapaz de transmissão com os dons naturais para seus descendentes "exceto pela indicação da graça". O homem era, consequentemente, criado com dons sobrenaturais, mas agora está destituído deles após a queda.[960]

Armínio concorda com Júnio que os dons naturais e sobrenaturais são concedidos simultaneamente no ato de criação, e que o homem jamais existiria sem os dons sobrenaturais. Porém, ele aparentemente deseja reforçar a conexão entre a natureza e a graça. Não se trata meramente de uma matéria de dois atos coincidentes divinos, um concedendo dons naturais, o outro, sobrenaturais. Em vez disso, Armínio sustenta que "Deus não estava disposto a desistir do ato de comunicar seu próprio bem para

---

[958] Júnio, *Theses theologicae* (Leiden), XVII. 3.
[959] *Amica collatio*, p. 513-14 (*Works*, III, p. 96); cf. Aquino, *Summa*, 1a, q. 95, art. 1.
[960] Idem, p. 513-14 (*Works*, III, p. 96-97).

aquela parte da primeira matéria, ou o nada, a partir da qual ele criara o homem até que ele tivesse sido agraciado com [dons] sobrenaturais."⁹⁶¹ O homem não é criado apenas com dons naturais e sobrenaturais; o mais importante é que os dons sobrenaturais pertencem a *imago Dei* na qual ele fora criado e eram, portanto, para serem "transmitidos para a sua posteridade sem exceção", de acordo com o "decreto administrador da criação e providência",⁹⁶² com o objetivo de que "os princípios e sementes das virtudes morais... permaneçam em nós após a queda", embora as "virtudes espirituais" originais do conhecimento tenham sido perdidas no pecado.⁹⁶³ Esse argumento acompanha Armínio de modo a posicionar a predestinação abaixo da, ou subordinada a, providência e definir seus objetos como seres humanos individuais pecadores.

Deus não elege ou rejeita com base em uma consideração mais geral dos seres humanos, em suas "condições puramente naturais" antes da queda, porque nessa condição eles estavam dotados de graça e não evidenciavam pecado. O pecado é a "condição exigida no "objeto [humano]" para existir um decreto de predestinação.⁹⁶⁴ Em outra palavras, Armínio assume a visão tomista do *donum superadditum*, porém ainda mais que Tomás de Aquino, e certamente mais que Júnio, ele enfatiza a ligação íntima entre a natureza e a graça – da graça aperfeiçoando a natureza –, nos atos da criação e providência.⁹⁶⁵ Essa união de natureza e graça na criação e providência, por sua vez, fornece uma estrutura e um limite no interior do qual a predestinação deve ser construída. Como nos modelos molinista e de Suárez, os atos humanos, incluindo os pecados para os quais alguns são condenados, surgem como resultado do livre arbítrio no contexto da concorrência divina. Esses atos pertencem ao

---

⁹⁶¹ Idem, p. 522 (*Works*, III, p. 109).
⁹⁶² Idem, p. 523, 528-29 (*Works*, III, p. 110,119).
⁹⁶³ Idem, p. 525 (*Works*, III, p. 115).
⁹⁶⁴ Idem, p. 529-30 (Works, III, p. 119-21).
⁹⁶⁵ Cf. *Disp. priv.*, XXVIII. v, em que os *dona supernaturalia* são definidos como parte do trabalho de providência.

domínio da responsabilidade moral humana e são conhecidos por Deus de acordo com a *scientia media*. A predestinação ocorre, portanto, no contexto da providência divina, mesmo no ponto em que a graça pode ser concedida por Deus em vista de sua antevisão do uso que lhe dariam seus beneficiários.[966]

O inter-relacionamento profundo entre a natureza e a graça na providência e a limitação do poder divino em relação à ordem criada apontam conjuntamente para a concepção de Armínio da "regra" (*regula*) da providência. Essa regra é a *sapientia Dei* ou sabedoria de Deus, que direciona e gera os atos de providência, manifestando portanto neste mundo "o que é digno de Deus, de acordo com sua bondade, severidade, ou amor pela justiça ou pela criatura, mas sempre de acordo com a equidade."[967] A *sapientia Dei* é a regra da providência, presumivelmente porque é tipicamente definida no vocabulário escolástico como um conhecimento de objetivos ou finalidades, e a providência orienta todas as coisas para seus próprios fins. Além disso, a ordenação de uma coisa para seu fim pela sabedoria do bondoso Deus dificilmente pode ser concebida afastada da justiça. Essa linguagem de justiça retoma a questão levantada anteriormente na discussão do domínio divino. A existência da criação e, agora, os seus objetivos, limitam o poder e a vontade divina e, com efeito, remove a *potentia absoluta* da consideração na obra da providência divina.

A providência divina também pode ser distinguível em atos de preservação e governo e em atos mediatos e imediatos, ordinários e extraordinários. A preservação divina, assegura Armínio, refere-se às "essências, qualidades e quantidades", enquanto o governo "preside as ações e paixões" em quatro atos básicos – movimento, assistência, concorrência e permissão (*motus, auxilium, concursus, permissio*).[968] O padrão de argumentação mais típico entre os escolásticos protestan-

---

[966] Cf. Mahieu, *François Suárez*, p. 445-47, citando Suárez, *De Deo*, II. iv-v, com Armínio, *Dec. sent.*, p. 119 e *Articuli nonnulli*, XV. 1-4.

[967] *Disp. priv.*, XXVIII. vi.

[968] Idem, XXVIII. vii.

tes observava uma divisão tripla do ato, ou seja, atos de providência em preservação, concorrência e governo –; separando do governo uma categoria que Armínio agrupa sob ele. A definição básica, entretanto, é praticamente a mesma: a preservação (*conservatio* ou *manutenentia*), é o ato de Deus, o ser supremo, essencialmente independente de todos os seres inferiores, que mantém os seres contingentes e dependentes de toda a criação.[969]

Essa manutenção de seres dependentes geralmente é identificada pela ortodoxia luterana ou reformada como a "criação continuada" (*continuata creatio*). De acordo com essa definição, herdada dos escolásticos medievais, a criação e conservação não passam de um ato eterno de Deus pelo qual ele chama as coisas a existência e as preserva existindo. A distinção entre criação e providência apresenta um caráter puramente racional, e nasce de nosso meio finito, temporal, de entendimento dos atos eternos e simples de Deus. A mente humana entende por meio de distinções e divisões racionais aquilo que é essencialmente simples e indivisível.[970] Essa era, incidentalmente, também a perspectiva de Suárez. Ele discute a providência entre os atributos divinos e identifica a distinção entre criação e providência como racional ou conceitual, repousando não no caráter das obras de Deus, e sim na natureza de nossa percepção temporal.[971]

Armínio difere significativamente sobre esse último ponto. Sua definição básica de providência como um ato temporal e não eterno de Deus –, que "continuava ... ao longo da duração das coisas" e "não se completava em um instante",[972] não dava espaço ao argumento luterano e reformado para a identidade essencial da criação com a providência. Nem dava ao argumento de que a providência é a maior categoria do

---

[969] Cf. *RD*, p. 257.

[970] Cf. Scotus, citado em Minges, II, p. 276 com Júnio, *Theses theologicae* (Leiden), XVII, prólogo, e *RD*, p. 257-58.

[971] Scheffczyk, *Creation and providence*, p. 184-85.

[972] *Disp. priv.*, XXVIII. iii.

decreto divino, incluindo tanto a vontade geral de manter a ordem criada como a vontade específica para salvar os eleitos, encontrado em uma ampla variedade de sistemas teológicos da época medieval, ou do escolasticismo protestante e do catolicismo pós-tridentino. Armínio, conscientemente, parece ter 'estreitado' o escopo da providência, especificamente da atividade divina temporal nas, e com as, coisas da ordem criada e de ter mantido a limitação dessa definição por modificar o conceito da *continuata creatio*. Ele tinha, é certo, falado de uma criação continuada em sua discussão da auto difusividade da bondade divina no processo criativo, mas mesmo nesse tópico fazia uma firme distinção entre o ato criativo, inicial, de extrair coisas do nada e o ato secundário de conservação ou preservação.[973]

Essa perspectiva temporalizada da providência, no entanto, por mais que divirja da típica tradição escolástica, pode estar correlacionada a uma distensão entre o pensamento original de Tomás de Aquino e o do último período do Tomismo. Conforme observado por Scheffczyk, Tomás de Aquino dividira sua doutrina da providência, colocando sua definição básica como a eterna "razão da ordem" (*ratio ordinis*) na doutrina de Deus e colocando sua exposição mais ampla como a "execução" temporal "da ordem" (*executio ordinis*) após a doutrina da criação.[974] Essa divisão, que passa a ser uma norma para o Tomismo, habilita um problema duplo de não derivar a providência da criação nem manter um forte relacionamento entre a governo temporal e a obra eterna da mente divina. "A *executio ordinis* como um efeito temporal do pensamento de Deus, cessa de ser considerada como criação continuada, com a consequência que o elo entre o mundo e seu criador é 'afrouxado.'"[975] Um dos meios pelo qual "o elo" pode ser "afrouxado" é, acrescentamos, com o

---

[973] Idem, XX. vii.
[974] Cf. Aquino, *Summa*, Ia, q. 22, art. 1 e q. 103 com Scheffczyk, *Creation and providence*, p. 148-49.
[975] Scheffczyk, *Creation and providence*, p. 149.

desenvolvimento de uma categoria de eventos contingentes previstos, porém não diretamente desejados por Deus.

No rastro da formulação desse problema por Tomás de Aquino, Henry de Ghent argumentou de forma bastante incisiva que este é um ato pelo qual uma coisa é produzida e adquire seu ser, e um outro e um ato distinto pelo qual ela tem sua existência preservada. Essa é a conclusão obtida a partir da doutrina da criação no tempo pelo fato de que o ato de conferir ser é instantâneo, repentino e indivisível e, portanto, sem duração ou permanência. A conservação do ser, que responde pela duração e permanência das coisas contingentes, deve ser um segundo e distinto ato.[976] Essa linha de argumentação foi adotada por Pedro Aurioli e Gregório de Rimini,[977] e combatida obstinadamente por pensadores tomistas ou inclinados ao Tomismo, como Giles de Roma, Hervaeus Natalis e Johannes Capreolus.[978] No caso de Pedro Aurioli, a distinção radical entre criação e providência nasce de sua negação da categoria do conhecimento presente para a eternidade divina – Deus conhece eternamente, mas a ideia de presente não se aplica melhor a ele do que a de passado ou de futuro.[979]

Portanto, é significativo que Armínio em nenhum ponto recorre à visão típica da eternidade como um presente sem passado ou futuro, e que em nenhum ponto fundamente o conhecimento divino de todas as coisas na existência de Deus em um presente eterno. De fato, ele define eternidade como a infinitude em relação ao tempo e como uma falta de sucessão,[980] mas identifica a presença de todas as coisas, eternamente para Deus, em termos do conhecimento divino de todas as coisas como

---

[976] Henry de Ghent, *Quodlibeta*, I, q. 7; IX, q. 1 citado em Suárez, *Disp. metaph.*, XXI. ii. 1.

[977] Pedro Aurioli, *I sent.*, II, dist. 1, q. 2, art. 2; Gregório de Rimini, *I. sent.*, II, dist. 1, q. 6, conc. 4.

[978] Giles de Roma, *De ente et essentia*, q. 7; Hervaeus Natalis, *Tractatus de aeternitate mundi*, cap. 1; Johannes Capreolus, Defensiones, II, dist. 1, q. 2, art. 2.

[979] Cf. Pedro Aurioli, *I. Sent*, dist. 38, art. 3 com a discussão de Copleston em *History of philosophy*, VI, p. 38-39.

[980] *Disp. pub.*, IV. xiv.

residindo previamente em suas causas e, de forma última, como possibilidades conhecidas para a essência divina.[981] É igualmente verdadeiro que, posteriormente, tomistas argumentaram contra a distinção de Henry de Ghent entre a aquisição do ser e a sua preservação como dois atos diferenciados ao retomarem novamente a linguagem da eternidade divina. Uma vez que o ato criativo, executado por Deus, ocorre não em um momento, e sim na eternidade, ele é um com a conservação. A distinção só é feita pela mente humana, atrelada ao tempo.[982]

Armínio parece ter seguido a problemática da doutrina de Tomás de Aquino, talvez pela leitura dos debates subsequentes, e, então, em um afastamento do padrão e vocabulário próprios daquele pensador, tenha omitido de sua doutrina de Deus a discussão da providência e a tenha identificado totalmente com a "execução da ordem" no tempo. Na doutrina de Deus de Armínio há uma certa discussão sobre a sustentação do mundo pela bondade divina,[983] mas o termo "providência" somente é aplicado para a atividade temporal de Deus – exatamente o oposto da identificação de Tomás de Aquino da "providência" em Deus e a discussão da atividade *ad extra* divina como "governança". Armínio pode inclusive ter descoberto o problema ao ler Suárez, mas ter sido convencido pelas objeções à perspectiva tomista antes que pela própria resolução suareziana.[984]

Esse problema da relação do decreto eterno (seja da providência ou predestinação) com sua execução no tempo é, além do mais, um dos problemas da teologia medieval que era profundamente percebido pelos teólogos reformados dos séculos XVI e XVII.[985] De um lado, a

---

[981] Idem, IV. xxxiii.
[982] Cf. Capreolus, *Defensiones*, II, dist. 1, q. 2, art. 3, com Suárez, *Disp. metaph.*, XXI. ii. 12.
[983] Veja anteriormente, no cap. 10.
[984] Cf. Suárez, *Disp. metaph.*, XXI. ii. 1-2, citando Capreolus, *Defensiones*, II, dist. 1, q. 2, art. 2; Hervaeus Natalis, *Tractatus de aeternitate mundi*, cap. 1; Giles de Roma, *De ente et essentia*, q. 7; e contra a visão tomista, Henry de Ghent, *Quodlibeta*, I, q. 7; IX, q. 1 e Gregório de Rimini, *Sent.*, II, dist. 1, q. 6, concl. 4.
[985] Veja Muller, *Christ and the Decree*, p. 20-21, 43, 48-50, 81-8, e aqui e acolá.

lógica da poderosa teologia da graça de Calvino tendia a subordinar a providência à predestinação e a identificar a salvação do eleito como o primário e supremo propósito de Deus.[986] Essa tendência é vista inclusive entre aqueles teólogos infralapsarianos que, como Júnio, colocavam a predestinação acima da criação na ordem do sistema e com isso separavam-na da doutrina da providência.[987] O modelo tomista, dada sua identificação da predestinação como *pars providentiae*, uma parte da providência,[988] tendia em outra direção para uma visão da salvação de crentes como parte do mais amplo propósito do alcance do objetivo final da criação. Na versão de Armínio do modelo tomista, essa tendência é reforçada pela colocação da providência dentro da, e definida pela, ordem criada e a colocação da predestinação abaixo da providência, tanto na ordem do sistema como em sua referência às criaturas quando criadas, caídas e "realmente em sua existência (*ut actu talia existentia*)."[989] Para Armínio, a distinção entre o decreto eterno e sua execução no tempo é uma distinção entre o modo com o qual Deus considera todas as coisas eternamente em seu intelecto e o modo com o qual considera-as como realmente existentes.[990] Essa definição se contrapõe diretamente à visão reformada pelo fato de que Armínio não define o conhecimento ou intelecto divino, num estilo tomista, como causal. Sua modificação do intelectualismo tomista para a *scientia media* molinista lhe possibilita definir o decreto como contendo um conhecimento de aspectos particulares não diretamente desejados por Deus.

De fato, Armínio afirma especificamente que a providência deve ser concebida como logicamente subordinada a um decreto eterno. Deus tem decretado eternamente "fazer ou permitir" qualquer coisa

---

[986] Cf. Idem, p. 23-24.
[987] Júnio, *Theses theologicae* (Leiden), X-XI; cf XVII
[988] Aquino, *Summa*, Ia, q. 23, art. 1, corpus e art. 2, corpus.
[989] *Disp. priv.*, XL. viii.
[990] Idem.

que ocorra no tempo. Esse decreto é um ato interno de Deus que precede e fundamenta o ato externo, a providência divina.⁹⁹¹ Muito diferentemente de seus colegas reformados, ele introduz uma disjunção causal entre esse decreto eterno e a ordem providencial do mundo. O decreto, "pelo qual o Senhor administra a providência e seus atos", não "induz qualquer necessidade em coisas futuras; pois, por ser um ato interno de Deus, não estabelece nada nas próprias coisas".⁹⁹² Coisas e eventos ocorrem na ordem temporal de acordo com o "modo de administração" providencial e necessária ou contingentemente sob a providência, sem uma relação causal direta com o decreto eterno.⁹⁹³

A providência não é subordinada somente a um decreto eterno de Deus; também é "subordinada à criação".⁹⁹⁴ Aqui, também, como em sua doutrina do domínio divino, Armínio se baseia fortemente nas implicações pactuais da *potentia ordinata*. Como a providência é subordinada à criação, é "necessário" que o governo providencial divino da criação se ajuste à ordem estabelecida por Deus no ato da criação. Ela, a providência, não pode "impingir nada contra a criação"; tampouco pode "inibir o uso do livre-arbítrio nos homens". Também não pode "direcionar os homens para outros fins, ou para a destruição", mas antes "orientá-los para um fim conveniente com a condição e o estado em que foram criados."⁹⁹⁵ Adão, assim, não foi capaz de se abster do pecado, e foi atraído a pecar por seu livre e voluntário desejo, "sem qualquer necessidade interna ou externa", e "não por causa de algum precedente decreto de Deus."⁹⁹⁶ Essas limitações claramente não se obtêm de acordo com Calvino, pois ele coloca todas as coisas estrita-

---

⁹⁹¹ Idem., XXVIII. xii.
⁹⁹² Idem., XXVIII. xv.
⁹⁹³ Idem.
⁹⁹⁴ *Articuli nonnulli,* VIII. 1.
⁹⁹⁵ Idem.
⁹⁹⁶ Idem., XI. 1-2.

mente sob o decreto divino, e insiste na determinação divina imediata de todas as coisas, com a exclusão da contingência e permissão.[997]

Em vez de alegar uma relação causal, direta, entre o decreto eterno e a concorrência divina nas coisas finitas, Armínio define as coisas eternamente permitidas por Deus em termos de uma antevisão divina ou "presciência" (*praescientia*) inerente a ele como consequência de seu conhecimento de eventos contingentes na ordem natural, providencial. A linguagem ora utilizada por Armínio é de fundamental importância – a presciência divina é identificada como "parcialmente natural e necessária, e parcialmente livre".[998] Os termos são uma reflexão direta das categorias do conhecimento divino – *scientia naturalis sive necessaria* e *scientia libera* –, mas, agora, aparecem na ordem inversa e com referência a eventos temporais. Consequentemente, a presciência divina é, em primeiro lugar, livre, pois resulta espontaneamente de um ato da vontade divina para receber um objeto. Em segundo lugar, essa presciência é "natural e necessária, pelo fato de que quando esse objeto é estabelecido pelo ato da vontade divina, ele não pode ser desconhecido pelo entendimento divino."[999] Em outras palavras, a presciência é algo natural e necessário dada a capacidade divina de saber com certeza coisas e eventos que irão ocorrer no tempo em razão de causas contingentes ou secundárias.

Armínio reforça esse argumento, asseverando que Deus às vezes permite às suas criaturas saber, "por predição", coisas que estão prestes a acontecer. Nem a predição nem a presciência divina sobre a qual ela se baseia, "introduzem necessidade" no evento futuro pelo fato de que a presciência divina "é posterior em natureza e ordem em relação à uma coisa futura (*refutura*)",[1000] visto que uma coisa não ocorre porque ela fora prevista ou antevista, mas é prevista ou antevista porque está prestes a

---

[997] Cf. Calvino, *Inst.*, I. xvi. 4, 8-9; xviii. 1.
[998] *Disp. priv.*, XXVIII. xiii.
[999] Idem.
[1000] Idem., XXVIII. xiv.

ocorrer (*futura*).[1001] Neste ponto, novamente, como em sua linguagem da *scientia media* e da vontade consequente de Deus, Armínio introduz um elemento de contingência, ou pelo menos de consequência relacional, no conhecimento e disposição divina. Esse ponto é muito divergente até mesmo do preconizado por pensadores reformados como Ursino e Júnio, que estavam interessados em defender a liberdade e contingência dos eventos na ordem criada e que também, contrariamente à doutrina calvinista, mantinham uma categoria de vontade permissiva em Deus.[1002] Ursino especificamente mantinha a natureza causal da presciência divina.[1003] Armínio, ao contrário, baseia a liberdade das criaturas em um conceito de presciência não causal – uma presciência divina de contingências futuras não diretamente ordenadas por Deus.

De maneira significativa, há um certo precedente para esse argumento, embora ele não utilizasse o conceito de *scientia media,* que fazia parte da perspectiva de um de seus mestres reformados, inclinado para o Tomismo. Daneau argumenta extensivamente em sua doutrina da providência que deve ser feita uma distinção entre *providencia* e *praescientia* ou presciência. A providência, sustenta Daneau, é a ordenação divina da ordem das coisas no mundo e, em certo sentido, a causa das mesmas coisas que Deus antevê. A presciência não impõe necessidade sobre as coisas, e, portanto, precede a providência em uma ordem lógica ou "natural", embora não em uma ordem temporal.[1004] A providência divina pode, portanto, administrar eventos livres ou contingentes, ordenando-os segundo a vontade divina, sem deixá-los causalmente necessários. "Pois, Deus não ordena nada que não consegue prever; no entanto, prevê várias coisas que não ordena."[1005] Daneau insiste, entretanto, que não pode

---

[1001] Idem.

[1002] Cf. Ursino, *Expl. Cat.,* cols. 130, 135-36 (*Comentário,* p. 153, 160-61); Júnio, *Theses theologicae* (Leiden), XVII. 8-9; XVIII. 6-9.

[1003] Ursino, *Expl. cat.,* cols. 133-34 (*Comentário,* p. 157).

[1004] Daneau, *Christianae isagoges,* I. 30 (p. 46r)

[1005] Idem., p. 46v.

haver uma real distinção em Deus entre o conhecimento e a ordenação, e que não há "nenhum conhecimento desprovido e ineficaz em Deus". De fato, tanto a providência como a presciência recaem no decreto eterno, "visto que deus não é um examinador desprovido e ocioso das coisas, mas antes o seu autor e ordenador."[1006] Diferente de Armínio, Daneau elimina o decreto às custas do obtido na distinção inicial.

O segundo ato da providência, "governo" (*gubernatio*), indica um ordenamento ou governo do mundo, em um sentido mais restrito que a manutenção ou preservação das coisas. O governo se refere especificamente ao ordenamento divino dos movimentos espirituais e físicos. O "movimento" (*motus*) se refere à governança divina mais geral sobre os elementos físicos – a Terra, seus rios e mares, a chuva e o vento. Esses elementos são incapazes de se direcionarem em seus próprios termos para os fins e, assim, são ordenados e dirigidos por Deus. As criaturas dotadas de existência, intelecto e vontade, além de terem recebido o poder básico do movimento por Deus, são tratadas de uma maneira adequada para a preservação e governo de seus próprios movimentos espirituais – ações e paixões. Desse modo, Deus assiste e concorre nos movimentos espirituais que emanam das criaturas vivas.[1007]

A concorrência de Deus, o *concursus divinus*, refere-se ao movimento da primeira causa divina em todas as finitas operações, de modo a sustentar as coisas criadas em suas operações e de prover-lhes a competência de fazerem suas próprias obras e obterem seus próprios fins, mesmo quando o propósito último de todas as coisas está sendo desenvolvido em atos finitos particulares. Como escrevera Tomás de Aquino: "Deus atua em coisas de tal maneira que elas têm suas próprias operações apropriadas."[1008] "Deus não somente move as coisas para que operem ... dá também formas aos agentes criados e os preserva como

---

[1006] Idem., p. 46v.-47r.
[1007] Cf. *RD*, p. 262-63.
[1008] Aquino, *Summa*, Ia, q. 105, art. 95, corpus.

seres."¹⁰⁰⁹ Scotus similarmente refere-se a Deus como o primeiro ou principal agente em todos os atos das criaturas de modo a sustentar a causalidade das criaturas individuais.¹⁰¹⁰ Virtualmente todos os protestantes convergem nessas definições.¹⁰¹¹ Armínio, contudo, segue outro padrão:

> A concorrência [de Deus]... é necessária para gerar cada ato, pois nenhuma coisa pode ter qualquer ser exceto desde o primeiro e mais elevado ser, que imediatamente a produz. A concorrência divina não é seu influxo imediato em uma causa inferior ou secundária, mas sim uma ação de Deus imediatamente fluindo para o efeito da criatura, de tal modo que o mesmo efeito em uma e na mesma ação pode ser gerado simultaneamente por Deus e pela criatura.¹⁰¹²

Aqui, mais uma vez, Armínio se afasta da posição tomista, como representada em sua época por Suárez, e adota uma visão coerente com maior liberdade à criatura por novamente flexibilizar a ligação que a une com o Criador. Como afirmado por Suárez, a concorrência divina é a "afluência" contínua ou "influxo" (*influxus*) pelo qual "Deus em si, e imediatamente, atua em todas as ações das criaturas" e não meramente nos efeitos de suas ações.¹⁰¹³

A visão de Durando era que a causalidade das criaturas, a ação de causas secundárias como tal, distinta de seus efeitos, não exigia a concorrência divina. A concorrência divina não flui na causa secundária, mas em seu efeito. Para esse estudioso, Deus meramente concorre na existência da causa secundária e na continuação de suas habilidades – e

---

1009 Idem.
1010 Cf. Minges, II, p. 277-79.
1011 Cf. *RD*, p. 258-60; *DTEL*, p. 193-94.
1012 *Disp. pub.*, X. ix.
1013 Suárez, *Disp. metaph.*, XXII. i. 2; ii. 3, 6.

então concorre na existência do efeito. A ação com isso pertence imediata e indiretamente a causa secundária e apenas mediata e indiretamente a Deus.[1014] A visão alternativa de Durando, a respeito da concorrência, contrariamente ao modelo basicamente tomista defendido pela maioria dos pensadores escolásticos protestantes, abria um campo para as atividades das criaturas sob a doutrina da providência equivalente e paralelo ao campo da contingência das criaturas proclamado por sua concepção de uma *scientia media* divina.

Armínio, então, não aceita o Tomismo repleto de nuances de Suárez nem, precisamente, as visões de Durando. Como os críticos de Durando, incluindo Suárez, haviam notado, a concorrência de Deus como primeira causa é necessária para todas as ações das causas secundarias –, de modo tal que o influxo do poder divino somente no efeito deixa a causa secundária em si sem o requisito do suporte ontológico para a sua ação.[1015] Armínio adota dessa visão de Durando uma ênfase na concorrência divina no efeito –, mas ele reconhece que, em certo sentido, Deus deve concorrer tanto na causa secundária das criaturas como no efeito. Ele, portanto, sustenta que o influxo da concorrência divina não está atuando diretamente na causa, salvaguardando desse modo a liberdade da causalidade secundária. Antes, o influxo divino está atuando na ação causal, de modo que "o mesmo efeito" é "gerado simultaneamente por Deus e a criatura", em uma ação unificada da causa secundária e da causa primária concorrente.[1016] A criatura permanece sendo uma causa em seu próprio direito e tem sido desenvolvida uma estrutura causal que ressoa com a visão de Armínio sobre a doutrina geral da providência e, ainda mais importante, da *scientia media* divina e das várias distinções na vontade divina.

[1014] Cf. Idem., com Durando, *Sent.*, II, dist. 1, q. 5 e dist. 37, q. 1, e Vansteenberghe, "Molinisme", *DTC* 10/2, col. 2110.

[1015] Cf.Suárez, *Disp. metaph.*, XXII. ii. 3-6.

[1016] *Disp. pub.*, X. ix: "Est autem concursus Dei non influxos illius immediatus in causam secundam, seu inferiorem, sed actio Dei immediate influens in effectum creature, sic ut effectum idem uma et eadem total actione a Deo simul et criatura producatur."

Novamente, Armínio parece ter sido influenciado pela *Concordia* de Molina. Este pensador rejeitara a concepção de concorrência de acordo com a qual se entendia que Deus agia na ou sobre a causa secundária – concepção essa mantida em comum por Aquino, Scotus, Suárez e os ortodoxos reformados –, e a substituíra por uma concepção em que Deus atuaria com a causa secundária e fluiria, junto dela, em suas ações e efeitos.[1017] O *concursus* divino é, consequentemente, necessário não somente para a existência da causa e do efeito, mas também para a existência da atividade causal; no entanto, o envolvimento divino ocorre de tal forma que a causa secundária é determinadora de sua própria ação e, portanto, livre. Mesmo assim, Molina conseguiria sustentar a existência de uma graça preveniente que, juntamente ao livre-arbítrio da criatura, é a causa da fé, e que a vontade é livre para aceitar ou rejeitar essa oferta da graça, mas incapaz de separar a fé da graça. Conforme determinado por Vansteenberghe, a "graça preveniente e o livre-arbítrio são dois aspectos de uma única causa integral, e que os atos de salvação dependem de ambos para a sua eventualidade."[1018]

Assim como a *scientia media* e as várias distinções da vontade divina foram definidas por Armínio de modo a flexibilizar e limitar o domínio do poder divino sobre a ordem temporal, assim também sua perspectiva da concorrência é construída de forma a eliminar a imediatez da causalidade divina da atividade causal da criatura. Diferentemente de Tomás de Aquino, que assumira que todas as ações das causas secundárias deveriam ser rastreadas de volta à causa primária, e, portanto, diferentemente de seus colegas reformados, que quase universalmente aceitaram essa premissa tomística –, Armínio neste ponto equilibra a atividade da vontade divina com a concorrência divina. De fato, essa doutrina da concorrência deveria ser considerada o corolário, na or-

---

[1017] Cf. *Concordia*, II, q. 14, art. 13, disp. 26. 5: "Quo fit ut concursus Dei generalis non sit influx Dei in causam secundam, quasi illa prius eo mota agat et producat suum effectum, sed sit influxos immediate cum causa in illius actionem et effectum" com Vansteenberghe, "Molinisme", *DTC* 10/2, cols. 2111-13 e Pegis, "Molina and Human Liberty, p. 106-7.
[1018] Vansteenberghe, "Molinisme", *DTC* 10/2, cols. 2113.

dem temporal, da doutrina da *scientia media* e das distinções paralelas na vontade divina, na medida em que elas presumem eventos ou atos conhecidos por Deus, mas que estão fora de sua direta ou imediata atividade causal. Em outras palavras, Armínio adotara um Molinismo razoavelmente consistente. Além do mais, esse ponto é transportado até sua teologia posterior. Limborch define brevemente *concursus* como o influxo divino nas ações de todas as criaturas, dado que Deus é a primeira causa, mantendo as criaturas em suas atividades e ao mesmo tempo estabelece a habilidade de uma criatura para a obtenção de um resultado. Limborch especificamente nega que a concorrência divina de qualquer modo predetermina um ato da criatura.[1019]

Os atos do governo divino são executados ou desempenhados, com a exceção da permissão divina, "universalmente e em todo tempo", pelo poder de Deus, e "específica e algumas vezes"... pelas próprias criaturas.[1020] Essa generalização leva Armínio à sua distinção entre atos "imediatos" e "mediatos", "extraordinários" e "ordinários" de providência.

Um ato imediato de providência é uma ação direta de Deus incidente na ordem mundial ou em um indivíduo, executada sem os meios ou instrumentalidades das causas secundárias. Trata-se, em outras palavras, de um ato não mediato. Como esses atos são "além, acima" e inclusive "contrários" à ordem estabelecida das coisas, eles também podem ser identificados como extraordinários (*praeter ordinem* ou *extraordinaria*).[1021] Até mesmo esses atos extraordinários, no entanto, estão em harmonia com as necessidades das criaturas e conformáveis à existência e bondade de Deus.[1022] As *opera extraordinaria* divinas, portanto, não são violações dos padrões ordenados do universo, como implícito no ato divino da criação em si. Júnio havia feito as mesmas distinções entre providência imediata e mediata, extraordinária e or-

---

[1019] Limborch, *Theologia christiana*, II. xxv. 16-17.
[1020] *Disp. priv.* XXVIII. viii.
[1021] Idem., XXVIII. viii-ix.
[1022] Idem, XXVIII. ix; cf XXVIII. iv.

dinária, mas sem insistir muito nas ligações estabelecidas nos poderes imediato e extraordinário de Deus.[1023]

A operação da providência ordinária ou usual, no entanto, movendo, assistindo ou concorrendo nas existências e atos das criaturas, "utiliza-as" e "possibilita que conduzam seus movimentos de acordo com suas próprias naturezas."[1024] Esses atos providenciais são, portanto, "executados pelas próprias criaturas" de acordo com o padrão normal ou com as operações da natureza e da graça.[1025] Em todos os atos providenciais, sejam da natureza ou da graça, a finalidade ou propósito é duplo: "a declaração das perfeições divinas, como sabedoria, bondade, justiça, severidade e poder" e a realização do "bem do todo, especialmente dos homens eleitos (*praesertim hominum electorum*)."[1026] Neste ponto encontramos novamente a possível influência de Tomás de Aquino e Júnio – de fato, as distinções na providência e a interpretação do governo mediato ou ordinário das coisas parecem se basear naquele pensador, enquanto que o ponto final, da finalidade ou objetivo da providência, parece derivar de Júnio.[1027] Onde Armínio diferiria desses dois predecessores é sobre o equilíbrio entre os atos mediatos e imediatos da providência. Dada sua definição de concorrência, o suporte divino das ações mais finitas deverá ser mediato. Provavelmente na esteira dos ensinamentos de Armínio, a *Synopsis purioris theologiae* sustenta que Deus opera "imediatamente em todas as coisas", embora de uma forma a conservar o movimento próprio e a ação das causas secundárias.[1028]

Enquanto o movimento, a assistência e a concorrência divinas referem-se especificamente ao bem finito, o quarto ato do governo

---

[1023] Júnio, *Theses theologicae* (Leiden), XVII. 4-5.
[1024] *Disp. priv.*, XXVIII. viii.
[1025] Idem, XXVIII. viii-ix.
[1026] Idem, XXVIII. xi.
[1027] Cf. Aquino, *Summa,* Ia, q. 22, art. 3 com Júnio, *Theses theologicae* (Leiden), XVII. 2-6.
[1028] *Synopsis purioris*, XI. xv. xvi.

divino, a permissão, refere-se especificamente ao problema do mal.[1029] Nós já vimos Armínio defender uma categoria do conhecimento divino de coisas reais referentes a eventos contingentes somente indireta ou hipoteticamente desejadas por Deus (a *scientia media*) –, e uma série de categorias na vontade divina para objetos *ad extra* referentes a atos feitos por criaturas fora das ligações da vontade declarada e positiva dele. Aqui, sob a categoria da permissão providencial, Armínio aborda detalhadamente o problema da existência do pecado e do mal sob a causalidade divina. Ele assume que "nada neste mundo acontece de maneira acidental ou fortuita", e que tanto o livre-arbítrio como "as ações das criaturas racionais" estão "sujeitas à providência divina" de um modo que "Deus deseja e executa bons atos", mas apenas "permite livremente os atos maldosos."[1030]

Ele, ainda, estava profundamente interessado no problema da permissão divina de atos pecaminosos –, particularmente com o modo no qual Deus pode ser considerado justo e genuinamente o soberano dessa criação, embora coexistente com o mal. Esse problema sublinha uma boa parte de suas ideias concernentes às distinções relativas ao entendimento e vontade divina e várias de suas definições básicas da providência divina.

Em 1605, em resposta a uma série de teses propostas por seu colega Gomaro, e à acusação deste de que ele apresentara ao aluno Abraham Vlietius argumentos antagônicos às suas perspectivas, Armínio apresentaria sua própria tese, sob a forma de debate – "On the righteousness and efficacy of the providence of God concerning evil" (*Disp. pub.* IX).[1031] Essa disputa, por sua vez, se tornaria a base para uma série de acusações contra ele; entre elas, a que Deus é a causa do pecado e de que ele induz criaturas hesitantes a pecar como parte de sua obra

---

[1029] Veja Júnio, *Theses theologicae* (Leiden), XVII. 8.
[1030] *Dec. sent.*, p. 121 (*Works*, I, p. 657-58).
[1031] Cf. Bangs, *Armínio*, p. 266-67 com a carta para Uitenbogaert citada por Nichols em *Works*, I, p. 658-59.

providencial. Armínio respondera a essas alegações na *Apology against thirty-one defamatory articles,* na *Declaration of sentiments* e na *Carta a Hipólito A Colibus*, todas escritas em 1608.[1032]

Há uma certa ironia nessas acusações e debates dessa época. Os adversários de Armínio aparentemente utilizaram suas teses de 1605 como os fundamentos de suas acusações embora um ano antes, em 1607, ele tivesse apresentado uma segunda série de teses sobre exatamente o mesmo tema, porém, foi consideravelmente mais claro em seus argumentos e praticamente incapaz de ser interpretado na direção das acusações. Essas últimas teses são divulgadas como a 10ª Disputa Pública.[1033] De fato, o desenvolvimento do pensamento de Armínio é considerável. Em resposta direta ao argumento de que é Deus quem, em certo sentido, deseja que ocorra o pecado (mesmo que somente por permissão), é o verdadeiro autor do pecado, ele não somente esclarecera seus argumentos como também acrescentara uma discussão importante sobre a doutrina da concorrência.[1034]

Armínio adota, como seu tema central, o problema da "causalidade eficiente de Deus referente ao pecado". Ele observa imediatamente que essa causalidade deve ser considerada em três estágios, correspondendo ao processo de pecar no individuo, e que cada um dos estágios também é submetido a uma divisão lógica e tópica:

> a eficiência de Deus concernente ao início do pecado é um obstáculo ou permissão (*impeditio vel permissio*) e, acrescentada à permissão, a administração de argumentos e ocasiões que incitem ao pecado, assim como uma concorrência

---

[1032] Cf. *Dec. sent.,* p. 121 (*Works,* I, p. 658), observando os dois debates com o mesmo título, e *Apol.,* XXIII(III), p. 167-71 (*Works,* II, p. 35-42).

[1033] Veja Bangs, Armínio, p. 322-23 em que ele data a segunda das disputas, "On the righteousness and efficacy of the providence of God concerning evil" (*Disp. pub.,* X) de 1607; e observe *Apol.,* XXIII (*Works,* II, p. 36), em que as teses de 1605 e não as de 1607 são os objetos do debate.

[1034] *Disp. pub.,* X. ix.

imediata para produzir esse ato. Em relação ao progresso [essa eficiência], diz respeito à sua direção e delimitação (*determinatio*). Em relação à consecução do pecado, ela está relacionada à punição ou remissão.[1035]

A permissão divina, portanto, se refere à concepção do pecado, ao ato de pecar e ao resultado do pecado – e em cada um desses estágios há, de acordo com Armínio, duas relações distintas entre a vontade divina e o pecado, que deverão ser entendidas em termos da administração divina geral de todas as coisas e o *concursus divinus*.

O objetivo de Armínio ao desenvolver essa linguagem da "eficiência da providência divina concernente ao mal", é "demonstrar a partir dessa eficiência que Deus provavelmente não pode ser acusado de injustiça, e que nenhuma mancha de pecado pode ser estampada nele, pelo contrário, que essa eficiência é extremamente condutora para o louvor de sua justiça."[1036] Armínio tentava esclarecer em primeiro lugar que o relacionamento divino com o pecado é fundamentalmente negativo mesmo quando Deus também, em um senso mais fundamental, respeita a liberdade da criatura. Com isso, "a primeira eficiência de Deus concernente ao pecado é um obstáculo ... a respeito tanto da eficiência [divina] como ao objeto [humano]."[1037] Para que Deus impeça o pecado ou coloque obstáculos no caminho do mal, ele deve estar de alguma forma envolvido na criação de possibilidades (e impossibilidades) na ordem da causalidade secundária, todavia de uma maneira correspondente com o modo pelo qual conhece a contingência futura e o modo pelo qual deseja os atos livres e contingentes de suas criaturas racionais. Em outras palavras, as distinções de Armínio no conhecimento e disposição

---

[1035] Idem, X. ii; cf. *Epistola ad Hippolytum*, p. 942-43 (*Works*, II, p. 697-98). A carta meramente resume os argumentos das duas disputas.

[1036] *Disp. pub.*, Xi.

[1037] Idem, X. iii.

divina encontram suas aplicações concretas em sua interpretação da atividade humana e seu resultado presente ou temporal.

O obstáculo divino ao pecado deveria ser entendido em termos de seis categorias da autoridade divina – três delas diretamente relacionadas à eficiência ou causalidade eficiente de Deus e três relacionadas ao objeto da eficiência divina, ou seja, ao ser humano. Um impedimento, tal como um aviso divino ou uma proibição moral é "suficientemente eficaz" para deter o pecado, mas não para intervir diretamente na prevenção do ato pecaminoso; ou pode ser uma intervenção divina "de tal eficácia, que não pode ser resistida"; ou pode ser "de uma eficácia administrada de tal forma pela sabedoria divina, que na realidade obstrui o pecado com relação ao evento, e com certeza de acordo com a presciência de Deus, embora não necessariamente ou inevitavelmente".[1038] A última dessas categorias exige uma explicação. Armínio acredita claramente que Deus, cuja onisciência não é causal, pode construir ou guiar eventos contingentes futuros de modo a excluir a ocorrência de certos eventos, sem, ao mesmo tempo, impor alguma necessidade externa às vontades e atos finitos que, de outra forma, poderiam levar a esses eventos.

Se essa impressionantemente efetiva não interferência é para ser possibilitada na situação concreta, temporal, o empecilho divino ou a colocação de impedimentos deve de certo modo se estender ao objeto humano, especificamente à sua competência, poder e vontade.[1039] Todos esses impedimentos se originam somente em termos das limitações da regra divina imposta pela sua bondade em sua auto comunicação criativa: "pertence a um Bem evitar o mal na medida que o Bem sabe a legalidade desse ato" – de modo que os impedimentos possam ser "colocados por Deus sobre as criaturas racionais desde que (*qua*) ele tenha direito e poder sobre elas."[1040] Em face das perspectivas de Armínio sobre o domínio de Deus, essa colocação de impedimentos no caminho do pecado deve ser

---

[1038] Idem.
[1039] Idem.
[1040] Idem., IX. vii.

muito limitada.¹⁰⁴¹ Deus não tem o direito de engajar seu poder absoluto influenciando a vontade da criatura para o bem se ela própria estiver inclinada ao mal ou permanecer neutra. Tampouco Ele pode inclinar a vontade de uma criatura ao pecado, se ela não estiver tão inclinada.

Com isso, Deus pode limitar o poder de uma criatura pela declaração da lei moral: um "ato extraído do poder de uma criatura racional para o desempenho do qual tenha uma inclinação e poderes suficientes" quando Deus impossibilita a "execução desse ato sem pecado."¹⁰⁴² O ato potencialmente pecaminoso é, com isso, "circunscrito" por Deus.¹⁰⁴³ Além disso, ele pode impedir a real competência de uma criatura racional, ao eliminar sua inclinação e habilidade para agir. Isso pode ser feito "despojando-o de essência e vida, que são a base da capacidade", ou (de forma menos drástica!) ao diminuir sua capacidade pela "oposição de uma com maior capacidade, ou pelo menos com uma que é igual", ou ainda "ao retirar o objeto em direção ao qual ato tende."¹⁰⁴⁴ Finalmente, a própria vontade pode ser impedida pelo "desagrado, inconveniência, inutilidade ou injúria", ou pela "injustiça, desonra ou indecência".¹⁰⁴⁵ (Armínio recorre a passagens bíblicas para poder ilustrar cada um desses tipos de obstáculos divinos). Pelo peso marcante de argumentação e exemplos, ele enfatiza não uma intervenção divina direta e poderosa, mas sim uma indireta e graças à ordem da causalidade secundária. Conforme indicado na discussão do domínio divino, não deveríamos esperar intervenções do poder absoluto.

Se desejarmos responder à pergunta postada pela doutrina reformada da graça: como é possível uma intervenção divina que define, ou de certo modo determina, o resultado de eventos na ordem finita, ser executável sem violar a liberdade da criatura? –, Armínio consegue

---

1041 Compare *Disp. priv.*, XXVII. iii; *Articuli nonnulli*, VII. 1, 2, 6.
1042 *Disp. pub.*, X. iii.
1043 Idem., IX. vii.
1044 Idem., X. iii.
1045 Idem.

uma resposta diferente da posição reformada e profundamente parecida com os ensinamentos de Suárez. Os reformados insistem no ponto, praticamente, paradoxal de que um Deus eterno e todo poderoso pode na realidade predeterminar que ocorrerão alguns eventos como resultado de atos livres ou contingentes das criaturas e, portanto, pode antever tais eventos de acordo com sua *scientia libera seu visiones*. Armínio segue Suárez ao colocar o conhecimento ou *scientia media* antes da intervenção divina e com isso Deus pode e efetivamente oferece estímulos a suas criaturas com base em seu conhecimento de suas disposições a favor ou contra certos atos.[1046]

De fato, Deus restringe efetivamente tão pouco a liberdade das criaturas que a correlação de seu impedimento ao pecado é a sua permissão. Ele, na realidade, permite que as criaturas se engajem em atos previamente proibidos. Os impedimentos legais colocados no caminho do pecado não são de nenhuma maneira removidos ou contrapostos pela permissão divina. A permissão não é a ratificação de um ato pecaminoso, tampouco uma sanção divina que torna o pecado não mais um pecado.[1047] A permissão divina, no entanto, segue contrária ao obstáculo da capacidade e vontade das criaturas, pelo fato de ela ser uma remoção de impedimentos a sua vida ou às suas habilidades, e uma clara "apresentação do objeto" de um ato potencialmente pecaminoso. Similarmente, a permissão implica a remoção de impedimentos da vontade – não todos os impedimentos, ressalva Armínio, e sim somente aqueles que necessariamente interferem com a vontade de um ato pecaminoso.[1048] A permissão divina jamais envolve uma remoção da lei moral em si.

Reconhecendo que havia estabelecido um paradoxo nesse contraste entre obstáculo e permissão, Armínio segue argumentando como

---

[1046] Compare Armínio, *Disp. pub.*, IX. xi; Xvii com Suárez, *De scientia Dei futurorum contingentium*, II, cap. 4, nn. 4-5 (*Opera*, 11, p. 354-55) e com a análise de Adão em "Middle knowledge", p. 89-90.

[1047] Compare *Disp. priv.*, IX. x com Idem, X. iv.

[1048] *Disp. pub.*, X. vi.

é possível considerar Deus justo, verdadeiro e no controle desse mundo – dado que ele poderia absoluta e efetivamente impedir o cometimento de todos os atos pecaminosos, mas, por sua permissão, possibilita a ocorrência daqueles próprios pecados. Como é que esse paradoxo entre obstáculo e permissão não abriga uma contradição no próprio ser e vida de Deus? A permissão é, em primeiro lugar, fundamentada na "liberdade de escolha, que Deus tem implantado nos seres humanos." Tal é "a constância do doador" que esse dom não pode ser retirado das criaturas.[1049] Esse argumento pode se tornar um pouco mais convincente no contexto da doutrina de Deus e da criação de Armínio do que no contexto do ensinamento de seus oponentes. Enquanto Gomaro estava satisfeito em aceitar o poder absoluto de Deus para interferir na ordem mundial e concretizar objetivos nominalmente inconsistentes com a ordem moral e natural reveladas do mundo, Armínio defendera uma limitação na vontade divina provocada pelo próprio ato de comunicação que resultou na bondade limitada da ordem criada. Com isso, a comunicação da liberdade de escolha para a criatura no ato de criação coloca um limite na capacidade divina de impedir o pecado e torna necessária a categoria da permissão divina

Definitivamente, essa permissão, a exemplo do ato divino autolimitante da criação, repousa no "poder e sabedoria infinita de Deus pelo qual ele sabe e consegue extrair luz das trevas e gerar o bem partindo do mal."[1050] Assim, em certo sentido, Deus "permite o que não permite". A permissão divina não é um ato "que ignora os poderes e inclinações dos seres humanos" pelo fato de Deus ser onisciente; nem é um ato relutantemente extraído de Deus, "pois ele poderia ter renunciado gerar uma criatura que tivesse liberdade de opção."[1051] Na segunda de suas duas disputas, Armínio adiciona um comentário – bastante inconsistente com suas perspectivas do domínio divino –, de que Deus também poderia

---

[1049] Idem., X. v.
[1050] Idem, IX. xi; compare idem., X. v.
[1051] Idem., IX. xi.

ter "destruído" essa criatura assim que ela fosse gerada.[1052] Essa última declaração mal consegue representar o ensinamento genuíno dele, e muito certamente surge de uma tentativa de diminuir a controvérsia; ela soa como sendo muito mais de Gomaro que de Armínio.[1053]

Ainda assim, a permissão divina não nasce de uma incapacidade de prevenir o pecado – conquanto que Deus efetivamente tem o poder, dados os limites da regra, de atuar na competência e vontade das criaturas. Também Deus "não está envolvido (*otiosus*) ou é negligente (*negligens*) em relação ao que é feito [pelas criaturas], pois antes de qualquer coisa ser feita, ele já observa as várias ações concernentes a isso, e, como veremos subsequentemente, apresenta argumentos e ocasiões, determina, dirige, pune e perdoa pecados."[1054] Deus claramente tem uma presciência de eventos contingentes futuros que estão fora de sua disposição positiva – a *scientia media* – e tem categorias de disposição em si próprio consequentes para os atos previstos de criaturas independentes. Armínio acrescenta, no entanto, que "independentemente do que Deus permita, ele o faz de maneira planejada e disposta, e sua vontade se ocupa imediatamente com sua permissão, e sua permissão é em si ocupada com respeito ao pecado."[1055] "Essa ordem", conclui Armínio, "não pode ser invertida sem haver um grande risco."[1056]

O relacionamento entre obstáculo e permissão divina pode ser esclarecido ao se distinguir o "ato" do estritamente assim chamado e o pecado como a "transgressão da lei" conectada ao ato. Há ocasiões em que Deus, consequentemente, pode prevenir ou permitir um determinado ato independentemente de ele ser ou não uma transgressão da lei – ou pode permitir uma transgressão da lei, mas ao mesmo tempo impedir

---

[1052] Idem., X. v.

[1053] Compare *Articuli nonnulli*, VII. 2, 3, 6 e observe o *Examination of the theses of Gomaro* em *Works*, III, p. 596-611.

[1054] *Disp. pub.*, IX. xi.

[1055] Idem.

[1056] Idem.

o ato pecaminoso ou seu pretendido resultado. Assim, Deus impediu o plano dos irmãos de José de cometer assassinato, intervindo muito mais contra o ato do que contra o pecado deles; ele, porém, permitiu a venda de José, permitindo essa transgressão e, depois, utilizou o ato em si para suas próprias finalidades.[1057]

O impedimento e permissão de um pecado pode, além do mais, ser entendido em termos de uma dispensação divina ou administração de "argumentos e ocasiões que incitem um ato que não possa ser cometido por uma pessoa sem pecar, se não de acordo com a intenção divina, mas pelo menos de acordo com a inclinação das criaturas."[1058] Esses argumentos e ocasiões podem ser apresentados na mente ou nos sentidos, seja diretamente por Deus ou "por meio ... das criaturas", com a finalidade de testá-las "para absterem-se do pecado", ou se elas cedem à tentação, como parte do propósito divino "de executar sua própria obra pelo ato da criatura." Isso não é como se, acrescenta Armínio, Deus necessitasse da criatura ou de seus pecados para executar sua obra; antes, nesse uso de atos e criaturas, ele pode demonstrar "sua diversificada sabedoria".[1059]

Neste ponto, tendo apresentado suas ideias sobre o relacionamento divino até o início do pecado sob as categorias de obstáculo e permissão, Armínio chega (em sua segunda disputa) à questão omitida de sua primeira discussão do tópico, ou seja, a divina "concorrência que é necessária para gerar cada ato."[1060] Independentemente das razões que ele tinha para omitir essa questão da discussão anterior, é bastante óbvio que a simples apresentação de categorias de obstáculo e permissão oferece uma solução insatisfatória ao problema original da relação entre a providência divina e o pecado. Sem a explicita referência à concorrência, o obstáculo e a permissão parecem ser atos discretos, temporais, de

---

[1057] Idem., X. vii.
[1058] Idem.
[1059] Idem.
[1060] Idem., X. ix; compare idem, IX. vi ad fim, em que Armínio especificamente nota a omissão.

Deus – momentos de envolvimento divino que pontuam uma história de não envolvimento. Isso, todavia, é impossível pelo fato de que todas as coisas ganham existência e continuam a existir pela vontade de Deus, o Ser supremo e a base da existência de todos os outros seres.[1061]

Seria uma contradição, afirma Armínio, "permitir que o poder e a vontade das criaturas praticassem um ato" e depois "negar a concorrência divina sem a qual o ato não poderia ser praticado."[1062] Deus concorre no ato, mas não em seu pecado, "e, com isso, ele é ao mesmo tempo o causador e o que permissor do mesmo ato, porém é o permissor antes de ser o causador."[1063] Talvez aqui possamos ver a importância, determinada previamente por Armínio mas sem elaboração, de se manter a ordem correta da vontade, permissão e pecado:

> Se não fosse a vontade da criatura de executar esse ato, o influxo de Deus, pela concorrência no ato, não teria ocorrido, e porque a criatura não pode executá-lo sem pecar, Deus não deveria a esse respeito negar sua concorrência para a criatura que está inclinada à execução do ato. Pois é certo e apropriado que a obediência da criatura deva ser testada, que ela se abstenha de um ato ilícito a partir do desejo de ser obediente e não por causa de uma ausência da necessária concorrência divina.[1064]

A concorrência divina é a fundamentação de um dos argumentos centrais de Armínio contra a perspectiva da predestinação de Perkins.[1065] Armínio assume que, num sentido mais fundamental, "Deus é a causa de todas as ações executadas pelas criaturas", mas que essa causalidade

---

[1061] *Disp. pub.*, X. ix; compare idem., IV. 1.
[1062] Idem, X. ix.
[1063] Idem.
[1064] Idem.
[1065] *Examen modestum*, p. 730-34 *(Works,* III, p. 413-19).

divina não pode ser explicada de um modo a solapar a "liberdade da criatura" ou a atribuir o pecado a Deus. Ele pode, de fato, ser entendido como o causador e permissor do mesmo ato de uma criatura. Perkins exagera seu caso e termina atribuindo o pecado a Deus quando argumenta que a ilegalidade de um ato pertence à criatura, mas o próprio ato, entendido como algo "positivo", deve ser referido a Deus como a causa primeira.[1066] É verdade, sustenta Armínio, que Deus é "o causador do ato, todavia apenas o permissor do pecado", porém também é verdade "que Deus é ao mesmo tempo o causador e permissor do mesmo ato", e se o *concursus divinus* for corretamente entendido, a criatura é verdadeiramente livre e Deus, verdadeiramente bom.[1067]

A criatura, como uma causa secundária, volta-se livremente para o seu próprio ato e, defende Armínio, determina tanto "a influência geral de Deus nesse ato específico" como a "espécie" do ato em si. Isso pode ocorrer pelo fato de Deus não "constituir a vontade [da criatura] em *actu primo*, mas somente em *actu secundo* e, portanto, pressupõe na vontade o que é necessário para a ação."[1068] A criatura tem sua própria inclinação e sua própria potência para agir antes de qualquer operação real – e Deus permite à vontade, como a causa secundária, a origem e a disposição de seus próprios atos, inclusive quando ele também "associa sua concorrência à influência da criatura." Sem essa concorrência, "o ato não pode ser totalmente executado pela criatura".[1069] No caso de um ato pecaminoso da criatura, a concorrência e o consentimento divinos assumem o aspecto de uma obra estranha – visto que Deus não deseja o pecado –, contudo para o bem de sua própria concessão de vida e liberdade para a criatura, não pode negar a concorrência.[1070] Esta, consequentemente, é o suporte ontológico continuado da criatura em

---

[1066] Idem, p. 730, 731 (*Works*, III, p. 413, 415).
[1067] Idem., p. 731 (*Works*, III, p. 413, 415).
[1068] Idem., p. 732 (*Works*, III, p. 416).
[1069] Idem, p. 733 (*Works*, III, p. 418).
[1070] Compare Idem, com *Dec. sent.*, p. 108 (*Works*, I, p. 627).

sua disposição, bem como em sua existência, necessário para a própria existência da criatura e predicada na vontade fundamental de Deus de comunicar pua própria bondade – a concorrência no pecado, em um modo estranho, é útil a esse final bom.

O argumento de Armínio não apenas discorda de Perkins, mas também é oposto à visão de *concursus* encontrada em algumas das passagens mais radicais das *Institutas* de Calvino. Este teólogo, por exemplo, debate uma visão do *concursus* providencial que assume não haver impedimento divino dos movimentos contingentes das criaturas ou das livres escolhas da vontade humana. Os mestres dessa visão "distribuem as coisas entre Deus e os homens de modo que o primeiro, por seu poder, inspira em um indivíduo um movimento pelo qual ele pode agir concordantemente com a natureza que lhe fora implantada, mas [Deus] regula suas próprias ações pelo plano de sua vontade."[1071] Tal ensinamento, defende Calvino, apresenta um governo por poder ou poderio sem a determinação divina. Armínio certamente concordaria – baseado na condição de que a determinação divina deve estar, de alguma forma, limitada ou retraída, se houver alguma possibilidade de liberdade ou contingência na ordem criada, ou, como ele poderia muito bem acrescentar, se for concedida à ordem criada o tipo de existência pretendido no ato divino da criação!

Deus, portanto, não entra positivamente na causalidade do pecado, pois "como ele é o *summum bonum*, não faz nada a não ser o que é bom", e tampouco é a causa eficiente ou deficiente do pecado. Por sua vez, o pecado não nasce no seu entendimento nem na sua vontade – e a permissão divina na verdade não passa de uma "cessação" de impedimentos.[1072] A razão para essa permissão pertence à vontade oculta de Deus, mas é claro que no pecado de Adão, Deus "nem perpetrou este crime por meio do homem, nem empregou contra o homem qualquer ação, interna

---

[1071] Calvino, *Inst.*, I. xvi. 4.
[1072] *Disp. priv.*, XXX. v; compare Júnio, *Theses theologicae* (Leiden), XVIII. 1.

ou externa, que pudesse incitá-lo a pecar."[1073] Similarmente, Deus "nem negou nem retirou alguma coisa necessária para impedir esse pecado, e para o cumprimento da lei.[1074] Quão diferente é isso da declaração de Calvino de que "Deus antevia que final o homem era para ter antes de sua criação e, consequentemente, previa porque assim ordenara pelo seu decreto ... Deus não somente previra a queda do primeiro homem, e nele a desgraça de seus descendentes, mas também a distribuiu de acordo com sua própria decisão."[1075] É também nesse exato ponto de seu argumento que Calvino descarta a distinção entre vontade e permissão.[1076]

A perspectiva de Calvino sobre esse ponto, entretanto, não se tornou uma norma aceita pela tradição reformada. Até os arqui-predestinatários Beza e Perkins seguiram a lógica tomística de Vermigli ao defenderem uma categoria da vontade permissiva em Deus.[1077] Ursino e Zanqui também defendiam a permissão divina no contexto de suas perspectivas decididamente infralapsarianas do plano de salvação.[1078] Júnio conseguia declarar que o pecado de Adão ocorrera "sem instigação ou impulso de Deus" pelo fato de que ele não impediu, e sim permitiu, o ato de Adão.[1079] Deus, é certo, não deseja a iniquidade, mas, estritamente falando, ele também não deseja (*non nolente*), que a criatura deva exercitar seu livre-arbítrio. Com isso pode ser dito que Deus, voluntariamente, permite o pecado.[1080] Mais uma vez, Armínio parece ter desenvolvido sua posição na esteira de Júnio, modificando a posição tomista reformada com uma perspectiva distintamente molinista da concorrência divina. Na realidade, o que havia sido característica da definição de Armínio,

---

[1073] *Disp. pub.*, VII. viii.
[1074] Idem.
[1075] Calvino, Inst., III. xxiii. 7.
[1076] Idem., III. xxiii. 8.
[1077] Veja Muller, *Christ and the decree*, p. 86.
[1078] Idem, p. 66, 690, 106-8, 112, 116.
[1079] Júnio, *Theses theologicae* (Leiden), XVIII. 5, 10.
[1080] Idem, XVIII. 12.

ao longo de sua refutação da perspectiva de Perkins, tinha sido o argumento molinista para o equilíbrio ou coordenação entre as causas primária e secundária em todos os atos dos seres humanos livres – em vez da perspectiva escolástica típica, compartilhada por tomistas, escotistas, e ortodoxos protestantes de forma semelhante, de que as causas secundárias deveriam ser consistentemente subordinadas às primárias se os eventos fossem absolutamente ocorrer na ordem do mundo.[1081]

No entanto, é partir do conceito de concorrência divina que nasce a premissa de que a "eficiência da providência divina" é também, de algum modo, ativa no "progresso do pecado". Pode ser dito que Deus tanto "direciona" como "delimita" o pecado.[1082] "A direção divina do pecado tem relação com os objetos e fins". Quando Deus permite um pecado, ele também permite que o ato do pecado seja direcionado para um objeto; não raramente, um objeto *não* desejado pelo pecador. Da mesma forma, Deus "não consente que o pecado que ele permite leve a qualquer fim que essa criatura pretende, mas o usa para o fim que ele mesmo deseja.""[1083] O ponto claramente reflete a distinção, feita em algum outro momento por Armínio, entre a obra estranha e a obra própria de Deus.[1084]

Deus também delimita o pecado circunscrevendo-o temporalmente e determinando sua magnitude. O pecado é permitido somente dentro de uma esfera limitada.

Deus estabelece um limite na duração do ato ao tomar 'o cetro' da iniquidade dos justos, a menos que cometam algum ato indigno (Sl 125.3) e ao livrar o piedoso da tentação (2Pe 2.9). Ele também estabelece um limite na duração do pecado quando cerca completamente o caminho dos israelitas com espinhos de modo que não mais possam

---

[1081] Compare Molina, *Concordia*, p. 152 com Armínio, *Disp. pub.*, X. ix (citado anteriormente, p. 196) e com Garrigou-Lagrange, "Thomisme", *DTC* 15/1, col. 888; note também *RD*, p. 258-61 e *DTEL*, p. 179-87.

[1082] *Disp. pub.*, IX. xvi-xix; idem, X. x-xi.

[1083] Idem., X. x.

[1084] Veja *Disp. priv.*, XIX. iv.

praticar idolatria (Os 2.6-7) ou quando ordena para que todos os homens se arrependam (At 14.16).[1085]

O pecado também é limitado para que não possa "aumentar excessivamente nem obter uma força maior", como Armínio também tenta documentar com base em uma série de exemplos das Escrituras.[1086] Finalmente, na eficiência divina "concernente ao pecado já perpetrado", Deus pune o pecado de acordo com sua justiça ou retidão, quer nessa vida ou na vida futura, quer corporal ou espiritualmente, além de perdoar pecados ao remover a culpa da criatura e restaurá-la até uma comunhão com ele, não desconsiderando sua justiça ou pela absolvição de todas punições temporais.[1087]

(Portanto, a discussão de Armínio do impedimento e permissão divinos é acompanhada por uma discussão extensiva das *Institutiones* de Episcópio.[1088] Esse teólogo afirma, por exemplo, que a permissão divina inclui não somente a remoção de obstáculos para uma disposição ao pecado como também a provisão de ajuda (*auxilium*) suficiente para se evitar o pecado. A causa do pecado, além do mais, jamais é inerente a Deus, mas é *extra Deum*, na desobediência da criatura.[1089] A exemplo de Armínio, Episcópio assume que deve ser feita uma distinção entre a direção e determinação ou delimitação do pecado –; Deus determina o objeto para o qual o pecado definitivamente pode ser dirigido e a extensão de suas consequências. Esse ponto Episcópio cita especificamente das disputas de Armínio, elogiando a beleza da peça argumentativa "mais erudita" de seu mestre).[1090]

Para concluir as suas disputas sobre providência em seu relacionamento com o pecado, Armínio retoma ao seu tema originalmente

---

[1085] *Disp. pub.*, X. xi.
[1086] Idem.
[1087] Idem, X. xiii-xiv.
[1088] Episcópio, *Inst. theol.*, IV. iv. 10-16 (p. 375. cols. 2-399, col. 1).
[1089] Idem., IV. iv. 11, 15 (p. 380, col. 2; 396, cols. 2-397, col. 1).
[1090] Idem., IV. iv. 16 (p. 397-98).

estabelecido – a vindicação da justiça divina e a afirmação da existência da providência apesar da existência do pecado:[1091]

é evidente que, porque os males entraram no mundo, nem a providência em si, nem seu governo a respeito do mal, deveriam ser negados. Tampouco Deus poderia ser acusado de injustiça por conta desse governo, não só porque ele tem administrado todas as coisas para obter os melhores fins (isto é, para o castigo, julgamento e manifestação do piedoso, para a punição e revelação dos ímpios, e para a ilustração de sua própria glória); mas, desde que os fins em si não justifiquem uma ação, muito mais porque tem sido utilizada uma forma de administração que permite às criaturas inteligentes, tanto de sua escolha como livremente, executar e cumprir seus próprios movimentos e ações.[1092]

Mesmo assim, a permissão divina, corretamente entendida, não é a causa "eficiente", nem a "deficiente" do pecado. Ela é uma "suspensão da eficiência divina" que pressupõe a capacidade da criatura, com a ajuda da graça providencial universalmente disponível, de se abster do pecado.

Para fins de avaliação, a doutrina da criação e providência de Armínio pode ser descrita de acordo com nossa avaliação de sua doutrina de Deus, como um Tomismo modificado, lançado no contexto e em resposta ao Escolasticismo reformado ortodoxo inicial de seus contemporâneos. Seu método de exposição e as categorias de suas ideias não são mais ou menos escolásticos, nem mais ou menos biblicistas que os métodos e categorias dos pensadores reformados que se opuseram a ele. Embora todo os teólogos protestantes de sua época manifestassem sua dívida com os escolásticos e tipicamente com Tomás de Aquino, o uso de Armínio dos argumentos tomistas e, ainda mais importante, suas modificações da visão tomista da criação e providência parecem ter a intenção de modificar não somente a perspectiva tomista, mas também a perspectiva reformada. Especificamente, Armínio define a criação como um ato autolimitante de Deus, e a providência limitada

---

[1091] *Disp. pub.*, IX. xxxiii; idem., X. xv.
[1092] Ibid., IX. xxiii.

dentro da ordem criada, e com isso une a natureza com a graça sob a providência de modo que sua doutrina da criação passa a ser um determinante essencial do curso do sistema teológico e, com efeito, um indicador do objetivo do plano divino não somente do ponto de vista temporal, mas também logicamente anterior à obra da salvação. Se os sistemas reformados podem ser intitulados, sem excessivo reducionismo e distorção, de teologia da graça, o sistema de Armínio, talvez, pudesse ser intitulado de teologia da criação.

CONCLUSÃO

Deus, criação, providência, e o corpo da teologia de Armínio

A teologia de Jacó Armínio tem sido negligenciada tanto por seus admiradores como por seus detratores. A concepção limitadora de sua teologia, contrária à doutrina reformada da predestinação; de fato, como uma teologia exegética posicionada contra uma metafísica predestinatária, tem gerado uma interpretação de Armínio como um teólogo de uma doutrina de certa forma abstraída de seu apropriado contexto na história intelectual. A teologia de Armínio deve, na realidade, ser interpretada no contexto do desenvolvimento do Protestantismo escolástico como uma teologia escolástica em seu próprio direito. Além disso, Armínio deve ser entendido como um teólogo adepto à metodologia e bem versado nos conceitos do Escolasticismo – protestante e católico. Como H. E. Weber, Ernst Lewalter e outros demonstraram para a ortodoxia luterana e, por extensão, para a reformada, a teologia de Armínio ainda atesta o impacto do aristotelismo renascentista e do final da era medieval, a lógica e o método de Zabarella, e a metafísica de Suárez.

Deve se reconhecer que Armínio lera extensivamente não apenas as obras de teólogos escolásticos medievais como Tomás de Aquino, mas também a de filósofos e teólogos escolásticos de sua época – Zabarella, Suárez, Molina, Vorstious e Timpler –, além das obras dos primeiros escolásticos reformados como a de seu predecessor Júnio. Assim, é possível considerá-lo não meramente como um escolástico protestante, mas também como um professor de teologia imerso na vida e pensamento de sua época, ciente, como qualquer professor de teologia deve ser, das questões da linha de frente de teologia, lógica e metafísica.

Em outras palavras, Armínio não pode ser inserido em um vazio intelectual e considerado apenas como um biblicista de certo modo imune às principais correntes do pensamento filosófico e teológico do final do século XVI e início do XVII. Muito ao contrário, certas questões-chave no desenvolvimento da teologia escolástica protestante, tais como o caráter ectípico da teologia e a doutrina da essência e dos atributos divinos não somente foram abordados por ele, mas de uma forma a provocar discussões posteriores. Armínio adotou esses temas de seu predecessor em Leiden, Júnio, e os mediou não só para seu sucessor reformado em Leiden, Episcópio, mas também para seus sucessores reformados, Walaeus e Poliander. Outros temas, como a *scientia media*, não são conduzidos positivamente ao pensamento de Walaeus e Poliander – mas acabam adotados e desenvolvidos na posterior teologia remonstrante, notadamente por Episcópio e Limborch.

A teologia escolástica da ortodoxia inicial protestante pode talvez ser mais bem descrita como a institucionalização acadêmica, confessional e eclesiástica do Protestantismo em seu progresso na direção da plena declaração de sua catolicidade doutrinal. Muito mais explicitamente que os reformadores, os primeiros pensadores ortodoxos se voltaram ao passado católico da igreja, fazendo com que suas doutrinas, suas ideias filosóficas e seus métodos de debates e discursos se tornassem seus. A elaboração da doutrina, essencialmente em áreas decisivas como os prolegômenos teológicos e a essência e atributos de Deus, necessariamente acarretou com isso um interesse renovado em problemas metafísicos e em uma linguagem teológica mais especulativa e filosoficamente adequada – nem que fosse para lidar com os problemas fundamentais inerentes à declaração pressuposicional e à linguagem sobre Deus.[1093] A teologia de Armínio não é exceção a essas generalizações.

Apesar de Tomás de Aquino ser o único escolástico especificamente citado por Armínio como fonte de suas próprias conceituações, é claro que ele estava familiarizado com uma ampla variedade de fontes escolásticas e engajado, como era típico dos escritores protestantes de sua época, na modificação crítica e ajuste dos temas tomísticos para suas próprias necessidades. Assim, a ênfase de Armínio na bondade divina e no princípio da plenitude, além do mais – embora similar aos elementos do pensamento de Aquino, particularmente quando este lida com temas extraídos do Platonismo cristão pseudo-dionisiano – parece ir além do interesse tomista nesses temas. Armínio migra ainda das perspectivas cristãs tradicionais do *nihil* e da *materia prima*, compartilhadas por Aquino, para uma visão aristotélica mais clássica, aprendida talvez durante sua estada em Pádua. Uma crítica escotista ou nominalista do conhecimento teológico é evidente tanto em seu contraste entre a teologia arquetípica e ectípica e em sua abordagem cautelosa às provas da existência de Deus. O impacto de Zabarella, Suárez e Molina é evidente tanto na metodologia como em seu conteúdo doutrinal do seu pensamento.

As acusações levantadas contra ele por Gomaro e pelo aluno de teologia, Caspar Sibelius, agora aparecem sob uma nova perspectiva. De um lado, fica claro que havia uma certa verdade nas acusações e que seus biógrafos e defensores, ao simplesmente negarem a acusação de que Armínio lera e recomendara a teologia jesuítica, haviam ignorado importantes antecedentes e fontes de sua teologia. Por outro lado, fica também claro que existia certa verdade em suas negações. Ele mal poderia ser considerado um simpatizante das ideias jesuíticas – tampouco era um cego adepto da conceituação suareziana. A verdade sobre a matéria parece ser que Armínio, a exemplo de vários de seus contemporâneos protestantes, se aprofundara intensamente na teologia escolástica

---

[1093] Veja Lewalter, *Metaphysik*, p. 35-38; e Muller, "*Vera philosophia*", p. 356-65.

medieval e nos estudos de pensadores católicos romanos de sua época como Suárez. Ele tomara emprestado ideias e às vezes até palavras e passagens desses estudos sem necessariamente concordar totalmente com suas teologias.

Na realidade, vários desses teólogos protestantes do final do século XVI e início do XVII sustentavam o que somente poderia ser denominado de um Tomismo modificado.[1094] Armínio, novamente, não é uma exceção. Onde ele difere de seus contemporâneos luteranos e reformados é na direção tomada por suas modificações. Ele, certamente, modifica alguns elementos do Tomismo na direção da teologia de Leiden de seu predecessor, Júnio. Com isso, os seus prolegômenos teológicos, apesar de seu senso praticamente tomista do relacionamento positivo entre teologia e uma filosofia subjacente, indica também uma total transcendência da teologia arquetípica divina sobre a teologia ectípica humana. Essa é, essencialmente, uma modificação escotista.[1095] Além disso, Armínio avança ainda mais que o próprio Júnio por essa trajetória escotista, ao insistir que a teologia nessa vida é inteiramente não especulativa ou não contemplativa – ou seja, que ela é prática.[1096]

Similarmente, em sua doutrina de Deus, tanto nas provas da existência de Deus como na discussão da natureza e dos atributos divinos, há um enraizamento óbvio no intelectualismo tomista. Vemos reflexões claras dos argumentos não apenas da *Summa theologie* de Aquino (uma obra redescoberta nos séculos XVI e XVII por Tomás Caetano, de Victoria, e pelos teólogos jesuítas Vásquez e Gregório de Valência), mas também da *Summa contra gentiles* do mesmo autor. No entanto, Armínio ainda aceita modificações da posição tomista refletindo tanto o posterior debate medieval sobre problemas da afirmação e ordenamento dos atributos divinos, como o do final do século XVI entre os dominicanos

---

[1094] Cf. Donnelly, "Calvinist thomism"; p. 451-53, com Muller, "*Vera philosophia*", p. 356-65, Althaus, *Die prinzipien*, p. 230-31, e *PRRD*, I, p. 310-11.

[1095] Cf. *PRRD*, I, p. 124-36.

[1096] Cf. *Minges*, I, p. 517-20.

e jesuítas sobre o conceito molinista de uma *scientia media* divina. Sobre esse último ponto, em particular a modificação de Molina, e em consequência a modificação do ensino tomista por Armínio, apontam para longe das visões mais estritamente agostinianas da ortodoxia reformada.

O contraste, além do mais, entre o Tomismo modificado dos reformados e o de Armínio assume um significado muito maior na história do pensamento quando ele é visto refletindo as controvérsias da Igreja Católica Romana da época. Os argumentos do Tomismo modificado dos reformados estão, normalmente, na direção de uma epistemologia mais crítica e de uma visão agostiniana de certa forma mais estrita dos pecados humanos e seus efeitos. Modificação essa caracterizada por inflexões e implicações escotistas de mestres escolásticos como Tomás de Estraburgo, Henry de Ghent, Giles de Roma e Gregório de Rimini – e, de sua própria época, pensadores como Dominic Bañez e Michael Baius.

Arminio, em contraste, modificou o tomismo na direção de Molina e Suárez, que haviam mergulhado profundamente no poço da escolástica medieval tardia e sua crítica à síntese tomista de teologia e filosofia. Esses desenvolvimentos acompanham e, no caso da teologia de Armínio, se baseiam em desenvolvimentos similares dentro do Catolicismo Romano.

A história da teologia escolástica dos últimos períodos da Idade Média não é somente a história da ascensão do Nominalismo, mas também a da modificação de outras trajetórias da conceituação escolástica, particularmente a tomista e a escotista. Em suas *Disputationes metaphysicae*, Suárez havia analisado e comparado os *Thomistae* e os *Scotistae*, extraindo elementos de ambos os grupos e frequentemente identificando-se como um caminho intermediário entre os dois. Seus elogios para Aquino, Capreolus e Cajetan eram profundos o suficientes, conforme Vollert indicara, para persuadir não tomistas a considerarem Suárez como um Tomista.[1097]

[1097] Vollert, "Introduction", Suárez, *On the various kinds of distinction*, p. 11.

Todavia, tipicamente, Suárez modifica o argumento de Aquino e argumentos tomistas posteriores em um diálogo crítico com o ensinamento escotista e nominalista sem passar a ser um seguidor de qualquer uma dessas escolas. Ele é melhor descrito como um filósofo eclético com um conhecimento profundo dos antecedentes históricos.[1098] Molina, também, deve ser considerado como eclético –, embora, a exemplo de Suárez, mantivesse um profundo respeito pelo Tomismo, contra o qual formulara seu conceito de *scientia media*. Tomás de Aquino permanecera o autor principal de referência para suas formulações.[1099] Fora, afinal, a intenção da ordem jesuíta, começando com o próprio Loyola, de fundar sua teologia com base nas ideias do dr. Angélico. A constituição da ordem, elaborada por Loyola, incluía a declaração que a teologia deveria repousar numa leitura do Antigo e Novo Testamentos e nos ensinamentos de Tomás de Aquino, e o líder da ordem na época de Molina e Suárez, Claudio Acquaviva, reafirmara e desenvolvera o conceito em uma carta circular de 1613.[1100]

Similarmente, os ortodoxos reformados e Armínio parecem ter encontrado na teologia de Aquino, um ponto primário de referência em suas formulações de um sistema teológico plenamente desenvolvido. Os reformados, afinal, incluíram em suas posições mestres instruídos no Tomismo ou inclinados tomisticamente, como Vermigli, Zanqui e Daneau. A teologia da ortodoxia reformada do final do século XVI, ao se basear nas ideias desses mestres juntamente das ideias exegéticas e sistemáticas de reformadores como Calvino e Bullinger, pode bem ser descrita como um Tomismo modificado – de fato, especificamente, como

---

[1098] Veja Mahieu, *François Suárez*, p. 81-95, 115-119, 123-29 *et passim*; veja tb idem, "L'ecletism suareziene", em *Revue Thomiste* VIII (1925): 250-85.

[1099] Veja Pegis, "Molina and human liberty, p. 76-77, 109-15, 129-31 e observe, em particular, como Pegis apresenta Molina em termos dos debates de sua época e considerando Aquino" através de Bañez e especialmente Duns Scotus" (p. 77).

[1100] Jourdain, *La philosophie de Saint Thomas d'Aquin*, II, p. 254-55.

um Tomismo modificado em uma direção agostiniana. E em questões epistemológicas, em uma direção escotista.[1101]

Armínio ao se afastar de sua posição reformada na direção dos ensinamentos de Suárez e Molina, muda das tendências agostinianas dos reformados, exatamente como Suárez e Molina rejeitaram o Agostinianismo de Baius e a linguagem agostiniana da graça presente no Tomismo de Bañez. Armínio chegou, portanto, a uma posição que ainda, em seu intelectualismo e em seu respeito com a *analogia entis*, aceitara Aquino como seu principal elemento de referência, mas que, no entanto, não mais concordava com o pensamento tomista modificado e agostiniano de seus mestres e contemporâneos reformados.

Vale notar que os paralelos entre os debates da Igreja Católica Romana e da Protestante não passaram despercebidos no século XVI. O extremamente bem lido e judicioso Robert Bellarmino argumentava, em defesa das perspectivas predestinatárias mantidas por sua ordem, que as visões de seus oponentes dominicanos poderiam ser desculpadas somente na hipótese de que os dominicanos ignoravam os escritos heréticos dos luteranos e calvinistas.[1102] Armínio, por seu lado no debate, devolvera o elogio; ele reconheceu, sem aceitar a própria teologia de Bellarmino, que o cardeal havia apontado muito bem os perigos de um predestinarismo reformado em suas formas mais extremas. Especificamente, Armínio conseguia observar, em uma referência de passagem aos problemas de predestinação e *concursus,* que Bellarmino havia visto que algumas das formulações calvinistas apontavam logicamente para uma visão de Deus como o autor do pecado; na realidade, "como o único pecador."[1103] A exemplo de Bellarmino contra os dominicanos, Armínio buscava uma alternativa teológica. Não é surpreendente que Armínio, ao refutar a doutrina da predestinação de Perkins, fosse comparar as

---

[1101] Cf. PRRD, I, p. 123-36, 310-11.
[1102] Veja La Serviére, *Théologie de Bellarmin*, p. 582.
[1103] Carta a Vorstious, citada em *Works,* I, p. 644.

visões de seus adversários protestantes aos ensinamentos de dominicanos como Ferrariensis e Bañez.

A teologia de Armínio, como a de seus predecessores e contemporâneos reformados, embora de uma perspectiva um tanto diferente, aponta para um relacionamento entre a Reforma e a tradição escolástica medieval muito distinto daquele imaginado a praticamente um século atrás por Joseph Lortz. Esse estudioso defendia que a teologia luterana e, por extensão, a Reforma, nascera de uma rebelião contra a decadente teologia nominalista do final da Idade Média –, e que a Reforma poderia ter sido evitada caso o modelo tomista estivesse disponível como uma base para as formulações de Lutero.[1104] Muito contrariamente, devemos não apenas afirmar com Donnelly que a tradição tomista ainda estava viva e bem posicionada no pensamento de diversos importantes pensadores protestantes,[1105] mas também defender que o Protestantismo incorporava em si um desenvolvimento escolástico sob vários aspectos paralelamente ao desenvolvimento escolástico do Catolicismo Romano do século XVI. O renascimento do Aristotelismo, além da modificação e renascimento do Escolasticismo, particularmente em termos dos dogmas e do método *locus*, bem como a criação de modelos dogmáticos e filosóficos baseados em uma avaliação comparativa dos debates escolásticos medievais, eram características tanto das teologias Católica Romana como da Protestante.[1106] Esse ecletismo era refletido nas pesquisas teológicas de vários pensadores protestantes, desde Francisco Júnio, Armando Polanus, Francisco Gomaro e Jacó Armínio.

[1104] Cf. Joseph Lortz, *The reformation in Germany* (1941), trad. R. Wallz, 2 vols. (Nova York, 1968), I, p. 194-201 com idem, "The basic elements of luther's intellectual style", em *Catholic scholars dialogue with Luther*, ed. Jared Wicks (Chicago, 1970), p. 3-33.

[1105] Donnelly, "Calvinist thomism", p. 441-45.

[1106] Cf. *PRRD*, I, p. 28-36, 198-209, 251-57 com Richard A. Muller, "Scholasticim protestant and catholic: Francis Turrentin on the object and principles of theology", *Church history* 55/2 (1986): 193-205. Sobre o uso do método *locus* de Agrícola em teologia Católica Romana, veja A. Gardeil, "Lieux théologiques", *DTC* 9/1, cols. 712-47.

Colocado contra esse pano de fundo da história corrente do Escolasticismo e da contínua modificação de suas fundamentais trajetórias intelectuais, o debate entre Armínio e seus colegas reformados pode ser entendido, ao menos em parte, como uma discussão causada pela escolha de diferentes direções na modificação do Tomismo e, numa menor extensão, dos modelos escotistas. Ainda assim, o debate protestante sobre predestinação é comparável ao debate católico romano. Os sucessores reformados de Vermigli, Zanqui e Daneau seguiram uma linha de argumentação não tão surpreendente como a de um dominicano como Bañez, embora Armínio também a seguisse, mas com uma modificação muito diferente e, nesse caso, de forma muito mais extensiva que a doutrina tomista, defendendo uma visão virtualmente idêntica à de Molina e outros pensadores jesuítas.[1107] A avaliação de Vollert dessa teologia jesuíta também se relaciona com as ideias de Armínio e de outros tomistas protestantes: "a inclinação filosófica dos jesuítas mudou para o Tomismo, mas como a sociedade não tinha raízes na tradição medieval, tampouco laços fraternais com o *Doctor communis*, era mais livre para alimentar um impulso original de especulação filosófica."[1108]

Como um de meus colegas recentemente observara, o conflito entre o Armínio escolástico e os teólogos reformados escolásticos é, a exemplo de muitos dos debates filosóficos e teológicos mais amargos que continuamos a experimentar, uma batalha entre irmãos. Se Armínio tivesse sido um pietista biblicista promulgando uma mensagem que fosse estilística e doutrinalmente muito divergente de, e isolada do pensamento reformado de sua época, suas ideias poderiam ter sido ignoradas ou ao menos facilmente dispensadas. Seu estilo escolástico, no entanto, era precisamente o estilo característico do pensamento reformado corrente e seu Tomismo modificado era diferente da conceituação dos reforma-

---

[1107] Cf. o debate em Garrigou-Lagrange, *God: his existence and his nature*, II, p. 465-562 sobre o argumento jesuíta de que o Molinismo é um desenvolvimento legítimo da posição tomista.

[1108] Vollert, "Introduction", em Suárez, *On the various kinds of distinctions*, p. 3.

dos, não em seu Tomismo, mas em sua modificação. Tampouco era a autenticidade de seu Protestantismo que estava realmente em questão.

A inegável abordagem escolástica de Armínio à teologia fornece, assim, um indício ao problema do fenômeno do Escolasticismo Protestante e Reformado em geral. Armínio, não seguiu os reformados pelo caminho do monergismo radical e do predestinarismo estrito, e é muito escolástico em sua metodologia teológica e apto para basear-se em categorias escolásticas nas discussões sobre os atributos divinos, a essência divina, e a obra *ad extra,* como seus adversários reformados. Isso demonstra a incongruência da tese encontrada em estudos anteriores de que o surgimento do Protestantismo escolástico estava relacionado, de uma maneira quase causal, ao desenvolvimento da doutrina reformada da predestinação.[1109] Quando a totalidade do espectro do ensino escolástico protestante é examinado, desde Armínio e os reformados até os luteranos, descobrimos não a visão de um "escolasticismo" especializado atraído ao seu método por uma metafísica predestinária, mas sim uma utilização ampla e generalizada do método escolástico como o meio para uma exibição bem definida, clara e detalhada de sua doutrina. Em outras palavras, o Escolasticismo do mundo Protestante do fim do século XVI representa um padrão filosófico e teológico quase tão diverso quanto a escolástica do final da Idade Média e da Renascença, da qual extraiu seu método e forma.

Em vez de considerar o Escolasticismo protestante como um estilo teológico emprestado – como um estilo de exposição extraído dos pensadores católicos da Idade Média e do século XVI –, deveríamos, talvez, estar preparados para reconhecer a sua continuidade, tanto da vertente católica como da protestante, no século XVI, com as formas mais antigas da exposição escolástica. Deveríamos também reconhecer tomistas calvinistas como Vermigli e Zanqui na condição de partici-

---

[1109] Cf. para obter a visão mais antiga, Basil Hall, "Calvin against the calvinists", p. 19-37; Armstrong, *Calvinism and the amyraut heresy,* p. 131-39, Weber, *Reformation, orthodoxie und rationalismus,* II, p. 98-102, 125-26.

pantes protestantes no renascimento nesse período do Escolasticismo aristotélico e do Tomismo, coisa que é usualmente creditada, quase que exclusivamente, a seus contemporâneos católicos, como Caetano, Bañez, De Silvestris e De Victoria. Armínio, em conjunto com pensadores reformados, como Polanus, Keckermann e Gomaro, representam uma extensão desse desenvolvimento e uma indicação da continuidade do Escolasticismo, apesar do humanismo renascentista e do protesto dos reformadores, como o estilo acadêmico normativo predominante nas universidades europeias exatamente nos primórdios da Era Moderna.

Se Armínio, a exemplo de vários outros teólogos de sua geração, expressava uma admiração pela lógica de Pedro Ramus, ele não seguiu esse pensador até o ponto de permitir que suas ideias fossem dominadas pelos elaborados esquemas dotados de bifurcações lógicas típicas do ramismo, ou até o ponto de descartar quaisquer argumentos fundamentalmente aristotélicos que ele aprendera com o antigo Escolasticismo e na escola de Pádua. Na realidade, Armínio concordava genuinamente sobre esse ponto com seus adversários e contemporâneos reformados – inclusive com Perkins e Polanus, que eram profundamente influenciados pela técnica ramista de bifurcações lógicas. Em especial, a recusa de Ramus em admitir um pleno status lógico e metodológico para uma ordem de argumentação analítica ou indutiva, por toda sua popularidade entre um número reduzido de lógicos ingleses, dificilmente poderia resistir à força seja de um genuíno Aristotelismo, conforme redescoberto pelo Renascimento, ou pela lógica dos paduanos – ou, de fato, dos expoentes mais empíricos do início da Ciência Moderna, que sabiam muito bem que o padrão dedutivo do silogismo funcionava na ordem lógica, mas não na natural.[1110]

Como esse estudo tem mostrado, o impacto do Ramismo nas ideias de Armínio fora mínimo, particularmente quando comparado

---

[1110] Cf. McKim, *Ramism in William Perkins theology*, p. 27-29, 39-40; Ong, *Ramus*, p. 252-258; Wheisheipl, "Scholastik Method", p. 1146; Gilbert, *Renaissance concepts of method*, p. 168-69; e Randhall, "Development of scientific method", p. 185-91.

com a influência da filosofia e teologia escolástica medieval e, particularmente, do Tomismo. A filosofia aristotélica que Armínio pensava ter evitado avulta em seu ensino. Ele e seus colegas reformados eram uma parcela do renascimento do Aristotelismo e Escolasticismo que os estudiosos tipicamente traçam através da teologia Católica Romana e filosofia renascentista ou pela herança melanchtoniana do Luteranismo germânico.[1111]

O estilo teológico de Armínio, como ilustrado neste presente ensaio, dificilmente pode ser dito que se baseou na Reforma inicial. Antes, ele é um estilo totalmente escolástico padronizado após o trabalho de seus mestres e mentores, embora frequentemente em desacordo doutrinal com eles. Armínio compartilhava com eles – como fica evidente após uma breve leitura da *Christianae isagoges* de Daneau – uma admiração pela tradição medieval e, em particular pela teologia de Tomás de Aquino, que influenciara tanto o conteúdo como a estrutura de suas ideias. As meditações escolásticas de Júnio tiveram um impacto importante nos prolegômenos de Armínio, como vimos também é evidente o impacto do uso estrutural das distinções tomistas feitas por Daneau em diversos pontos de sua doutrina de Deus e da criação. Em ambos os casos, Armínio examina as ideias do mentor e, depois, ao encontrar acesso ao argumento escolástico, através dessas ideias segue até suas fontes. Conforme observado em várias passagens anteriormente, Armínio conduzira adiante diversos temas de Júnio que somente poderiam ser denominados de uma "teologia de Leiden, mas o fizera com muito mais frequência em contraste com o pensamento de seus contemporâneos reformados. De Beza, que virtualmente não elaborara uma teologia sistemática completa, ele aparentemente extraíra ainda menos.

O cenário que ora concebemos de um desenvolvimento aristotélico e escolástico do Protestantismo ao longo do século XVI é, admitidamente, muito diferente da visão popular e tradicional de uma reforma com uma interrupção radical da tradição escolástica e um repúdio geral

---

[1111] Cf. Kristeller, *Renaissance thought*, p. 33-42.

a todas as formas de ensinamento, fossem elas tomistas, escotistas ou nominalistas. Essa perspectiva protestante tradicional, com uma utilização correlata pejorativa dos termos "escolástico" e "escolasticismo", não apenas tem dificuldade de explicar o uso positivo dos temas da teologia escolástica medieval pelos primeiros reformadores (apesar de seus ataques destemidos ao escolasticismo), como também de explicar por que, após uma suposta rejeição total do Escolasticismo pela primeira e segunda geração de reformadores, a metodologia escolástica e os argumentos dessa teologia reapareceram nos trabalhos da terceira e quarta geração de protestantes? Trata-se de fato de uma simplificação exagerada e grosseira defender duas dessas interrupções radicais na história da teologia ocidental. Não apenas os mais anti-escolásticos dos reformadores, autores como Lutero, Zwínglio e Calvino,[1112] utilizaram conceitos extraídos da teologia escolástica; outros reformadores como Bucer, Musculus e Vermigli, se fundamentaram na teologia mais antiga com muito menos negações polêmicas.

Um número considerável de estudiosos nas últimas décadas tem se devotado à análise da teologia do último período medieval e a elementos de continuidade e descontinuidades, entre essa teologia e o pensamento dos reformadores.[1113] A teologia de Armínio não só manifesta o resultado de longo prazo dessas continuidades, mas também deixa claro que o Escolasticismo do final do século XVI era em si um amalgama conscientemente concebido de ideias extraídas tanto do novo Aristotelismo da Renascença e dos antigos doutores medievais bem como dos reformadores. Entre os protestantes, em especial a falta de fidelidade a escolas particulares de pensamento – dominicana,

---

[1112] Sobre Zwingli, veja W. P. Stephens, *The theology of Huldrych Zwingli* (Oxford: Clarendon, 1986), p. 6-7.

[1113] Veja, p. ex., Heiko Oberman, *The dawn of the reformation: essays in late medieval and early reformation thought* (Edimburgo: T. & T. Clark, 1986); idem, *Masters of the reformation: the emergence of a new intellectual climate in Europe*, trad. Dennis Martin (Cambridge: Cambridge University Press, 1981); Dennis R. Janz, *Luther and late medieval thomism: a study in theological anthropology* (Waterloo, Ontario: Wilfrid Lauries University Press, 1983).

franciscana, agostiniana e eremita – possibilitou um acúmulo eclético de fontes medievais e suas modificações, embora seja claro que para Armínio e para Vermigli, Zanqui, e numa certa extensão para Daneau, Tomás de Aquino era o principal doutor medieval a ser considerado.

Começando com o importante estudo de Paul Althaus dos princípios da teologia ortodoxa reformada, os estudiosos têm se contentado, normalmente, em falar dos ortodoxos reformados como tomistas, em um sentido bastante geral. Com a exceção dos pensadores estudados por Donnelly, Vermigli e Zanqui, nenhum dos fundadores e formuladores da ortodoxia inicial reformada fora instruído como tomista nas universidades da Igreja Católica Romana – todos os outros eram provenientes da teologia escolástica medieval, de fora, do exterior. Assim, enquanto, Vermigli e Zanqui (mais o último do que o primeiro) podem ser chamados tomistas no sentido primário de Kristeller, – como pensadores "que tendem a apoiar a maioria das principais e características doutrinais [de Aquino]" – outros mestres protestantes, como Daneau, e como temos discutido, Armínio, "combinam as ideias de Aquino com outras ideias originais ou de uma outra fonte",[1114] sem, no entanto, perder a visão de certos insights decisivos de Aquino, como a prioridade do intelecto em sua identificação com a essência divina. Armínio pode, como indicamos na introdução, ser mais bem classificado como um pensador eclético, com um foco ou ponto essencial tomista.

Esse foco aparece primariamente em suas discussões sobre a essência, bondade, intelecto e vontade de Deus, em suas relações mútuas e com a ordem criada. As suas definições básicas frequentemente se assemelham às definições encontradas nas *Summas* de Aquino – mais frequentemente na *Summa contra gentiles* que na *Summa theologiae*. No entanto, ele não se esforça muito em incorporar argumentos extensivos, sejam de Aquino ou de qualquer outro pensador. Sua teologia é apresentada em uma série de teses básicas, sem elaboração (essas teses, é certo, foram presumivelmente desenvolvidas em debates e discussões

---

[1114] Kristeller, *Medieval aspects*, p. 37.

em salas de aula, mas não temos registros desses desenvolvimentos). Em diversas de suas divergências com Aquino, além disso, Armínio continua em dívida com o que pode ser chamado Tomismo modificado, pelo fato de que ele se baseia consistentemente (em particular) em seus ensinamentos sobre a *scientia media* e o *concursus* divino, em pensadores que em seus próprios termos adotaram a teologia de Aquino como um principal ponto de referência de suas próprias obras, modificando-a para que atendesse às necessidades de seus próprios sistemas teológicos – notavelmente Molina e Suárez.

Evidências do aspecto eclético do pensamento de Armínio, talvez, em sua disposição de fundir materiais extraídos da obra de Tomás de Aquino com argumentos encontrados nas obras de Suárez e Molina, eram mais claramente vistas em suas definições teológicas. Apesar da aposta profundamente intelectualista de seu sistema como um todo, com uma ênfase escotista na teologia como práxis e no afastamento entre a teologia em si e a nossa teologia, há um senso de direção e estrutura em sua teologia que se funde muito bem com a linguagem de Zabarella do método analítico e da ordem resolutiva. Sobre esses pontos, Armínio, defensivamente, tira inspiração não só de modelos medievais e do novo Aristotelismo da época, mas também de seus professores e contemporâneos reformados em um esforço para definir as questões dos prolegômenos teológicos de uma forma conveniente à teologia protestante. O ecletismo surge, ao menos parcialmente, da percepção que não fora um único modelo anterior, mas sim vários, que foram úteis para a causa protestante, assim como o foram os vários antecedentes dos primeiros reformadores.

Conforme discutido em outros pontos deste ensaio, os reformadores se contrapuseram a somente uma pequena parte do corpo doutrinal ensinado pelos escolásticos medievais. As doutrinas da graça, justificação, sacramentos e a igreja foram debatidos, mas as das Escrituras, de Deus, da criação, providência, bem como da natureza humana, do pecado, da pessoa e obra de Cristo, e das últimas coisas, em grande parte foram intocadas. O sistema teológico protestante desenvolvido no século XVI se deu com base nos insights dos reformadores sobre pontos disputados da doutrina em relação ao corpo total da doutrina cristã.[1115] Durante esse processo se tornou cada vez mais evidente que as categorias e distinções da teologia escolástica não poderiam ser dispensadas – não surpreendentemente visto que elas se originaram como parte de um esforço para resolver problemas teológicos deixados sem solução ou, ocasionalmente, criados pelo trabalho de exegese.[1116] A teologia de Armínio é uma ilustração disso. Os recursos da teologia escolástica, cada vez mais acessados para tentar resolver os problemas doutrinais de seus predecessores e professores, foram utilizados ao máximo por Armínio em sua iniciativa de resolver o problema da liberdade dos seres contingentes presente na doutrina do todo-conhecedor e todo-poderoso Criador da ordem temporal. A avaliação de Lewalter permanece válida: A teologia protestante, ao meramente desenvolver um sistema mais abrangente, considerou necessário levantar e responder a questões metafísicas.[1117]

No tocante à doutrina da predestinação que tornara Armínio famoso – ela fora seguramente modelada com uma série completa de princípios teológicos cuidadosamente enunciados, formalmente escolásticos e fundamentalmente molinísticos ou tomísticos, em mente. A concepção de Armínio da ordem da graça deve ser considerada num contexto maior de suas hipóteses concernentes à natureza de Deus, à relação entre o intelecto e a vontade divina, à *scientia media*, e seus corolários nas distinções referentes à vontade divina, e na relação de Deus com o mundo na criação e providência. As premissas teológicas, de fato metafísicas do sistema de Armínio, não o levaram a ter uma visão dos decretos divinos como um poder absoluto capaz de efetivar uma

---

[1115] Preus, *Theology of post reformation lutheranism*, I, p. 35-44.

[1116] Cf. Beryl Smalley, "The Bible in the medieval schools", em *The Cambridge history of the Bible*, 3 vols. (Cambridge: Cambridge University Press, 1963-69), II, p. 198 com idem, *The study of the Bible in the middle ages* (Notre Dame: University of Notre Dame Press, 1964), p. 64-75.

[1117] Lewalter, *Methaphysik*, p. 35-38.

solução aparentemente arbitrária ao problema da finitude e do pecado humano. Antes, levaram-no a uma visão de um Deus autolimitado por seu ato criativo e ativo para a salvação dos seres humanos dentro dessas limitações. O conceito de *scientia media* proporcionara a Armínio um meio para entender os fundamentos temporais dessa atividade divina autolimitada.

O pensamento de Armínio, consequentemente, pode ser reduzido a um protesto contra a doutrina reformada da predestinação, *somente* se uma violência considerável for feita com a intenção, formato e conteúdo do seu sistema. É certo, ele efetivamente protestou contra a visão reformada da predestinação e da ordem de salvação, mas seu protesto nasceu de uma visão teológica mais ampla; especificamente de uma visão diferente do método e propósito do sistema teológico como um todo, um conjunto diferente de ênfases na exposição da denominada fundamentação essencial da teologia, a doutrina de Deus, e uma percepção muito diferente do local e importância da ordem criada no sistema teológico e no propósito supremo de Deus.

Em outras palavras, é essa visão teológica mais ampla de Armínio, evidenciada por suas doutrinas de criação e providência, e doutrina de Deus, e pelos vários modelos escolásticos presentes em, e subjacentes à, sua exibição, e não meramente suas perspectivas sobre predestinação que interferem na interpretação de Bangs de sua obra como um teólogo reformado. Armínio certamente compartilhou várias fontes e atitudes com seus contemporâneos reformados – e ele recebera instrução primária essencialmente deles em universidades reformadas. Ele ainda aponta, conforme apontado por Bangs, para uma diversidade de opinião sobre a doutrina de predestinação na Reforma holandesa inicial.[1118]

O sistema de Armínio, no entanto, só pode ser interpretado como uma alternativa em larga escala da teologia reformada. Sua doutrina da predestinação repousa numa perspectiva do relacionamento entre Deus e os seres humanos oposta a, virtualmente, todas as implicações

---

[1118] Bangs, "Arminius as a reformed theologian", p. 216-17, 220-21.

e tendências da teologia reformada. Armínio defendia, de uma maneira muito diferente dos reformados, seja infra ou supralapsarianos, que a regra divina da ordem criada é limitada, e que essa limitação fornece a única base concebível para a liberdade humana. O Deus de Armínio é o totalmente transcendente, simples, imutável e onipotente Deus do fim da Idade Média –, mas sem aquilo que Oberman chamara de "a dialética" dos dois poderes.[1119] Quando Armínio aborda a definição nominalista de *potentia absoluta* sustentada por reformados contemporâneos como Perkins e Gomaro, ele levanta objeções e, até o ponto que diz respeito ao seu próprio sistema teológico, descarta-a como errônea.

As concepções próprias de Armínio sobre o poder absoluto de Deus como o único governo universal existente, calculado e, portanto, limitado pela ordem da criação, contrasta profundamente com o último período medieval e a tendência reformada de colocar Deus acima de toda a lei e pontos na direção de uma visão de mundo em que predomina uma ordem temporal inviolável como o indicador primário da natureza de Deus. Isso não é o mesmo que dizer que a teologia de Armínio deveria ser colocada na linha de frente do movimento em direção a modernidade descrito por Blumenberg.[1120] Antes, ela se posiciona como indicadora de perspectivas alteráveis no mundo teológico paralelo e, de fato, profundamente correlacionado com as mudanças no pensamento filosófico e científico que começavam a ocorrer no final do século XVI e início do século XVII. De fato, como Oakley tem mostrado, a modificação da linguagem concernente ao poder absoluto e ordenado de Deus –, particularmente em termos de um foco na *potentia ordinata* e seu caráter pactual – teria um impacto positivo no mundo científico da Real Academia, conforme evidenciado por Robert Boyle.[1121]

Armínio estava profundamente ciente, sob uma perspectiva teológica, das dificuldades enfrentadas pelas doutrinas cristãs da res-

---

[1119] Oberman, *Harvest*, p. 30-47.
[1120] Blumenberg, *Legitimacy of the modern age*, p. 145-203.
[1121] Oakley, *Omnipotence*, p. 84, 88-92.

ponsabilidade humana e da salvação, em um universo em que a ordem divina e a ordem criada, com o homem em seu centro, não poderiam ser racionalmente entendidas como tendo um relacionamento coerente entre si. Especificamente, ele resistia à perspectiva de Deus e um mundo no qual o plano divino supremo não detinha um consistente e necessário ponto de contato com os eventos físicos e morais da ordem temporal – e, por extensão, uma visão global em que a obediência humana e a justiça da providência não proviam a razão humana com uma representação válida do propósito divinamente ordenado de todas as coisas. Uma teologia e filosofia eclética, baseada fortemente em um Tomismo modificado, parecia, certamente, oferecer uma solução parcial para o problema: o mundo e todas as coisa nele são uma emanação do ser como bom, fundamentada na natureza auto comunicativa de Deus, o *summum bonum*. A essa perspectiva somente era preciso que Armínio acrescentasse a qualificação de que o poder de Deus sobre a criação é cercado pela limitação da comunicação de sua bondade para as coisas finitas. Deus é, com certeza, absolutamente bom e transcendente; o padrão supremo de justiça – mas ele não é concebido como operando, ao mesmo tempo, dentro da ordem do mundo e além das suas leis. A ordem temporal em si agora mede e define os caminhos de Deus, e caráter prático, moral e orientado a propósitos da teologia discerne essa verdade para essa vida e a próxima.

Com isso, não foi acidentalmente que a teologia de Armínio conseguiu demonstrar ser mais aberta ao Racionalismo que a conceituação luterana ou a reformada. O irracionalismo do modelo nominalista do último período medieval foi substituído, nas ideias de Armínio, por uma relação acessível e de plena confiança e racionalidade entre Deus e os seres humanos, que foca toda a atenção na ordem temporal em que são desenvolvidas as ações do plano divino de acordo com as leis (divinamente concedidas!) da natureza, tanto as físicas como morais. A harmonia física e moral da ordem natural passa a ser um índice racionalmente acessível para a identidade e a vontade de Deus, e, mais importante ainda, para o significado da existência humana. As visões de Armínio sobre Deus, a criação e a providência fornecem uma estrutura metafísica e teológica para as suas visões sobre predestinação, graça e salvação, além de fornecerem um ponto de contato positivo entre a filosofia racional e a teologia e, além disso, entre a teologia e as pressuposições do início da ciência moderna. Conforme aprendemos no curso da existência humana, a ordem do mundo tem se tornado – contra o inerente fideísmo das posições luteranas e reformadas – uma porta aberta à verdade metafísica e moral.

Esse senso de inter-relacionamento e inclusive, potencialmente, a reciprocidade entre o divino e a ordem temporal, assim como sua *analogia entis* redefinida e seu aumentado interesse na lei natural como uma evidência da bondade última ética de Deus com o objetivo ou finalidade da criação, passara de Armínio para a teologia de seus sucessores na tradição remonstrante, Episcópio e Limborch. Este último, por exemplo, defende um estreito relacionamento entre a lei natural, a lei moral revelada, e os preceitos morais de Cristo –, na premissa de que Deus inicialmente proveu os humanos com uma moralidade interior suficiente para suas necessidades; que o acesso a esse regramento interior foi pouco diminuído pela queda; e que a revelação subsequente meramente aumentara, sem alterar essa lei básica. De fato, para Limborch, o Evangelho em si é uma lei mais clara, superior, e que contrasta muito pouco com a lei do coração, a lei da natureza e o código Mosaico. Em outras palavras, o pecado, de acordo com o intelectualismo da teologia de Armínio, distorce a função da vontade e das afeições, deixando, porém, o intelecto bastante intacto.[1122] Similarmente, Episcópio conseguia discutir detalhadamente as bases da religião e da lei na *recta ratio* das criaturas antes do pecado e manter que a razão, muito menos debilitada pelo pecado que a vontade, poderia discernir o correto graças a um exame da ordem criada.[1123]

Esse relacionamento positivo entre Armínio e o Racionalismo em pontos decisivos aponta, por sua vez, para a necessidade de se

---

[1122] Limborch, *Theologia christiana*, V. I. 4-5.
[1123] Episcópio, *Inst. theol.*, I. viii (p. 17-25); cf. Muller, "Federal Motif", p. 110-11, 115, 121-22.

reavaliar o relacionamento entre a teologia e o Racionalismo no século XVII. Não podemos meramente defender uma mudança de um mundo dominado pelo Aristotelismo, Escolasticismo e uma enraizada ortodoxia dogmática para um mundo de novas filosofias racionais, da ciência moderna e da indiferença religiosa.[1124] O declínio do Aristotelismo não está absolutamente ligado à perda do método escolástico ou ao fim da ortodoxia teológica, pois se Armínio se posiciona como um protesto contra a ortodoxia reformada, ele de nenhuma forma representa – como vimos nos capítulos precedentes – uma rejeição ao Aristotelismo ou à tradição escolástica e sua metodologia. Na realidade, a sua teologia manifesta, na pior das hipóteses, uma abertura teórica de um sistema extremamente aristotélico e escolástico a uma visão mundial racionalista. Essa abertura permaneceria característica da teologia de Armínio posterior conforme testemunhado pela intelectualidade positiva e por um posterior relacionamento mutuamente frutífero no século XVII entre Phillip van Limborch e John Locke.[1125]

Muito contrariamente à hipótese de que o Escolasticismo moldara as questões do pecado, do livre-arbítrio ou da graça ou que suas distinções entre vontade divina antecedente e consequente, poder absoluto e ordenado, e um necessário, "médio" ou livre conhecimento divino, de certa forma deixaram de fornecer uma estrutura para lidar com esses tópicos,[1126] o pensamento de Armínio e de seus sucessores aponta para

---

[1124] Cf. John Dillenberger, *Protestant thought and natural science* (Nashville: Abingdom, 1960), p. 100-103, 164-78) que é ainda o melhor relato da transição teológica da ortodoxia ao Iluminismo em inglês com Dorner, *History,* II, p. 252-58 e com as astutas observações sobre o papel do Arminianismo em J. H. Randall, *The making of the modern mind: a survey of the intellectual background of the present age* (Cambridge, Mass.: Houghton Mifflin, 1940), p. 285. Note tb os argumentos em Michael J. Buckley, *At the origins of modern atheism* (New Haven: Yale University Press, 1987), especialmente o ponto do resumo, p. 347.

[1125] Cf. Muller, "Federal Motif", p. 120-22 com Van Holk, "From Arminius to arminianism in dutch theology", em McCulloh, ed., *Mans faith and freedom*, p. 38-39.

[1126] Cf. A. H. T. Levi, "The breakdown of scholasticism" em *The Philosophical assessment of theology: essays in honour of Frederick C. Coplestone*, ed. Gerard Hughes (Washington, D.C.: Georgetown University Press, 1987), p. 113, 117.

uma apropriação de categorias, distinções e métodos escolásticos que proporcionaram ao século XVII uma resolução convincente daqueles tópicos que foram capazes de sobreviver ao desprezo do Aristotelismo e de satisfazer as demandas do novo Racionalismo e da nascente perspectiva científica dos primórdios da era moderna. Na Inglaterra, bem como no continente, a teologia de Armínio ou remonstrante e seu Escolasticismo modificado fizeram incursões pelo domínio outrora reivindicado pela teologia reformada e, especificamente, por Calvino. As obras de Episcópio foram publicadas (em seu latim original) em uma edição britânica, e a *Theologia christiana* de Limborch se tornaria a base de um extenso sistema teológico consistindo em uma tradução aumentada com citações dos trabalhos de eminentes autores ingleses.[1127] Há inclusive uma certa evidência de que a *Institutiones theologicae* de Episcópio substituíra a *Institutas* de Calvino, como um livro texto básico, de iniciantes, para o estudo teológico.[1128]

Em contrapartida, o frequente relacionamento negativo entre a ortodoxia reformada (e luterana) e a filosofia racionalista do século XVII apontava para o fato que o conteúdo teológico, muito mais que a forma racional, fornecia a fundamentação primária para uma aliança entre o sistema teológico e o racionalismo nos interesses dialéticos, lógicos e metodológicos da ortodoxia protestante e no desenvolvimento das principais necessidades dogmáticas a ser modificadas.[1129] Isso não só pelo reconhecimento que a ortodoxia havia cuidadosamente descartado a principal função racional, sem de fato deduzir sistemas a partir dos dogmas centrais, mas também que o século XVII testemunhara o desenvolvimento de um complexo relacionamento entre o pensamento protestante e a tradição filosófica. Relacionamento no qual foram es-

---

[1127] Simon Episcopius, *Opera theologica* (Londres, 1678); Philip van Limborch, *A Complete system, or body of divinity*, trad. William Jones, 2 vols. (Londres, 1702, 1713).

[1128] Cf. Benjamin B. Warfield, "On the literary history of Calvin's Institutes", em *Institutes of the christian religion*, por John Calvino, trad. John Allen, 7ª ed. (Filadélfia: Presbyterian Board of Education, 1936), I, p. xxxiii, n. 3.

[1129] Cf. *PRRD*, I, p. 82-97, 236-49, 295-311, com Muller *"Perkins' a golden chaine"*, p. 69-81.

tabelecidos sistemas teológicos logica e metodologicamente similares com base nas várias visões de Deus e do mundo, abordagens essas muito diferentes do uso da filosofia e da razão. Entre os três maiores sistemas teológicos que 'brotaram' do Protestantismo – o Reformado, o Luterano e o Arminiano –, somente o último comprovou ser genuinamente aberto ao novo Racionalismo, particularmente em suas formas mais empíricas e dedutivas.

BIBLIOGRAFIA

Fontes primárias

ALSTENTAIG, Johannes. *Lexicon theologicum quo tantum clave theologieae fores aperiuntur, et ominium fere terminorum, et obscuriorum vocum, quae s. theologiae studios facile remorantur....* Köln, 1619.

Alexander of Hales. *Summa theologica.* 4 vols. Quaracchi: Collegium S. Bonaventurae, 1924-58.

ALSTED, Johann Heinrich. *Methodus sacrosanctae theologiae octo libtris tradita.* Hanoviae, 1614.

_____. *Praecognita theologiae,* I-II, in *Methodus,* Livros I e II

ALTING, Jacob. *Operum,* 5 vols. Amsterdam, 1687

_____. *Methodus theologiae didacticae,* in *Operum,* vol. 5.

AQUINAS. Thomas. Compendiu of Theology. Traduzido por Cyrill Vollert. St. Louis: B. Herder, 1947.

_____. *In IV libri sententiarum,* in Opera omnia, Parma, 1852-73, vols. 6-8.

_____. *On the Truth of the Catholic Faith: Summa Contra Gentiles.* Traduzido por Anton C. Pegis, et al. 4 vols. Garden City, NY.: Doubleday, 1955.

_____. *Summa contra gentiles.* Rome: Leonine Commision/Vatican Library, 1934.

_____. *Summa theologiae, cura fratrum in eiusdem oridinis.* 5 vols. Madrid: Biblioteca de Autores Cristianos, 1962-65.

ARMÍNIO, Jacó. *Opera theologica,* Leiden, 1629.

_____. *Oratio de Sacerdotio Christi,* in *Opera,* p. 9-26.

_____. *Orationes três: I. De objecto theologicae. II De auctore & fine theologicae. III De certitudine ss. Theologicae,* in *Opera,* p. 26-41, 41-55, 56-71.

_____. *Oratio de componendo religionis inter Christianos dissidio,* in *Opera,* p. 71-91.

_____. *Declaratio sententiae I. Arminii de predestinatione, providentia Dei, libero arbítrio, gratia Dei, divinitate Filii Dei, & de iustificatione hominis coram Deo*, in *Opera*, p. 91-133.

_____. *Apologia adversus artículos XXXI*, in *vulgas sparsos*, em *Opera*, p. 134-83

_____. *Disputationes publicae*, in *Opera*, p. 197-338.

_____. *Disputationes privatae*, in *Opera*, p. 339-444.

_____. *Amica cum Francisco Iunio de praedestinatione per literas habita collatio: ciusque ad theses Iunii de praedestinatione notae*, in *Opera*, p. 445-619.

_____. *Examen modestum libelli Perkinsianae*, in *Opera*, p. 621-777.

_____. *De vero et genuíno sensu cap. VII. Epistolae ad Romanos dissertativo*, in *Opera*, p. 809-934.

_____. *Epistola ad Hippolytum à Collibus*, in *Opera*, p. 935-47.

_____. *Articuli nonnulli diligentu examine perpendendi, de praecipius doctrinae Christianae capitibus sententiam plenius declarantes*, in *Opera*, p. 948-66.

_____. *The Works of James Arminius*. London ed. Tradução de James Nichols e William Nichols. 3 vols. London, 1825, 1828, 1875; reimpressão com uma introdução de Carl Bangs. Grand Rapids: Baker, 1986.

_____. *Examination of the Theses of Dr. Francis Gomarus respecting Predestination*, in *Works*, III, p. 521-658.

_____. *The Writings of James Arminius*. Tradução de James Nichols e William Bagnall. 3 vols. Buffalo, NY., 1853; reimpressão. Grand Rapids: Baker, 1956, 1977.

_____. *The Auction Catalogue of Library of J. Arminius*. Edição fac-símile com uma introdução de Carl Bangs. Ultrecht: HES, 1985.

BEZA, Theodore. *Quaestionum et responsionum christianarum libellus*. Geneva, 1584.

Bibliotheca fratrum polonorum quos Unitarios vocant. 6 vols. Irenopolis (Amsterdam), 1656.

BULLINGER, Heirinch. *Compendium christianae religionis decem libris comprehensum*. Zurich, 1556.

CALVINO, João. *Institutas da Religião*. Tradução de F. L. Battles. 2 vols. Philadelphia: Westminster, 1960.

_____. *Opera quae supersunt omnia*. Eds. Baum, Cunitz e Reuss. Brunswick: Scwetschke, 1863-1900.

CAPREOLUS, Johannes. *Defensiones theologiae Thomae Aquinatis in libros Sententiarum*. 4 vols. in 3. Venice, 1483-84.

CHEMNITZ, Martin. *Locci theologici*. 3. vols. Frankfurt e Wittenberg, 1653.

_____. *Examination of the Council of Trent*. 4 vols. Tradução de Fred Kramer. St. Louis: Concordia, 1971-86.

COCCEIUS, Johannes. *Opera omnia theologica, exegetica, didactica, polemica, philologica.* 12 vols. Amsterdam, 1701-6.

_____. *Summa theologicae ex Scriptura repetitia*, in *Opera*, vol. 7, p. 131-403.

_____. Aphorismi per universam theologiam prolixiores, in *Opera*, vol. 7, p. 17-38.

EPISCOPIUS, Simon. *Opera theologica.* Amsterdam, 1650.

_____. *Institutiones theologicae*, in *Opera*, vol. I.

GERHARD, Johann. Loci theologici. 9 vols. Ed. Preuss. Berlin: Schlawitz, 1863-75.

GOMARUS, Franciscus. *Disputationes theologicae*, in *Opera theologica omnia*, Amsterdam, 1644.

HEIDANUS, Abraham. *Corpus theologiae christianae in quindecim locos.* 2 vols. Leiden, 1686.

JUNIUS, Franciscus. Opuscula theologica selecta, ed. Abraham Kuyper. Amsterdam: F. Muller, 1882.

KECKERMANN, Bartholomaeus. *Systema sacrosanctae theologiae, tribus libris adornatum*, in *Operum ominium quae extant.* Geneva, 1614.

LIMBORCH, Phillip Van. *Theologia Christiana ad praxin pietatis ac promotionem pacis Christiana unice directa.* Amsterdam, 1735. (A primeira edição de 1686 recebeu o título de *Institutiones theologiae christianae*).

MACCOVIUS, Johannes. *Loci communes theologici.* Amsterdam, 1658.

MELANCHTON, Philip. *Opera quae supersunt ominia.* 28 vols. Ed. C. G. Bretschneider. Brunswick: Schwetschke, 1834-60.

_____. *Loci communes*, in *Opera*, vol. 21.

_____. *Loci praecipui theologici*, in *Opera*, vol. 21.

MOLINA, Luis de. *Concordia liberi arbitrii cum gratiae donis, divina praescientia, proventia, praedestinatione et reprobatione.* Ed. Johann Rabeneck (1588) Onia e Madrid: Collegium Maximum Societatis Jesu, 1953.

MUSCULUS, Wolfgang. *Commonplaces of Christian Religion.* 2ed. London, 1578.

_____. Loci communes sacrae theologiae. Basel, 1560; 3 ed. 1573.

LOMBARD, Peter. *Sententiae in IV libris distinctae.* Editio tertia. 2 vols. Grottaferrata: Collegium S. Bonaventurae ad Claras Aquas, 1971-1981.

PERKINS, William. *The Workes of.... Mr. William Perkins.* 3. Vols. Cambridge, 1612-19.

_____. *A Golden Chaine*, in Works, vol. I.

_____. *A Treatise of a Manner and Order of Predestination*, in *Workes*, vol. II.

_____. *An Exposition of the Symbole*, in *Workes*, vol. I

POLANUS, Amandus. *Syntagma theologiae christianae.* Geneva, 1617.

RAMUS, Petrus. *Commentarii de religione Christiana.* Frankfurt, 1576.

_____. *Dialecticae, libri duo*, London, 1576.

SCHARPIUS, Johannes. *Cursus theologicus in quo controversia omnes de fide dogmatibus hoc seculo exagitate*. 2 vols. Geneva, 1620.

SCOTUS, John Duns. *God and creatures: The Quodlibetal Questions*. Tradução com uma introdução, notas e glossário por Felix Alluntis e Allen B. Wolter. Washington, D.C.: Catholic University of America Press, 1981.

SUÁREZ, Franciscus. *Opera omnia*. 26 vols. Paris, Vives, 1856-77.

_____. *De scientia Dei futurorum contingentia*, in *Opera omnia*, vol. 11.

_____. *Disputationes metaphysicae*. Salamanca, 1597. (In *Opera omnia*, vols. 25-26.

_____. *On the Essence of Finite Being As Such, On the Existence of That Essence and Their Distinction* (*Disputationes metaphysicae*, Disputatio XXXI). Traduzido com uma introdução por Norman J. Wels. Milwaukee: Marquete University Press, 1983.

_____. *On the Various Kinds of Disputations* (*Disputationes metaphysicae*, Disputatio VII). Traduzido com uma introdução por Cyrill Vollert. Milwaukee: Marquete University Press, 1947.

Synopsis purioris theologiae, disputationibus quinquaginta duabus comprehensa ac conscripta per Johanne Polyandrum, Andream Rivetum, Antonium Wallaeum, Antonium Thysium, S.S. theologiae doctores et professores in Academia Leidensi. Leiden, 1626; editio sexta, curavit et praefatus est Dr. H. Bavinck. Leiden: Donner, 1881.

TRECATIUS, Lucas. *Scholastica et methodica locorum communium institutio*. London, 1604.

_____. *A Brief Institution of the Commonplaces of Sacred Divinitie*. London, 1610.

URSINUS. Zacharias. *Opera theologica*. Ed. Quirinius Reuter. 3 vols., Heidelberg, 1612.

_____. *Loci theologici*, in *Opera*, vol. I.

_____. *Explicationes catecheseos*, in *Opera*, vol. I. [Edições antifas são intituladas *Doctrinae christianae compendium*.]

_____. *The Commentary of Dr. Zacharias Ursinus on the Heidelberg Cathecism*. Traduzido por G. W. Williard, introdução de John W. Nevin, Columbus, Ohio, 1852, repr. Philipsburg, N.J.: Presbyterian and Reformed, 1985.

VOLLERT, Cyril (ed.). St, Thomas Aquinas, *Siger of Brabant, St. Bobaventure: On the Eternity of the World*. Tradução com uma introdução por Cyril Vollert, Lottie Kendzierski, e Paul Byrne. Milwaukee: Marquete University Press, 1964.

VORSTIUS, Conrad. *Tractatus theologicus de Deo sive, de natura et attributis Dei*. Steinfurt, 1610.

WALAEUS, Antonius. *Loci communes s. theologiae*, in *Opera ominia*. Leiden, 1643.

OCKHAM, William. *Predestination, God's Foreknowledge, and Future Contingents*. 2ed. Hackett, 1983.

WOLLEBIUS, Johannes. *Compendium theologiae christianae*. New edition. Neukirchen: Moers, 1935.

ZABARELLA, Jacob. *Opera logica*. Intro por W. Risse. Hildesheim: Ohio, 1966.

ZANCHI, Jerome. *Operum theologicorum*. 8vols. Geneva, 1617.

Fontes secundárias

ADAMS, Marylin McCord. *William Ockham*. 2vols. Notre Dame: University of Notre Dame Press, 1987.

ADAMS, Robert Merrihew. "Middle Knowledge and thr problem of Evil", in *The Virtue of Faith and Other Essays in Philosophical Theology*. New York: Oxford University Press, 1987.

ALTHAUS, Paul. *Die Prinzipien der deutschen reformierten Dogmatik im Zeitalter der aristotelischen Scholastik*. Leipzig: Deichert, 1914.

AMANN, É. "Occam, Guillaume d," in *Dictionaire de théologie catholique*, vol. II/I, cols. 864-904.

ARMSTRONG, Brian. *Calvinism and the Amyraut Heresy: Protestant Scholascticism and Humanism in Seventeenth Century France*. Madison: University of Wisconsin Press, 1969.

BAKHUIZEN, van den Brink, J.N. "Arminius te Leiden", *Nederlands Theologisch Tijdschrift* 15 (1960-61): 81-89.

BANGS, Carl. *Arminius: A Study in the Dutch Reformation*. Nashville: Abingdon, 1971.

_____. "Arminius as a Reformed Theologian", in *The Heritage of John Calvin*. ed. John H. Bratt, Grand Rapids: Eerdmans, 1973, p. 209-22.

BERKHOF, Louis. *Systematic Theology*. 4th ed. Grand Rapids: Eerdmans, 1941.

BERTIUS, Petrus. *De vita et obitu reverendi & clarissimi viri D. Iacobi Arminii oratio*, in *Opera*, fol. 001-0004.

_____. *An Oration on the Life and Death of that Reverend and Very Famous Man, James Arminius, D.D.*, in *Works*, vol. I.

BIERMA, Lyle D. "The Covenant Theology of Caspar Olevian", PhD diss., Duke University.

BIZER, Ernst. *Frühorthodoxie und Rationalismus*, Zurich, 1963.

BLUMENBERG, Hans. *The Legitimacy of the Modern Age*. Cambridge: MIT, 1983.

BOEHNER, Philotheus. *Collected Articles on Ockham*. Ed. Eligius M. Buytaert. St. Bonaventure, N.Y.: Franciscan Institute, 1958.